Michael von Brück

Wie wir Mensch werden

Michael von Brück

Wie wir Mensch werden

Anthropologie für die Zukunft.
Interkulturelle Entdeckungen

FREIBURG · BASEL · WIEN

© Verlag Herder GmbH, Freiburg im Breisgau 2025
Hermann-Herder-Str. 4, 79104 Freiburg
Bei Fragen zur Produktsicherheit wenden
Sie sich an produktsicherheit@herder.de
Alle Rechte vorbehalten
www.herder.de

Satz: Carsten Klein
Herstellung: GGP Media GmbH, Pößneck

Printed in Germany

ISBN Print 978-3-451-03511-1
ISBN E-Book (EPUB) 978-3-451-83628-2
ISBN E-Book (PDF) 978-3-451-83636-7

Inhalt

Einleitung 9

Kapitel 1: Bewusstsein, Ich und Selbst 25

    Worum geht es? 25

    Begriffsklärungen 37

    Bewusstsein als Prozess 46

    Ich und Selbst – wer ist Subjekt von Erlebnis
    und Erfahrung? 55

    Achtsamkeit und Mitwelt 67

    Bewusstseinsfaktoren im Buddhismus 74

    Ordnungsebenen und »mystisches
    Einheitsbewusstsein« 84

    Künstliche Intelligenz 99

    Schlussfolgerungen aus interkultureller Perspektive 111

**Kapitel 2: Wissen und Wahrheit in europäischen
und asiatischen Traditionen** 113

    Worum geht es? 113

    Zum Wahrheitsbegriff in der europäischen Tradition 122

    Die religiöse Dimension von Wahrheit 126

    Der Wahrheitsbegriff im Buddhismus 129

    Erkenntnis und Wahrheit im hinduistischen
    Advaita Vedanta 132

Wahrheitsfrage und mystische Erfahrung 136

Spätere Fremdinterpretationen 147

Schlussfolgerungen aus interkultureller Perspektive 154

Kapitel 3: Schöpfungsmythen und Evolutionstheorien in Indien 157

Worum geht es? 157

Die Mythen der Evolution 164

Theoriebildungen zum Evolutionsgedanken 169

Die Evolutionstheorie im Buddhismus 194

Schlussfolgerungen aus interkultureller Perspektive 199

Kapitel 4: Die Freiheit der Person 201

Worum geht es? 201

Karma und Schicksal 210

Karma und Freiheit 214

Woher kommt das Böse? 216

Buddhistische Grundgedanken zur Freiheit der Person .. 223

Schlussfolgerungen aus interkultureller Perspektive 228

Kapitel 5: Liebe und Verantwortung 233

Worum geht es? 233

Liebe – Urphänomen und Blüte von Kultur 236

Ethik und Liebe im Buddhismus 248

Liebes-Ethik im Vedanta 255

Schlussfolgerungen aus interkultureller Perspektive 260

Kapitel 6: Sterben und Tod 267
    Worum geht es? 267
    Sterben, Tod und Jenseitserwartung im Christentum 268
    Sterben, Tod und Befreiung im Hinduismus 278
    Sterben, Tod und Erwachen im Buddhismus 281
    Schlussfolgerungen aus interkultureller Perspektive 292

Epilog 297
    Weisheit 297

Literaturverzeichnis 303
    Quellen zu Buddhismus und Hinduismus 303
    Forschungsliteratur 305

Abkürzungen 311

Personenregister 313

Sachregister 315

Einleitung

Die Angst vor dem Unaufklärbaren hat nicht allein das Dasein des einzelnen ärmer gemacht, auch die Beziehungen von Mensch zu Mensch sind durch sie beschränkt, gleichsam aus dem Flußbett unendlicher Möglichkeiten herausgehoben worden auf eine brache Uferstelle, der nichts geschieht.[1]

(Rainer Maria Rilke)

Die uralten Fragen: *Wer bin ich? Woher komme ich? Wohin gehe ich?* Und noch einmal ähnlich, aber doch vielleicht charakteristisch menschlich: *Wer sind wir?* – sie sind nie ein für alle Mal zu beantworten, natürlich sind sie letztlich unaufklärbar. Viele meinen, man solle sie deshalb lieber nicht stellen. Und wir stellen sie doch. Es sind die immer neu nicht gefragten oder verdrängten Fragen. Sie stellen sich spätestens, wenn wir ans Sterben denken. Und sie stellen sich heute neu, wenn wir real an das Aussterben vieler Arten von Tieren und Pflanzen und möglicherweise auch des Menschen denken. Wer sind *wir?*

Das Besondere am Menschen ist seine Kultur. Kultur stärkt die Gruppenkohärenz, d. h. auf Grund von Traditionen kann angepasstes Verhalten kohärent geregelt werden, was ein evolutionärer Vorteil ist, der im Ansatz auch bei Tieren auftritt. Kultur vermeidet deterministische Prägung, sie ist offen für Anpassungen an neue Verhältnisse und neue Bedürfnisse. Sonst wäre eine Erschließung von neuen Siedlungsräumen nicht möglich gewesen, denn sie erfordern Anpassung an ungewohnte Territorien. Auch dies kann man schon bei Tieren beobachten. Alles, was dem Menschen widerfährt, wird dabei umgestaltet, so dass der

---

1 Rainer Maria Rilke, Briefe an einen jungen Dichter, 12. August 1904, Frankfurt a. M.: Insel 1998, 44.

Mensch im kulturellen Handeln in gewisser Weise immer sich selbst begegnet. Kultur wird möglich durch Sprache und Symbolisierung, die durch die Erweiterung des Rahmens bzw. Denkhorizonts Abstraktion schafft und damit die Übertragung von Erfahrungen in neue Kontexte. Religion ist der umgreifende Rahmen von Kultur. Hier fragt der Mensch nach einem letztgültigen Zusammenhang aller Erfahrungen. Solche Rahmen setzen Normen für das Wahrnehmen, Fühlen, Denken, Erinnern und Handeln, für die Erfahrung also. Im kollektiven wie individuellen Gedächtnis werden Kulturmuster überliefert. Sie bilden das ab, was eine Gesellschaft für gültiges Wissen hält. Im Horizont der heutigen interkulturellen Welterfahrung des Menschen können die kulturellen Prägungen des Menschseins nur interkulturell erörtert werden, so dass wechselwirkende Brechungsmuster von Fakten entstehen, deren Interpretation und sprachliche Modellbildungen unser Fragen nach dem, was bzw. wer wir sind, vorantreiben.

Die genannten Fragen sind meistens unter dem Etikett der Anthropologie gestellt und bearbeitet worden, der »Lehre vom Menschen« also. Was aber soll denn das sein? Heute fragt man Psychologen, Verhaltensforscher, Soziologen, Biologen und Hirnforscher, manchmal auch Künstler, kaum noch Philosophen und Theologen. Die anthropologischen Einsichten, die wir seit Platon und Aristoteles oder Goethe und Nietzsche, seit Marx oder Freud zitieren, helfen wohl auch nicht viel weiter. Wir befinden uns in einer Situation, in der einem das Zitieren vergehen kann, denn Antworten auf die *gegenwärtig* brisanten Probleme von Zerstörung der Mitwelt, Krieg, der Angst vor Künstlicher Intelligenz und dem Überwachungsstaat sind eine Überlebensfrage, auf die Antworten so dringlich, aber doch schwer zu haben sind. Und wie viele Menschen kann die Erde noch (er-)tragen? Die demographische Kurve ist eine Zeitbombe.

Sind wir die »letzte Generation«? Wenn nicht, wie soll es weitergehen? Wie kann es überhaupt weitergehen? Das ökologische und humanitäre Desaster ist konkret. Vielleicht bleiben nur noch wenige Jahre,

Einleitung

um zumindest das Schlimmste zu verhüten. Angesichts der in der Welt zunehmenden Gewalt eine Illusion? Gewalt in Kriegen, die wir nicht mehr für möglich gehalten hatten, aber auch vor unserer Haustür: in den Schulen, in der Arbeit, in den sozialen Beziehungen, in den sogenannten »sozialen« Netzwerken, ganz öffentlich. Und zunehmend: Hass, Ausgrenzung, Gesprächsverweigerung, Schuldzuschreibungen und Behauptungen, die wenig Raum für faire Auseinandersetzung lassen. Wie soll da die Menschheit überleben können? Und: Wo ist da Vernunft oder Geist, oder sogar eine Evolution des Geistes einer Menschheit? *Ist der Mensch menschheitsfähig?*

> Ist der Mensch menschheitsfähig?

Die Menschheit? Sie setzt sich zusammen aus Milliarden einzelner Menschen, jeder und jede mit konkreten Hoffnungen und Ängsten, enttäuschten Erwartungen und Lebenshunger. Alle wollen glücklich sein, aber was ist Glück? Ist der Mensch emotional und sozial hinreichend ausgestattet, um seine technologischen Fähigkeiten so meistern zu können, dass er sich nicht selbst zerstört? Die nur oberflächlich kaschierte Aggressivität des Menschen begleitet die Geschichte, die wir kennen, von Anfang an. Ungezügelte Begierde und eine tief verankerte Angst sind Antriebskräfte, die kreative und destruktive Wirkungen zugleich haben. Gleichzeitig erleben wir Liebe, Verbundenheit, kreatives Engagement für andere Menschen, Solidarität, Projekte für eine neue und nachhaltige Lebensgestaltung. Und das weltweit, großartig! Ist der Mensch nun von Grund auf böse oder gut? Können wir die Frage überhaupt beantworten und dabei mehr bieten als persönliche Hoffnungen und Erwartungen, können wir also mit Gründen und kulturellen Erfahrungen argumentieren, die mehr sind als festgezurrte Meinungen?

Der Geist des Menschen ist fähig, ein Kaleidoskop des Möglichen zu beschreiben, wobei er sich selbst erkennt. Das Mögliche beruht auf dem Faktischen. Was aber ist das? Das Faktische bin zweifelsfrei »ich«, weil ich diesen Satz denke (wie Descartes meinte). Oder doch nicht? *Ich bin nur, weil zuvor »wir« ist*, biologisch ohnehin, aber auch kulturell-geistig.

Einleitung

Doch wer sind wir? Den vielen Ausprägungen dessen, was wir als das Böse fürchten, sind wir täglich ausgesetzt. Aber können wir auch die Möglichkeiten und Ressourcen ausloten, die vielleicht noch nicht hinreichend entwickelt und verwirklicht worden sind? Sind wir mehr, als wir von uns denken (und erleben)?

Die folgenden Argumentationen beruhen auf *personaler Intention, Rationalität und transpersonaler Offenheit* für tiefere Einsichten in die Zusammenhänge der Wirklichkeit. Ob dieser »Spagat« erfolgreich sein kann?

»Der Garten des Menschlichen« war der Titel, mit dem Carl Friedrich von Weizsäcker (1912–2007) seinen großen Beitrag zur Anthropologie im Jahre 1977 einführte. Die Metapher des Gartens steht für Vielfalt, die gleichwohl geordnet ist. Im Garten gibt es keine lineare Zweckrationalität, die auf ein definierbares Ziel zulaufen würde, sondern hier entstehen in wechselseitigen Abhängigkeiten in unerschöpflicher Kreativität Formen und Verknüpfungen, die wir als »schön« empfinden. Aber der Gärtner muss die natürlichen Prozesse mit Pflege fördern, sonst verwuchert das Gelände oder die Pflanzen sterben. Er sollte dabei die »Einheit der Natur« im Blick haben. Ich verdanke Carl Friedrich von Weizsäcker nicht nur den Bezug zu diesem Titel, sondern auch zur Weite seines Denkens und der Klarheit seiner Argumentationen. Als ich daran beteiligt wurde, den von der Stiftung Niedersachsen 1988 ausgerichteten Kongress »Geist und Natur« unter der Leitung Carl Friedrich von Weizsäckers wissenschaftlich mit vorzubereiten, wurden Fragen aufgeworfen, die »den Widerspruch zwischen naturwissenschaftlicher Erkenntnis und philosophischer Welterfahrung« (so der Untertitel des Buches, das nach dem Kongress 1989 von dem Physiker Hans-Peter Dürr und dem Philosophen Walther Ch. Zimmerli herausgegeben wurde) in den Blick nehmen sollten. Die damalige Intention wurde auf dem Buchumschlag so formuliert: »Unser Bild von der Welt hat sich innerhalb weniger Jahrzehnte durch die Erkenntnisse der modernen Naturwissenschaft und die Fortschritte auf technologischem Gebiet schneller und radikaler verändert als je zuvor in der Geschichte. In

Einleitung

einem solchen Moment des geistigen Umbruchs sind Physiker und Biologen, Philosophen und Sozialwissenschaftler gleichermaßen gefordert, an der Grundlegung eines neuen Verständnisses von Mensch und Natur, Geist und Materie mitzuarbeiten.«

Diese Aufgabe bleibt uns gestellt. Seither haben die sogenannten bildgebenden Verfahren die Neurowissenschaften noch einmal revolutioniert. Die Arbeit am vorliegenden Buch ist eine Neuaufnahme der damaligen Fragen im Horizont heutigen Wissens und der Debatten um »Bewusstsein« (gibt es das überhaupt?) im *interdisziplinären* Diskurs,[2] und ich werde dabei auf frühere Veröffentlichungen[3] zurückgreifen, die nun in einem anderen Kontext stehen. Das gemeinsame Fragen, die gemeinsame Suche nach (immer vorläufigen) Antworten ist fruchtbar. Hier wird nicht nur Wissen generiert, sondern es werden Freundschaften gestiftet. Freundschaft wiederum entdeckt die Nähe des Denkens, wenngleich oft die Sprachformen und Denkmuster ganz verschieden sind. Es zeigen sich aber auch Widersprüche und kaum überbrückbare Gräben zwischen den Wissensdisziplinen. Wir gehen dann auf Entdeckungsreisen des Denkens, die Vergnügen bereiten und Erkenntnis wachsen lassen können.

Im Gegensatz dazu fühlen sich viele Menschen bedroht (und furios beleidigt), wenn jemand etwas anderes lebt und lehrt, als wir selbst es für richtig halten. Die Erfahrung aber zeigt: Wir können viel gewinnen, wenn wir lernen, zunächst einmal zu schweigen, zuzuhören und sowohl intellektuell als auch emotional etwas abzurüsten. Vielleicht hat der Andere – die andere Fachdisziplin, die andere Kultur, die andere Lebens-

---

2 In den letzten Jahrzehnten habe ich am Humanwissenschaftlichen Zentrum der Universität München mitarbeiten können. Das Zentrum, das von dem Neurowissenschaftler Ernst Pöppel inspiriert und gegründet wurde, ist ein interdisziplinärer Think-Tank. Ihm sowie den Kollegen, die hier regelmäßig und intensiv zusammenarbeiten (vor allem Eva Ruhnau [Physik], Armin Nassehi [Soziologie], Oliver Jahraus [Germanistik]), habe ich für viele Anregungen zu danken.

3 Der vorliegende Text beruht auf der überarbeiteten, aktualisierten und erheblich erweiterten Neufassung des Teiles „Interkulturelle Perspektiven" aus: Günter Rager/Michael von Brück, Grundzüge einer modernen Anthropologie, Göttingen: Vandenhoeck&Ruprecht 2012.

erfahrung – ja etwas sehr Spannendes beizutragen? Vielleicht gibt es ja doch begründbare Antworten auf unsere Fragen? Die dann auch dazu führen könnten, dass unser Verhalten nicht den Ast absägt, auf dem wir selbst sitzen, psychologisch wie ökologisch?

Das vorliegende Buch will dies versuchen. Die Welt ist komplex, wir Menschen sind es erst recht. Ohne eine gewisse Reduktion verlaufen wir uns allerdings im Dickicht der Argumente und Perspektiven und Sprachen und Methoden. Aber wenn wir zu sehr vereinfachen, erfassen wir weder die Komplexität noch die Möglichkeiten, die wir vielleicht haben. Die Geschichte ist nicht abgeschlossen, der Mensch ist nicht »fertig«, das Gehirn ist »plastisch« (es wird umgestaltet je nachdem, wie es gebraucht wird), die Gefühle können geformt werden, das Denken kann (hoffentlich) lernen, indem es mit Genauigkeit praktiziert und auf sich selbst angewendet wird ...

Ein Blick in die Geschichte, einschließlich der Wissenschaftsgeschichte, zeigt: Bewertungen und Urteile, die aus empirischen Daten gewonnen werden, sind *historisch bedingt*. Was alles ist nicht schon »dem Menschen« zugeschrieben und angedichtet worden, und in alle Deutungen sind Vorurteile und Werturteile eingeflossen. Das ist unvermeidlich. Der historische Blick beweist, wie veränderlich das Menschenbild ist: Kulturelle Erfahrungen, Machtinteressen und weltanschauliche Vorgaben beeinflussen das, was Menschen sehen, wahrnehmen, über sich selbst denken und, davon nochmals zu unterscheiden, öffentlich sagen. Interdisziplinär muss der Blick schon deshalb sein, weil der Mensch ein biologisches wie kulturelles Wesen ist, er kann als Individuum and als soziales (bzw. politisches) Wesen beschrieben werden. Alle Aspekte stehen miteinander in Wechselwirkung, und jede Einseitigkeit greift zu kurz. Nehmen wir als Beispiel zwei Dimensionen menschlichen Lebens: die wirtschaftlichen Verhältnisse und die künstlerische Kreativität. Beide beeinflussen einander, beide sind hochkomplexe Leistungen des Individuums in sozialen Bezügen, wobei auch umgekehrt die jeweilige Gesellschaft die individuelle Intention und Kreativität prägt. Weder die (materialistische) These von der ökonomischen Basis und dem (bloß) kulturellen Überbau noch die (idealistische) Behauptung der kulturellen Kreativität als höherer Funktion gegenüber der ökonomischen Ebene sind haltbar: Die Dimensionen des Menschlichen durchdringen und beeinflussen einander. Es ist prinzipiell unmöglich, dieses komplexe Geflecht erschöpfend darzustellen. Aus Gründen der notwendigen Beschränkung muss in diesem Buch der sozialen Dimension (und soziologischen Perspektive) etwas weniger Aufmerksamkeit zuteilwerden. Ich habe diese Perspektive aufgegriffen in meinem *Interkulturellen Ökologischen Manifest* (2020). Dennoch ist in den folgenden Kapiteln die gesellschaftliche Prägung, die Suche nach dem und die Bedrängung durch das »Kollektiv« immer präsent.

Ausgangspunkt sind die jüngsten Debatten und Erkenntnisse in den Neurowissenschaften.[4] Hier wurden in den letzten Jahren Daten gesammelt, Perspektiven geöffnet und Zusammenhänge erkannt, die uns neue Einsichten in die Funktionsweise des Bewusstseins, des Denkens wie der Gefühle, beschert haben. Doch gerade diese Debatten zeigen: Daten sind noch keine Vorstellungen, denn sie müssen verknüpft und in Kontexten verstanden werden. Das setzt Vorannahmen voraus und Sprachbilder, die etwas suggerieren können, was durch die bloßen Daten gar nicht abgedeckt ist.

> Die Pluralität der Modelle relativiert die jeweils möglichen Ansprüche auf Geltung.

Vorannahmen und Denkmodelle sind nötig, aber sie sind problematisch. Es werden also Modelle des Denkens gebraucht, die selbstverständlich historisch bedingt sind. Kulturen entwickeln Modelle zur Beschreibung von Sachverhalten, und diese Modelle gelten fortan als »typisch« für das mythologische oder das aufgeklärt-rationale Denken, oder »typisch« für

---

4 Das Problem besteht darin, dass wir uns nur auf wenige systematische Darstellungen/Interpretationen von Neurowissenschaftlern beziehen können. Selbstverständlich ist, wie in jeder Wissenschaft, die Forschung im Fluss, und es gibt unterschiedliche Meinungen auch bei grundlegenden Fragen. Dennoch hat sich eine Art »Standardmodell« herausgebildet, und der Bezug auf diese grundlegenden Erkenntnisse muss hier genügen.

Indien oder China oder »den Westen«. Mit solchen Denkmustern identifizieren wir uns dann, aber bei genauerer Betrachtung wächst die Erkenntnis: *Die Pluralität der Modelle relativiert die jeweils möglichen Ansprüche auf Geltung.* Modelle der Welt und des Menschen, Weltbilder also, streben meist Widerspruchsfreiheit (Konsistenz) an, aber das ist keineswegs immer der Fall und gelingt nie völlig befriedigend. Oft sind sie assoziativ, mit Entsprechungen argumentierend, die keine strikte Kausalität aufweisen. *Modelle des Denkens bilden Rahmen, in denen individuelle Erfahrungen zu kollektivem Gedächtnis verarbeitet werden, das wiederum Erwartungen formuliert, in denen Erkenntnis möglich wird.* Denn das, was im Modell möglich ist, formt als Paradigma die Erwartung, die Daten sucht, findet und dann zu einem Gesamtbild zusammenfügt. Paradigmenwechsel (im Sinne Thomas Kuhns[5]) markieren den Zusammenbruch solcher Modelle, die dann durch neue ersetzt werden. Auch diese sind historisch bedingt und zerbrechen wieder im Laufe der Zeit.

Paradigmen sind dann nicht mehr tauglich, wenn neue Daten neue Erkenntnisse generieren, die einen anderen Deutungsrahmen erzwingen. Dies ist in den Neurowissenschaften und den Technologien zur Künstlichen Intelligenz der letzten Jahre der Fall gewesen. Wie in der Kulturgeschichte so häufig (in Kunst, Kommunikation und Wissenschaft), haben neue Technologien (bildgebende Verfahren) nicht nur Fortschritte in der Erzeugung und Darstellung von Wissen ermöglicht, sondern völlig neue Werkzeuge geschaffen, die Einblicke in die Funktionsweisen des menschlichen Gehirns erlauben. Der Sprung ist nicht nur quantitativ, sondern qualitativ. Es ist zu erwarten, dass diese Entwicklungen anhalten. Dass den mentalen Fähigkeiten des Menschen,

> Modelle des Denkens bilden Rahmen, in denen individuelle Erfahrungen zu kollektivem Gedächtnis verarbeitet werden, das wiederum Erwartungen formuliert, in denen Erkenntnis möglich wird.

---

5 Th. Kuhn, The Structure of Scientific Revolutions (Die Struktur wissenschaftlicher Revolutionen), Chicago: University of Chicago Press 1962.

seine eigenen mentalen Funktionsweisen zu erkennen, Grenzen gesetzt sind, ist zu vermuten. Wo diese Grenzen liegen, ist offen. Dass Probleme, die heute als unlösbar gelten, gelöst werden können, ist angesichts der bisherigen Wissenschaftsgeschichte gewiss. Dass dafür neue Denkformen notwendig werden, ist wahrscheinlich.

Religion, Wissenschaft und Kunst haben eines gemeinsam: Sie gehen davon aus, dass die Welt nicht so ist, wie sie der Sinneserfahrung erscheint.[6] Hinter den alltäglichen Eindrücken des Zufalls oder der Ordnung liegen andere Ordnungen – spirituelle, ästhetische, mathematische, die zumindest im Prinzip erkennbar sind. Solche Erkenntnisse werden in den jeweils unterschiedlichen Symbolsystemen von Religion, Wissenschaft und Kunst codiert. Diese Symbole beschreiben aber nicht nur, sondern sie gestalten aktiv das Leben des Einzelnen wie die soziokulturellen Verhältnisse von Gesellschaften. Sie sind Handlungsmuster.

Die *Naturwissenschaften* beschränken sich auf kausale Beschreibungen, die objektivierbare Daten zu überprüfbaren Theorien verknüpfen, indem sie Strukturen in der Materie und ihren Entwicklungen freilegen. Die *Religionen* gehen darüber hinaus. Sie beanspruchen, auf Grund subjektiver Erfahrung (die intersubjektiv verallgemeinert wird durch Mythen und Rituale) eine bewusste und intentionale Instanz als Urheber und Garant dieser Ordnung zu kennen – meist, aber nicht immer, mit dem Begriff Gott bezeichnet. Diese ursprüngliche Ordnung im eigenen Bewusstsein zu erfahren, ist Inbegriff der *Spiritualität*. Die *Kunst* macht das Verborgene bzw. die hinter den Dingen liegende Ordnung (oder auch Unordnung) *sichtbar, hörbar, sinnlich* erfahrbar. Diese *hintergründigen Muster* des Lebens *bewusst* zu machen, ist wichtig, denn sie prägen unser Denken, unser Fühlen, unsere Entscheidung. Eine solche formt sich in der *rituell stabilisierten* Kommunikation von Menschen, die Gesellschaften Zusammenhalt und Orientierung für das soziale Handeln gibt.

---

6 R. N. Bellah, Religion in Human Evolution, Cambridge/London: Tantor and Blackstone Publishing 2011, XIII ff.

Einleitung

Die jeweiligen Welt- und Menschenbilder sind unterschiedlich, aber eben diese Bilder werden zwischen den sozial-kulturellen Systemen von Religion, Kunst und Wissenschaft wie auch zwischen Kulturen ausgetauscht. *Interkultureller Austausch und interkulturelle Aneignung sind die Triebkraft der kulturellen Evolution des Menschen!* In Gestalt von Deutungen und kollektiver Praxis (Rituale und Gewohnheiten) gehen sie über von einem Bereich in den anderen, und das macht ihre Kreativität aus, es erschwert aber auch, dass Religion, Wissenschaft und Kunst[7] miteinander in vernünftige Diskurse eintreten können.

> Interkultureller Austausch und interkulturelle Aneignung sind die Triebkraft der kulturellen Evolution des Menschen!

Die folgenden Kapitel beschränken sich auf Modelle, die sich aus der Begegnung von Asien und Europa/Amerika ergeben. Asiatische Kulturen beeinflussen schon seit langem die Umgestaltung europäisch-amerikanischer Religionskulturen, ihre Philosophien und Künste. Gibt es hier Einsichten, die vertiefte Perspektiven auf die philosophischen Interpretationen der Daten aus den Neurowissenschaften und vielleicht auch der Künstlichen Intelligenz ermöglichen?[8]

---

7 Auf den Bereich der Kunst, ihre Symbolsysteme und deren Verhältnis zu Wissenschaft und Religion kann in diesem Buch nicht eingegangen werden.

8 Ein entsprechender Diskurs wird vor allem in der englischsprachigen Welt publikumswirksam geführt. Er kristallisiert sich um die »Mind and Life«-Konferenzen (seit 1987), die von Kognitionswissenschaftlern (Francisco Varela), Neurowissenschaftlern (Richard Davidson), Psychologen (Daniel Goleman) auf der einen und (vor allem tibetischen) Buddhisten (Dalai Lama, Matthieu Ricard) auf der anderen Seite angeregt werden; ein Niederschlag dieser Debatten in Deutschland ist das Buch: Wolf Singer/Matthieu Ricard, Hirnforschung und Meditation: Ein Dialog. edition unseld, Frankfurt a. M.: Suhrkamp 2008. Viele Dialoge und Veröffentlichungen mit großen Auflagen drehen sich um das Thema Wissenschaft und Weltbild (Religion/Spiritualität), z. B. Deepak Chopra/Leonard Mlodinow, War of the World Views. Science vs. Spirituality, London u. a.: Rider 2011, vom Verlag in der Reihe »new ideas for new ways of living« publiziert und von Wissenschaftlern wie Stephen Hawking, Rudolph Tanzi (Harvard), Hans-Peter Dürr (Max -Planck-Institut Garching) sowie dem Dalai Lama kommentiert. Dazu auch Monika Niehaus/Martin Osterloh, Dem Gehirn beim Denken zusehen. Facetten der Neurowissenschaften, Stuttgart: Hirzel 2023. Eine interessante Publikation in diesem Kontext ist: Jan W. Vasbinder/Balázs Gulyás (Eds.), Cultural Patterns and Neurocognitive Circuits. East-West Connections. Exploring Complexity Vol. 2, Singapore, London, New York et al.: World Scientific Publishing 2017. Die Liste ließe sich fortsetzen.

Themen wie das Leib-Seele-Problem, eine monistische Interpretation der Wirklichkeit durch Überwindung des Materie-Geist-Dualismus, eine integrale Deutung des Subjekt-Objekt-Dualismus, die Willensfreiheit des Menschen, die Fähigkeit zu Gerechtigkeit und Frieden angesichts des evolutionären Erbes, die Frage nach der Wirklichkeit der Liebe, die Frage nach Sterben und Tod werden in diesem Rahmen neu gestellt. Zentral ist das sogenannte »schwierige Problem« (*the hard problem*)[9], nämlich die Frage, wie auf der Basis physikalisch und chemisch beschreibbarer Strukturen (neuronale Netzwerke) Gedanken, subjektive Empfindungen und Erfahrungen entstehen, also das, was »Bewusstsein« genannt wird. Was heißt es, wenn materielle Strukturen des Gehirns und geistige Strukturen des Denkens und der Gefühle »korreliert« gedacht werden? Dieses Problem ist ein Leitthema des Buches, und es wird in den einzelnen Kapiteln aus unterschiedlichen Perspektiven erörtert werden. Jedes Kapitel wird eingeleitet durch zentrale Gedanken von Rainer Maria Rilke, die er in seinem Werk *Briefe an einen jungen Dichter* (1903–1908) entwickelt hat. Sie waren Inspirationen für den Autor und sollen die Leser ebenfalls inspirieren, vielleicht auch verblüffen. Und sie formen eine Klammer, die sich um die einzelnen Fragen des Buches legt und dieselben verbindet.

Die ausgewählten Themen sind nicht neu, auch nicht die Denkmodelle, mit ihnen umzugehen. Vieles, was heute an Deutungen aus dem Buddhismus oder Hinduismus fasziniert, hat Vor-Bilder auch in der europäischen Religions- und Philosophiegeschichte. Aber es sind nur wenige Spezialisten, die damit vertraut sind. Manche Sprachbilder für ein nicht-dualistisches Weltbild, individual- und sozialethische ebenso wie ästhetische Theorien, haben eine lange Tradition in der griechischen Philosophie, vor allem im Neuplatonismus. Auch die Aristoteles-Rezeption im Mittelalter hat hier viel beizutragen, vor allem aber die

---

9 D. J. Chalmers, The Conscious Mind. In Search of a Fundamental Theory, Oxford: Oxford Univ. Press 1996.

Einleitung

Fülle der europäischen Mystik, in der die Philosophie des Idealismus und der Romantik wurzelt. Die Geschichte dieser Theorien kann hier ebenso wenig behandelt werden wie die Geschichte der Rezeption indischer oder ostasiatischer Philosophien in Europa seit der Aufklärung und der Romantik.[10] Allerdings ist es bemerkenswert, wie z. B. in der Philosophie Schellings und bei Schopenhauer Themen erörtert werden, die ähnlich – aber doch mit feinen Differenzen – in den indischen Systemen der Metaphysik, Anthropologie und Ethik diskutiert werden. Die europäische Mystik war weitgehend neuplatonisch geprägt, und zwar einschließlich der islamischen, wie sie besonders Ibn al-Arabi (1165–1240) entwickelt hatte. Und das alles, bevor man seit Ende des 17. Jahrhunderts mit Indien in intensiveren geistigen Austausch trat. So hatte Nikolaus von Kues (1401–1464), der ein genauer Leser Meister Eckharts (ca. 1260–1328) war, eine Lehre vom Zusammenfall der Gegensätze (*coincidentia oppositorum*) als letztgültige Einheit der Wirklichkeit entwickelt, die Jakob Böhme (1575–1624) in der ihm eigenen Sprache weiterentwickelte. Der niederländisch-jüdische Philosoph Baruch de Spinoza (1632–1677) hatte eine All-Einheitslehre rational zu begründen versucht, die in der Goethezeit eine Renaissance erfuhr. So hat Friedrich Wilhelm Schelling 1798 in seiner Schrift »Von der Weltseele«[11] nach einem »gemeinschaftlichen Princip« gesucht, das allen anorganischen und organischen Prozessen in der Natur zugrunde liege, das in allem gegenwärtig sei und darum selbst nichts Besonderes sein könne, eine Art Weltseele, ein *atman* also, der wie die magnetische Kraft *allen* Erscheinungen innewohne und damit etwas darstelle, das Materielles und Geistiges umfasst. Später sprach man von der Lebens-

---

10 Dazu W. Halbfass, Indien und Europa, Basel/Stuttgart: Schwabe 1981; U. App, The Birth of Orientalism, Philadelphia: University of Pennsylvania Press 2010; ders., Schopenhauers Kompass, Rorschach/Kyoto: University Media 2011. Auch M. v. Brück/Whalen Lai, Buddhismus und Christentum. Geschichte, Konfrontation, Dialog, München: C.H. Beck 1998.

11 Hinweise und Zitate bei U. App, Schopenhauers Kompass, a. a. O., 41 ff.

energie, heute von der Grund-Energie oder der »Quanteninformation«[12] bzw. der Ganzbewegung (*holomovement*)[13]. Johann Gottlieb Fichte (1762–1814) definierte Bewusstsein als Selbst-Erkennen, ähnlich dem, was heutige Neurobiologen als »Sekundärbewusstsein« oder die »interne Verarbeitungsebene« von Information bezeichnen. Auch Schellings Unterscheidung von »bloß endlicher Erkenntnis« und »intellektueller Anschauung« (die auf die deutsche Mystik bei Meister Eckhart, Heinrich Seuse und später Jakob Böhme zurückgeht) liest sich wie ein Echo auf die Unterscheidung von »relativer Wahrheit« und »absoluter Wahrheit« im Buddhismus und im indischen Vedanta. Wenn nach Immanuel Kants Kritik schon klar war (und ist), dass wir die Welt, wie sie ist (»Ding an sich«), nicht kennen können, da jedes Wissen mentale Konstruktion nach den Bedingungen des menschlichen mentalen Vermögens ist, so wäre doch vielleicht eine andere Form des Wissens – eine Intuition, eine mystische Schau, eine ästhetische Gesamtwahrnehmung hinter den Wahrnehmungen von Erscheinungen möglich? Ließe sich eine solche Dimension gar durch ein rationales Verfahren erschließen? Fichte, Schelling, Hegel, Schopenhauer – die Philosophie des Idealismus scheint bezüglich der letzten Frage gescheitert zu sein. Das Problem ist aber nicht erledigt: In Ernst Cassirers (1874–1945) Analyse der symbolischen Formen, in der Prozessphilosophie Alfred North Whiteheads (1861–1947) sowie ihren amerikanischen Adaptationen und eben auch in den neueren Diskussionen um die »Neurobiologie« und »Neurophilosophie«[14] taucht es in je eigener Gestalt wieder auf.

---

12 Th. Görnitz, Bewusstsein naturwissenschaftlich betrachtet und enträtselt, in: T. Müller/ Th. M. Schmidt (Hg.), Ich denke, also bin ich Ich? Das Selbst zwischen Neurobiologie, Philosophie und Religion, Göttingen: Vandenhoeck & Ruprecht 2011, 64 ff. In diese Richtung zeigt auch der Informations-Begriff des Physikers Anton Zeilinger (geb. 1945, Nobelpreis 2022), der maßgeblich den Quanten-Computer entwickelt hat und u. a. im Dialog mit dem Dalai Lama die Konsequenzen für das Welt- und Menschenbild wiederholt erörtert hat.
13 D. Bohm, Wholeness and the Implicate Order, London: Routledge 1980.
14 Th. Metzinger, Bewusstseinskultur. Spiritualität, intellektuelle Redlichkeit und die planetare Krise, Berlin: Berlin Verlag 2022.

Warum beginnen wir mit dem Bewusstsein und nicht mit der Biologie oder mit dem Urknall? Weil wir, auch wenn wir nach den materiellen Bedingungen der Welt und des Lebens und des Menschen fragen, in und mit dem Bewusstsein fragen. Wir können zwar mit guten Gründen annehmen, dass es eine Welt außerhalb von uns gibt, bevor es überhaupt Menschen oder Leben auf der Erde gab. Doch auch diese Annahme machen wir im Bewusstsein. Die Quantentheorie (als Basis heutiger Physik) ist nicht eine Aussage darüber, »wie die Welt ist«, sondern darüber, wie der Mensch messend und eingreifend mit der Welt in Beziehung tritt. Sie ist eine statistische Theorie, und was wir sehen, hängt ab von dieser Interaktion, also auch vom Bewusstsein.

Die sechs Kapitel folgen also einer inneren Logik: Wir fragen *erstens* nach den Grundlagen des Wissens über den Menschen aus heutiger Perspektive, um davon abgeleitet *zweitens* zu prüfen, wie Wissen zu Systemen gültiger Aussagen organisiert und als verlässliche Basis des Handelns kommuniziert wird. *Drittens* wird nach den Bedingungen der Entwicklung des Menschen im Rahmen evolutionärer Prozesse gesucht. *Viertens* diskutieren wir, ob und unter welchen Voraussetzungen der Mensch die Freiheit hat, das so erworbene Wissen zu Handlungsentscheidungen zu nutzen. Daraus ergibt sich *fünftens* die Frage nach der Wirkkraft der Liebe und dem ethischen Maßstab, nach dem vernunftgestützte Entscheidungen gefällt werden können. *Sechstens* fragen wir, ob es begründete Aussagen über Sinn und Ziel des Lebensprozesses angesichts der Endlichkeit des Menschen geben kann.

Bei einigen Themen werden wir historisch vorgehen, um zu zeigen, wie sich das Menschenbild entwickelt hat. Dabei ist der Begriff »Bild« wörtlich zu nehmen, denn kulturelles Wissen ist nicht nur in Begriffen und analysierender Sprache codiert, sondern auch in Kunstwerken, Ritualen und Erzählungen. Dies ist das Feld der Kunst und der Religionen, die in nicht europäischen Kulturen gar nicht deutlich von Philosophie zu trennen sind. Wir werden also die Fragen nach Denkformen und Welt-Modellen im Rahmen der Religionsgeschichte stellen. Bei anderen Themen ist diese historische Perspektive nur schwer möglich: Die »Liebe« ist kaum mit historischem Wissen begreifbar. Man hat zwar Verhaltensgewohnheiten, Ritualpraxen, soziale Muster und mediale Darstellungen (vor allem in Poesie und bildender Kunst) um Partnerwahl, Sexualität, Ehe und Familie usw. untersuchen können, aber das ist nicht »die Liebe«. Dieselbe muss zunächst als Phänomen bestimmt werden, und – was wundert es – nicht allzu viel ist hier dem Blick von außen zugänglich.

Unterschiedliche Perspektiven können einander ergänzen, sie reißen aber auch Bruchlinien auf. Denn wir haben es mit der Beschreibung des Faktischen und Erörterungen des Möglichen zu tun. Beides gilt gleichzeitig: Wir *sind* Menschen und haben als solche eine nicht bezweifelbare Würde, wie ich zeigen werde; und wir *werden* Menschen, weil die Potenziale immer neu aktualisiert werden und in diesem Prozess jeweils weiter anwachsen. Unter beiden Aspekten beruhen die Argumente auf empirischem Wissen und rationalen Erwägungen dessen, was *noch* nicht gewusst wird, aber Wahrscheinlichkeit hat. Das *Faktische* wird gedeutet in einem Rahmen, der auch subjektiv, historisch bedingt und von Interessen geleitet ist, wie wir oben sagten. Das *Mögliche* aber beruht auf dem Transport von aus der Vergangenheit stammenden Erwartungen und Hoffnungen. Sie sind gezeichnet von Erfahrungen des Glücks wie von Enttäuschungen und Erfahrungen des Scheiterns.

Auch aus diesem Grund sind die folgenden Aussagen und Vorschläge unvollständig. Sie sind durch neue Daten sowie Gegenstimmen auf dem Hintergrund anderer Erfahrungen frag-würdig. Manches bleibt assoziativ, weil mentale Projekte nicht eindeutig und darum offen sind. Auch die Beschreibung von biologischen Prozessen im Menschen ist Beschreibung, also *mentales* Projekt: Wahrnehmung, Datensammlung, Theoriebildung, Deutung in Sprache. Wir wissen heute über Genetik, Epigenetik und den Einfluss des Bewusstseins auf die Regulationsprozesse des Körpers ungleich mehr als noch vor einigen Jahren. Und auch das heutige Wissen wird schnell überholt werden. Nicht nur die

Sprachen einzelner Völker, sondern auch die Sprachen sozialer Gruppen und unterschiedlicher Wissenschaftsdisziplinen sind verschieden. Sie schaffen Identitäten, in denen sich das Menschliche nicht nur mitteilt, sondern auch formt. Anthropologie wird nicht nur in Sprachen geschrieben, sondern Menschsein *geschieht* in Sprache. Und das nicht im Singular, sondern im Plural.

Kapitel 1:
Bewusstsein, Ich und Selbst

Wenn Sie sich an die Natur halten, an das Einfache in ihr, an das Kleine, das kaum einer sieht, und das so unversehens zum Großen und Unermeßlichen werden kann; wenn Sie diese Liebe haben zu dem Geringen (...) dann wird Ihnen alles leichter, einheitlicher und irgendwie versöhnender werden, nicht im Verstande vielleicht, der staunend zurückbleibt, aber in Ihrem innersten Bewußtsein, Wachsein und Wissen.[1]

(Rainer Maria Rilke)

Worum geht es?

Unser Menschenbild befindet sich im Umbruch. Nachdem das Weltbild – vor allem die Kosmologie und die Erkenntnisse über die Grundbausteine der Welt – durch die Allgemeine Relativitätstheorie und die Quantenphysik zu Beginn des 20. Jahrhunderts revolutionäre Phasen durchgemacht hat, sind es nun die digitale Revolution mit der Entwicklung »Künstlicher Intelligenz« sowie die Neurowissenschaften, die noch viel fundamentaler als die Psychoanalyse um 1900 das Selbstverständnis des Menschen bzw. das Verhältnis zu sich selbst herausfordern. Wer ist der Mensch? Und wer darf sich überhaupt mit welcher

> Bewusstseinsprozesse, wie sie unter Drogen kontrolliert induziert werden können, Nahtod-Erlebnisse, Zustände des Bewusstseins in der Meditation usw. werden wissenschaftlich untersucht, auch wenn befriedigende Deutungen solch außergewöhnlicher Bewusstseinszustände bzw. »Grenzerfahrungen« (noch) nicht in Sicht sind.

---

1 Rilke, Briefe an einen jungen Dichter, 16. Juli 1903, a. a. O., 21.

Kompetenz zu dieser Frage äußern? Die Frage nach dem subjektiven Erleben, nach der »Gültigkeit« von Bewusstseinszuständen, die sich vom »Normalen« unterscheiden, galt noch bis vor kurzem als wissenschaftlich unseriös. Das hat sich geändert: *Bewusstseinsprozesse, wie sie unter Drogen kontrolliert induziert werden können, Nahtod-Erlebnisse, Zustände des Bewusstseins in der Meditation usw. werden wissenschaftlich untersucht, auch wenn befriedigende Deutungen solch außergewöhnlicher Bewusstseinszustände bzw. »Grenzerfahrungen« (noch) nicht in Sicht sind.*[2]

Das, was Wissenschaft als Wissen bezeichnet, prägt auch die sozialen und ethischen Debatten. Das spiegelt sich auch in den Wissens- und Wissenschaftsdiskussionen selbst wider. Nicht zufällig enthält der »Report« der Max-Planck-Gesellschaft »Zukunft Gehirn«[3] nicht nur Beiträge zur Evolution und Funktionsweise der Hirnarchitekturen, sondern auch zu pädagogischen, rechtstheoretischen und medizinischen »Konsequenzen« aus der neurobiologischen Forschung.

Ein weiterer Grund für den Umbruch im Menschenbild ist die Interkulturalität. Zwar erobern moderne Wissenschaft und Technik, die ihre Entwicklung aus Europa und Amerika heraus angetreten haben, mit unverminderter Dynamik die gesamte Welt, aber die europäisch-amerikanische Zivilisation büßt in atemberaubendem Tempo und weltweit ihren Anspruch auf das Monopol bei der Deutung dessen ein, was ein gutes Leben ist, was der Mensch als Kulturwesen tun soll und was nicht, was politisch und ökologisch notwendig sei. Das zeigt sich im

---

2 M. Wittmann, Wenn die Zeit stehen bleibt. Kleine Psychologie der Grenzerfahrungen, München: C.H. Beck 2015. Hier auch ein ganz knapper Abriss der Verdrängung entsprechender Themen in der akademischen Debatte und zum gegenwärtigen »wissenschaftlichen Erwachen« (119 ff.). Eine zusammenfassende Darstellung der Meditationsforschung liegt vor bei P. Sedelmeier, Die Kraft der Meditation. Was die Wissenschaft darüber weiß, Reinbek b. Hamburg: rowohlt 2016. Zu diesem Thema erscheinen wöchentlich neue Studien, wie man im Internet überprüfen kann, z. B.: psychinfoservices@apa.org. Auch im populärwissenschaftlichen Bereich ist das Thema zentral, als Beispiel für Printmedien: Spektrum der Wissenschaft edition 3/2023: Bewusstsein, bzw. Spektrum der Wissenschaft Gehirn&Geist 4/2023: Konzentration.

3 T. Bonhoeffer/P. Gruss (Hg.), Zukunft Gehirn. Neue Erkenntnisse, neue Herausforderungen. Ein Report der Max-Planck-Gesellschaft, München: C.H. Beck 2011.

großen Stil auch in der Politik und Wirtschaft: Das Weltgewicht verlagert sich nach China und Indien.[4] Europa wird an den Rand gedrängt, ökonomisch wie politisch. Asiatische Kulturen, auch islamische (man denke an die Stadtentwicklungsprojekte der Golf-Staaten) und andere, stricken an den Mustern mit, die vorgeben, was wir von uns selbst halten und was wir von uns selbst halten werden, und wie Sein und Sollen miteinander in Übereinstimmung gebracht werden können. Differenzen und harte Konfrontation brechen dabei auf, und ob oder wie eine mögliche Integration gelingt, wird ganz wesentlich darüber entscheiden, ob nicht nur das Gehirn, sondern auch die Menschheit eine »Zukunft« hat oder nicht.

Gegenwärtig spielen drei Lernvorgänge eine gewichtige Rolle:

Wir lernen *erstens*, dass wir die Welt nicht »an sich« kennen, sondern nur in unseren Modellen und Konstrukten. Das hat zwar schon Immanuel Kant unmissverständlich formuliert, aber in den Naturwissenschaften gab es doch eine »Objektivitätsgläubigkeit«, die einem religiösen Unfehlbarkeitsanspruch nicht unähnlich war: Die Wissenschaften strahlten Sicherheit aus, vielleicht auch eine gewisse Arroganz der Erkennbarkeit und »Machbarkeit« der Dinge. Damit ist es vorbei. Auch die menschliche Vernunft ist Produkt der biologischen und kulturellen Evolution. Wir wissen, dass wir mittels des Lichtes suchen, das wir selbst produzieren. Wer immer dieses »wir« ist – es handelt sich jedenfalls um die bewussten Prozesse des Erkennens, um eine »anthropogene« Größe also.

Wir begreifen *zweitens*, dass wir nicht nur Körper sind und Substanz im Sinne lokal angeordneter materieller Teile, die beschreib- und messbar sind. Wir wissen auch, dass wir Psyche oder Geist sind, ein Wirkungsfeld, das diesen Körper erheblich beeinflusst. Nicht nur der Körper und seine Zustände beeinflussen das, was wir bisher meist Psyche

---

[4] K. Mühlhahn, Geschichte des modernen China. Von der Qing-Dynastie bis zur Gegenwart, München: C.H. Beck 2021; M. H-P. Müller (Hg.), Indien im 21. Jahrhundert – Auf dem Weg zur postindustriellen Ökonomie, Berlin: Springer/Gabler 2024.

oder Geist genannt haben, sondern auch umgekehrt haben mentale Prozesse messbare Wirkungen auf das, was wir körperliche Vorgänge nennen und in physikalischen oder chemischen Formeln beschreiben. Das Stichwort »Psychosomatik« ist in aller Munde. Die Placebo-Forschung ist eine anerkannte Disziplin, und auch die Epigenetik beweist, dass kulturell erworbene Eigenschaften die Gene steuern, und dass so »Erlerntes« auch vererbt werden kann. Doch wir sind weit davon entfernt zu verstehen, wie »mentale Impulse«, also Gedanken und Emotionen, biochemische Prozesse beeinflussen können, die mit klassischen naturwissenschaftlichen Messverfahren nachweisbar sind. Wir lernen, dass die Komplexität der Wechselverhältnisse zwischen den einzelnen Dimensionen des Menschseins größer ist, als wir bisher angenommen haben.

Und wir lernen *drittens*, dass es noch eine weitere Dimension des Menschseins gibt, die in den europäischen Sprachen als das Spirituelle bezeichnet wird. War dieses Wort zunächst ein Erbe der mönchischen christlichen Tradition gewesen und dann seit den 60er Jahren des vorigen Jahrhunderts ein Slogan, der mit alternativen esoterischen Bewegungen in Verbindung gebracht wurde, so ist er heute ein Begriff, der in den etablierten Wissenschaften akzeptiert ist, und zwar in der Pädagogik ebenso wie in der Neurobiologie und der Medizin, in der Religionswissenschaft ohnehin und in den anderen Kultur- und Sozialwissenschaften mehr und mehr. Denn die spirituelle Dimension des Menschseins ist etwas Eigenes gegenüber der psychischen. Das hat zwar auch bereits Platon so gesehen, und über die Neuplatoniker ist diese Auffassung in das frühe Christentum gelangt – man unterschied die leibliche (*somatische*), seelische (*psychische*) und spirituelle (*noetische*) Dimension –, aber in der Moderne war davon nur der Dualismus von Materie und Geist übriggeblieben. Die Frage aber, was das »Spirituelle« genau ist, kann heute neu gestellt werden, und zwar als Forschungsgegenstand mehrerer Einzeldisziplinen.

Die Entwicklung der wissenschaftlichen Disziplinen ist nicht vom Himmel gefallen, sie ist selbst in historischen Prozessen verankert. Das bedeutet: Auch wenn sich bestimmte Methoden bewährt haben, heißt das nicht, dass sie in einem anderen Rahmen neuer und weiterer Fragestellungen genügen würden.[5] Darum der Ruf nach neuen Disziplinen und Inter-Disziplinarität, der aber so schwer umzusetzen ist, weil man meistens neue Begriffe, Fragen und Erkenntnisse in den alten, weil bekannten, Kategorien erklären muss. Stattdessen analysiert man Phänomene empirisch so, dass ihre Ursachen reduktionistisch erforscht werden, und statt netzwerkartiger oder »komplementärer« Beschreibungsweisen verfällt man eher einer »Monokausalitis«,[6] die gleichwohl entscheidende Fragen, wie z. B. die nach den Wechselwirkungen von somatischen und spirituellen Prozessen, ausblendet.

Die folgenden Ausführungen sind selbstredend kein Beitrag zu den Neurowissenschaften. Sie können und wollen nichts anderes, als die Deutungen neurowissenschaftlich gewonnener empirischer Daten in einen interkulturellen Horizont zu stellen. Die Modelle, in denen neurowissenschaftliche Daten interpretiert werden, sollen nicht allein aus der europäisch-amerikanischen Philosophie- und Kulturgeschichte gewonnen werden. Dies könnte sich als produktiv erweisen, denn die genannten Modelle repräsentieren möglicherweise Einseitigkeiten bzw.

---

5 So leben die Naturwissenschaften von der Objektivierbarkeit der beobachteten Erscheinungen. Durch Experimente werden Kausalbeziehungen erkannt. Wenn die Ausgangsbedingungen bekannt sind, kann vorausgesagt werden, was sich ereignen wird. Die Ausgangshypothese wird durch ein Experiment bestätigt oder verworfen (Falsifizierbarkeit), und so kommt es zu (meist) vorläufiger Erkenntnis, die sich aber stets dem Test zur Widerlegung unterziehen muss. Die subjektive Perspektive ist ausgeklammert. Anders bei der Selbstbeobachtung des Menschen, denn hier wird das zu erkennende Subjekt durch das erkennende Subjekt beobachtet. Seit Wilhelm Wundt (experimenteller Psychologe, 1832–1920) ist die Introspektion ein anerkanntes Mittel der Erkenntnis. Dem widersprach John B. Watson (1878–1958), der Begründer des Behaviorismus: Gültige Erkenntnis gebe es nur von dem, was objektivierbar ist. Daraus folgt für die behavioristisch orientierte Psychologie, dass man nur das Verhalten (und seine Ergebnisse) beobachten könne, nicht aber die Wünsche, subjektiven Emotionen und Motivationen.

6 Dazu die interessanten Ausführungen bei E. Pöppel/Y. Bao, Searching for Unasked Questions: An Unfinished »East-West-exploration«, in: J. W. Vasbinder/B. Gulyás (Eds.), Cultural Patterns and Neurocognitive Circuits. East-West Connections. Series Exploring Complexity Vol. 2, Singapore, London, New York et al.: World Scientific Publ. 2017, 89–110.

Begrenzungen bei der Modellbildung. Dafür ist es allerdings unerlässlich, dass einige Kernthesen der gegenwärtigen neurowissenschaftlichen Debatte erläutert werden und das, was gegenwärtig als gesicherte Erkenntnis gilt, dargestellt wird.[7] Dies kann allerdings nur exemplarisch geschehen mit Berufung auf einige der publikumswirksamen Autoren sowie durch prinzipielles Hinterfragen von sprachlich-kulturellen und systemischen Rahmenbedingungen des *neurowissenschaftlichen Diskurses*.

Denn es ist zu bedenken: Die Naturwissenschaften liefern Messdaten in Zahlen, Relationen und Proportionen, abhängig von den Fragestellungen, die in ausgeklügelten Experimenten formuliert worden sind. Solche Fragestellungen sind von einzelnen Menschen oder Forschergruppen erarbeitet worden, sie setzen also voraus, was sie suchen: Bewusstsein, d. h. intentionale Ausrichtung der Aufmerksamkeit auf »etwas« auf Grund von Erfahrung in komplexen sozialen Zusammenhängen. Die Rahmenbedingungen der Fragen wie auch die Fragen selbst sind in verschiedenen Kulturen und Milieus unterschiedlich, ebenso auch die Deutungen der Ergebnisse. Alles, was über den Formalismus mathematisch-geometrischer Proportionen hinausgeht, wird in Sprache formuliert. Sprache aber verwendet Metaphern: Sie zeigen nicht das, was die Welt ist, sondern das, was wir von der Welt denken.

Wir stellen die Frage nach dem Menschen auf dem Hintergrund der platonisch-aristotelisch-cartesianisch-kantianischen Tradition, und wir haben sie seit Jahrhunderten auf diese Weise gestellt. Wir haben uns dabei als Materialisten, Idealisten, Spiritualisten – oder was auch immer – erwiesen. Dabei ist durchaus nicht eindeutig klar, was es

---

7 Dazu E. Kandel/J. Schwartz, Principles of Neural Science, New York: Elsevier 1985; M. Gazzaniga/R. Ivry/G. R. Mangun (Eds.), Cognitive Neuroscience: The Biology of the Mind, New York: W. W. Norton ³2008; M. Gazzaniga, Das erkennende Gehirn. Entdeckungen in den Netzwerken des Geistes, Paderborn: Junfermann 1988; M. Niehaus/M. Osterloh, Dem Gehirn beim Denken zusehen. Facetten der Neurowissenschaften, Stuttgart: Hirzel 2023; Ch. Koch, The feeling of life itself: why consciousness is widespread but can't be computed, Boston: MIT Press 2019; ders., Then I Am Myself the World: What Consciousness Is and How to Expand It, New York: Basic Books 2024.

heißt, eine materialistische oder idealistische oder sonstige Position einzunehmen. Denn das hängt an dem Begriff, den man von »Materie«, »Idee«, »Geist« usw. hat. Da gibt es viele Varianten, und unter heutigen naturwissenschaftlichen Vorgaben erst recht, so etwa wenn als Interpretation der Quantenphysik Vorstellungen wie »Materie als nicht-lokalisierter Informationsstrom« oder »Quanteninformation« (als letzte »Bausteine« der Wirklichkeit, die nicht mehr »materiell« im klassischen Sinne sind) auftauchen.[8] Aber auch hier müsste geklärt werden, was unter »Vorstellungen« verstanden wird. Dazu eignet sich die Analyse der Interpretationen neurowissenschaftlicher Daten, wie sie einige Neurowissenschaftler selbst vortragen (z. B. in Deutschland Wolf Singer, Ernst Pöppel, Gerhard Roth), oder wie sie von Philosophen (z. B. Thomas Metzinger) interpretiert werden. Hier kann der erwähnte, von der Max-Planck-Gesellschaft herausgegebene Band »Zukunft Gehirn« als Beispiel gelten.[9] Gewiss ist es richtig, Naturwissenschaft und Metaphysik zu unterscheiden. Aber, wie der Philosoph Julian Nida-Rümelin sofort hinzufügt, klar ist auch, »dass diese Unterscheidung problematischer ist als ursprünglich angenommen«[10], und zwar nicht nur, weil es kein eindeutiges Kriterium dafür gibt, wie Nida-Rümelin bemerkt, sondern auch, weil die Unterscheidung selbst in einem modellhaften Rahmen vollzogen werden muss, der nicht der im Experiment überprüften Empirie entstammt, sondern mentales Konstrukt ist.

Unendlich viele Fragen, ein Ringen um klare Begriffe, Deutungen von Metaphern, in denen immer neue Meinungen geäußert werden,

---

8 Dazu der Sammelband: J. Tuszynski (Ed.), The emerging physics of consciousness, Berlin: Springer 2006, in dem diesbezüglich einander widersprechende Positionen zur Sprache kommen. Dazu auch Th. Görnitz, Bewusstsein naturwissenschaftlich betrachtet und enträtselt, in: T. Müller/Th.M. Schmidt (Hg.), Ich denke, also bin ich Ich? Das Selbst zwischen Neurobiologie, Philosophie und Religion, Göttingen: Vandenhoeck & Ruprecht 2011, 61 ff.; ferner: P. T. I. Pylkkänen, Mind, Matter and the Implicate Order, Berlin/Heidelberg: Springer 2007.
9 Bonhoeffer/Gruss (Hg.), Zukunft Gehirn, a. a. O.
10 J. Nida-Rümelin, Replik von J. Nida-Rümelin (auf Wolf Singer), in: T. Bonhoeffer/P. Gruss (Hg.), Zukunft Gehirn, a. a. O., 270.

ohne dass logisch eindeutig bestimmt wäre, was genau gemeint ist. So etwa, wenn Wolf Singer vorschlägt, von einem »Dialog der Gehirne« zu sprechen. Wie bitte, Gehirne unterhalten sich? Nein, der Ausdruck ist eine Metapher für die Erkenntnis, dass die Entstehung reziprok aufeinander einwirkender neuronaler Netzstrukturen nicht im Rahmen der Gehirnarchitektur von Individuen beschrieben werden kann, sondern hochgradig sozial organisiert ist. Aber »Gehirne« sind nicht im »Dialog«. Was genau ist es, das hier mit wem bzw. womit kommuniziert? Nicht nur einzelne Neuronen, sondern die »Netzwerke«, die Information bearbeiten oder selbst Information sind? Die in rückgekoppelten Schleifen andere Netze wie sich selbst ständig neu hervorbringen? Weiter: Interpretationen neurowissenschaftlicher Daten benutzen häufig den Begriff des »Korrelats«. Demnach seien mentale Prozesse neuronal korreliert. Was besagen soll, dass mentale Zustände Produkte neuronaler Mechanismen sind, deren komplexe Netzwerkstrukturen durch Vermittlung elektrischer und biochemischer Signale zustande kommen. Wo aber ein Korrelat ist, müssen zumindest zwei Systeme aufeinander bezogen werden. Der Begriff des Korrelats impliziert also einen wie auch immer gearteten Dualismus. Einen solchen meint eine naturalistische Beschreibungsweise natürlich nicht, denn eben dieser Interpretation gemäß sind mentale Zustände kausal abhängig von der Aktivität physikalisch beschreibbarer Neuronennetzwerke. Was aber dann? Was genau ist korreliert?

Selbstverständlich will man mentale Zustände im Rahmen der Naturgesetze interpretieren, sonst verließe man den Boden der Wissenschaft. Aber was sind Naturgesetze? Ist die Newton'sche Mechanik gemeint oder die Quantentheorie,[11] deren Interpretationen zu einem Materiebegriff tendieren, der eher Potentialfeldern entspricht, die Information tragen, als mechanisch beschreibbaren Interaktion von »Substanzen«? Wolf Singer zieht sich in der Debatte, auf Nida-Rümelin antwortend, zurück

---

11 Ebd., 271.

und schwächt den Begriff der neuronalen Determination ab, wenn er formuliert, dass neuronalen Strukturen immerhin eine »tragende Rolle« zukomme.[12] Das freilich wird wohl niemand bestreiten, aber der Begriff ist zu wenig konturscharf. Könnten »Korrelate« vielleicht eher als unterschiedliche Beschreibungsweisen aufgefasst werden, die ein und dieselbe implizite Ordnung in expliziten Kategorien erfassen? Dies etwa wäre das Modell, das dem Quantenphysiker David Bohm (1917–1992) vorschwebte.

Ein weiteres Problem stellt sich wie folgt dar: Wenn neurobiologische Daten zu systemischen Ordnungen verknüpft und die Wirkungen solcher Systeme in Sprache beschrieben werden, taucht begrifflich – es ist wohl kaum anders denkbar – die Formulierung auf: »Unser Gehirn« tut dies und jenes.[13] Was zeigt das Possessivpronomen an, wer ist der Eigentümer? Oder man glaubt, durch das Verständnis von Gehirnprozessen könne man begreifen, »wie Risiko über das Gehirn unser Verhalten beeinflusst«, so dass »wir dem Risiko nicht länger schicksalhaft ausgeliefert« seien.[14] In allen diesen Fällen wird ein Subjekt eingeführt, das einer anderen Ordnungsebene gegenüber den Hirnprozessen angehört, aber was soll das sein, da ja gerade keine Ich-Zentrale ausfindig gemacht werden kann?

Man kann die Fragen noch weitertreiben: Wenn die materiell berechenbaren neuronalen Verschaltungen das menschliche Verhalten determinieren, gibt es keine Willensfreiheit. Auch Neurobiologen, die dies behaupten, wollen aber daran festhalten: »Die handelnde Person ist verantwortlich für ihr Tun und muss für die Folgen eintreten.«[15] Warum eigentlich, wenn nicht nur aus sozial-pragmatischen Gründen?

---

12 W. Singer, Erregungsmuster, Replik von Wolf Singer (auf Julian Nida-Rümelin), in: Zukunft Gehirn, a. a. O., 276.
13 Ebd., 269; und natürlich viele andere Belege.
14 W. Schultz, Wie sich Neuronen entscheiden, in: Zukunft Gehirn, a. a. O., 103.
15 Singer, Erregungsmuster, Replik von Wolf Singer (auf Julian Nida-Rümelin), in: Zukunft Gehirn, a. a. O., 277.

Und wer ist hier »Person«? Was ist die Person mehr als die komplexen neuronalen Verschaltungssysteme, und wo kommt dieses »mehr« her? Die gängige Antwort ist die, dass es sich um ein *emergentes Phänomen* handele, denn natürlich könne man bei den bildgebenden Verfahren zwar Typen von Gehirnleistungen lokalisieren und beschreiben und ihre indirekten Wirkungen sehen, nicht aber die Inhalte dieser Leistungen, also Gedanken.[16] *Emergenz* tritt in der Natur häufig auf, vielleicht ist Evolution Emergenz? Denn schließlich ist die Vernunft einschließlich der Ratio und ihrer Fähigkeit zur Begriffsbildung auch ein emergentes Produkt der Natur. Der Begriff der Emergenz besagt, dass eine systemisch verbundene Einheit neue Eigenschaften gegenüber den Ausgangsbedingungen hat, d. h. dass die Erzeugung einer qualitativen Struktur aus quantitativ bestimmten Bestandteilen tatsächlich neue Systemeigenschaften ergibt (Wasser hat ganz andere Eigenschaften als Wasserstoff und Sauerstoff für sich betrachtet), oder anders ausgedrückt: Das emergente Phänomen ist mehr als die Summe der Teile. Mentale Prozesse (Denken, Fühlen, Gedächtnis usw.) unterscheiden sich qualitativ von den chemischen und elektrischen Reaktionen, die in den verschalteten Zellen ablaufen, wenngleich die mentalen Eigenschaften nicht ohne diese neuronalen Netzwerke auftreten. Man kann sie also als emergent bezeichnen. Damit ist allerdings weiterhin offen, ob es sich um »materielle« oder »geistige« Vorgänge handelt. Wie gesagt, das hängt an den zugrunde gelegten Begriffen.[17] Man soll sich nur nicht täuschen: Keineswegs nur der Begriff des Geistes ist strittig, sondern nicht weniger der Begriff der Materie.

Jetzt aber kommen wir angesichts einer Situation, die als Patt zwischen Materialisten und Idealisten beschrieben werden könnte (oder

---

16 H. J. Markowitsch/R. Merkel, Das Gehirn auf der Anklagebank, in: Zukunft Gehirn, a. a. O., 242.

17 So ist etwa der Untertitel des von Gazzaniga et al. herausgegebenen Buches »The Biology of the Mind« eine Vorentscheidung, die das eben genannte Problem keineswegs löst, denn das »of« bzw. der Genitiv lässt unterschiedliche Deutungen der »Korrelation« zu. (M. Gazzaniga et al. (Eds.), Cognitive Neuroscience: The Biology of the Mind, a. a. O.)

auch nicht), in eine ganz andere Lage. Wir lernen nicht nur, arbeitende Gehirne in die Röhre zu legen und den gehirnregionalen Sauerstoffverbrauch live und dennoch nicht-invasiv zu messen, um damit Aktivitätsmuster des Gehirns zu erkennen und Rückschlüsse auf die »Funktionsweisen des Geistes« zu ziehen. Und wir lernen auch nicht nur, diese Ergebnisse mit klinischen Einzelfällen in Verbindung zu bringen, wo Ausfälle von Gehirnregionen Störungen bewirken, die wiederum die Lokalisierung kognitiver Leistungen und Einsichten in die Architektur des Gehirns ermöglichen.[18] Die Entstehung von Gefühlen und Gedanken und deren Korrelation, die Entwicklung von Wahrnehmungsprozessen und das Zustandekommen von Willensentscheidungen ist damit aber noch nicht zureichend erklärt.

Denn wir lernen auch, dass die Interpretationen dieser Messdaten in der Sprache unserer je eigenen kulturellen Entwicklungsgeschichte geschehen (wie sonst?). Doch es gibt Alternativen in anderen Sprachen. Wir lernen die Kulturen Indiens, Chinas, der afrikanischen und amerikanischen Völker kennen (um nur einige zu nennen), und es zeigt sich, dass die Denkformen, in denen wir nach Raum, Zeit, nach der Welt und dem Menschen fragen, auch anders sein können. Diese Andersheit umfasst viele Bereiche, sie betrifft vielleicht alle Dimensionen des menschlichen Lebens, einschließlich des Wissenschaftsbetriebs. Noch einmal: Die *Messdaten* sind kulturinvariant, sofern sie größtmögliche Genauigkeit aufweisen und unabhängig von jeweiligen kulturellen Orten wiederholt erzeugt und dadurch überprüft werden können. Ihre *Interpretation* aber geschieht, sobald wir mathematische Formalisierungen verlassen (und einige Wissenschaftler beschränken sich genau aus diesem Grunde darauf, bei den unanschaulichen Formalismen der Darstellung zu blei-

---

18 Dazu die aufschlussreiche und knappe Darstellung der Debatte um die Lokalisierung kognitiver und affektiver Leistungen bei E. Kandel, Brain and Behavior, in: E. Kandel/J. Schwartz, Principles of Neural Science, a. a. O., 6 ff. Aufschlussreich deshalb, weil Kandel die Wissenschaftsgeschichte zu diesem Thema knapp referiert, wobei deutlich wird, wie die (weltanschaulich) vorgegebenen Interessen Rahmenbedingungen (Modelle) für die Dateninterpretation ergeben.

ben) und mit der Sprache operieren. Und die ist metaphorisch, kulturvariant, »obertönig«.

Die wichtigste Erkenntnis aus diesem interkulturellen »Aha-Erlebnis« ist vermutlich diese: Wir müssen uns nicht dem Zwang unterwerfen, entweder materialistische Monisten oder idealistische Dualisten zu sein, also entweder alles im Menschen auf biochemische oder elektromagnetische Wechselwirkungen zu beschränken und damit den »Geist« zu eliminieren, oder aber den Geist als eigene Domäne gegenüber dem »bloß Materiellen« retten zu wollen, wobei wir Dualisten würden, was letztlich jeder naturwissenschaftlichen Evidenz zu widersprechen scheint.

> Wir können die Welt als Einheit denken, wobei Parameter, die wir dem Materiellen zuordnen, und Parameter, die wir als Geistiges begreifen, ein nicht-duales Kontinuum bilden.

Nein, es geht auch anders. *Wir können die Welt als Einheit denken, wobei Parameter, die wir dem Materiellen zuordnen, und Parameter, die wir als Geistiges begreifen, ein nicht-duales Kontinuum bilden.* So die überwältigende Mehrheit der indischen Philosophien und Anthropologien.

Was bedeutet das für unser Menschenbild? Was bedeutet das für die Wissenschaften und für unser Selbstverständnis als denkende Wesen? Was für den Begriff des Erkennens und der Wahrheit? Und vor allem: Was ist mentale und/oder spirituelle Erfahrung, nach der viele Menschen heute suchen, um Orientierung und ein gewisses Maß an Gewissheit zu finden angesichts einer Welt, die immer unüberschaubarer zu werden scheint? Ist spirituelle Erfahrung der Weg, die alte Frage »Wer sind wir« neu zu stellen angesichts einer Situation, in der die Rationalität vielleicht in eine Sackgasse geführt hat? Wie auch immer, es gilt ein alter Satz,[19] leicht abgewandelt, in neuen Kontexten: *experientia quaerens intellectum*, die Erfahrung sucht nach Verstehen. Genau das wollen wir nun versuchen.

---

19 *Fides quaerens intellectum* (Glaube sucht Verstehen) war ein Prinzip der mittelalterlichen Theologie/Philosophie. Denn Vertrauen wird gefestigt durch Verstehen der Zusammenhänge, weil Verstehen Identifikation fördert.

Begriffsklärungen

Zunächst ist zu klären, was wir meinen, wenn Begriffe wie Bewusstsein, Ich und Selbst gebraucht werden. Dann erst kann die Frage gestellt werden, ob diese Begriffe beschreiben, was der Fall ist, ob sie die Daten der Neurowissenschaften sinnvoll interpretieren, die aus empirischen Messverfahren gewonnen wurden, und ob sie konsistente Aussagen ermöglichen und der Vernunft einleuchten. Denn jede Frage ist ein Produkt des Denkens, das wiederum als eine Funktion des Bewusstseins erscheint. Dabei ist unklar, was Bewusstsein ist. Der Begriff könnte in die Irre führen, denn er suggeriert ein »Etwas«, das es irgendwie substantiell »gibt«, das räumlich und zeitlich abgegrenzt wäre wie andere Dinge auch. Das ist aber nicht der Fall. Denn Bewusstsein ist unser fundamentaler Erlebensmodus, Bewusstsein ist die Voraussetzung dafür, dass uns überhaupt etwas als etwas erscheint (einschließlich des »Bewusstseins« als Gegenstand unseres Nachdenkens und Empfindens). Wir kennen Bewusstsein ausschließlich als Funktion. *Bewusstsein ist ein Selbst-Gewahrwerden von Wahrnehmungen, Empfindungen und Denkakten, die sich zu einem Etwas formen, das wir »uns« gegenüber empfinden.* Dies geschieht in der Zeit, denn es gibt ein Vorher und Nachher zu jedem Bewusstseinsakt. Bewusstsein ist also ein Prozess, kein festes »Ding«, auf das man zeigen könnte. Dieser Prozess ereignet sich in verschiedenen funktionalen Zuständen. Die Art des Bewusstseinszustandes ist die Voraussetzung dafür, dass und wie wir Zeit erfahren, denn abhängig von Bewusstseinszuständen fühlt sich Zeit verschieden an. Das erleben wir nicht nur in der Meditation und anderen »außergewöhnlichen« Zuständen, sondern auch abhängig von Stimmungen (Langeweile, Begeisterung) oder auch vom Lebensalter (für ältere Menschen vergeht die Erlebenszeit schneller). Ebenso wird die räumliche Gliederung, die wir im Zustand des Tages-Bewusstseins er-

> Bewusstsein ist ein Selbst-Gewahrwerden von Wahrnehmungen, Empfindungen und Denkakten, die sich zu einem Etwas formen, das wir »uns« gegenüber empfinden.

leben, im Traum oder in Zuständen von meditativem Ganzheitsbewusstsein überwunden. Was bedeutet das? Was berechtigt uns, von »außergewöhnlichen« Bewusstseinszuständen zu sprechen, was ja den »gewöhnlichen« oder normalen Zustand voraussetzt. Wer setzt das Maß dafür, was »normal« ist?

Wir wollen mit einer Arbeitsdefinition beginnen: *Bewusstsein ist eine Gruppierung bewusster Zustände, in denen wir selbstreflexiv der jeweiligen Bewusstheit »von etwas« gewahr werden.* Bewusstsein ist das verstehende Erfassen (Apperzeption), die Wahrnehmung und das Erleben der Wahrnehmung als Wahrnehmung, die abstrahierende Begriffsbildung und der Bezug des Ganzen auf ein zentrales Ich, das dies alles erlebt. Aber dieses Ich existiert nicht für sich, sondern als Knotenpunkt von intersubjektiven Bezügen.[20]

> Bewusstsein ist eine Gruppierung bewusster Zustände, in denen wir selbstreflexiv der jeweiligen Bewusstheit »von etwas« gewahr werden.

Diese Definition erscheint kompatibel mit einer Arbeitsdefinition, die der amerikanische Psychologe Daniel Siegel vorgeschlagen hat, und die in der interdisziplinären Kooperation zwischen Psychologie, Neurobiologie und Kognitionswissenschaften breite Zustimmung erfahren hat:[21]

»Ein Kernaspekt des Geistes ist ein verkörperter und relationaler Prozess, der den Fluss von Energie und Information reguliert (…) Das Gehirn ist der verkörperte neuronale Mechanismus, der diesen Fluss reguliert, Beziehung (Relation) ist das Mitteilen dieses Flusses.«

---

[20] Christof Koch, der amerikanische Neurowissenschaftler und Chief Science Officer am Allen Institute for Brain Science in Seattle, weist darauf hin, dass Bewusstsein nicht notwendig gebunden ist an Handeln, Emotionen, selektive sinnliche Wahrnehmungsbereitschaft, Sprache, Selbst-Bewusstsein, Langzeitgedächtnis. Es kann auf eine zerebrale Hemisphäre beschränkt sein. Vgl. C. Koch, Mind and Life Conference XXVI, Jan 17–23, 2013. 3. Tag, Mundgod/India (www.mindandlife.org).

[21] D. Siegel, The Developing Mind: How Relationships and the Brain Interact to Shape Who We Are, New York: Guilford Publ. 22012, 2 und 7: »A core aspect of the mind is an embodied and relational process that regulates the flow of energy and information (…) Brain is the embodied neural mechanism shaping that flow, relationship is the sharing of the flow.«

Was aber ist hier als welcher Prozess »verkörpert«? Was ist Information und auf welcher (materiellen?) Basis findet der soziale Austausch statt? Siegel unterscheidet das Materielle (»Brain«) von einer hinzukommenden Beziehungs-Komponente (»Relationship«). »Mind« würde aus dem materiellen »Brain« emergieren und sodann durch »Relationship« gestaltet werden. Ist aber das Materielle bzw. die Emergenz von »Mind« etwa etwas anderes als ein Netzwerk von Beziehungen? Wir werden darauf zurückkommen.

Nach dieser allgemeinen Begriffsklärung soll nun das Problemfeld abgesteckt werden, in dem die *interkulturelle* Begriffsanalyse erfolgt,[22] die angesichts der Frage nach Meditation und Ganzheitsbewusstsein unumgänglich ist. Wir müssen nun also die Begriffe für Bewusstsein, Psyche, Geist, Spirituelles noch einmal in diesem Rahmen diskutieren. Einige grundsätzliche Bemerkungen müssen genügen.

Einer der ältesten und grundlegenden Texte des Buddhismus, die Schrift *Dhammapada*, beginnt mit der Feststellung, dass alles im Bewusstsein geschieht[23] – wo auch sonst? Wir haben keine Möglichkeit zu erfahren und zu wissen, es sei denn im Bewusstsein. Und dieses ist komplex. Es ist kein substantielles Etwas, sondern eine Sequenz von ständig sich verändernden Zuständen, die jedoch durch Vernetzungs- und Rückkopplungsprozesse eine Empfindung von Kohärenz erzeugen, die als »Ich« oder »Selbst« bezeichnet wird. Was hier Empfindung ist, was Kohärenz, was überhaupt ein Zustand, all das sind Fragen, deren Beantwortung von zahlreichen Vorentscheidungen abhängt. Das zeigt sich schon an der Vielzahl der Begriffe, die diese Thematik ansprechen: Bewusstsein, Ich, Selbst, Seele, Psyche, Geist, Verstand, Vernunft – was ist das? Man könnte noch weitere Unterscheidungen vornehmen, wenn

---

22 Dass hier Beschränkung erforderlich ist, bedarf keiner Begründung. In diesem Buch wird ausschließlich auf Begriffssysteme aus den indischen Psychologien bzw. Philosophien (Buddhismus und Hinduismus) Bezug genommen.

23 »Alle Dinge entstehen im Geist, sind unseres mächtigen Geistes Schöpfung.« (Dhammapada – die Weisheitslehren des Buddha, übersetzt und kommentiert von M. B. Schiekel, Freiburg: Herder 1998, 17)

z. B. lateinisch *ratio* und *intellectus*, *anima* und *spiritus* unterschieden werden, und das ist in den philosophischen Traditionen natürlich auch geschehen. Diese Begriffe sind jedenfalls Kategorien, die bei der Herausbildung der europäischen Philosophien, namentlich bei der Rezeption des Aristoteles in der Vermittlung durch die Araber im Mittelalter und auf dem Hintergrund des Neuplatonismus, zur Geltung gebracht wurden.

Immer wieder wird behauptet (übrigens nicht nur im Alltagsgespräch, sondern auch als akademisches Vorurteil), der Westen (Europa/Amerika) habe das autonome Ich entdeckt und dann mit Sigmund Freud relativiert, der Osten (Indien/China) hingegen hätte den Blick auf das Nicht-Ich (Pali *anatta* bzw. Sanskrit *anatman*, chinesisch *wuhsin*) gerichtet, besonders im Buddhismus und Daoismus. Zumindest habe »der Osten« auf eine irgendwie geartete transpersonale Wirklichkeit verwiesen, die von den Ich-Strukturen nur verdeckt würde, während der Westen stolz auf seine Entdeckung des Individuums oder des Personalen sei.

Dieses einfache Schema von »Osten« und »Westen« ist unzutreffend. In den indischen Traditionen etwa zeigt sich ein höchst differenziertes Bild: Die Unterscheidungen von individuellem Lebensprinzip (Sanskrit *jiva*) oder Ich (*ahamkara*) und transzendentem Grund der Person im Selbst (*atman* oder *purusha*) als transpersonale oder transhistorische Geistigkeit zeigen, wie differenziert dort die Analyse ist. Darüber hinaus gibt es erhebliche Unterschiede zwischen den einzelnen philosophischen Systemen, die sich in Indien und China herausgebildet haben. Indische Philosophien haben weitgehend nicht-dualistische Systeme herausgebildet, was das Verhältnis von Materie und Bewusstsein betrifft. Aber auch in indischen (buddhistischen wie hinduistischen) Philosophien gibt es dualistische Beschreibungen des Leib-Seele-Problems, wenn etwa im indischen und tibetischen Buddhismus davon ausgegangen wird, dass es ein materielles Kontinuum und ein geistiges Kontinuum gebe, die jeweils parallel zueinander existieren. Jeder Zustand sei abhängig von einem vorausgehenden Zustand, und weder könne das Geistige auf das Materielle noch das Materielle auf das Geistige kausal zurückgeführt werden.[24] Und umgekehrt sind auch in Europa bereits in der Antike und im »Mittelalter« (meist auf dem Hintergrund neuplatonischen Denkens) keineswegs nur dualistische, sondern auch nicht-dualistische Entwürfe für eben diese Problematik entwickelt worden.

Seit der Mitte des ersten vorchristlichen Jahrtausends zählt in Indien die philosophische Tradition des *Samkhya* und später auch des *Yoga* und der *Bhagavad Gita* alle Bewusstseinskategorien zu der Welt des Veränderlichen, zur Welt der Natur (*prakriti*, »das Hervorgebrachte«, wie es im Sanskrit heißt), während das reine Beobachten aller dieser Zustände den *purusha* ausmache. Purusha – oft übersetzt mit »Geist« oder »Selbst« – steht für ein Prinzip jenseits des Erfahrbaren. Er ist das Unveränderliche, der selbst keinen Inhalt haben kann, weil er ja sonst begrenzt und veränderlich wäre. Purusha gilt als der reine bewusste Spiegel, der alle Prozesse beobachtend begleiten kann, selbst aber nicht den prozessualen Veränderungen unterworfen sei. Das, was wir das Psychische nennen, gehört nach indischem Verständnis also zum Bereich der raumzeitlichen Relativität, zu dem, was wir in der europäischen Tradition als das Materielle bezeichnen. »Bewusstsein« und die »Sinne« gehören nicht zwei prinzipiell unterschiedlichen Bereichen (Geist und Materie) an, sondern sie sind verschiedene Funktionen in dem einen selbstreflexiven Lebensstrom.[25] Man sieht: Dies ist eine ganz andere Einteilung, als wir dies in Europa mit der Unterscheidung von Materie und Geist kennen.

Demgegenüber gibt es in Indien und China nicht-dualistische Systeme, die nur eine einzige Wirklichkeit anerkennen. Dieses Eine

---

24 Dalai Lama, Wegweiser für die Welt von heute. Die Essenz meiner Lehre, Freiburg: Herder 2022, 166 ff.

25 Das hat, zumindest ansatzweise in der *Traumdeutung* (1899/1900) formuliert, wohl bereits Sigmund Freud so gesehen. Es entspricht jedenfalls ganz und gar den Grundformen chinesischen Denkens. Dazu: F. Jullien, China und die Psychoanalyse, Wien/Berlin: Turia-Kant 2020, 124 ff.

umfasst alles, es zeigt sich als die Dynamik des Einen, die in sich komplexe Formen vom kleinsten raumzeitlich bestimmten Teilchen bis hin zur bewussten Selbstreflexivität beim Menschen (und noch anderen höher entwickelten Lebensformen, die im Mythos eine Rolle spielen) entwickelt. Diese Wirklichkeit ist kreativ, produziert intelligente und intelligible Formen, sie spielt gleichsam mit sich selbst in der Dynamik der ihr inhärenten Eigenbewegung, wie es im indischen Shivaismus metaphorisch im Spiel (*lila*) der *citshakti*, der Bewusstseinskraft Shivas, angeschaut wird. Indien und auch die chinesischen Traditionen haben auf der Grundlage solcher Intuitionen hochkomplexe Psychologien erarbeitet, die sich teilweise sehr präziser Begrifflichkeiten bedienen, um die Unterschiede von Bewusstseinszuständen zu beschreiben bzw. zu entfalten und dabei unterschiedliche Erfahrungsebenen des Menschen, der mit sich selbst kommuniziert, zur Sprache zu bringen.

Damit ist die Frage verknüpft: *Wer* ist es, der versteht? Ist Verstehen logisch konsistente Selbst-Spiegelung von Bewusstseinsinhalten? Was wäre dann mit »Selbst« gemeint? Auch diese Frage möchte man heute mit naturwissenschaftlichen Methoden klären. Dabei geht es vor allem um das Leib-Seele-Problem. Dieses Problem selbst wird allerdings oft reduktionistisch ausgeklammert: Geistige Phänomene werden als Epiphänomene, als Funktionen der biochemisch messbaren neuronalen Prozesse interpretiert. Da ein Gedanke oder ein Gefühl aber offensichtlich etwas anders ist als das Ein- und Ausschalten der elektrischen oder biochemischen Aktivität eines Neurons (meist als »Verschaltung« oder Funktion in »Schaltkreisen« bezeichnet), sprechen die meisten Neurobiologen von »Entsprechung«, »Äquivalenz« oder »Korrelation« zwischen Geisteszuständen und Gehirnzuständen, wie bereits erwähnt wurde.[26] Wir sahen aber: Entsprechungen, Korrelationen usw.

---

[26] Um nur ein prominentes Beispiel aus der schier endlosen Literatur zu nennen: A. Damasio, Selbst ist der Mensch. Körper, Geist und die Entstehung des Menschlichen, München: Siedler 2011, 329, 331 u. a.

setzen zumindest zwei Größen voraus. Also doch wieder ein impliziter (und von den Naturwissenschaftlern natürlich nicht wirklich gemeinter) substanz-ontologischer Dualismus zwischen Materiellem und Immateriellem?[27] Dann wäre der naturalistische Reduktionismus zumindest logisch konsistenter, wenn er behauptet: Geist gibt es nicht, und das, was als Geistiges erscheint, ist *nichts als* eine Eigenschaft von prozessualen Mustern, die elektromagnetisch und biochemisch hinreichend beschrieben werden können. Allerdings hätte auch ein solcher Reduktionismus einen Haken: Er müsste den Begriff der »Eigenschaft« gegenüber einer Substanz (der Materie) erklären, die wir mit Kategorien und Messgrößen beschreiben, die »normalerweise« nicht auf »geistige Eigenschaften« angewendet werden. Die Einführung des schon erwähnten Begriffes der Emergenz ist vielversprechender, denn emergente Erscheinungen setzen die neurobiologischen Wirkungsmechanismen *notwendig* voraus, beruhen also auf den Prozessen des Materiellen, sind aber dadurch nicht *hinreichend* erklärt. Durch die *quantitativ* hoch vernetzte Organisation der Neuronen entsteht eine neue *qualitative* Situation. Daraus folgt, dass sich geistige Prozesse zwar nicht ohne die neurobiologische Ebene erklären lassen, dass sie aber auch nicht auf diese reduzierbar sind. Allerdings ergibt sich auch hier ein Problem: Die aufwärtsgerichtete Kausalität, also die Wirkung der biochemisch beschreibbaren Vorgänge auf das Geistige, wäre damit in Rechnung gestellt, nicht aber der umgekehrte Prozess der »abwärtsgerichteten Kausalität«, nämlich die Wirkung geistiger Vorgänge auf biochemische Prozesse bzw. die materielle »Basis«, bis hin zu Veränderungen im genetischen Material. Solche Zusammenhänge sind aber hinreichend empirisch belegt, man denke nur an die in der Psychosomatik beschriebene Wirkung von Gedanken und Gefühlen auf den Stoffwechsel, das Hormonsystem, das Immunsystem.

---

27 Darauf macht aufmerksam auch L. Röska-Hardy, »Gehirne im Dialog«? Zuschreibungen und das Selbst, in: T. Müller/Th. M. Schmidt (Hg.), Ich denke, also bin ich Ich?, a. a. O., 116.

Bahnbrechend sind hier die Erkenntnisse der Epigenetik.[28] Danach ist die Epigenetik das Bindeglied zwischen Genen und Umwelteinflüssen, sie untersucht die Genregulation. Einflüsse, zu denen auch psychische Zustände wie Traumata oder Glücksgefühle gehören, regulieren Gene, indem sie aktiviert oder de-aktiviert werden. Bewusstseinsprozesse hinterlassen »Narben«, sie steuern die Gene. Das hat Folgen für alle Steuerungssysteme des Körpers, bis hin zur Entwicklung von Karzinomen oder deren Verhinderung. Es gibt erworbene Veränderungen, die vererbbar sein können. Epigenetische Veränderungen im Erbgut ermöglichen eine Feinanpassung, die auch wieder rückgängig gemacht werden kann. Der Neurowissenschaftler Antonio Damasio macht selbst einen Vorschlag, den er aber nicht ausführt: Ein Problem mit der abwärtsgerichteten Kausalität gäbe es dann nicht, wenn wir Materie und Geist als *einen* Prozess verstehen könnten.[29] Derselbe müsste freilich nicht-reduktionistisch verstehbar sein.

Wie kann man sich diesen *einen* Prozess vorstellen? Heute heiß diskutiert, und im Prinzip schon von William James vorgeschlagen (amerikanischer Psychologe und Philosoph und Begründer der Abteilung für Psychologie an der Harvard-Universität, 1842–1910), wird folgende These: Das Geist sei vorgestellt als ein Bewusstseins-Feld, dessen Spitze, wie die Spitze eines Eisbergs, herausragt. Diese Spitze ist das, was wir Bewusstsein nennen. Es ist ein unbegrenztes Feld, dem die materiellen Bedingungen (das Gehirn) Schranken setzen. Das Gehirn schafft also nicht Bewusstsein, sondern schränkt ein weites Feld ein und kanalisiert es gleichsam zu einem kontinuierlichen Strom. Das Hirn ist nicht Pro-

---

28 Zu erwähnen sind hier die Fachpublikationen von Alexander Meissner, Direktor am Max-Planck-Institut für Molekulare Genetik, Berlin. Für eine breitere Öffentlichkeit: Peter Spork, Gesundheit ist kein Zufall. Wie das Leben unsere Gene prägt. Die neuesten Erkenntnisse der Epigenetik, München: DVA 2017; ders., Die Vermessung des Lebens. Wie wir mit Systembiologie erstmals unseren Körper ganzheitlich begreifen – und Krankheiten verhindern, bevor sie entstehen, München: DVA 2021. Vgl. Den Kurzartikel von Franziska Badenschier und Thomas Schwarz: Epigenetik. Planet wissen: http://www.planet-wissen.de/natur/forschung/epigenetik/index.html (Erstveröffentlichung: 2011. Letzte Aktualisierung: 29.04.2020).

29 A. Damasio, Selbst ist der Mensch, a. a. O., 116.

duzent, sondern Empfänger. Das Bewusstsein ist der Benutzer des Gehirns, nicht eine Eigenschaft des Gehirns. Man nennt dies das »permission model« im Gegensatz zu einem »production model«.[30]

Um die Suche nach dem einen zugrunde liegenden Prozess drehen sich auch philosophische Interpretationen der modernen Physik (Relativitätstheorien und Quantenphysik) und auch der Neurowissenschaften: die mögliche Einheit der Perspektiven der dritten Person (objektivierbare materielle Prozesse) und der ersten Person (Qualia, das subjektive Erleben). Vorschläge gibt es viele; einer der bis in die breite Öffentlichkeit Aufsehen erregt hat und heute neu diskutiert wird, ist David Bohms Annahme einer impliziten Ordnung[31], die als Inbegriff einer Ganzbewegung (*holomovement*) allem Geschehen auf der Ebene der expliziten Ordnung zugrunde liegen könne. Bohm will damit sagen: Alle Ereignisse koexistieren in einer multidimensionalen raumzeitlichen Ganzheit, und zwar so, dass die Reduktion von Dimensionen das Ganze erst in Einzelaspekte, d. h. in Ereignisse, zerlegt. Man kann also nicht Ereignisse *in* einer Raumzeit annehmen, sondern Raumzeit und Ereignisse sind einander sich wechselseitig bedingende Perspektiven. *Die Reduktion bzw. »Ausfilterung« durch die Operationen des Bewusstseins ergibt erst das, was wir als raumzeitliche Welt erfahren und multidimensional beschreiben.* Andere, aber dem Bohm'schen Modell strukturell äquivalente Modelle finden sich in der buddhistischen und hinduistischen Tradition.

> Die Reduktion bzw. »Ausfilterung« durch die Operationen des Bewusstseins ergibt erst das, was wir als raumzeitliche Welt erfahren und multidimensional beschreiben.

---

30 M. Grosso, The »Transmission« Model of Mind and Body, in: E. Kelly/A. Crabtree/P. Marshall, P. (Eds.), Beyond Physicalism. Toward Reconciliation of Science and Spirituality, London: Rowman & Littlefield 2015, hier S. 79 ff., bes. 84.

31 D. Bohm, Wholeness and the Implicate Order, London: Routledge 1980; Neu interpretiert von P. T. I. Pylkkänen, Mind, Matter and the Implicate Order, Berlin/Heidelberg: Springer 2007.

Kapitel 1: Bewusstsein, Ich und Selbst

Bewusstsein als Prozess

»Neurowissenschaften und Buddhismus« – das Thema füllt Bücherregale wie Kongressthemen. Unsere nächste Frage ist also, ob und inwiefern die buddhistischen Philosophien (oder, weiter gefasst, auch nicht-buddhistische, aber vom Buddhismus mit beeinflusste spätere »hinduistische« Systeme) zu den gegenwärtigen Debatten zwischen Neurowissenschaften und Philosophie bzw. Religion einen Beitrag leisten können. Sind hier Denkformen entwickelt worden, die nützlich sein könnten, die sattsam bekannten Schwierigkeiten bei der Lösung des Leib-Seele-Problems zu überwinden?

Der neurowissenschaftliche Befund ergibt nach dem heutigen Stand des Wissens folgendes Bild:[32] Das Gehirn ist vermutlich das komplexeste System, das wir kennen. Man schätzt, dass das menschliche Gehirn etwa 100 Milliarden Nervenzellen umfasst, ein Kubikmillimeter Masse enthält ca. 20.000 bis 30.000 Neuronen, die miteinander kommunizieren. Auf dieser Basis können etwa 100.000 neuronale Phänotypen unterschieden werden, und die Anzahl der daraus folgenden möglichen neuronalen Zustände ist vermutlich unendlich. Die Zustände sind quantitativ und qualitativ abhängig von der Aktivierung der Zellen. Komplexe biologische Netzwerke, die nicht bewusst sind (wie das Immunsystem, das Verdauungssystem, das Regenerationssystem der Leber usw.), sind die Basis für Bewusstsein, wie wir es kennen. Basis bedeutet: Die Funktion dieser Systeme ist unverzichtbar, und ab einem bestimmten Komplexitätsgrad ist die Entwicklung von Bewusstsein möglich. Aber wann oder ab welchem Komplexitätsgrad Bewusstsein

---

[32] Ich verweise auf Thomas Metzinger, Bewusstseinskultur – Spiritualität, intellektuelle Redlichkeit und die planetare Krise, Berlin: Berlin Verlag 2023; ders. Der Elefant und die Blinden. Auf dem Weg zu einer Kultur des Bewusstseins, Berlin: Berlin Verlag 2023; Monika Niehaus/ Martin Osterloh, Dem Gehirn beim Denken zusehen. Facetten der Neurowissenschaften, Stuttgart: Hirzel 2023; Wolf Singer/Matthieu Ricard, Hirnforschung und Meditation, Berlin: Suhrkamp 2022 (zuerst 2008), und z. B. das Heft Current Opinion in Psychology, Vol. 28, August 2019.

tatsächlich entsteht, wissen wir (noch) nicht. Die Gehirne von Tieren und Menschen sind einander ähnlich. Dass Tiere Bewusstsein (Denken, Erinnern, Fühlen usw.) haben, ist kaum noch zu bestreiten, in welcher Form das der Fall ist, wissen wir nur unzureichend. Bewusstsein konstruiert die Erfahrung von Realität, wobei es auch vor-bewusste Aktivität gibt, die zu dieser »Konstruktion« beiträgt. Das Gehirn verändert sich aufgrund der Eindrücke, die es empfängt (Neuro-Plastizität). Das Gehirn produziert beides: Irrtum oder Einsicht. Durch Emotionen, Überzeugungen und Erwartungen, die mit Bewertungen einhergehen, wird die Wahrnehmung beeinflusst und verändert. Die Sinneserfahrung geschieht in der Gegenwart, mentale Zeitreisen versetzen uns aber in eine imaginierte Vergangenheit oder eine imaginierte Zukunft. Und auch dies verändert die Zustände, die Klarheit oder Trübung der gegenwärtigen Sinneserfahrung hervorrufen. Mentale Zustände erzeugen stetig sich verändernde »Bilder« von Wirklichkeit. Ob etwas als richtig oder falsch gesehen wird, hängt an dem Zusammenspiel solcher Zustände. Diese Klassifikation ist sekundär, sie kann getroffen werden auf Grund von Erfahrung und Abgleich mit den Fakten der Wirklichkeit (wiederholbares Experiment, Voraussage, logische Konsistenz usw.). Aber auch dies ist nichts anderes als Produkt des Gehirns. Ob und wie das Gehirn das Bewusstsein »produziert«, wissen wir nicht genau, d. h. die Frage nach dem Leib-Geist-Problem ist offen.

Wie kann sich die buddhistische Bewusstseinsphilosophie dazu verhalten? Die meisten buddhistischen Theorien führen Bewusstsein nicht auf materielle Prozesse zurück oder umgekehrt, sondern jedem Bewusstseinsvorgang geht ein anderer Bewusstseinsvorgang voraus, und jeder materielle Prozess hat weitere materielle Prozesse als Ursachen. Es existiert ein jeweils anfangsloses Kontinuum. Der Buddhismus fragt aber vor allem, wie es denn zur Verzerrung der Wahrnehmung (und damit zum Leiden) kommt: Handelt es sich nur um eine Ungenauigkeit, also eine Verzerrung (wie eine falsche Formatierung), die dennoch Ähnlichkeit mit der Realität hat, oder ist die falsche, vom Bewusstsein konstruierte Wahrnehmung grundsätzlich verkehrt?[33]

Zunächst genügt es festzuhalten: Die buddhistische Philosophie geht aus von zwei Grundprinzipien, die rational begründet und empirisch gestützt werden, die also nicht auf einem Glaubenssatz oder spezieller nicht-rationaler (meditativer) Erfahrung beruhen und deshalb von jedem Menschen verstandesmäßig erfasst werden können: Das erste Prinzip ist die *Impermanenz* aller Erscheinungen, das zweite das Entstehen aller Erscheinungen in *wechselseitiger Abhängigkeit*. In unserem Kontext genügt folgende Konkretisierung dieser Prinzipien: Das erste bedeutet, dass nicht nur alle »äußeren« materiellen Vorgänge in der Zeit ablaufen und damit impermanent sind, sondern auch alle Gedanken, Vorstellungen, Konzepte zeitbedingtem Wandel unterliegen. Das zweite bedeutet, dass *alle* Erscheinungen nicht »substantiell« in sich das sind, als was sie erscheinen, sondern sie sind das Resultat von Wechselwirkungen oder Beziehungen. Einfacher ausgedrückt: *Alles ist, was es ist, im Wechselspiel mit dem, was es nicht ist.* Daraus folgt auch, dass die Vorstellung von »Materie« unabhängig von anderen Prozessen wie z. B. »Geist« sinnlos ist. Das gilt selbstredend auch umgekehrt. Die Realität ist nicht die ständige Neukombination von ein für alle Mal festgelegten Substanzen (wie Elementarteilchen oder Energiebündeln und dergleichen), sondern das, was wir als »Welt« wahrnehmen, messen und beschreiben, ist das Resultat von Wechselbeziehungen, die selbst nicht »etwas« sind, weil jedes Etwas erst aus diesen Beziehungen entsteht. In Anwendung der Logik des indischen Buddhisten Nagarjuna (2. Jh. n. Chr.) können wir formulieren: A ist, was es ist, indem es nicht nicht-A ist. A ist also A durch nicht-A. Es hat seine Identität aus dem mit ihm Nicht-Identischen. Nagarjunas Argument endet natürlich nicht an

> Alles ist, was es ist, im Wechselspiel mit dem, was es nicht ist.

---

33 Dalai Lama, Mind and Life Conference XXVI, Jan 17–23, 2013. 3.Tag, Mundgod/India (www.mindandlife.org); Dalai Lama, Wegweiser für die Welt von heute, a. a. O., 141 ff.

dieser Stelle, denn wir versuchen fast zwangsläufig zu fragen: Wechselbeziehungen »wovon«, und: *Was* ist in Beziehung? Aber das ist es eben nicht. Jedes mögliche »was« entsteht erst aus Beziehung. Die Beziehung, die Dynamik selbst ist der letzte Begriff der Einheit der Wirklichkeit.[34]

Die Erfahrung lehrt: Bewusstsein kann durch einen Zufall, durch einen Riss in einem feinen Äderchen oder durch ein Gift in Sekundenbruchteilen außer Gefecht gesetzt werden. Der bereits erwähnte William James (1842–1910) bemerkte, dass das Bewusstsein kein Ding sei, auf das man zeigen und irgendwo lokalisieren könne (was Descartes noch versucht hatte), sondern Bewusstsein sei zu verstehen als ein Prozess, dessen Dynamik man sehr wohl wissenschaftlich erforschen und beschreiben könne. Oder anders gesagt: Die Welt *ist* nicht, sie *geschieht*. Bewusstsein *ist* nicht, es *geschieht*. Dieser Prozess ist das ständige Entstehen und Vergehen von Zuständen (Bewusstseinszuständen), und solche Zustände muss es mehrere Milliarden geben. Man hat gemessen, dass ein hinreichend konstanter Zustand des Bewusstseins ca. 150 Millisekunden andauert, dann verändert sich bereits die neurologische Basis dieses Zustandes. Das kann man durch die bildgebenden Verfahren in der Hirnforschung zeigen, also durch MRT, CT und andere Verfahren. An dieser knappen Feststellung ist bemerkenswert, dass wir die Komplexität der Problematik sträflich vernachlässigen, wenn wir vereinfach von »dem« Bewusstsein sprechen, wo es sich doch um Milliarden verschiedener Zustände handelt, die verstanden werden müssten, bevor generelle Aussagen nicht nur über das »wie«, sondern auch über das »was« bewusster Prozesse in Gänze möglich wären. Gleichwohl sollte die hochgradige Fluktuation von Bewusstseinszuständen in bestimmten Gruppen oder Funktionsebenen gebündelt werden können, damit nicht alles auseinanderfällt. Was ja gar nicht der Fall ist: Wir können z. B.

---

34 Diese Vermutung korrespondiert mit Bohms Modell der Ganz-Bewegung (*holomovement*). Bohm geht davon aus, dass es sich um eine Dynamik handelt, die nicht Bewegung *von* etwas im Raum ist, sondern eine Dynamik, die jedes bestimmbare Etwas, einschließlich Raum und Zeit, erst hervorbringt. Dazu Pylkkänen, Mind, Matter and the Implicate Order, a. a. O., 232 f.

Sätze bilden, die Regeln folgen, und wir können diese Regeln ordnen, verstehen und wiederholt anwenden. Aber wir können die Regeln auch brechen und neue (vielleicht »höhere«) Regeln (er-)finden, wir können spielerisch zwischen Regel und Regelbruch kreativ Neues denken und fühlen und auf dieser Grundlage mehr oder weniger konsistent handeln. Das Bewusstsein steuert nicht nur unsere körperliche Motorik, sondern auch die geistige Bewegung, und es verändert sich dabei ständig, ohne chaotisch zu zerfallen. (Ein solcher Zerfall ereignet sich allerdings in psychotischen und dementen Zuständen.) Das Bewusstsein strebt einerseits nach Kohärenz (Stimmigkeit, Zusammenhalt)[35], andererseits sind wir nicht festgelegt, sondern Bewusstsein macht uns zu kreativen Akteuren. Allein angesichts dieses Befundes sollte deutlich sein: Wir müssen zurückhaltend sein, wenn wir in diesem Zusammenhang von »etwas« sprechen, das wir glauben verstanden zu haben.

Wie wird nun diese Dynamik von Bewusstseinszuständen in neurowissenschaftlicher Sprache zum Ausdruck gebracht? Zunächst der Befund: Der Neurowissenschaftler Antonio Damasio geht davon aus, dass Bewusstsein evolutionsbiologisch verstanden werden muss. Es hat sich allmählich entwickelt, hat »Vorstufen« und Elemente, die bei Tieren vorkommen und durch immer weitere Reflexionsprozesse bis zu der Stufe gelangt sind, die wir heute bei uns selbst kennen. Ob dies die höchstmögliche Stufe ist, wissen wir nicht. Es gibt keinen vernünftigen Grund anzunehmen, dass das durchschnittliche gegenwärtige Bewusstsein des Menschen die letztmögliche evolutionäre Form sein soll. Biologisch hat sich die neuronale Grundlage des Bewusstseins in den letzten Jahrzehntausenden nicht (mehr) verändert, die Evolution findet seither kulturell statt. Aber dass diese abgeschlossen sei, ist nicht zu vermuten. In diesem Zusammenhang müssen wir auch über Künstliche Intelligenz

---

[35] Der Medizinsoziologe Aron Antonovsky (1923–1994) sprach von Kohärenz als Inbegriff von Salutogenese, dem Prozess des Gesundwerdens, der sich ständig als Balanceakt generiert und Verstehen, Sinn und Bedeutung des Verschiedenen oder gar Widersprüchlichen voraussetzt.

(KI) nachdenken – ich werde später darauf eingehen. Sie könnte im Rahmen der Evolution eine neue Form von Bewusstsein sein, die wir Menschen hervorgebracht haben. Jedenfalls ist Bewusstsein eine Anpassungsleistung zur Verbesserung der Überlebenschancen. Aber nun eben nicht nur des einzelnen Organismus, sondern des individuellen Organismus im Verbund (Spezies) mit anderen Organismen. Das betrifft auch das Bewusstsein von Tieren, möglicherweise in einer frühen Form auch von Pflanzen.[36] Bewusstsein des Menschen ist, wie wir es kennen, mit Sprache verbunden, und diese ist sozial. Dies betrifft im Übrigen nicht nur die kognitiven Aspekte, sondern auch die emotionalen, ja auch das Gedächtnis und vermutlich sogar alle höheren Leistungen des Bewusstseins. Die Selbststeuerungsfähigkeit eines Organismus besteht darin, dass er Gleichgewicht (Homöostasen) immer wieder herstellen kann. Wodurch? Durch Abgleichen neuer Eindrücke und Wahrnehmungen mit gespeicherten Mustern von Wahrnehmungen und Eindrücken, so dass Reaktionen ständig optimiert werden können durch Erfahrung und Vergleich. Worin besteht nun die fundamentale Leistung des Bewusstseins? In der Simulation von Körperzuständen, so Damasio.[37] Dies geschieht durch Repräsentationen von Ereignissen oder Dingen, die als »Karten« bezeichnet werden. Solche Karten sind kurzzeitige, aber speicherbare (d. h. wiederholt abrufbare) Muster, die durch Schaltkreise von Neuronengruppen entstehen.[38] Bilder sind das subjektive Erleben dieser Karten. Das Bewusstsein ist mithin zunächst ein Modell der relevanten (beileibe nicht aller) Körperzustände in ihrer Wechselbeziehung, die homöostatisch (die Energien konstant ausgleichend) reguliert wird. Auf diese Weise können sich die einzelnen Körpersysteme wechselseitig ausregulieren, teils vorbewusst, teils für ein »Ich« wahr-

---

36 Dazu die Arbeiten von Frantisek Baluska (Prof. im Dept. of Cell Biology, Univ. Bonn; Society of Plant Signaling and Behavior) und Lilach Hadany (Prof. of Life Sciences, Tel Aviv University).

37 A. Damasio, Selbst ist der Mensch, a. a. O., 136.

38 Ebd., 29 f.

nehmbar und somit bewusst. Dass solche Vorgänge »bewusst« werden, bedeutet, dass sie sich selbst noch einmal in ihrer Dynamik spiegeln, dass also eine Wahrnehmung zweiter Ordnung entsteht, die bewusstseinsintern eine Selbstspiegelung darstellt. *Wissen der Wahrnehmung, das ist Bewusstheit. Wissen von diesem Wissen ist Selbst-Bewusstsein.* Wenn solche Wahrnehmungs- und Wissensimpulse koordiniert miteinander auftreten – und diese Koordination ist Folge einer erneuten Meta-Repräsentation –, entsteht mit Hilfe des Erinnerungsvermögens, das Beziehungen über die Zeit hinweg herstellt, ein Identitätsgefühl, über die Vergangenheit hinweg bis zum gegenwärtigen Erleben dieses koordinierten Zustandes. Das nennen wir »Ich«. Obwohl das Gehirn Teil des Körpers ist, kann es aufgrund der Informationen, die es empfängt, koordiniert und repräsentiert, den Körper steuern. Das ist möglich, weil es den jeweils gegenwärtigen Informationszustand mit vergangenen, im Gedächtnis gespeicherten, Informationen verknüpft und interpretiert, ohne dass diese im Körper aktuell wirksam sein müssen. So entsteht durch Abgleich und Vergleich Bewertung, und dies ist die Voraussetzung für Steuerung. Denn Steuerung ist Auswahl von Möglichkeiten. Was aber heißt Bewertung? Hierarchiebildung (Taxonomie) durch mehr oder minder starke Aufmerksamkeit und Herstellung einer Rangfolge von Handlungsimpulsen, bis hin zu einer möglichen Unterdrückung derselben. Dies ist im Übrigen die Funktion von Emotionen, und es ist auch die Basis der Freiheit bzw. der Kultur überhaupt:[39] Ein körperlicher Impuls, der aus der Umwelt oder dem Körperinneren kommen kann, erzeugt nicht einen unwillkürlichen Reflex, sondern derselbe kann aufgehalten oder unterdrückt werden. Stattdessen wird die Information im eben genannten Sinn interpretiert (emotional bewertet) und – mit zeit-

> Wissen der Wahrnehmung, das ist Bewusstheit. Wissen von diesem Wissen ist Selbst-Bewusstsein.

---

39 K. Eibl, Kultur als Zwischenwelt. Eine evolutionsbiologische Perspektive, Frankfurt a. M.: Suhrkamp 2009. Kultur ist nach Eibl ein Produkt der biologischen Evolution, »die Fähigkeit des Entkoppelns von Antrieb und Handlung« (11).

licher Verzögerung – in einem neuen Systemrahmen für weitere, komplexere Handlungsimpulse bereitgestellt. Diese wirken auch auf das Körper-Gehirn-System zurück. Die Wechselseitigkeit ist so komplex, dass Damasio in poetische Sprachmetaphorik verfällt: »Körper und Gehirn befinden sich in einem ständigen interaktiven Tanz.«[40] Man könnte dies als metaphorische Rede hinnehmen, vielleicht steckt aber hinter einer solchen Ausdrucksweise mehr. Die systemische Komplexität ist nämlich so überwältigend, dass eben eine neue Qualität gegenüber den bekannten physikalischen und chemischen Kausalitätsmustern erreicht ist: Emergenz im oben beschriebenen Sinne. Jedenfalls zeigt sich, dass die Rede von Innen und Außen, von Körperzuständen gegenüber Umwelteinflüssen, zu kurz greift. Die Empfindungsdifferenz von »innen« und »außen« ist selbst Resultat der

> Die Entdeckung von Regelmäßigkeit, Ordnung, Wiederholung ist lustvoll.

selbststeuernden Verarbeitung von Wahrnehmungen, sie könnte vielleicht als Ergebnis von Hierarchisierung der Empfindungsmuster verstanden werden. Tatsächlich aber lebt auch das sich selbst steuernde System als solches nur, weil es sich ständig am »Außen« stabilisiert. Relation also, wie wir sie oben beschrieben hatten. Und das ist nicht nur ein Erkennen, sondern lustvolles Erkennen, wie der Schweizer Psychiater Luciano Ciompi (geb. 1929) in seiner »Affektlogik«[41] gezeigt hat: *Die Entdeckung von Regelmäßigkeit, Ordnung, Wiederholung ist lustvoll.* Und zwar schon beim Kleinkind, dann allerdings auch für den Wissenschaftler, den Künstler, wohl jeden Menschen. Warum? Ich möchte vermuten, weil es Sicherheit und Vertrauen in die Wirklichkeit gibt, weil damit *Kontinuität* und *Konsistenz* hergestellt wird.

Damasio spricht von evolutionären Stufen bei der Entwicklung der Selbststeuerung, die dann als Bewusstsein erscheint.[42] Auch das Selbst

---

40 A. Damasio, Selbst ist der Mensch, a. a. O., 107.
41 L. Ciompi, Affektlogik, Stuttgart: Klett-Cotta 1982, bes. 72–74 und 48 ff.
42 A. Damasio, Selbst ist der Mensch, a. a. O., z. B. 27, 301 u. a.

könne in ein Proto-Selbst, ein Kern-Selbst und ein bewusstes Selbst, das auf Grund des autobiographischen Gedächtnisses weiß, dass es mit sich identisch ist, unterteilt werden. Dabei sind diese einzelnen Ebenen mit Aktivitäten des Gehirns verbunden, die wiederum spezifischen Gehirn- bzw. Gehirnstammarealen räumlich zugeordnet werden können.

Noch einmal anders ausgedrückt: Bei der Wahrnehmung von Objekten wird sich die Wahrnehmung selbst zum Objekt, und der Wahrnehmende wird dadurch zum Subjekt.[43] *Bewusstsein ist das Erleben des Erlebens, das Wissen um die eigene Existenz, eine emergente Verdopplung.*[44] Bewusstsein ist Wahrnehmung von Wahrnehmung, die Resonanz, die sich selbst weiß. Damit ist es kein Ding, wie eingangs schon gesagt, sondern der Prozess sich ständig neu erzeugender Wahrnehmungsmuster, der spontan, in sich selbst vernetzt und kreativ abläuft. Er erzeugt nämlich die Strukturen, die er benutzt, um Wirklichkeit wahrzunehmen, in der Wahrnehmung selbst. Die Neurowissenschaften nennen das die Plastizität des Gehirns, die besonders in den frühen Entwicklungsjahren des Kindes ausgeprägt ist, aber im Prinzip während des gesamten Lebens erhalten bleibt.

> Bewusstsein ist das Erleben des Erlebens, das Wissen um die eigene Existenz, eine emergente Verdopplung.

Das Bewusstsein erzeugt sich stets neu nach ihm inhärenten Mustern, die sich unentwegt verändern, d. h. es ist lernfähig. Mit dieser Feststellung kommt das Gedächtnis ins Spiel.[45] Es beruht auf Assoziationen, die wahrscheinlich durch Synchronisierung von Aktivität in Neuronengruppen hergestellt werden.[46] Gedächtnisinhalte sind gespeicherte Muster, die

---

43 G. Rager, Selbst und Bewusstsein: Grundlagen der Neurowissenschaften, in: T. Müller/ Th. M. Schmidt (Hg.), Ich denke, also bin ich Ich?, a. a. O., 37.
44 Th. Görnitz, Bewusstsein naturwissenschaftlich betrachtet und enträtselt, in: T. Müller/ Th. M. Schmidt (Hg.), Ich denke, also bin ich Ich?, a. a. O., 61 ff.
45 Dazu A. Damasio, Selbst ist der Mensch, a. a. O., 145 ff., auch G. Rager, Selbst und Bewusstsein, a. a. O., 38.
46 W. Singer, Ich denke, also bin ich Ich? Philosophische Implikationen der Hirnforschung, in: T. Müller/Th. M. Schmidt (Hg.), Ich denke, also bin ich Ich?, a. a. O., 20 f.

durch Reaktivierung der Synchronisationsmuster wieder im bewussten Wahrnehmen auftauchen. Dabei geschieht eine Vergegenwärtigung von Vergangenem in neuen Kontextverknüpfungen, d. h. Gedächtnisinhalte werden mit gegenwärtigen Zuständen korreliert, wodurch sie sich verändern. Da die Intensität des Erinnerten ohnehin abhängig ist von den Gefühlen, die die Wahrnehmung eines Ereignisses begleitet haben, kommt auch den Bewertungen der Ereignisse im Gedächtnisprozess eine entscheidende Rolle zu. Gedächtnis ermöglicht Distanz zum Augenblick durch im Bewusstsein erlebte Alternativen, es ist damit eine weitere Voraussetzung für die Freiheit von Konditionierungen bzw. Zwängen im Unterschied zur unmittelbaren Reaktion. Dadurch, dass Erinnertes gegenwärtig erlebt wird und mit neuen Erlebensmustern in Beziehung tritt, entsteht die Identität des Subjektes über die Zeit hinweg. Das Subjekt (die Person) erlebt sich in der Gegenwart von der bloßen Gegenwart befreit.[47] Auch hier also gibt es ein Netz von wechselseitigen Beeinflussungen, ein Entstehen des einen in *wechselseitiger* Abhängigkeit vom anderen, und zwar räumlich wie zeitlich gesehen.

Dies alles sind Vorstellungen, die den neurobiologischen Daten, der evolutionsbiologischen Evidenz und der logisch geforderten Konsistenz der Aussagen mehr oder weniger genügen. Aber dadurch ist die oben aufgeworfene Frage nach dem, was »Korrelation« von Gehirn und Geist bedeuten soll, noch nicht beantwortet.

Ich und Selbst – wer ist Subjekt von Erlebnis und Erfahrung?

Das Bewusstsein ist – noch einmal anders formuliert – die ständige Vergegenwärtigung seiner eigenen Geschichte, und zwar sowohl der Ge-

---

47 Dazu G. Rager, Selbst und Bewusstsein, a. a. O., 38.

schichte der Gattung Mensch als auch der je eigenen Geschichte des Individuums. Dabei entstehen ständig neue Eindrücke, neue Verknüpfungen und Strukturen, und das bedeutet, dass das Bewusstsein unendlich kreativ arbeitet. In diesem doppelten Prozess der aktiven Vergegenwärtigung bestimmt sich das Bewusstsein selbst: Es prägt sich, es produziert sich, es formt Bilder und Begriffe, in denen es sich selbst spiegelt und erkennt, *in denen es wird*, was es ist, um sich sofort neu zu gestalten.

Und zwar in zwei grundlegenden Formen, die voneinander zu unterscheiden sind: nämlich in der Gestaltung von Sprache und in der Produktion von Bildern. Der Unterschied ist folgender:

Sprache entfaltet sich sequenziell, also als zeitliches Nacheinander. Man sagt zunächst ein Wort, dann das nächste, dann entsteht ein ganzer Satz. Erst in dieser Sequenz einer zeitlichen Abfolge haben wir den ganzen Satz, der erst, wenn auch das letzte Wort ausgesprochen ist, als Einheit verstanden werden kann. Der Anfang des Satzes gewinnt seine Bedeutung erst vom Ende her, bis zum Schluss kann er noch eine überraschende Wendung nehmen. Die Bedeutung entwickelt sich also in der Zeit, das heißt, Sprache und Wahrnehmung durch bzw. in Sprache ist analytisch.

Bilder hingegen stellen einen synthetischen Gesamteindruck her, der dann erst sekundär in Einzelempfindungen und nacheinander folgende Wahrnehmungen zerlegt wird. Bilder produzieren und reproduzieren Gestalt. Zwar »springt« auch bei der Bildwahrnehmung die Aufmerksamkeit von einem Detail zum anderen, und der visuelle Eindruck entsteht durch Integration dieser separaten Informationen. Aber dies geschieht schneller und kognitiv kohärenter als bei sequenziell ausgefalteten Sätzen. Wenn man ein Bild sieht, dann sieht der Betrachter als *bewusstes Resultat* der Wahrnehmung gewöhnlich zunächst einmal das Gesamtbild und erhält einen Gesamteindruck. Auch wenn ein inneres Bild produziert wird, also eine Visualisation stattfindet, entsteht zunächst ein Gesamteindruck, und dieser Gesamteindruck prägt schon die kognitive und vor allem emotionale Reaktion auf das Bild, und dann erst wird im Nachhinein analytisch Einzelnes gesehen, miteinander in Beziehung gesetzt usw.

Es gibt auch Übergangsformen, die zu diskutieren interessant wären, nämlich die Formen der Musik. Hier werden Harmonie und Proportion (auch das Gegenteil: Disharmonie) durch sequentielle Muster (zeitlich) und Gestalt wahrnehmende Gleichzeitigkeit (räumlich) zugleich erfahren. Denn die Melodie entfaltet sich in der Zeit, und die jeweils voraus- und nachkommenden Tonfolgen bestimmen die Qualität eines bestimmten Tones mit: Die Erwartung prägt die Erfahrung bzw. das, was dann erlebt wird. Der Rhythmus hingegen und die akkordgestützte harmonikale Struktur erzeugen räumliche Muster, die quer zum Zeitfluss eine räumliche Gleichzeitigkeit ergeben. Beide Elemente werden gleichzeitig als musikalische Struktur wahrgenommen.[48]

---

48 Wir können die Zusammenhänge hier nicht im Detail erörtern. Vgl. D. Rudhyar, Die Magie der Töne. Musik als Spiegel des Bewusstseins, München: dtv 1988, 64 ff. Dazu knapp auch: M. v. Brück, Ewiges Leben oder Wiedergeburt? Sterben, Tod und Jenseitshoffnung in europäischen und asiatischen Kulturen, Freiburg: Herder 2007, 170 f.; Albert Breier, Die Zeit des Sehens und der Raum des Hörens. Ein Versuch über chinesische Malerei und europäische Musik, Stuttgart/Weimar: Metzler 2002; M. v. Brück, Klang und Transzendenz – Spiritualität der Musik, in: THPQ 172 (2024), 12–21. Wie die Raumzeitkonstruktion im europäischen und (ost-)asiatischen Musikerleben komplementär gefasst und als jeweils unterschiedlich angelegter Individuationsprozess verstanden werden kann, hat eindrücklich der Komponist und Dirigent Hans Zender (1936–2019) dargelegt: »Man wird das Gefühl nicht los, daß das heutige Interesse der westlichen Welt an alternativem Denken, aber auch das immer stärkere Echo der großen europäischen Musik in der ganzen Welt etwas zu tun hat mit einer unbewußten Sehnsucht, die Einseitigkeit des westlichen Denkens zu kompensieren bzw. zu korrigieren. Vielleicht hat auch die Kunst der Musik gerade in der westlichen Welt eine so unglaubliche Entwicklung genommen, weil sie eine kompensierende Funktion innerhalb des Gefüges der westlichen Kultur hatte: Sinn als eine zeitlich gestreckte Wahrnehmung, und nicht als statisches Bild. Schopenhauer muß davon etwas geahnt haben (...) Der Logos der Musik erscheint in der Moderne verändert: Er wird nicht mehr, wie in der Zeit der Herrschaft der griechischen Metaphysik, als Identität und Einheit des Ganzen erkennbar, sondern zeigt sich in der Offenheit, schöpferischen Freiheit und Unvorhersehbarkeit des musikalischen Geschehens (...) In der Moderne aber ist das Numinose bei nahezu allen großen Komponisten direkter Antrieb geworden (...) Um Musik überhaupt hören und verstehen zu können (und das gilt für jede ernsthafte Art von Musik), bedarf es also des Eintritts in diesen Raum der Konzentration, eines Nicht-Denkens bei größter geistiger Wachheit. Jede Musik ist eine Schrift auf diesem weißen Papier des Nichtklingenden; ihre Klangzeichen wären gar nicht verständlich, wenn sie nicht aus diesem Kontinuum der Stille herausgeschnitten wären durch die sie gliedernden und anordnenden Pausen und Zäsuren. Dieses ›Denken des Nichtdenkens‹, wie es die Zenbuddhisten nennen, ist die Voraussetzung für alle Aktivität des Geistes – sei es die imaginative in Kunst und Religion, sei es die verstandesmäßige wie in der Praxis des Lebens oder in den Wissenschaften.« (Musik verstehen, in: H. Zender, Waches Hören. Über Musik, München: Hanser 2014, 28 ff.)

Um die soeben gebrauchten Begriffe »Erfahrung«, »Erwartung« und »räumliche Gleichzeitigkeit« besser verstehen zu können, müssen die bisherigen Erläuterungen verallgemeinert und in einen wissenschaftstheoretischen Rahmen gestellt werden: In den Wissenschaften, so wie sie in Europa entwickelt worden sind, werden Vorgänge beschrieben, die im Experiment wiederholt werden. Wenn die experimentelle Anordnung so installiert ist, dass alle relevanten Ausgangsbedingungen bekannt sind, können die Ergebnisse vorhergesagt werden. Der verallgemeinerte Rahmen und Zusammenhang der Daten wird dann als Theorie formuliert. Durch das wiederholbare Experiment und die daraus abgeleitete theoretische Grundlegung können Ereignisse vorhergesagt werden, und erst wenn das der Fall ist, sprechen wir von wissenschaftlicher Erkenntnis. Diese Methode der Wissenschaften ist in ihrem Bereich sehr erfolgreich gewesen. Es handelt sich um die Perspektive der dritten Person, die objektivierend von außen beschreibt und über die wir uns miteinander in Sprache verständigen können. Das ist möglich, weil Kulturen in ihren Sprachen Übereinkünfte getroffen haben, ein Ding oder einen Vorgang so und nicht anders zu bezeichnen, aber diese Benennung selbst ist Konvention und nicht verursacht durch das Benannte. So nennen wir diesen Gegenstand »Buch«, jenen aber »Stift«. Der Klang oder die Form des Wortes ergeben sich aber nicht aus den bezeichneten Dingen, sondern es ist bloß eine Benennung, die wir auch umdrehen könnten, und wenn wir uns alle darauf einigten, würden wir auch dann verstehen, worauf wir zeigen und was gemeint ist. Kulturen haben mit ihren Sprachen also über jahrhunderte- und jahrtausendelange Entwicklungsprozesse diese Übereinkünfte getroffen, und jeder von uns wird in der Kindheit in eine solche Sprache hineingestellt und lernt, eben einen solchen Gegenstand als Buch oder jenen Gegenstand als Stift zu bezeichnen. Wenn ein Individuum das einfach umkehren will, dann ist er/sie verrückt oder will provozieren (z. B. mit der sogenannten »Jugendsprache«). Jedenfalls könnte man in einer solchen Privatsprache nicht problemlos kommunizieren.

Anders ist es mit internen Repräsentationen von Vorgängen und Ereignissen, die nur aus der Perspektive der ersten Person, als das je eigene Erlebnis also, zugänglich sind. Ein anderer Mensch hat prinzipiell keine Möglichkeit, einen direkten Eindruck von solchen inneren Erfahrungen zu gewinnen, und er kann nur auf seinen vermutlich ähnlichen Erfahrungen aufbauen, um zu ahnen, was ein anderer Mensch empfindet und meint. Der Schmerz etwa, ebenso das Ich-Gefühl zählt zu diesen Phänomenen. Wir haben keine Möglichkeit, den Schmerz eines Anderen zu messen. Wir können seine Reaktionen messen, nicht aber die Empfindung seines Schmerzes, denn diese ist subjektiv und nur dem empfindenden Subjekt selbst zugänglich. Nochmals: Nur in Analogie zu eigenen Erfahrungen und eigenen Reaktionen kann man ermessen, worum es geht, wenn etwa die Krümmung des Körpers oder das Weinen oder andere körperliche Symptome beobachtet werden, so dass auf dieser Grundlage begründet zu vermuten ist, dass Schmerzempfindung vorliegt. Die neuronale Grundlage für diese empathische Kommunikation sind die sogenannten Spiegelneurone. Aber trotz dieser gespiegelten Wahrnehmung, bei der die gleichen neuronalen Strukturen aktiv sind wie beim Erleben eigener Körperempfindungen, kann keiner wissen, wie der Andere den Schmerz selbst empfindet. Das subjektive Empfinden entzieht sich dem Wissen des jeweils Anderen. Genauso ist es mit allen anderen Empfindungen wie Lust, Trauer, Freude und dergleichen. Dies betrifft auch die subjektive Wahrnehmung des Ichs, des Ego. Weil sich dieser Bereich von Phänomenen nicht objektivieren lässt, sind die Begriffe dafür notwendigerweise uneindeutig.

Die beiden Bereiche des Erlebens von inneren und äußeren Ereignissen stehen nun aber nicht einfach nebeneinander, sondern sind miteinander verknüpft, denn auch von Wahrnehmungen äußerer Ereignisse haben wir ein subjektives Erleben. Und zwar deshalb, weil die Gehirnvorgänge, durch die sinnliche Wahrnehmungen erzeugt werden, Repräsentationen von äußeren Ereignissen herstellen können, so dass interne Repräsentationen zweiter und dritter Ordnung entstehen. Was heißt das? Es heißt, dass z. B. zunächst ein Signal an die entsprechenden »zuständigen« Areale des Gehirns geleitet wird, das durch den optischen Reiz aus der Wahrnehmung von Farbe, von Grenzen, von Formen und dergleichen ausgelöst wurde. Dies geschieht durch die Reizverarbeitung im Auge und in den neuronalen Systemen, die eine Kartierung im oben genannten Sinne ermöglichen. Tatsächlich handelt es sich um einen viel komplexeren Vorgang, denn der Prozess besteht ja nicht in einer bildhaften fotografischen Abbildung der äußeren Wirklichkeit, sondern in einer Umwandlung von optischen Reizen in elektromagnetische Signale, die durch die Nervenbahnen weitergegeben und dann in einem mehrstufigen Prozess über chemische und elektromagnetische Kontaktstellen ans Gehirn geleitet werden. Ähnliches geschieht in den anderen Sinnessystemen wie z. B. dem akustischen, nur handelt es sich um andere Frequenzbereiche und andere Mechanismen der Reizaufnahme und Reizverarbeitung.

Die Verknüpfung geschieht in einer zweiten Ordnung, wo hirnintern die Signale miteinander in Beziehung gesetzt werden, so dass also z. B. optische und akustische Signale miteinander zur Gestalt eines »Objektes« verknüpft werden. Erst dadurch entsteht in der inneren mentalen Repräsentation ein Bild von einem Gegenstand. Wenn wir z. B. ein Ereignis bzw. Ding wahrnehmen, das Klang und Farbe hat, so treffen die akustischen bzw. optischen Reize zeitlich versetzt ein, denn Licht breitet sich schneller aus als Schall. Trotzdem stellt das neuronale System das Empfinden von Gleichzeitigkeit her, jedenfalls in einem begrenzten Rahmen von Zeitdifferenz. Das Bewusstsein gestaltet also aktiv auch unsere fundamentale Raum- und Zeitwahrnehmung. Bereits die Wahrnehmung eines Gegenstands *als dieser* Gegenstand ist also nicht einfach eine fotografische Abbildung auf einer Platte, bei der Raumpunkte und -areale optisch gespiegelt oder Zeitmuster einfach abgebildet würden, sondern ein synthetischer Prozess von hirninternen Verknüpfungen, an denen ganz unterschiedliche Areale beteiligt sind. Der so entstandene »Gegenstand« wird hirnintern kartiert durch neuronale Muster, die im Gedächtnis gespeichert werden, d. h. zu einem späteren Zeitpunkt wieder abrufbar sind. In diesem Fall kann man den Gegenstand erinnern und eine innere Vorstellung des Gegenstandes wieder abrufen, ohne dass dieser als Objekt vorhanden sein müsste. Die Neurobiologie kann zeigen, dass die neuronale Repräsentation im Falle der äußeren Präsenz des Objektes und im zweiten Fall der nur erinnerten Präsenz fast gleich sind, was ein starkes Indiz für die aktive synthetische Rolle der neuronalen Netze bei der Wahrnehmung ist. Wenn wir einmal Begriffe gebildet haben, z. B. den Begriff »Buch« und den Begriff »Stift«, findet ein interner Prozess zweiter Ordnung statt, der nichts mehr mit den äußeren Objekten zu tun hat, sondern ein inneres Abgleichen mit bereits gespeicherten Mustern darstellt, der also diese beiden »Gegenstände« einander zuordnet, aber auch unterscheidet. Das ist ein Begriffs-Ordnungsprozess, der keine sinnlichen Eindrücke aufnimmt, sondern eine abstrakte Weiterverarbeitung von neuronalen Mustern (Begriffen) darstellt, die wir bereits kognitiv aufgenommen und verarbeitet haben. Wenn wir also, um bei dem Beispiel zu bleiben, Buch und Stift unterscheiden und diese Gegenstände je nach Rahmen klassifizieren (*formal*, indem wir etwa Größe und Form vergleichen und darum die beiden Begriffe *unterschiedlichen* Kategorien zuordnen, oder *funktional* bzw. *sozial*, indem wir sie als Gegenstände der Kulturtechniken des Lesens und Schreibens der *gleichen* Kategorie zuordnen), dann handelt es sich um kognitive Leistungen einer noch abstrakteren Ordnung, denn hier werden die vorgestellten und durch Begriffe ausgedrückten »Dinge« abstrahiert von der Sinneswahrnehmung und im Rahmen komplexer mentaler Konstruktionen behandelt. Das sind Kategorisierungen von Repräsentationen, die nichts mit der sinnlichen Wahrnehmung und ihrer Verarbeitung zu tun haben, sondern es handelt sich um Kategorienverschiebungen innerhalb unserer mentalen und durch Kultur hervorgebrachten sozialen Erfahrungswelt, um Repräsentationen abstrahierter Ordnungen.

Solche Ordnungen und Taxonomien zu erlernen, ist ein Vorgang, den wir als Sozialisation bezeichnen. Er beginnt in der frühen Kindheit und hält lebenslang an. Aus Kulturvergleichen wissen wir, dass andere Kulturen diese Ordnungsleistungen ebenfalls erbringen, aber durchaus auf verschiedene Weise. Man kann evolutionsbiologisch argumentieren, dass dies ursprünglich mit jeweiligen Anpassungen an unterschiedliche Umwelten zusammenhängt, dass dann aber die kulturell-sprachlichen mentalen Welten auch Eigendynamiken entwickeln, die nur durch komplizierte Übersetzungsleistungen miteinander kompatibel sind. Allein durch die Möglichkeit, abstrakte Begriffe zu bilden, dieselben einander zuzuordnen, eine Sprache zu entwickeln[49] und damit Kultur hervorzubringen, kann der Mensch kognitive Modelle der Welt entwerfen, Alternativen abwägen, sich verschiedene Zukunftsszenarien vorstellen und damit Handlungsalternativen entwerfen. Das ist ein Vorteil gegenüber Verhaltensmustern, die durch bedingte Reflexe gesteuert werden, da die Flexibilität zur Anpassung an verschiedene Situationen enorm gesteigert ist. Ganz abgesehen von der Lust am kulturellen Gestalten, die eine mentale Befriedigung, also Sinn ergibt.

Die prinzipiellen neuronalen Möglichkeiten sind wohl bei allen Menschen unerschöpflich, und die durch kulturelles Lernen (Tradition) realisierten Fähigkeiten sind in unterschiedlichen Kulturen verschieden aufgrund der Umweltbedingungen und der jeweiligen Geschichte. Es ist ein Unterschied, ob sich eine Kultur in äquatorialem Klima oder der Tundra, im Hochgebirge oder einer tropischen Insel, im Urwald des Amazonas oder in den Hochwüsten Zentralasiens entwickelt hat. Die Zeitverhältnisse, die Raumverhältnisse, die Lichtverhältnisse sind anders. Solche Erfahrungen werden dann kulturell codiert und in den Erzählungen der Völker tradiert. Die Erzählungen werden in kultischen Ritualen inszeniert, und so wachsen diese Erfahrungen zu einer Lebenswelt zusammen, die mit immer neuen sozialen Erfahrungen in der Geschichte

---

49 Auf die Sprachentwicklung, die sowohl auf kulturinvarianten neuronal-strukturellen Mustern beruht als auch kulturvariante funktionale Systemverknüpfungen generiert, kann hier nicht eingegangen werden. Dazu: A. D. Friederici, Den Bär schubst der Tiger. Wie Sprache im Gehirn entsteht, in: T. Bonhoeffer/P. Gruss (Hg.), Zukunft Gehirn, a. a. O., 106 ff.

von Völkern verschmolzen werden, die sich dann mittels der Lernfähigkeit des Gehirns, die Generationen verbindend, über Jahrhunderte und Jahrtausende hinweg fortsetzen und Erwartungen hervorbringen. Weil solche Grundmuster des Wahrnehmens, Klassifizierens und Verhaltens in frühester Kindheit angelegt werden, bevor das autobiografische Gedächtnis einsetzt und eine entsprechende Identität der Selbsterinnerung möglich wird, kann sich der erwachsene Mensch an solche Lernprozesse nicht erinnern. Er hält folglich diese Lebensmuster für unabänderlich gegeben, statt zu verstehen, dass sie kulturell erlernt und in relativen Anpassungsprozessen erzeugt worden sind. Sie sind ihm der Inbegriff von Wirklichkeit, und darum »absolut« gültig und machen die »Identität« aus. Aus diesem Grunde wird die Erkenntnis der Relativierung solcher Muster z. B. durch Kontakte mit Fremden oft als bedrohlich erfahren. Religionen und andere kulturelle Normensysteme (selbst das Wissenschaftssystem) haben deshalb neben der Suche nach Neuem eine prinzipiell konservative Grundprägung.

Nun stellt sich die Frage: Gibt es einen inneren Kern des Menschen, der bei allen diesen Wahrnehmungen und Kognitionsmechanismen, die wir beschrieben haben, eine Rolle spielt, gibt es so etwas wie ein unveränderliches Ich, das gleichsam all diese äußeren Eindrücke und ihre Verarbeitungen in kognitiver und auch emotionaler Weise bündelt? Sind die veränderlichen Eindrücke und Lernerfahrungen eine Hülle, die sich um einen inneren Kern herum anlagert, der *mein* »Ich« ausmacht, *meine* Seele oder *meine* Identität, wobei noch zu klären wäre, ob dieser Kern von der veränderlichen Hülle ebenfalls verändert würde oder unberührt bliebe? Zeigt nicht schon der Ausdruck »mein Ich« oder »meine Seele« – und natürlich auch »mein Körper« –, dass eine Person als Besitzer dieses Ich vorausgesetzt wird? Verweist das Erleben von Selbstbewusstsein auf eine reale Doppelung, in der sich das Bewusstsein mit seinen Inhalten noch einmal selbst äußerlich ist, indem es zum Gegenstand von Wissen und Gewissheit wird? Allerdings könnte der Prozess immer weiter fortgesetzt werden: das Wissen des Wissens des Wissens usw.

Kapitel 1: Bewusstsein, Ich und Selbst

Diese Frage ist wahrlich nicht neu. Sie setzt also nicht die empirische Forschungsmethode der Neurobiologie voraus. Denn Menschen in der griechischen Antike wie auch im (vor-)buddhistischen Indien und China sind schon vor Jahrtausenden aufgrund von Selbstbeobachtung und logischen Überlegungen zu dem Schluss gekommen, dass die Existenz eines Ich nicht selbstverständlich gegeben ist, sondern eine problematische Annahme darstellt. In den westlichen Kulturen gibt es sicherlich eine Tendenz, »Ich« als eine mehr oder weniger autonome Instanz zu empfinden, die Eindrücke in Erfahrungen sammelt, sie dann verknüpft und nach eigenen Willensentscheidungen ordnet und entsprechende Handlungen entwickelt. Das Ich stünde damit auf einer höheren Hierarchieebene als die Verarbeitungssysteme für Wahrnehmung von Objekten. Das Ich wäre eine Zentrale, die alles steuert, wie ein Dirigent die Einzelinstrumente des Orchesters zusammenhält. Das Ich hätte einen Ort, nach dem man immer wieder gesucht hat, so z. B. Descartes, der die Zirbeldrüse ausfindig machte, oder in älteren, eher poetischen Vorstellungen, wo von einem »Herz« gesprochen wird, was ja nicht den physischen Muskel meint, der als Pumpe für den Blutkreislauf funktioniert.

Aus der Neurobiologie wissen wir, dass ein solches Ich weder aufzufinden ist, noch dass es dieser Instanz zur Erklärung der Steuerung neuronaler Prozesse bedarf. Denn die Verschaltungsmuster sind so organisiert, dass es keine Zentrale braucht, weil das ganze Netz ein sich selbst organisierendes System ist.[50] Wie ein Orchester ohne Dirigent (Wolf Singer). Und das ist nun interessanterweise ähnlich dem, was wir zu diesem Problem aus dem Buddhismus hören.[51] Auch hier geht man nicht von der Existenz eines unabhängigen Ich aus, sondern erklärt, dass das Ich eine Einbildung sei, die zustande kommt, wenn Bewusstseinsvorgänge sich selbst koordinieren. Das Gefühl, ein Ich zu sein, entstehe als mentale Konstruktion durch die geordnete Verknüpfung von Wahr-

---

50 Diese Ansicht, dass es keiner Ich-Zentrale bedarf, vertrat bereits Wilhelm Wundt. Vgl. oben S. 29.

51 Dalai Lama, Wegweiser für die Welt von heute, a. a. O., bes. 357 ff.

nehmungen in relativ stabilen und kumulativen Mustern, die dank des individuellen und kollektiven Gedächtnisses über eine längere Zeit hinweg andauern und Identität erzeugen. Bei genauerer Analyse werde aber auch hier deutlich, dass diese Identität nicht konstant, sondern ständiger Veränderung unterworfen ist, dass auch das Gedächtnis ein von anderen Faktoren (Stimmungen, Aufmerksamkeit, kognitiven Prämissen usw.) abhängiges Geschehen sei, das impermanent ist und bleibt. Nach buddhistischer Analyse entstehen Wahrnehmungen, Empfindungen, Gefühle, Begriffsbildungen, Gedächtnisinhalte, Willensimpulse usw. in wechselseitiger Abhängigkeit. Zu diesen Gefühlen gehört auch, dass wir uns als »Ich« fühlen, weil wir die inneren geistigen Vorgänge von außen betrachten können. Im Festhalten an der Illusion eines dauerhaften Ich komme, so Wolf Singer, ein »objektivitätsgläubiger Substantialismus« zum Vorschein, der nichts anderes als das Begehren nach Dauer und die Vermeidung des Wandels ausdrücke. Ein existenzielles Problem also. Eine über allem stehende unveränderliche Ich-Zentrale aber existiert nicht. Im Gegenteil: Die Einbildung eines substantiellen oder gar selbständigen Ich ist genau der Ego-Zentrismus, der durch spirituelle Einsicht bzw. durch religiöse Praxis überwunden werden soll.

Um den impermanenten Prozesscharakter der beschriebenen Vorgänge zu erfassen, ist es angemessener, davon zu sprechen, dass wir nicht einen Körper und Bewusstsein *haben*, sondern *Bewusstheit sind*. Dies genügt. Denn insofern *wir* einen Körper *haben*, uns desselben *gewahr* sind, ist genau dies ein Akt von Bewusstheit. Der Körper ist (für uns) nirgendwo als eben in diesem Feld von Bewusstheit. Dieser letzte Satz ist die buddhistische Pointe, die selbst natürlich auch nichts anderes als ein Bewusstseinsakt ist.

Wir wissen, dass wir Bewusstsein haben oder sind, indem wir etwas sehen oder hören, wobei der Sehprozess, der Hörprozess und alle anderen entsprechenden Aktivitäten eine Relation, ein In-Verbindung-Sein signalisieren. Die Fluktuationen bzw. Veränderungen rühren nicht nur von neuen Sinneseindrücken und deren Verarbeitung her, sondern auch von der unentwegten Neugruppierung und -verarbeitung bereits gespeicherter Informationen. Auch das Gedächtnis fluktuiert: Das, was wir gestern erfahren haben, sieht anders aus, wenn wir es heute erinnern oder wenn wir es morgen wieder erinnern werden. Das Gedächtnis ist selbst in diese konstruktiven, sich selbst verändernden Prozesse einbezogen. So wissen wir z. B. aus der Kriminalistik, dass mehrere Zeugen vom selben Standort aus ein und dasselbe Ereignis verschieden beschreiben und der Staatsanwalt nicht davon ausgehen kann, dass einer von ihnen *die* Wahrheit beschreibt, sondern davon ausgehen muss, dass Wahrnehmungen und ihre Verarbeitung zu Urteilen subjektiv gefärbt sind. Wenn der Gerichtsprozess lange andauert, werden sich die Beschreibungen des Ereignisses noch einmal verändern, denn die Erinnerung verändert sich mit der Zeit, ohne dass man eine inszenierte Täuschung unterstellen müsste.

Fassen wir zusammen: Wahrnehmungen, Gefühle und Gedanken, die im Augenblick erscheinen, sind geprägt von früheren Wahrnehmungen, Gefühlen und Gedanken, sowie natürlich ebenso von weiteren gegenwärtigen Eindrücken. Gegenwärtige Eindrücke aber werden nach Mustern verarbeitet, die im Verlaufe der Lebensgeschichte angelegt worden sind. Das bedeutet: Nichts wird wahrgenommen, wie es ist, sondern vermittelt durch den Charakter (die Prägungen) des Bewusstseins, und dieses Bewusstsein ist ausgebildet worden durch die eigene Aktivität in der Vergangenheit, es ist sozusagen alles gefiltert durch die eigene Wahrnehmungsgeschichte. Die indischen Kulturen bezeichnen diesen Sachverhalt mit dem Begriff *karman*: Alles, was geschieht, erscheint in der Form, in der es erscheint, als Folge vergangenen Geschehens, und das gegenwärtige Geschehen beeinflusst das vergangene Geschehen, insofern es sich im Bewusstsein (Gedächtnis) verändert. Damit wird auch das Subjekt des Handelns, der Mensch, durch seine Aktionen verändert. *Karman* ist reziproke Kausalität.

Diesen Filter genau kennen zu lernen, zu verstehen und womöglich zu reinigen, ist die Aufgabe spiritueller Praxis. Sie zeigt, dass das Bewusstsein kein Etwas ist, sondern eine Abfolge unterschiedlicher Zustände, die aufeinander bezogen sind und sich in wechselseitiger Abhängigkeit erzeugen. Durch Einsicht in diese Mechanismen, die kognitive und emotionale Strukturen offenlegen, entsteht innere Distanz und dadurch ein Gewinn an Freiheit. Wie bereits angedeutet, sind die tatsächlichen Verläufe noch viel komplizierter, weil es sich nicht um Prozesse handelt, die intern auf ein Individuum beschränkt wären, sondern um vielfältige Kommunikationsprozesse. Und die Kommunikationsdichte mit anderen Menschen und Sachverhalten nimmt in modernen Kulturen durch die Medien dramatisch zu.

Achtsamkeit und Mitwelt

Der Buddhismus nennt die Methode des Umgangs des Bewusstseins mit sich selbst, in der die genannte Selbsterkenntnis und Klarheit erzeugt wird, Achtsamkeit, im Pali *satipatthana*. Eine der wichtigsten Schriften des frühen Buddhismus hat genau diesen Titel: Satipatthana Sutta. Es geht um ein konzentriertes Bewusstsein, in dem das Bewusstsein nicht nur Außeneindrücke, sondern sich selbst, d. h. seine eigene Wahrnehmung der Außeneindrücke wahrnimmt. Achtsamkeit ist reines Beobachten oder Gewahrsein, ohne dass mentale oder kognitive Projektionen die Wahrnehmung oder die mentale Wahrnehmungsverarbeitung trüben würden.

Die gewöhnliche Aufmerksamkeit des Menschen ist eher diffus, d. h. sie schweift ab, vor allem dann, wenn plötzliche Eindrücke von außen Ablenkung schaffen, aber auch durch das Auftauchen von Erinnerungen, Fantasien usw. Wir kennen das: Man liest einen Text, entdeckt aber plötzlich, dass man an etwas anderes gedacht und den letzten Abschnitt der Lektüre gar nicht genau zur Kenntnis genommen hat, geschweige denn denselben genau erinnern könnte. Und dann kommt man durch einen Willensentschluss zurück zum Text, schweift aber nach einiger Zeit wieder ab. Diese diffuse Präsenz wird aber spontan gebündelt zu achtsamer Wahrnehmung, wenn ein Objekt erscheint.

Wenn etwa in einem Hörsaal, in dem nur der Vortragende spricht, die Tür knallt und jemand unerwartet eintritt, drehen sich alle um, und zwar sowohl diejenigen, die geträumt haben, als auch die anderen, die aufmerksam zugehört haben, sie werden plötzlich aus ihrem jeweiligen Zustand herausgerissen. Die beiden Gruppen befanden sich in unterschiedlichen Bewusstseinszuständen, aber durch ein unerwartetes Ereignis, noch mehr als durch ein erwartetes, wird plötzlich die gesamte Aufmerksamkeit auf *diesen* Vorgang oder auf *dieses* Objekt gebündelt, und der Betreffende ist einen Moment konzentriert. Dies nennen wir *fokussierte Aufmerksamkeit*. Dieser Zustand hält aber nur so lange an, wie der Schreck wirksam ist, dann beginnt wieder das diffuse Träumen. Die Fokussierung kann aber geübt werden durch kontinuierliches Aufmerksamkeitstraining, so dass sich ein konzentrierter Zustand über längere Zeit halten kann. Demgegenüber gibt es ein *achtsames Gewahrsein* (auch »ungerichtete Gegenwärtigkeit« genannt[52]). Achtsamkeit ist ein Bewusstseinszustand, in dem z. B. die akustische Störung durchaus wahrgenommen wird, ohne allerdings das typische »Nachwehen« bzw. eine Spur zu hinterlassen, d. h. das konzentrierte Gleichmaß setzt sofort wieder ein. Im Gewahrsein erscheint ein Raum-Zeit-Kontinuum, ein ungestörtes Dasein, das durch das Gefühl von Weite und Offenheit gekennzeichnet ist. Tauchen Gedanken oder Fantasien auf, so werden auch sie durchaus wahrgenommen, aber sie werden keiner weiteren Verarbeitung unterzogen, d. h. man hängt ihnen nicht nach oder »diskutiert« nicht mit den inneren Bildern, sondern bleibt auf das gegenwärtige Bewusstseinsniveau konzentriert. Dass die Fähigkeit, ein zerstreutes umherwanderndes Bewusstsein zur stetigen Achtsamkeit/Aufmerksamkeit zu bringen, grundlegend ist für das Denken, Urteilen, den Willen und den Charakter, hat bereits William James im Jahre 1890

---

52 Es handelt sich um zwei im Gehirn benachbarte, aber auch deutlich unterschiedene Aufmerksamkeitsnetzwerke, deren Balance eine ausgeglichene Wahrnehmung und Selbstregulation ermöglicht. Beide sind komplementär zueinander. (N. Kohls, Mehr Lebensfreude durch Achtsamkeit und Resilienz, München: südwest 2022, 136 ff.)

gesehen und dazu aufgerufen, diese Fähigkeit zu einer zentralen Aufgabe für Erziehung und Bildung zu machen![53]

Es ist bezeichnend, dass das Thema in Europa und Amerika weit über die Rezeption buddhistisch-asiatischer Traditionen hinaus eine Rolle spielt, insofern immer mehr empirische Studien im Zusammenhang mit dem Gesundheitswesen und der Pädagogik durchgeführt werden. Achtsamkeit ist die Grundlage jeder Wahrnehmungstheorie, jeder Ästhetik. Und da, wie wir oben sahen, für den Menschen alle Ereignisse und Objekte im Bewusstsein repräsentiert sind, ist Achtsamkeit die Pforte des Menschen nicht nur zu sich selbst, sondern zur Welt. Achtsamkeit erweist sich damit in bestimmtem Sinne als objektzentriert. Aber es geht nicht um ein spezifisches Objekt, das über einen Zeitraum hinweg mit sich selbst identisch bliebe, sondern es geht um die Aufmerksamkeit als Objekt der Achtsamkeit. Sie ist die Voraussetzung für die meditative Versenkung, die letztlich kein spezifisches Objekt hat, sondern den gesamten unbegrenzten Raum, die unbegrenzte Zeit als Wahrnehmungsraum erfährt. Im frühen Buddhismus spricht man von Raumunendlichkeit und Zeitunendlichkeit als Wahrnehmungsformen dieser meditativen Ganzheitsbetrachtung.

Ich möchte diese Aussagen noch einmal mit den theoretischen Erwägungen verknüpfen, wie sie gegenwärtig von einigen Neurowissenschaftlern explizit diskutiert werden. Ich beziehe mich dabei exemplarisch vor allem auf Antonio Damasio, Gerald M. Edelman und Giulio Tononi in Amerika und Wolf Singer in Deutschland.[54]

---

53 Zit. James von Richard Davidson, Mind and Life Conference XXVI, Jan 17–23, 2013. 3. Tag, (Folie) Mundgod/India (www.mindandlife.org): »(…) the faculty of voluntarily bringing back a wandering attention, over and over again, is the very root of judgment, character, and will (…) An education which would improve this faculty would be *the* education *par excellence*.« Die Details von meditativen Achtsamkeitszuständen können hier nicht erörtert werden. (Dazu: U. Anderssen-Reuster/M. v. Brück, Buddhistische Basics für Psychotherapeuten, Stuttgart: Schattauer 2022, bes. 167 ff.)

54 G. M. Edelman/G. Tononi, Gehirn und Geist. Wie aus Materie Bewusstsein entsteht, München: C.H. Beck 2002; W. Singer, Der Beobachter im Gehirn. Essays zur Hirnforschung, Frankfurt a. M.: Suhrkamp 2002.

Damasio bezeichnet das Selbst oder Ich-Gefühl als einen in sich selbst differenzierten Wahrnehmungsraum. Er unterscheidet ein Proto-Selbst von einem Kern-Selbst und weiteren Stufen bis hin zur selbstbewussten Person. Es gibt Vorstufen des Selbst, die evolutionsbiologisch auch bei Tieren erkennbar sind. Ausgehend von einem selbstbezüglichen Körperbewusstsein, dem Körper-Selbst oder Kern-Selbst, entwickelt sich nach Damasio das Selbst in Korrespondenz mit der Umwelt und ständig neuen selbstbewussten Reflexionsstufen eben dieser Korrespondenz.[55]

Folgende Stufen werden unterschieden: 1. Das Kern-Selbst, das Selbstreflexivität in Bezug auf den Körper herstellt, 2. das erweiterte Selbst, das aufgrund des episodischen und autobiografischen Gedächtnisses Identität in der Zeit herstellt und als Autor bzw. selbstbewusster Akteur von intentionalen Handlungen erscheint und dabei weiß, dass es diese Intentionen hat, 3. das soziale Selbst, das im Dialog mit anderen seine Identität entwickelt (»Gehirne im Dialog« als Metapher), 4. das Selbst, das sich in gesellschaftlichen und naturgegebenen Umwelten nicht nur aufgrund von selbstreflexiven Mustern, sondern im Blick auf selbstintendierte Programme (Vorsätze, Normen) erlebt und verändert.

Diese Stufen markieren die Herausbildung einer ausgereiften Person, eine evolutionäre Entwicklung vom Individuellen über das Soziale bis hin zur Mitwelt. Person ist Relation, ein wechselseitig sich spiegelndes Netz aller Erscheinungen, denn alles, was ist, sind miteinander kommunizierende Ereignisse, wobei jedes Ereignis überhaupt erst durch eben diese Kommunikationsfelder entsteht. Der chinesische buddhistische Meister Fa-tsang (643–712) soll diese Betrachtungsweise der Wirklichkeit in einem berühmten Gleichnis dargestellt haben: Dem Wunsch der Kaiserin Wu entsprechend, das Wesen des Buddhismus zu erklären, ließ er einen Raum an allen Seiten sowie den Fußboden und die Decke

---

55 A. Damasio, Selbst ist der Mensch, a. a. O., 27 ff., 193 ff. u. a.; G. Rager, Selbst und Bewusstsein, a. a. O., 37.

lückenlos verspiegeln. In der Mitte des Raumes installierte er eine Buddha-Figur und daneben eine Lichtquelle. Alle Erscheinungen erschienen als Spiegelungen von Spiegelungen in Spiegelungen, ohne dass ein Anfang, ein Zentrum oder ein Ende auszumachen wäre.

Wir sprechen über eine Entwicklung vom Individuellen über das Soziale bis hin zur Mitwelt. Reifungsprozesse sind individuell verschieden, aber sie geschehen immer in Bezug auf und im Austausch mit anderen. Der Mensch ist ein soziales Wesen, und er könnte allein gar nicht überleben. Das beginnt beim Neugeborenen, das zunächst diffuse Sinneseindrücke des jeweils momentan Gegebenen zu verarbeiten hat, bis sich mit Hilfe der Mutter und der anderen wiederholt auftauchenden Personen nach etwa sechs Monaten eine »Objektpermanenz« herausbilden kann, die Stabilität verbürgt. Mit etwa neun Monaten entwickelt sich die Fähigkeit, sich in die Perspektive der Bezugspersonen zu versetzen (Tomasello: »Szenen gemeinsamer Aufmerksamkeit«): Wenn die Mutter z. B. auf etwas hinweist, folgt das Kind dem Hinweis. Das Kleinkind schreit – abgesehen bei physischem Unbehagen –, weil es Geborgenheit sucht. Die Permanenz der Beziehung zur Mutter stabilisiert das Kind, und dies wird verstärkt durch motorische Regelmäßigkeit wie z. B. Wiegen und Schaukeln. Dadurch wird verlässliche Ordnung erfahren. Später wird die Selbsterkenntnis im Spiegel des Du ausgebaut, d. h. Ich wird, weil es ein Du gibt.

Die Bedeutung der Mitwelt spiegelt sich auch in den Formen der Meditation. *Erstens* gilt zwar, dass das Erleben nicht adäquat in Sprache ausgedrückt werden kann. Das trifft aber nicht nur auf mystische Erfahrungen zu, sondern auf jede sinnliche Erfahrung: Wie schmeckt eine Tasse Tee, oder wie duftet ein Glas schweren Rotweins? Dennoch brauchen wir Sprache, und auch das »sprachlose Zen« bedient sich poetischer (gelegentlich auch analytischer) Sprache, um auf die Sache, um die es geht, hinzuweisen. Aber auch, um selbst Klarheit zu gewinnen. Denn durch Sprache bekommt Diffuses Kontur. Durch Benennung von etwas Unheimlichem wird es uns heimisch, d. h. wir können damit umgehen und es integrieren. Durch Versprachlichung können wir mit Ängsten umgehen. *Zweitens* haben unterschiedliche Formen der Meditation unterschiedliche Auswirkungen auf das Verhalten, das Gehirn und den Körper, d. h. unterschiedliche Hirnareale werden aktiviert, und das daraus folgende Verhalten lässt sich messen. Die große Studie[56], die 2018/19 unter dem Titel *ReSource Project* vom Max Planck Institute for Human Cognitive and Brain Sciences in Leipzig unter der Leitung von Tania Singer durchgeführt wurde, hat gezeigt: Reine Achtsamkeitsmeditation ohne emotionale Inhalte und Meditation verbunden mit sozial-kognitiver Praxis der Empathie (Visualisierung von Liebe oder liebevoller Güte usw.) haben unterschiedliche Folgen für die Plastizität der Hirnstruktur, und für das sichtbare Verhalten ohnehin. Singer et al. unterscheiden bei der Meditation drei Module, die miteinander verbunden werden, aber auch jeweils eigene Aspekte darstellen: 1. Introspektive Achtsamkeit (Präsenz), 2. sozio-affektive Praxis (Affekt, d. h. emotionale Fähigkeiten wie Liebe und heilende Hinwendung zu allen Wesen), 3. sozio-kognitive Praxis (Perspektive) wie das rationale Verstehen von Perspektiven auf das eigene Selbst in Beziehung zu anderen. *Achtsamkeit* wird vor allem durch Atembeobachtung und Bodyscan geübt, *affektive Praxis* durch Partnerübungen (Dyaden, ingroup), in denen Visualisierung von Situationen der liebenden Güte praktiziert wird. Die *kognitive Perspektive* wird eingenommen durch Beobachtung der Gedanken und ihrer Perspektiven vor allem in Bezug auf die Bewusstseinsbewegungen der jeweils anderen (outgroup). Mitgefühlstraining impliziert Achtsamkeit, das gilt nicht umgekehrt. Der dritte Aspekt, die kognitive Übung, muss gesondert geübt werden, und jedes der drei Module aktiviert verschiedene Fähigkeiten. Das Nicht-Beurteilen und Nicht-beurteilt-Werden durch die Mitgefühlsübung und die Partner-

---

56 T. Singer/V. Engert, It matters what you practice: differential training effects on subjective experience, behavior, brain and body in the *ReSource Project*, Current Opinions in Psychology 2019, 28: 151–158, online: www.sciencedirect.com (https://doi.org/10.1016/j.copsyc.2018.12.005) (Elsevier).

Meditation (Dyaden) wirkt sich in einer signifikanten Stressreduktion aus. Hier ist es wichtig, zwischen Empathie und Mitgefühl (*compassion*) zu unterscheiden: Als *Empathie* wird die Resonanz mit dem negativen Affekt eines anderen (Mitleiden) bezeichnet, während *Mitgefühl* das Gefühl warmherziger Anteilnahme meint, wenn also die positive Rückkopplung im Fokus liegt.

Die Spiegelungen in Spiegelungen, wie sie im Beispiel des Fa-tsang dargestellt werden, bleiben also nicht abstrakt. Meditation ist demnach[57]

1. *Zurückziehen* der Sinne (sensorische Deprivation), ein Rückzug auf »sich selbst«.
2. *Fokussierung* auf ein Objekt (den Atem, ein Mantra, ein Bild usw.).
3. Offenes *Gewahrsein*, das aktive und passive, emotionale wie kognitive Sich-Öffnen (für alles raumzeitliche Geschehen, im Zen; »offene Weite«).

Das schließt die liebende, heilende Hinwendung zu allen Wesen ein. Wie könnte es anders sein, wenn die Erfahrung darin besteht, dass die Wirklichkeit verbindende Einheit bzw. ein Austausch von Energien ist?

Achtsamkeitsmeditation führt nachweislich zu anhaltenden strukturellen Veränderungen im Gehirn.[58] Die Auswirkungen hängen ab von der Intensität, der Dauer und den zusätzlichen Übungen, die affektive Komponenten (liebende Güte) enthalten. Aber auch kognitive Voraussetzungen spielen eine Rolle: Die Achtsamkeitsübung, die Ich-bezogen bleibt, die also ohne die Erkenntnis des Nicht-Ich praktiziert wird, hat andere Auswirkungen als die mit dem Nicht-Ich gekoppelte Praxis, auch

---

57 Im Yoga-System sind die letzten der acht Aspekte: *pratyahara* (Rückzug der Sinne), *dharana* (Konzentration, Fokussierung), *dhyana* (Versenkung, offene Weite), *samadhi* (integrierter nicht-dualer Bewusstseinszustand).

58 F. Kurth, The neuroanatomy of longterm meditators, in: Current Opinion in Psychology, Vol. 28, August 2019, 172–178 (https://doi.org/10.1016/j.copsyc.2018.12.013).

wenn z. B. »liebevolle Güte«, der Erwartung in einem buddhistischen Umfeld entsprechend, sich nur als allgemeine und vorbewusste Disposition darstellen sollte.[59]

Bewusstseinsfaktoren im Buddhismus

Wenn man die Klassifizierung von Bewusstseinszuständen im Buddhismus studieren will, muss Klarheit darüber sein, dass die Übersetzung Schwierigkeiten bereitet, denn in europäischen Sprachen sind solch detaillierte Unterscheidungen kaum gemacht worden, zumal schon eine Definition solcher Begriffe wie »Geist« oder »Bewusstsein« oder »Ich« und »Selbst« kaum möglich ist, denn die Bedeutungen schwanken zeit- und autorenabhängig erheblich.

Gemäß der buddhistischen Erkenntnistheorie beruht Wissen von bewussten Zuständen im Wesentlichen auf Introspektion, d. h. man beobachtet die eigenen Zustände, die sich in der Beobachtung selbst verändern. Erinnern wir uns: Bewusste Zustände sind einerseits durch die Verarbeitung von Sinneseindrücken gekennzeichnet, die die Wahrnehmung von Gegenständen oder Ereignissen verursacht, also ein Glänzen, eine runde Form, eine Linie oder ein bestimmter Klang und dergleichen. Diese Eindrücke werden abgespeichert und abgeglichen mit früheren ähnlichen Erfahrungen, so dass nun bewusstseinsintern aufgrund der Konfiguration von ähnlichen Merkmalen ein Begriff gebildet werden kann, wie z. B. Stift oder Buch. Derartige Bezeichnungen sind relativ und historisch zufällig. Nun ist aber die buddhistische Bewusstseinstheorie vor allem daran interessiert, die möglichen Metaebenen zu verstehen, die den eben beschriebenen Vorgang des Bezeichnens aus der Beobachterperspektive wahrnehmen. Man kann also nicht nur den Stift

---

59 W. S. Waldron, Mindfulness and Indian Buddhist conceptions of unconscious processes, in: Current Opinion in Psychology, Vol. 28, August 2019, 28–31 (https://doi.org/10.1016/j.copsyc.2018.09.012).

oder das Buch wahrnehmen, sondern man kann wahrnehmen, dass man dies wahrnimmt. Man beobachtet und klassifiziert die Wahrnehmung und die Wahrnehmungsverarbeitung noch einmal. Und das geht so weiter: Auch diese Ebene der Beobachtung der Wahrnehmung kann noch einmal von außen wahrgenommen werden. Es ist wie beim Schälen einer Zwiebel, nur umgekehrt: eine Schicht wird an die andere angelagert, wenn die Wahrnehmung und der bewusste Vorgang derselben noch einmal als bewusster Vorgang wahrgenommen werden. Im Prinzip geht das immer so weiter. Konkret ist es eine Frage der Schulung und Übung, wobei durch Aufmerksamkeits- und Konzentrationstraining entsprechende Fähigkeiten ausgebildet werden. Diese erhöhte selbstreflexive Wahrnehmungsfähigkeit ist ein Ziel bei der Erlernung von Meditationstechniken. Denn die Wahrnehmung der Wahrnehmung wahrzunehmen, setzt ein konzentriertes Bewusstsein voraus. Es ermöglicht

> Im Buddhismus gibt es nicht Substanzen, die miteinander interagieren, sondern Prozesse, die einander überlagern, und erst dadurch entsteht kurzzeitig etwas, das als etwas bezeichnet werden kann.

das Erkennen verschiedener Schichten, die immer abstrakter hinsichtlich der ursprünglichen unmittelbaren Verarbeitung des Sinneseindruckes werden. Durch diese Meditationsschulung bekommt man einen direkten Eindruck von der Dynamik des Bewusstseins bzw. genauer: von der Dynamik und komplexen Vernetztheit bewusster Prozesse. Dieses »genauer« ist der springende Punkt: *Im Buddhismus gibt es nicht Substanzen, die miteinander interagieren, sondern Prozesse, die einander überlagern, und erst dadurch entsteht kurzzeitig etwas, das als etwas bezeichnet werden kann.* Es *gibt* also nicht »Gefühle«, »Denken«, »Gedächtnis« usw., sondern dies sind Beziehungsverhältnisse in Prozessen, die ständig neu entstehen und vergehen. Die Muster, in denen dies geschieht, werden durch die eigene »Spur« der Aktionen stets neu hervorgebracht und modifiziert.

Der Buddhismus versteht sich allerdings primär nicht als eine psychologische Theorie bewusster Prozesse, sondern als Anleitung zur

Befreiung von leidvollen Zuständen (*duhkha*).⁶⁰ Der (frühe) Buddhismus beschreibt also weniger, *was* der Mensch ist, sondern *wie* die Prozesse funktional zu verstehen sind, die dazu führen, dass der *Wille* den Menschen in Unfreiheit treibt, d. h. dem Kreislauf des Bedingt-Seins unterwirft. Diese Unfreiheit ist frustrierend bzw. leidvoll (*duhkha*), denn das Begehren nach Dauerhaftigkeit wird ständig enttäuscht durch die unvorhersehbaren Veränderungen und die Vergänglichkeit.

Bereits in den frühesten buddhistischen Schriften (Pali-Kanon, Suttapitaka) taucht der Begriff der fünf *khandhas* auf (Sanskrit *skandhas*), um das Substanz-Denken anderer indischer Systeme zu kritisieren.⁶¹ Der Begriff (wörtl.: Haufen, aber auch Verzweigung) wird gewöhnlich mit »Aggregate« oder »Daseinsgruppen« übersetzt. Gemeint sind relativ stabile Muster oder vielleicht »Schnittstellen«, die sich in Prozessen auswirken, die das Leben, einschließlich des Bewusstseins, ausmachen. Einerseits ist also alles im Fluss und in Bewegung, andererseits führt dieses Fließen zu relativ stabilen Formen, die das ausmachen, was wir »Wirklichkeit« nennen. Verschiedene buddhistische Schulen haben das Verhältnis von Bewegung und Form unterschiedlich abgewogen. Wir können uns das so vorstellen: Ein Fluss fließt beständig, und die genaue Lage eines »Wasserteilchens« ist nicht voraussagbar. Aber der Fluss bildet Stromschnellen, Strudel, Wellenorte, die über eine lange Zeit hinweg ziemlich gleich bleiben. Sie bestimmen, wohin die Reise des Wassers geht. Beide Kräfte zusammen ergeben den Strom, d. h. die wechselseitige Verbindung bringt jeweils momentan das hervor, was einerseits als materielles (1), andererseits als geistiges Ereignis (2–5) beschrieben werden kann; *rupa, vedana, samjna, samskara, vijnana.*

---

60 U. Anderssen-Reuster/M. v. Brück, Buddhistische Basics für Psychotherapeuten, a. a. O.

61 Eine gut nachvollziehbare Analyse der Skandha-Theorie präsentiert S. Hamilton, Identity and Experience. The Constitution of the Human Being According to Early Buddhism, London: Luzac Oriental 1996. Dazu auch M. v. Brück, Aesthetic principles, the arts, and the interpretation of culture, in: PsyCh Journal 10 (2021). Institute of Psychology. Chinese Academy of Sciences, pp. 200–209.

Rupa skandha bezeichnet die materielle Wirklichkeit, wozu die Sinnesorgane lebender Wesen gehören. Das Materielle ist aber keine Substanz, auch nicht ein Konglomerat kleinster Teilchen. Zwar entwickelte der spätere Buddhismus (erst in der Abhidhamma-Literatur seit etwa 500 n. Chr.) die Theorie der *kalapas*, kleinster materieller Einheiten, die aber nicht-substantiell gedacht werden. *Kalapas* sind kleinste Entstehungsmomente, im Englischen gut übersetzbar als »arisings«, also in gegenwärtiger Sprache kleinste Teilchen und Wellen, die – so die späteren Interpreten – im Billionstel einer Sekunde oder Trillionstel eines Augenzwinkerns aus Nichts entstehen und wieder vergehen. Stabilität, d. h. die Illusion von »Substanz«, entsteht nur durch die schnelle Abfolge, derer sich der Mensch normalerweise nicht bewusst wird. Die materielle Realität ist das schnelle Entstehen und Vergehen solcher Strukturen, die einander überlagern und das momentan erzeugen, was als Wirklichkeit erscheint. Aber das verläuft – wie oben gesagt – nicht chaotisch, sondern nach Mustern oder in Strukturen, und wir können vielleicht von einer »fließenden Kontinuität« sprechen.

Vedana skandha ist die erste, im Wesentlichen passive oder instinktive Registrierung von Reizen. Reize empfangen wir durch die Sinnesorgane von der Außenwelt, und Reize wie Schmerz oder Hunger können auch aus dem Körper kommen. Diese Unterscheidung von »Außen« und »Innen« macht das Bewusstsein allerdings sekundär, denn zunächst einmal ist nur ein unspezifisches Empfinden da. Allerdings wird bereits die Registrierung eines Reizes als erste undefinierte Reaktion aufgefasst, weil ja nicht alles, was auf das lebende System zukommt, registriert wird. Es gibt eine Auswahl bzw. eine »Vorsortierung« in angenehme, unangenehme und neutrale Eindrücke, d. h. die Auswahl der Reaktionsregistrierung erfolgt nach qualitativen (die drei genannten Muster) und quantitativen (die Stärke des Reizes) Kriterien.

Samjna skandha ist ein erster Akt des aktiven Erkennens, insofern der Reiz *als* etwas erscheint, d. h. der Reiz wird im Kontext gespeicherter Erinnerungen identifiziert, bewertet und katalogisiert.

Samskara skandha ist die Interpretation des Reizes zu einer Wahrnehmung, die als definierte Vorstellung (Begriff) ein Begehren oder das Gegenteil gegenüber dem Wahrgenommenen auslöst und damit den *Willen* aktiviert. Dieser Prozess wird gesteuert von den Verarbeitungsmustern, die in der Vergangenheit bereits angelegt worden sind, d. h. er beruht auf Erfahrung. Dies können genetisch festgelegte, epigenetisch verstärkte (oder abgeschwächte) und biografisch erworbene Raster sein. Das Wollen (*cetana*) ist die Intention, mit der sich die Aufmerksamkeit auf dieses Objekt *als* dieses Objekt richtet, das nun in der Wahrnehmung erscheint. Alle Sehnsüchte, Begierden, Konzentrationen, Weisheit, Handlungsabsichten usw. gehören zu diesem *skandha*. Durch Wiederholung werden solche Strukturen der Wahrnehmung und des Handelns verfestigt. Das heißt, der Körper lernt, und ebenso das Bewusstsein. Die Verfestigung führt zu Prägungen (Charakter). Diese sind zwar auch veränderlich, bilden aber doch für längere Zeit andauernde Muster, die man in Indien als das *karman* (Karma) bezeichnet. Karma entsteht also durch diesen *samskara skandha*, noch nicht durch die ersten beiden *skandhas* (*rupa* und *vedana*), und in Bezug auf den dritten (*samjna*) kann man unterschiedlich argumentieren.

Vijnana skandha (»Bewusstwerden«) ist das Gewahrwerden der eben genannten Prozesse, d. h. die Verdopplung, die entsteht, wenn diese Prozesse (und nicht die ursprünglichen Reize) als bewusste erscheinen. Wenn ich also weiß, dass ich weiß. Dadurch entsteht das Ich-Gefühl, das sich selbst als Gegenüber zu diesen Vorgängen und besonders auch zur Außenwelt empfindet. *Vijnana skandha* tritt auf als Aktivität, die mit den jeweiligen Sinnesorganen verknüpft ist, d. h. man unterscheidet ein Augenbewusstsein, ein Hörbewusstsein usw. Zu einer Wahrnehmung wird der Reiz erst dann, wenn ein Objekt, das Sinnesorgan und eben die jeweilige Vijnana-Aktivität zusammenkommen. *Vijnana skandha* ist damit die systemisch-wechselwirkende Verknüpfung der *skandhas* 1–4.

Als Grund für die genannten Aktivitätsmuster des Bewusstseins wird die Kette des Entstehens in wechselseitiger Abhängigkeit aller Erscheinungen (*pratityasamutpada*) genannt.[62] Die Kette erklärt sich wie folgt:

Das Leiden besteht in der Frustration darüber, dass das Begehren nach Dauer angenehmer Empfindungen nicht erfüllt werden kann, weil es nichts Dauerhaftes gibt, d. h. das Anhaften an dem Begehrten ist die Ursache des Leidens. Das Anhaften aber beruht auf den wiederholten mentalen Prozessen der Bewertung von »angenehm« gegenüber »unangenehm«, auf dem Reaktionsmechanismus also, der unter dem Begriff *samskara skandha* beschrieben wurde. Denn durch Wiederholung werden die Begehrenspotentiale ständig intensiviert. Anhaften ist nichts anderes als die quantitativ gesteigerte Form der zunächst nur flüchtigen Reaktionsmuster. Diese Reaktionsmuster sind durch Fühlen entstanden, das wiederum eine Folge der zur Wahrnehmung verdichteten Kontakte der Sinnesorgane mit der Umgebung oder den Signalen des Körpers ist. Und diese Kontakte stellen sich her aufgrund der Aufnahmefähigkeit der Sinnesorgane. Sie sind selbst Teil des Lebensstromes, den sie aufnehmen, spiegeln und materiell wie geistig erfassen. Durch Einsicht in diese Zusammenhänge (Pali: *vipassana*, Sanskrit: *vipashyana*) kann mittels eines auf sich selbst konzentrierten Bewusstseins ein Ende der Zwangsläufigkeit dieser Verknüpfungen eingeleitet werden. Die Folge davon ist, dass die mentale Achtsamkeit völlig frei vom Anhaften wird, wodurch kein ichzentriertes Begehren mehr entsteht. Damit ist die Illusion des Ich und ihrer Auswirkung erkannt, nämlich des ständig sich steigernden Begehrens. Die bewusste Aufmerksamkeit richtet sich stattdessen nun bewertungsfrei auf sich selbst, was als friedvoller Glückszustand erlebt wird.

---

62 W. Hart, The Art of Living. Vipassana Meditation as Taught by S.N. Goenka, Igatpuri/India 2010, S. 47 ff. Im frühen Buddhismus bezeichnet der Begriff zunächst den kontinuierlichen Strom des Bewusstseins und wurde später erst auf die Wechselseitigkeit aller Erscheinungen der Wirklichkeit bezogen: K.-D. Mathes, Dependent Arising (*pratityasamutpada*) and the Problem of Continuity: Does the Concept Lead to and Idea of All-Unity?, in: B. Nitsche/M. Schmücker (Eds.), God or the Divine? Religious Transcendence beyond Monism and Theism, between Personality and Impersonality, Berlin: de Gruyter 2023, 163–182.

Kapitel 1: Bewusstsein, Ich und Selbst

Der Buddhismus behauptet zunächst einmal nichts weiter als dies: Wir *sind* diese Prozesse. Und er fügt zwei Thesen hinzu.

1. Es lässt sich nichts feststellen, was permanent wäre in diesem Meer von bewussten Spiegelungen der Bewusstseinsenergien und -aktivitäten.
2. Diese Ineinanderspiegelungen laufen nicht chaotisch ab, sondern gemäß sich selbst organisierenden Mustern.

Das Organisationsprinzip ist, wie wir oben sahen, das Karma, d. h. die reziproke Kausalität. Wären die Vorgänge chaotisch, hätten wir ein psychotisches Persönlichkeitsbild, und es wäre nicht möglich, Begriffe und Über- bzw. Unterordnungen von Begriffen zu bilden. Allerdings warnt die buddhistische Philosophie (besonders in der Madhyamaka-Tradition, die auf Nagarjuna zurückgeht) davor, Begriffe, die benutzt werden, zu »ontologisieren«. Was heißt das? Die Worte, mit denen wir etwas bezeichnen, entstammen unserem Bewusstsein, sie sind nicht ein Abbild für das, was »draußen ist«: Bestimmte »Gefühle«, »Willen«, »Bewertungen« usw. gibt es auch nicht unabhängig von unserer jeweiligen Bewusstseinsaktivität, sondern dies sind mentale Konstruktionen (*prapanca*), um Ordnung und Regelmäßigkeiten in dem sich ständig neu entfaltenden Wandel der Erscheinungen zu erkennen. Auf Deutungen der Daten, die aus diesem Prozess resultieren, wird man gleichwohl nicht verzichten können, weil man dann keinen Rahmen oder Ordnungsgefüge für die Daten mehr hätte.

Wenn diese Vorstellungen des Buddhismus auf die philosophischen Interpretationen bestimmter Daten aus der heutigen Hirnforschung bezogen werden, kann folgende Erwägung hilfreich sein:

Auch für die buddhistische Analyse des Prozesscharakters der Wirklichkeit gilt, dass die mathematisch oder geometrisch beschreibbaren grundlegenden Formen (wie ganze Zahlen, Kreis, Rechteck, Quadrat usw.) als Formen in Erscheinung treten, in denen sich Energie wie auch materielle Teilchen darstellen, als Information also. Diese Strukturen sind nicht beliebig, und sie lassen auf kosmologischer und mikrologischer Ebene Ähnlichkeiten erkennen. Wenn dem so ist, dass eine Ordnung angenommen werden kann, die im Prinzip ein ganzheitliches Bild der Wirklichkeit darstellt, dann gäbe es doch so etwas wie eine Ganzheit, ein Ganzheitsbewusstsein, eine Erkenntnis der Ganzheit, die mehr ist als die Summe nur einzelner Ebenen und einzelner Teile. Diese Schlussfolgerung, so scheint mir, wäre eine Antwort auf die Bemerkung, die Wolf Singer macht,[63] dass es nämlich die Wiederholung (Iteration) von Verschaltungsmustern des Gehirns sei, die Selbst-Reflexivität erzeugt. Nun ist aber Wiederholung auf einer nächsten Ordnungsebene nicht einfach Wiederholung, sondern die Erzeugung einer komplexeren Struktur in anderem Rahmen, vor allem erzeugt sie einen Spiel-Raum, in dem die bewussten Prozesse kreativ ihre Möglichkeiten erproben können, weil sie unabhängiger von Ereignissen agieren, die in der Gegenwart ablaufen und bei der unmittelbaren Verarbeitung von Sinneseindrücken auf der ersten Ordnungsebene eine viel größere Konditionierung darstellen, als dies auf der zweiten (oder dritten) Ebene der Fall ist. Diese relative Unabhängigkeit und Erprobung von Spielräumen nennen wir Freiheit.

Die Freiheit von Konditionierungen zu stärken und die konzentrierte Kraft der Aufmerksamkeit auf die internen Verarbeitungsprozesse im Bewusstsein selbst zu lenken, ist Inbegriff dessen, was wir als Spiritualität bezeichnen können, es ist das, was in der Meditation praktiziert wird. Und zwar nicht nur in den Traditionen Süd- oder Ostasiens, sondern auch in der hellenistischen und dann der europäischen Geisteswelt, im Judentum, Christentum und Islam, freilich mit jeweils unterschiedlichen Methoden. Eine Methode, die als Königsweg für die Beruhigung des Bewusstseins gilt, d. h. die Fähigkeit, selbstreflexiv auf seine eigenen Aktivitäten zu schauen, ist der Atem und die Beobachtung des Atems, seine Kontrolle und ausgeglichene Führung. Das wiederum ist nur dann

---

63 Singer, Ich denke, also bin ich Ich?, a. a. O., 22 f.

möglich, wenn sich der Körper in vollkommener Balance befindet, und deshalb spielen die Yogapraktiken, die Blut-, Hormon- und andere Kreisläufe, Organe und Muskeltonus in Balance bringen, bei der Meditation eine wichtige Rolle. Die Meditationswege sind also, wenn man so will, nichts anderes als Wege der Selbsterfahrung, wenn der Begriff »Selbst« in dem Sinne verwendet wird, wie wir es hier angedeutet haben: als Prozess der Spiegelung bzw. Reflexion bewusster Prozesse in sich selbst, so dass Selbstreflexivität im Bewusstsein der wechselseitigen Abhängigkeit von allen Erscheinungen (einschließlich anderer Bewusstseine) entsteht, also »Person« sich herausbildet.

Die Ausführungen zur buddhistischen Bewusstseinstheorie als Deutungsrahmen für gegenwärtige neurowissenschaftliche Debatten seien nun noch einmal mit anderen Worten zusammengefasst: Es geht in der buddhistischen Meditation nicht um außergewöhnliche Trancezustände, sondern um eine gezielte Transformation des Bewusstseins durch Bewusstwerden, durch Gewahrwerden der inneren, dynamischen Muster, nach denen es funktioniert. In jedem Augenblick sollen alle diese Muster integriert werden zu einer Gesamtschau, wodurch dann ein (weitgehend) projektionsfreies Denken und Verhalten möglich wird. Wem also bewusst wird, dass er die Dinge so sieht, wie er sie sieht, weil die Beleuchtung so ist, wie sie ist, d. h. weil man z. B. Vorerfahrungen in einem dunkleren oder helleren Raum hatte, mit denen das gegenwärtige Erleben verglichen wird, der betrachtet seine Wahrnehmungen und Meinungen mit der gehörigen und hoffentlich gelassenen Skepsis. Denn wenn bestimmte Dinge und unsere Urteile darüber hier und jetzt in bestimmter Weise erscheinen, unter anderen Bedingungen aber nicht, dann kann die eigene Wahrnehmung nicht einfach als Abbildung der Wirklichkeit interpretiert werden. Man kann annehmen, dass in anderen Räumen ebenfalls Objekte sind, die aber gegenwärtig nicht sichtbar sind, oder umgekehrt, dass die Objekte, die gegenwärtig sichtbar sind, so erscheinen, weil bestimmte Bedingungen (Licht) vorhanden sind, dass aber andere Umstände die Dinge »in einem anderen Licht«

erscheinen lassen würden. Man muss die jeweilige Wahrnehmung nicht bewerten, sondern nehme sie so, wie sie ist, sei sich aber bewusst, dass sich die Wahrnehmungen und das, was dabei für wirklich gehalten wird, im nächsten Moment verändern können. Damit werden Projektionen zurückgenommen. Schließlich könne sich aber, so die Theorie (nicht nur im Buddhismus), bei entsprechend konzentriertem Bewusstsein eine projektions- und wertungsfreie Wahrnehmung »des Ganzen« einstellen, in der die disparaten Raum- und Zeitmuster zusammenfallen, das »Hier und Jetzt« oder »ewige Nun« der Mystik.[64] Was dieser Zustand genau ist, und was hier der Begriff »das Ganze« bedeutet, können wir nicht objektivierend denken. Denn dies wäre jeweils wieder eine bestimmte Perspektive. Es ist der *Zustand eines Gewahrwerdens*, in dem die sonst erlebten Gegensätze unserer Wahrnehmungs- und Beurteilungsperspektive verschwunden sind.

Was aber haben solche Zustände mit dem alltäglichen Leben zu tun, sind sie praxisrelevant? Durchaus, denn in ihnen wird nicht nur theoretisch, sondern experimentell erkannt, dass wir nicht Situationen wahrnehmen und beschreiben, sondern unsere *Wahrnehmungen von Situationen*. Das, was Kant theoretisch formuliert, dass nämlich nicht das »Ding an sich« erkannt werden kann, wird hier unmittelbare Erfahrung. Jede Beschreibung ist nicht Beschreibung des jeweils Anderen, sondern des Bildes vom Anderen. Wenn dies deutlich ist, relativiert sich unsere Sicht der Dinge. Und wenn sie relativiert ist, wird klar, dass Urteile subjektiv sind. Genau daraus ergibt sich eine feinere Kommunikationsfähigkeit, sie führt zu einem tieferen Dialog mit anderen Menschen, weil ich mich selbst zurücknehmen und mich in die Perspektive oder Lage des Anderen versetzen kann. Das ist, wenn man so will, die Grundeinstellung des Buddhismus, dass der Mensch sich selbst gegenüber kritisch

---

64 Was überhaupt ist Theorie? Ein stimmiges Gesamtgefüge von begründeten Annahmen? Für den Neuplatoniker Plotin (205–270 n. Chr.) ist sie nicht zu trennen von *contemplatio* (bzw. lat. *visio*), sie ist die Rückwendung des Bewusstseins auf seinen Ursprung, der kreative Akt, die Struktur und Entstehung des Kosmos vorzustellen. (Enneaden V 3, V 8 und III 8)

und damit kommunikationsfähig wird, und dann natürlich gegenüber allen anderen Menschen auch. Daraus ergibt sich die Fähigkeit zum Perspektivenwechsel, zu Toleranz und Wertschätzung des jeweils anderen. Das vermindert den Druck zu mentaler und verbaler Gewalt. Die Relativierung der Wahrheit ist der Einstieg in die Erkenntnis der Wahrheit. Die Erkenntnis, dass das eigene Erkennen und Verhalten wie auch das der anderen Menschen nicht absolute Voraussetzungen hat, sondern durch die jeweiligen Erkenntnis- und Lebensgeschichten bedingt wird, ist die kognitionstheoretische Wurzel der Gewaltfreiheit.

Ordnungsebenen und »mystisches Einheitsbewusstsein«

Was ist das spezifisch Menschliche? Höchst komplexe Bewusstseinszustände der primären Informationsverarbeitung von Sinneseindrücken bis hin zur Bereitstellung von reaktiven Handlungsmustern, die auf Umweltreize reagieren, kennen wir bei vielen Lebewesen. Aktives Lernen durch Spiel und die Nachahmung von Artgenossen, Gefühle und gezieltes Erinnerungsvermögen, Selbsterkenntnis im Spiegel, Kombinationsfähigkeit, die zur Herstellung und Gebrauch von Werkzeugen ermächtigt, Koordination zu Gruppenverhalten usw. gibt es bei mehr Tieren, als wir vermuten, bei Vögeln und bei Säugetieren ohnehin, besonders bei Primaten.[65] Selbst Ansätze einer »Theory of Mind«[66], d. h. das Sich-hineinversetzen-Können in die Erlebniswelt eines anderen Lebewesens, finden sich bei Primaten. Das Gehirn von Tieren und Menschen ist sehr ähnlich, in der Größe unterscheiden sie sich (das Gehirn

---

65 N. Sachser, Der Mensch im Tier, Hamburg: Rowohlt 2018; neuerdings das aufschlussreiche Interview mit dem Verhaltensbiologen N. Sachser in »Die Zeit«, S. 13–15 vom 2.3.2023 unter dem Titel »Sind sie wie wir?«.
66 Dazu Singer, Ich bin ich, also bin ich Ich?, a. a. O., 22 f.

des Menschen ist etwa 20-mal größer als das von Hunden), vor allem aber auch in der Vernetzungsfähigkeit. Allerdings ist auch die Komplexität des Gehirns z. B. von Bienen enorm. Was sind die Bedingungen dafür, dass etwas »bewusst« ist? Erleben Bienen Glück, Balance, Schönheit, fragt der Neurowissenschaftler Christof Koch.[67] Spezifisch für den Menschen ist die starke Ausprägung dieser Fähigkeiten in Verbindung mit der Abstraktion zu Begriffen, die sich in Sprache äußern und sozial mitgeteilt werden können. Dies schlägt sich theoretisch nieder in der Unterscheidung eines Bewusstseins erster Ordnung (primär) und eines Bewusstseins zweiter Ordnung (sekundär): Über primäres Bewusstsein verfügen auch Tiere. Es schafft eine biologisch bestimmte Identität, aber nicht ein bewusstes Selbst, das sich selbst wissen kann, das sich selbst als Selbst reflektiert. Auf dieser ersten Stufe ist die Wahrnehmung ein Absorbiertsein vom Gegenstand, eine Wahrnehmung als Hineingezogensein in das Wahrgenommene. Menschliches Bewusstsein operiert auf dieser Ebene, wenn man z. B. Musik hört und völlig hineingezogen ist und gar nicht mehr weiß, dass man »da« ist. Oder wenn man eine faszinierende Malerei betrachtet oder von einem grandiosen Sonnenaufgang ergriffen ist. Dann ist man von der Wahrnehmung eben dieses Ereignisses er-griffen, hineingezogen und begeistert. Man ist beglückt und hat keine Distanz und darum auch kein theoretisches Modell von dieser Erfahrung. Ähnliches gilt für Erfahrungen extremen Schmerzes, nur dass dann natürlich das Gegenteil eines Glücksgefühls auftritt. Für beide Modi gibt es viele Beispiele, und derartige Erfahrungen sind jedem Menschen unmittelbar zugänglich. Das Individuum ist in diesen Zuständen gebunden an den Augenblick, an das, was gegenwärtig im Moment passiert. In diesem Bewusstseinszustand haben wir keine Zukunft, wir konstruieren keine fiktiven Bewusstseinsspiele, die Alternativen erproben würden – »was wäre, wenn«, oder was würde ich tun,

---

67 Mind and Life Conference XXVI (2013) mit dem Dalai Lama, Mundgod/Indien, 4. Tag (https://www.mindandlife.org). Der Neurowissenschaftler Christof Koch (geb. 1956) ist Direktor am Allen Institute for Brain Science in Seattle, USA.

wenn sich die Dinge so oder so entwickeln würden? Denn die Fähigkeit, Planspiele zu entwerfen, also Handlungsalternativen zu erproben, ist an Abstraktionen und Begriffsbildung, an Theorien und Distanz gebunden, und es ist das, was man die zweite Ordnung nennen kann.

Auf der ersten Ordnungsebene also geht es um Zuordnungen von Sinneseindrücken, auf der zweiten Ordnungsebene entwickelt sich eine »Grammatik« der Wahrnehmung, d. h. es werden Verknüpfungen hergestellt, nämlich sekundäre logische Zuordnungen, wie wir es oben bereits dargestellt hatten anhand der Beispiele von Stift und Buch. Es geht bei den Ebenen also um verschiedene Ordnungskategorien (Bedeutungszusammenhänge).[68] Auf der zweiten Ebene ist es möglich, Zukünfte zu entwerfen, Phantasiewelten zu konstruieren und Handlungsalternativen mental durchzuspielen, um sich dann für die Option, die logisch konsistenter und/oder emotional attraktiver erscheint, zu entscheiden und dementsprechend zu handeln. Dies ist möglich, weil eine gewisse Distanz zu der Verarbeitung unmittelbarer Eindrücke erreicht ist. Diese zweite Ebene ist eine Eigenart des menschlichen Bewusstseins. Wahrscheinlich gibt es aber auch bei Tieren zumindest einen rudimentären Ansatz dieser zweiten Ebene.

Zwischen primärem und sekundärem Bewusstsein gibt es einen qualitativen Unterschied. Das Primärbewusstsein lässt ein durchaus konsistentes mentales Bild von den Dingen entstehen und stellt eine Einheit dar, die aber nicht sehr ausdifferenziert ist. Das Bild beruht auf angelegten Mustern und Lernerfahrungen, es verknüpft auch Erinnerungen mit dem Erleben der Gegenwart und ermöglicht damit angepasstes Verhalten. Es lässt bei Eindrücken Lust oder Schmerz empfinden. Das Sekundärbewusstsein hingegen verknüpft Fühlen und Denken mit Kultur und Überzeugungen. Es setzt Phantasie frei und öffnet das Denken dem endlosen Reich der Metapher, wie es bei Edelman und Tononi heißt. Es schafft also *Bedeutung* in einem sprachlich-semantischen

---

68 Zur Bedeutung von Phantasie und Spiel s. unten (Kapitel über die Freiheit).

Sinn. Und das hängt mit der Sprachbildung zusammen, die vermutlich einerseits darauf beruht, dass eine subjektive Erfahrung vor dem Erwerb der Sprache schon rudimentär intern angelegt ist, dann aber durch soziales Lernen, durch Kommunikation in der Sprache überhaupt erst detailliert manifest wird. Damit entsteht eine Reflexionsebene, die sich auf innere Zustände beziehen kann, ohne äußere Sinnesreize zu verarbeiten. Auf dieser zweiten Ebene schaut sich das Bewusstsein gleichsam »von außen« bei der eigenen Wahrnehmungsverarbeitung zu.

Es sei darauf hingewiesen, dass die Kategorien, die von Edelman und Tononi entworfen werden, gut mit dem buddhistischen Schema der *skandhas* zusammenpassen. Möglicherweise lassen sich einzelne Bewusstseinsleistungen in diesem Schema genauer aufeinander beziehen, als das mit der Unterscheidung von einer ersten und einer zweiten Ordnung möglich ist.

Mystische Einheitserfahrungen

Edelman und Tononi vermuten, dass mystische »Einheitserfahrungen«, die spontan auftreten können oder durch Meditation angestrebt werden, eine Hingabe an das bloße Primärbewusstsein undifferenzierter bzw. wenig differenzierter Einheit seien. Sie schreiben: »Mit Ausnahme vielleicht einiger Mystiker können wir Menschen unser primäres Bewusstsein in Abwesenheit von Bewusstsein höherer Ordnung nicht unmittelbar erfahren.«[69] Diese Vermutung geht zurück auf Sigmund Freud, der meinte, bei mystischen Erfahrungen handle es sich um undifferenzierte »ozeanische Gefühle«, also gleichsam um das Eintauchen in eine vordifferenzierte, unentwickelte Ganzheit. Freud interpretierte dies als Regression in einen Bewusstseinszustand, der die Reflexion, die Differenzierung und die volle Bewusstseinsreife (noch) nicht kennt oder nicht (mehr) wahrhaben will.

---

69 Edelman/Tononi, Gehirn und Geist, a. a. O., 271.

Anhand des verfügbaren Materials, vornehmlich der mystischen Texte der Menschheit und auch der analytischen Aufbereitung von Erfahrungsberichten, kann überprüft werden, ob diese Vermutung von Edelman und Tononi (zurückgehend auf Freud) zutreffend ist. Als Ergebnis diesbezüglicher Analysen[70] ergibt sich folgendes Bild: Es gibt regressive Erfahrungen. Es ist aber unzutreffend, mystische Ganzheitserfahrungen generell als Regression zu interpretieren. Denn es handelt sich nicht um Primärerfahrungen in dem oben genannten Sinne, sondern um komplexe Einheitserfahrungen zweiter oder dritter Ordnung, in denen die rationale Differenzierung nicht ausgeblendet, sondern integriert ist. Der Grund für diese Gegenthese liegt schon in der Beschreibung der Achtsamkeit/Aufmerksamkeit, die ja Voraussetzung für diese Erfahrung ist: Achtsamkeit ist ein Sich-bewusst-Werden oder Gewahrwerden der einzelnen differenzierten Erfahrungsebenen. Es ist, wie wir zuvor sagten, eine Meta-Betrachtung der stetig ablaufenden Bewusstseinsprozesse »von außen«. In einer Ganzheitserfahrung wird die Vielheit, die Differenzierung der Dinge, gerade nicht blockiert – das wäre eine Art Trance –, sondern sie wird integriert in eine komplexe Schau des Gesamten. Dafür seien zwei weitere Argumente angeführt, die abschließend noch einmal zusammenfassend kommentiert werden:

1. Auch ein komplex vernetztes Gehirn ist begrenzt. Es bildet nicht nur die Vernetzungen der Realität ab, sondern schafft sie auch mit, wie wir gesehen haben. Hätten wir andere Gehirne, würde sich eine andere Realität nicht nur zeigen, sondern auch geschaffen werden. Die Welt ist mit Sicherheit nicht so, wie sie erscheint, sondern vermutlich noch einmal anders, wenn vielleicht auch die Grundstrukturen der Welt so sind, wie sie erscheinen, weil wir sonst überhaupt nicht konsistent denken

---

70 M. v. Brück, Christliche Mystik und Zen. Synkretistische Zugänge, in: W. Greive/R. Niemann (Hg.), Neu Glauben? Religionsvielfalt und neue religiöse Strömungen als Herausforderung an das Christentum, Gütersloh: Gütersloher Verlagshaus,1990, 146–166; ders., Mystische Erfahrung, religiöse Tradition und die Wahrheitsfrage, in: R. Bernhardt (Hg.), Horizontüberschreitung. Die Pluralistische Theologie der Religionen Gütersloh: Gütersloher Verlagshaus 1991, 81–103.

könnten und im Widerspruch zur Vermutung der Einheit der Wirklichkeit leben würden. Wenn allerdings das Gehirn weitere Potentiale, die in ihm liegen, aktiviert, dann zeigt sich die Welt vielfältiger, und es entstehen auch komplexere Wirklichkeiten, und zwar gebildet nach den Strukturen, die durch die bewussten Prozesse selbst angelegt werden. Der Bereich von Bedeutung und Sinn, der mit den Bewusstseinsebenen zweiter (und noch weiterer) Ordnung, also Sprache, Grammatik usw., möglich geworden ist, ist Welt. Er zeigt Möglichkeitsräume, Strukturen, Kräfte, Anlagen, die in der Welt selbst liegen. Sie werden zwar erst im Verlauf der Evolution aktualisiert, aber sie sind schon immer potenziell impliziert. Sie drücken sich in der Zeit aus, sind aber nicht selbst die Zeit. Jeder Dualismus von Materie und Geist verbietet sich hier, denn er wäre nicht geeignet, die beobachtbaren Wechselwirkungen zu beschreiben, vor allem die Kausalität von unten (Materielles) nach oben (Geistiges) wie auch von oben nach unten. Das heißt: Das Einfache bewirkt und erzeugt das Komplexe und umgekehrt; materielle chemische Prozesse wirken auf das Bewusstsein ein und umgekehrt. Wir können diese zwei Richtungen der Ursache-Wirkungs-Ketten vielleicht so verstehen: Es entfaltet sich ein Potentialraum (Möglichkeitsnetz) in immer komplexeren Strukturen. Die Welt ist also eine Selbstentfaltung des Einen, das wir Geistmaterie oder Materiegeist oder auch ganz anders benennen könnten, jedenfalls nicht *entweder* Geist *oder* Materie. Weil Materie als Materie nur erscheint, wenn sie strukturiert ist, gibt es Materie nicht ohne das Struktur- und Formprinzip, das wir – mit der gesamten aristotelischen Tradition im Rücken – Geist (oder Bewusstsein) oder auch Form nennen.

Das Ganze – im Bohm'schen Sinne *holomovement* – bildet ein feldartiges Netz, an dem Bewusstsein (Wahrnehmung und Denken) als ein interner Aspekt gedeutet werden kann. So weit das erste Argument gegen die reduktionistische These, Ganzheitserfahrung sei die Regression in ein ozeanisches Einheitsgefühl, was vorrational, weil ohne Unterscheidung, sei.

Kapitel 1: Bewusstsein, Ich und Selbst

2. Mystische Erfahrungen sind weder reduzierbar auf das Primärbewusstsein noch auf das sprachliche Bewusstsein zweiter Ordnung, sondern sie sind von noch komplexerer Ordnung. Eine große Anzahl mystischer Erfahrungen stellen nämlich Zustände dar, bei denen die volle Aufmerksamkeit auf eine Gesamtwahrnehmung von Wirklichkeit gerichtet ist, bei der die Wahrnehmung der Wahrnehmung betrachtet wird. Es entsteht ein »Wahrnehmungsraum«, der in unendlich vielen Spiegelungen als einheitlicher Bewusstseinsstrom erscheint. Dies ist nicht ein vertiefter Versenkungszustand, bei dem es ein Nacheinander oder Entweder-oder von Verschiedenem gäbe, sondern ein versunkenes Bewusstsein bzw. Bewusstsein im Modus der mystischen Einheitserfahrung, wo das Gesamte in einer nicht-dualistischen Wahrnehmung erscheint, die in ihren verzweigten Spiegelungen prinzipiell unendlich ist. Es ist – in buddhistischer Terminologie – eine Raumunendlichkeit und Zeitunendlichkeit, wie oben bereits erwähnt wurde. Hier kommt das Ganze im Modus der Achtsamkeit und Aufmerksamkeit in den Blick, so dass in diesem Bewusstseinszustand Einheit erscheint, die in sich differenziert ist, weil das Besondere nicht verschwindet. *Es geht bei mystischen Ganzheitserfahrungen nicht um reduzierte Einheit, sondern um integrierte Komplexität.* Ich vermute, dass die Anzahl der bewussten Zustände, die in eine solche Systematik eingeordnet werden könnten, groß ist, zumal kein Zustand dem anderen gleicht.

> Es geht bei mystischen Ganzheitserfahrungen nicht um reduzierte Einheit, sondern um integrierte Komplexität.

Wie kann die Sprache solcher mystischen Aussagen in die Sprache und Kategorienbildungen der modernen Hirnforschung und Kognitionswissenschaft übersetzt werden? Es handelt sich ja um unterschiedliche Sprachen, wenn wir einerseits Texte von Meister Eckhart oder Teresa von Avila, Franz von Assisi bzw. auch chinesische Zen-Koans oder hinduistische Mantras interpretieren, oder wenn wir andererseits die Sprache der neueren Bewusstseinsforschung gebrauchen. Beide

Sprachen stellen verschiedene Semantiken her, auch wenn sie grammatikalisch derselben Logik folgen, und sie erzeugen jeweils eigene Emotionen und Assoziationen. Die Frage, ob Übersetzung möglich ist, unterscheidet sich nicht grundsätzlich von der prinzipiellen Problematik der Übersetzung unterschiedlicher Sprachsysteme. Bei allem Respekt vor der Einmaligkeit von Metapher und Bedeutung sollte Abstraktion vom je Besonderen und damit Übersetzung nicht ausgeschlossen sein. Die Frage ist also, wie die Sprachbilder und Metaphern von Achtsamkeit, Ganzheit und Zeitfreiheit in die Sprachbilder übersetzt werden können, die bei den Deutungsmodellen der Neurobiologie gebräuchlich geworden sind.

Wir wollen es so versuchen: Am Anfang steht meist eine Gesamtwahrnehmung von Wirklichkeit, die eher eine Stimmung erzeugt, bevor die selektierende Bewertung von Einzelaspekten einsetzt. Solche Bewertungen basieren, wie die empirische Hirnforschung gezeigt hat, auf nichtbewussten Abläufen in tieferen (und älteren) Schichten des Gehirns, also den Basalganglien, dem Kleinhirn usw. Es wäre denkbar, dass in meditativen Versenkungszuständen die sonst unwillkürlichen Bewertungssignale aus dem limbischen System unterbrochen würden, d. h. das gesamte Gehirn könnte in einem Zustand mystischer Versenkung anders konfiguriert sein als im Wachbewusstsein, dem REM-Schlaf oder im Tiefschlaf. Diesen »vierten Zustand« (Sanskrit *caturtha* oder *turiya*) beschreiben die indischen Philosophien als Gruppe von ganz eigenen Zuständen der Realitätserfahrung, die alle anderen umfasst, aber prinzipiell über diese hinausgeht. Denn auf dieser Ebene erscheint ein Selbst-Bewusstsein, das sich selbst spiegelt, wobei Objekt und Subjekt durch wechselnde Perspektiven ineinander verschmelzen, so dass ein nicht-dualistisches Bewusstsein entsteht. Es handelt sich um eine erweiterte Komplexitätsebene gegenüber der bloßen Wahrnehmung von Sinneseindrücken und deren Koordination, weil sich die Wahrnehmung mit allen anderen Bewusstseinsebenen in Beziehung setzt. Es spiegelt sich also hier gerade die wahrgenommene Einzelheit im Kontext bzw. in der wechselseitigen Abhängigkeit von allen anderen, und das macht die Komplexität dieser meditativen Bewusstseinszustände aus. Selbstbewusstsein wird in der Sprache der Hirnforschung als Metarepräsentation miteinander verknüpfter Einzelrepräsentationen begriffen. Es ist eine Metarepräsentation, die das Gehirn über die interne Ebene zweiter Ordnung selbst erzeugt. Das Selbst eines solchen Selbstbewusstseins ist aber nicht beschränkt auf ein individuiert erscheinendes Ich, sondern es ist das »Selbst« des gesamten Wahrnehmungshorizontes, jenseits der Differenzierung von Ich oder Anderen und damit auch der Differenz von Vergangenheit, Gegenwart und Zukunft, wenngleich diese Unterscheidungen enthalten sind.

Dieser Sachverhalt sei noch einmal auf folgende Weise veranschaulicht: Wenn wir Ich und Du sagen, meinen wir einen momentanen Zustand. Wenn wir aber analytisch nachfragen, wer oder was dieses Ich sei, stellen wir fest, dass es sich – ja wohl nicht nur im Falle des Johann Wolfgang von Goethe – um eine zusammengesetzte Größe handelt (»vom Vater die Statur, des Lebens ernstes Führen, vom Mütterchen die Frohnatur und Lust zu fabulieren« usw.). Was wir sind, was wir denken, wie wir handeln ist Ergebnis einer synthetischen und einmaligen Biografie, die aus unzähligen Einflüssen ein unwiederholbares einzigartiges Muster erzeugt. Nichts verdanken wir uns selbst, sondern dieses ständig sich verändernde »Selbst« ist Ergebnis von Wechselwirkungen und Kommunikationsprozessen, von genetisch codierten Kommunikationen und kulturell herbeigeführten Erfahrungsprozessen, die möglich gewesen sind, a) weil »mich« die Eltern gezeugt und geboren haben, b) weil die geeigneten Lehrer zum geeigneten Zeitpunkt erschienen sind, c) weil die soziokulturellen Umstände ökonomisch so gesichert waren, dass diese Einflüsse reifen konnten, d) weil die interkulturellen und interdisziplinären Auseinandersetzungen eher Aufbruch statt Angst erzeugten und dergleichen. Was »Ich« in diesen Zeilen repräsentiert, ist nicht die Spiegelung eines mit sich selbst identischen Steuerungszentrums, sondern der momentane Zustand der Verknüpfungen all dieser biografischen Eindrücke, sicherlich nach einer Struktur, die eine relativ konsistente subjektive Identität erzeugt und insofern eben auch die Selbst-Spiegelung eines Bewusstseins, das re-flektiert und verantwortlich ist. Diese Spiegelung ereignet sich in unzähligen Abhängigkeitskoordinaten biologisch-sozialer-logischer Art. Es ist also eine Einheit in größtmöglicher Differenzierung, und diese Einheit ist nicht statisch, sondern *ein stetig sich erzeugender Koordinationsprozess selbstreflexiver bewusster Informationsverarbeitung*. Wenn ich also in einem Satz »Ich« und »Du« sage bzw. die multireflexive Aussage »Ich meine dies« und »Du meinst jenes« mache, dann könnte dies ein irreführender Satz sein, wenn nicht erkannt wird, dass das jeweilige Subjekt das Produkt sich ständig verändernder Beziehungen und Einflüsse ist. Das »Ich« entsteht als eine Folge von Kommunikationsprozessen, die vollständig zu beschreiben wir nicht in der Lage sind. Jedes »Ich« ist Ergebnis der »Theory of Mind«, wodurch dieses Ich sich seiner vergewissert, indem es vermutet, was der Andere ist, wodurch das Ich gerade nicht der Andere ist – eben das oder der Nicht-Andere.[71] Die hier gebrauchten Formulierungen sind ebenfalls nicht einfach das aus sich selbst entstandene Produkt des Autors dieser Zeilen, sondern Folge seiner Ausbildung, Lektüre und Lebenserfahrungen, außerdem seiner Vorstellungskraft, mit der er sich in den Leser »einfühlt«. Sie sind also ein Ausdruck spezifischer imaginärer Kommunikation, die gleichwohl auf Erfahrung episodischer und autobiografischer Gedächtnisinhalte beruht: also ein »Gemeinschaftsprodukt«, bei dem Autorschaft nur nicht-dualistisch konzipiert sein kann. »Ich« und »Du« sind demzufolge Abstraktionen, die wir in der Alltagssprache gebrauchen, weil sie nützlich sind, um relative Unterscheidungen zu treffen. Schließlich müssen wir uns mit einfachem Austausch zurechtfinden, ohne ständig zu grübeln: Wer bin ich und wer bist

---

71 Ich spiele an auf das *non aliud* des Nikolaus von Kues, der mit diesem Begriff die Ganzheit zu erfassen sucht, die Religionen »Gott« nennen. Es ist das mit sich selbst Identische, das Identität durch das gewinnt, was es jeweils und immer nicht und auch nicht nicht ist. Also die Ganzheit, die kein »dieses« sein kann. Wir können dies hier allerdings nicht weiterverfolgen.

Du? Sobald wir aber analysieren, wer hier letztlich mit wem kommuniziert, erkennen wir: All dies sind vernetzte Prozesse, Beziehungen eben. Dafür hat die Tradition (von den neuplatonisch denkenden Griechen bis zu Augustinus) den Begriff *Person* geprägt, und er besagt nichts anderes als: Relation, *raumzeitliche Interrelationalität.*

Was hier in raumzeitlicher Metaphorik als »vernetzte Ordnungsstruktur« beschrieben wurde, muss auch hinsichtlich der Dimension der Zeit durchdacht werden. Auch die Zeitmuster kollabieren in einer tieferen Bewusstseinserfahrung.[72] Wir hatten oben festgestellt, dass wir über Vergangenheit sprechen, wenn wir Erinnerungen abrufen, also das Gedächtnis aktivieren. Vergangenheit ist aber nur dann vorhanden, wenn sie vergegenwärtigt wird, also in der Gegenwart präsent ist. Vergangenheit haben wir als Realität nur in der Gegenwart des Erinnerns. Das Erinnern aber ist nicht das wiederholte Hervorholen ein und desselben mit sich selbst identisch bleibenden Ereignisses, sondern eine gegenwärtige Modifikation. Das Ereignis hat sich bei jedem Erinnern verändert, d. h. die Vergangenheit bewegt sich. Sie ist zwar physikalisch das Faktische, erkenntnistheoretisch aber das in unserem gegenwärtigen Bewusstsein sich ständig verändernde Phänomen. Analog verhält es sich mit der Zukunft. Zukunft existiert nicht, es sei denn in unserer gegenwärtigen Imagination. Dort ist sie wirkungsvoll, aber sie ist davon geprägt, was wir in der Gegenwart aus dieser imaginären Zukunft auf Grund unserer Erfahrungen in der Vergangenheit machen. Zukunft haben wir nicht, weil wir immer in der Gegenwart sind. Wir können zwar vermuten, was in der Zukunft geschieht, wenn wir die gegenwärtigen Bedingungen genau kennen. Aber wir wissen nicht, was wir in der Zukunft wissen werden, denn sonst wüssten wir es schon jetzt (Popper'sches Theorem). Dies ist eine gegenwärtige Erkenntnis. Vergangenheit und Zukunft sind gegenwärtige kreative Präsenz. Wir leben

---

72 Dazu: M. v. Brück, Wo endet Zeit? Erfahrungen zeitloser Gleichzeitigkeit in der Mystik der Weltreligionen, in: K. Weis (Hg.), Was ist Zeit? Zeit und Verantwortung in Wissenschaft, Technik und Religion, Reihe Faktum, Bd. 6, Techn. Univ. München ³1994.

also in der Gegenwart. Was soll denn nun aber Gegenwart sein? Gegenwart ist nach einer Betrachtungsweise, die auf Augustinus zurückgeht, nur der Punkt, in dem Vergangenheit und Gegenwart aufeinandertreffen, wobei Gegenwart selbst keine Ausdehnung haben kann, denn andernfalls müsste dieser Moment wieder unterteilt werden können. Wenn Gegenwart aber nur der Zusammenstoß von Vergangenheit und Zukunft ist, Vergangenheit und Zukunft aber nur in der Gegenwart existieren, was ist dann eigentlich die Zeit? Diese Frage ist keineswegs neu, sondern sie beschreibt das Paradox, das Augustinus auch so formulierte, dass er wisse, was Zeit sei, wenn er nicht danach gefragt werde. Wenn er aber gefragt werde, könne er es nicht sagen und beschreiben. Es gibt dennoch eine psychologische Gegenwartserfahrung, und danach ist Gegenwart das, was in unserem Aufmerksamkeits- und Wahrnehmungshorizont liegt. Dies kann hirnphysiologisch als Drei-Sekunden-Rhythmus (Ernst Pöppel) auftreten, oder aber historisch als die »Gegenwart« des kulturellen Gedächtnisses erscheinen, in der eine Gesellschaft sich als synchron mit dem jetzigen Plateau der kollektiven Wahrnehmung identifiziert. Auch hier kommt es zu nicht-dualistischen Beschreibungsmustern, um Zeiterfahrung als vernetztes Konstrukt darzustellen.

Thesen zur Interpretation mystischer Erfahrungen

Die eben erörterte Nicht-Dualität in der räumlichen wie zeitlichen Dimension ist das charakteristische Muster meditativer Erfahrungen. Was wir zu meditativen Ganzheitserfahrungen sagten, lässt sich in folgenden Thesen bündeln:

1. Meditative Ganzheitserfahrungen, die in vielen Kulturen in je anderen historischen Kontexten beschrieben werden, gehören wesentlich zum Menschen und zum Verständnis dessen, was wir selbst sind. Solche Erfahrungen sind unterschiedlich.

Aber ein wesentliches Charakteristikum ist, dass in ihnen Unterschiede, die in anderen Bewusstseinszuständen auftreten, zusammenfallen. Dabei handelt es sich nicht um ein ozeanisches Gefühl der Ich-Auflösung und -Entgrenzung, sondern um die Erfahrung der Ich-Integration in einem Ganzen.[73] *Nicht Ich-Auflösung im Unendlichen, sondern Ich-Integration im Ganzen ist der meditative Ganzheitszustand.*

> Nicht Ich-Auflösung im Unendlichen, sondern Ich-Integration im Ganzen ist der meditative Ganzheitszustand.

2. Es handelt sich dabei um ein *achtsames Gewahrsein*, das nicht fokussiert auf ein einzelnes Objekt ist und die Wahrnehmung anderer Objekte oder das »Hintergrundrauschen« der komplexen Einheit unterdrücken würde (wie bei der normalen Aufmerksamkeit auf ein Objekt, die andere Eindrücke ausblendet). Vielmehr ist es eine *integrative Achtsamkeit.* In integrativen, meditativen Ganzheitszuständen können unterschiedliche Elemente, die wir in Anlehnung an die Physik als Hintergrundrauschen bezeichnet haben, integriert werden in eine Gesamtwahrnehmung: eine Achtsamkeit, die unterschiedliche Aufmerksamkeiten vereint. Verschiedene meditative Übungen ermöglichen eine Gruppe von Zuständen, die integriert sind, wobei subtile und kognitive einzelne Information nicht verloren geht. Meditation maximiert Information für eine Gesamtwahrnehmung, denn sie tendiert zu einer subtilen Wahrnehmung des Einen als Zusammenhang, als *strukturierte Einheit des Vielen.*

3. Meditation ermöglicht ein *Maximum an Komplexität und Integration*. Wenn dies als Merkmal von Bewusstsein gesehen wird, eröffnet Meditation eine Maximierung des Bewusst-

---

[73] Dabei sei nicht bestritten, dass es auch die sogenannten ozeanischen Gefühle gibt; aber sie sind deutlich von den meditativen Ganzheitszuständen zu unterscheiden, von denen wir hier sprechen.

seins. Meditative Bewusstseinszustände sind komplex, warum sollten sie weniger Realitätsgehalt haben als andere Zustände, z. B. unsere jetzigen wachen Bewusstseinszustände? Feststellbar ist nur, dass sie Wirklichkeitserfahrung anders konstruieren als das diskursive Wachbewusstsein. Das Bewusstsein hat aber die Freiheit, neue Kombinationen und Verknüpfungen herzustellen, und ein Ergebnis ist das, was wir mystische Erfahrungen nennen, von denen es ganz verschiedene gibt. Meditation ist also eine Selbstkonditionierung, die diese Verknüpfungsmuster möglich macht.

Was bei meditativen Bewusstseinsprozessen hirnphysiologisch abläuft, ist in den letzten Jahren intensiv beforscht worden, aber wie die Daten zu interpretieren sind, ist nicht eindeutig. Außer einigen Mustern, die wir z. B. aus dem EEG kennen, und außer einigen Aktivitätsmustern, die durch bildgebende Verfahren festgestellt werden können, weiß man neurobiologisch noch recht wenig über meditative Zustände, weil sie schwer im Labor erzeugt werden können, und zwar erstens, da unter Laborbedingungen die notwendige Gelassenheit und Ruhe für die Meditation nur erschwert eintreten kann, zweitens, weil jeder Zustand sich von anderen unterscheidet. Was vermutet wird, ist, dass meditative Zustände eigentümliche Konstellationen darstellen, weil in solchen Gesamtmustern unterschiedliche Wellen, vor allem Alpha-Wellen (8–13 Hertz), die bei entspannter Wachheit und meist bei geschlossenen Augen auftreten, und Gammawellen (ca. 30–80 Hertz), die fokussierte Erregung oder eine kontinuierlich, nicht-fluktuierende Vigilanz ausdrücken, gleichzeitig schwingen. Während tieferer Meditation (z. B. durch fokussierte Aufmerksamkeit) lässt sich oft eine erhöhte Gamma-Aktivität feststellen. Die Zeitwahrnehmung verändert sich und es kommt zu »kognitiver Integration«, weshalb wir vermuten können, dass die hoch-amplitudigen Gamma-Wellen auf einen Bewusstseinszustand hindeuten, der durch eine gewisse Einheit der Erfahrung gekennzeichnet ist. Nach

Ulrich Ott ließe es sich so zusammenfassen:[74] Das Eintreten tieferer meditativer Bewusstseinszustände könnte sich im EEG zeigen als Phasenübergang zu ausgedehnter kohärenter Gamma-Aktivität. Es kommt zu gesteigerter Wachheit, einem Verschmelzen der Wahrnehmungsinhalte zum Einheitsgefühl, einem Verlust des Zeitgefühls. Allerdings zeigen unterschiedliche Studien unterschiedliche Ergebnisse, je nachdem, in welchem Hirnareal abgeleitet wird. Auch unterschiedliche Meditationsformen zeitigen unterschiedliche Ergebnisse. Andere Forscher betonen, dass Gamma-Aktivität auch bei Synchronisierung auftritt, wenn also unterschiedliche neuronale Netzwerke Information gleichzeitig verarbeiten und es dadurch zu einer Synthese von Einzeleindrücken (Linien, Formen, Farben) z. B. im visuellen Kortex kommt.[75] Auch hier also geht es um Integrationsleistung.

Eine weitere Vermutung ist, dass sich diese Wellen großflächig über das ganze Hirn ausbreiten, so dass Neuronenmuster synchronisiert werden. Damit verliert das Hirn an Differenziertheit, es verschwindet also z. B. die Zeitdifferenzierung, wie wir oben erläutert hatten, und alles erscheint als gleichzeitig. Dies ist tatsächlich das Empfinden, das der Meditierende in der Meditation hat. Allerdings verschwindet dabei die Zeit nicht (wie im Koma oder unter Narkose), sondern es entsteht eine kognitive Bewustheit der Einheit in Differenz, und Differenz in Einheit. Solche Bewusstseinszustände zeigen, dass es andere Ebenen der Wirklichkeitserfahrung gibt, die von den Menschen, die sie erleben, als emotional quälend oder beglückend beschrieben werden. Jedenfalls interpretieren sie die jeweilige Welterfahrung ganz neu. Wir können vermuten, dass zukünftig durch Experiment und Beschreibung, vor allem aber durch Übung und Praxis

---

74 U. Ott, Time Experience During Mystical States, in: A. Nicolaidis/W. Achtner (Eds.), The Evolution of Time: Studies of Time in Science, Anthropology, Theology, 2013, 104–116. Dazu auch: U. Ott, Neurobiologie der Bewusstseinserweiterung, in: U. Anderssen-Reuster/S. Meck, /P. Meibert, Psychotherapie und buddhistisches Geistestraining: Methoden einer achtsamen Bewusstseinskultur, Stuttgart: Schattauer 2013, 44–56.

75 E. Kelly, Empirical Challenges to Theory Construction, in: E. Kelly/A. Crabtree/P. Marshall, Beyond Physicalism. Toward Reconciliation of Science and Spirituality, a. a. O., 21.

dieser Zustände von vielen Menschen, noch sehr viel genauere Erkenntnis möglich sein wird. Allerdings sei zum Schluss hinzugefügt, dass EEG-Muster oder auch Muster, die durch bildgebende Verfahren sichtbare Verknüpfungen von Neuronengruppen zeigen, nichts über die *Bedeutung* von Erfahrungen aussagen. Wenn wir z. B. eine Mozart-Sinfonie hören, wobei sich ein bestimmtes neuronales Aktivitäts-Muster zeigt, ist mit dieser Erkennung des Musters nicht das subjektive Erleben erfasst. Dieses erschließt sich einzig und allein im Erlebnis selbst, und die Bedeutung liegt auf der zweiten Ordnungsebene, von der wir sprachen. Sie ist eine Emergenz und nicht reduzierbar auf das Muster der ersten Ebene. Dies gilt auch für mystische Erfahrungen. Diese Ordnungsebene verweist, wie wir schon sagten, auf eine integrierte Komplexität, auf eine Einheit der Differenzen, die anders subtil ist als die Ebene neuronaler Schaltungen.[76] Sie ist Wirklichkeit in der Wirklichkeit, grundlegende Wirklichkeit, Möglichkeitsraum, wie auch immer. Jedenfalls Wirklichkeit, die sich in jedem einzelnen Bewusstsein, in den miteinander kommunizierenden Bewusstseinen der menschlichen Gesellschaft, also in dem Kommunikations- und Interaktionsnetz des Ganzen, ständig neu schafft.

Künstliche Intelligenz

Wie kaum ein anderer Bereich angewandter Wissenschaft hat die Entwicklung technologisch komplexer Systeme für Künstliche Intelligenz (KI) eine neue Welt geschaffen, die sich vor allem im Sektor der Kommunikation erheblich unterscheidet von dem, was Menschen bisher kannten und konnten. Wir haben gesehen, dass Kommunikation nicht nur ein Aspekt des menschlichen Handelns ist, sondern wesentlich das gestaltet, was der Mensch ist, als Individuum wie als Kollektiv. Daraus folgt, dass

---

[76] Wir werden auf die in diesem Kontext interessanten Wirklichkeitsmodelle im 3. Kapitel eingehen.

die digitale Welt uns nicht nur technische Möglichkeiten beschert, sondern uns selbst verändert. Was uns an Entwicklungen bevorsteht, ist nicht abzusehen. Fest steht, dass dies in rasantem Tempo geschieht.

Die KI-Revolution wird von den einen als Durchbruch für eine bessere Zukunft gefeiert, von den anderen mit Argwohn, ja besetzt mit Angst gefürchtet unter dem Motto: Schafft sich der Mensch selbst ab? Oder zumindest seine Freiheit? Sind wir Maschinen, die nun durch bessere Maschinen abgelöst werden? Verschrotten wir uns selbst? Wird der Mensch den Maschinen und ihren überlegenen Fähigkeiten ausgeliefert sein? Wer steuert die Steuerung? Landen wir in einer digitalen Diktatur?[77]

Ist Künstliche Intelligenz (KI) etwas anderes als menschliches Bewusstsein? Wenn ja, was? Wenn nein, ist es ein anderer (neuer) Bewusstseinszustand, der neben oder nach den Zuständen des Tiefschlafs, des Traumes, des Wachzustandes und des mystischen nicht-dualen Bewusstseins ein eigener Bereich wäre? Was daran ist »künstlich«, wenn doch dieser Zustand eine emergente Folge anderer bewusster Zustände, nämlich des rationalen Denkens und der Kalkulation, ist? Ist KI nicht etwa auch eine Entwicklungsstufe der Evolution? Ist KI intelligent und kreativ? Verfügt sie über Emotionen und einen freien Willen? Ist sie bewusst und selbstbewusst? Die Diskussion dieser Fragen ist diffus und hängt selbstredend ab von den jeweiligen Definitionen.

Die jüngst entwickelten Systeme der KI sind schneller und effizienter als Menschen, wenn es um die Verarbeitung von Daten, ihre Zuordnung und Auswertung geht. KI als »Digitalisierung menschlicher Wissensfähigkeiten« ist demnach eine »Fähigkeitsverstärkung für den Menschen«.[78] Welche Art der Verarbeitung von Daten aber leistet die KI eigentlich? Meist werden unter KI solche Systeme verstanden, die

---

[77] Die Probleme der Anwendung von KI und ihrer gesellschaftlichen wie ökologischen Folgen sind hier nicht unser Thema. Für einen kritischen Blick auf die durch KI neu entstehenden Machtverhältnisse: K. Crawford, Atlas der KI. Die materielle Wahrheit hinter den neuen Datenimperien, München: C.H. Beck 2024.

[78] R. Karger, Was für die Künstliche Intelligenz unerreichbar bleibt, FAZ digital (www.faz.net/-gqi-bk868) vom 1.1.2024.

so programmiert sind, dass sie maschinell lernen. Die Software kann riesige Mengen von Daten durchsuchen und Übereinstimmungen kleinerer oder größerer Gruppen (wie z. B. von Buchstaben und Zahlen) feststellen und daraus Schlussfolgerungen ziehen. Es werden also Zuordnungen von Mustern möglich. Ähnliches verlangen ja auch die meisten Intelligenztests: Algebraische oder geometrische Muster (Regelmäßigkeiten, Wiederholungen, Gruppierungen, Variationen usw.) sollen erkannt werden, auch wenn sie ganz versteckt sind. KI ist dynamisch, sie kann durch eigene Fehler lernen und sich selbst immer weiter optimieren. Nehmen wir an, KI könnte alle motorischen und kognitiven Fähigkeiten des Menschen erwerben und optimaler zur Anwendung bringen (was von Fachleuten teils bejaht, teils bestritten wird), vielleicht sogar die Qualität von Gefühlen ausdrücken, was dann? Macht das unser gewohntes Menschenbild, das dem Menschen einzigartige Würde zuschreibt, zunichte?

Wir schreiben den KI-Systemen bzw. den Maschinen menschliche Eigenschaften zu. Muster, die erkannt werden, werden wiederholt. Das verstärkt Tendenzen, die erwartet werden, in Rückkopplungsschleifen. Diese ereignen sich ohne menschliches Zutun, sie schaffen Daten. Wie mit den Daten umgegangen wird, ist dann allerdings die Sache der Menschen, die damit arbeiten. Es folgen nicht zwangsläufig determinierte Handlungen, sondern Menschen können kritisch mit Daten umgehen, indem z. B. gefragt wird, welche erste Datengrundlage mit welchem Vor-Urteil zu Grunde gelegt wurde. Ohne Frage: KI kann Menschen »überzeugen«, vielleicht auch »überreden«, indem Emotionen simuliert werden. Das ist in zwischenmenschlicher Kommunikation aber auch ein Faktor, der intuitiv oder explizit berücksichtigt wird, wenn Daten und/ oder Interpretationen von Daten evaluiert werden. Hier unterscheidet sich also die Kommunikation von Mensch-Mensch und Mensch-Maschine nicht prinzipiell, sondern allenfalls graduell. Haben KI-Systeme Empfindungsfähigkeit, also Subjektivität, was man in Philosophie und Kognitionswissenschaft Qualia nennt? Eine prominente Stimme in der diesbezüglich lebhaft kontroversen Diskussion ist Reinhard Karger, theoretischer Linguist und Aufsichtsrat des Deutschen Forschungszentrums für Künstliche Intelligenz (DFKI). Er verneint, dass es auf Qualia einen objektiven Zugriff gebe: »Konzepte wie Wunsch oder Mangel, Hoffnung, Angst, Lust und Laune sind für Maschinen nicht nachvollziehbar«, und Maschinen können nicht teilnehmen an »Szenen gemeinsamer Aufmerksamkeit«, also an einer Kommunikation in Empathie. Daher können sie auch nicht perspektivisch denken und haben keine »soziale Intelligenz«. »Maschinen haben keine Triebe, sie brauchen auch keine Triebkontrolle«, und die »Empfindungsunfähigkeit von Maschinen bedeutet auch, dass sie nicht leiden können und folglich aus sich heraus keine Rechte haben (…) auch nicht so etwas wie ein Recht auf Strom«.[79] Fragt man allerdings weiter, was denn Angst, Lust und Laune oder soziale Intelligenz eigentlich sind, und wie sie zustande kommen, wird die Sache schwieriger und die Kongruenz oder Differenz von Mensch und Maschine wird weniger eindeutig.

Wir wollen einige diesbezügliche Grundfragen um die KI aufgreifen, indem wir uns auf einen der Vordenker der KI (und ihrer Folgen für unser Selbstverständnis als Menschen) beziehen:[80] Luciano Floridi. Er macht unmissverständlich klar: Künstliche Intelligenz wird nicht nur unsere Lebens- und Arbeitswelt dramatisch verändern, sondern auch unser Menschenbild. Was ist Geist, was Bewusstsein? Steht der Mensch sich selbst zur Verfügung? Es geht nicht nur darum, ethisch zu argumentieren und Dämme gegen eine Verzweckung des Menschlichen aufzurichten, sondern es geht um die grundsätzliche Frage der Begründung von Freiheit. Fällt KI wesentliche Entscheidungen, oder werden *mithilfe* von KI Entscheidungen getroffen?

Die Frage ist, ob es sich bei KI um ein weiteres Werkzeug handelt in einer langen Geschichte der Optimierung von Handeln, die mit dem

---

79 Ebd., 3–4.
80 L. Floridi, Die 4. Revolution. Wie die Infosphäre unser Leben verändert, Berlin: Suhrkamp 2015.

Faustkeil beginnt, oder ob KI in die Strukturen des menschlichen Denkens und Fühlens direkt eingreift und damit die Bedingungen für Wahrnehmen und Urteilen verändert, so dass die Voraussetzungen für das Entwerfen von Handlungsoptionen selbst betroffen sind. Ohne Zweifel erfüllt KI quantitative Aufgaben der Wahrnehmungsverarbeitung nicht nur schneller, sondern hat bei der Erkennung von Mustern und deren Neukombination eine Fähigkeit, bei der die Schnelligkeit der Verarbeitung großer Datenmengen zu einem qualitativ neuen Handeln beiträgt. Als das entscheidende epistemologische Problem von Big Data bezeichnet Floridi die Frage, wie in der riesigen Menge von Daten, in deren struktureller Beziehung zueinander, »kleine Muster« erkannt werden können, die wiederum unendlich vielfältig miteinander in Interaktion treten, und zwar so gefiltert und interpretiert, dass sie tatsächlich sinnvolle Komplexitäten ergeben. Das jedenfalls sei eine Aufgabe, bei der es »eher auf die Kraft des Denkens als auf Rechenkraft ankommt«.[81] Solche Muster seien von Bedeutung nur, wenn sie »fachgerecht arrangiert, korreliert und integriert werden«.[82] Das sind Tätigkeiten, die das menschliche Bewusstsein leisten müsse. Ich möchte allerdings hinzufügen: Noch. Ist denn ausgeschlossen, dass auch diese komplexe Aufgabe, die auf Grund von Erfahrung und Kombinationsfähigkeit, von Vergleich und Synthese gelöst wird, in Zukunft nicht auch von maschineller, d. h. erweiterter Intelligenz ausgeführt werden könnte?

Handelt KI selbständig gegenüber menschlichen Intentionen? Die Frage ist nicht voraussetzungsfrei, denn schließlich muss die Programmierung von Menschen vorgegeben werden. Programmierung bedarf der Definition von Sachverhalten, einer Auswahl von Daten und Parametern, einer Vorentscheidung bezüglich dessen, was relevant ist oder nicht, auch wenn das System dann selbst lernt und in dem begrenzten Raum von auswählbaren Optionen Verbesserungen vornimmt. Oder

---

81 Ebd., 34.
82 Ebd., 35.

wenn nicht, könnte dann eine *qualitativ* neue Programmierung auch von maschinellen Systemen gleistet werden? Floridi möchte das Problem lösen, indem er die Unterscheidung von Syntax und Semantik der Sprache auf das Verhältnis von KI zu menschlichem Denken anwendet: KI habe Syntax, nicht aber Semantik,[83] d. h. KI könne Regeln (Syntax bzw. Grammatik) abbilden, erweitern und verarbeiten, nicht aber Sinn und Bedeutung (Semantik) generieren, also Bedeutungszusammenhänge bei der Interpretation von Daten entwickeln. Ob diese Behauptung haltbar ist, hängt davon ab, was man unter Sinn und Bedeutung (von Aussagen) versteht. Beide Begriffe verweisen darauf, dass Denken (und Sprache) Referenzen erzeugen, d. h. die Bezeichnung (der Gedanke, das Wort) verweist auf etwas, was außerhalb dieses Gedankens oder Wortes liegt. *Sinn* entsteht durch die Referenz einer Aussage im Rahmen eines Satzes oder einer Satzgruppe. Voraussetzung ist hier, so Floridi, das Kriterium der Wahrheit. *Bedeutung* hat eine Aussage in Referenz zu dem Bezeichneten, d. h. ein Phänomen bekommt Bedeutung dadurch, dass es in einen erweiterten Zusammenhang gestellt wird. Voraussetzung ist hier das Kriterium des Rahmens, und der kann enger oder weiter sein, also weniger oder mehr Komplexität erfassen. Aber auch ein Rahmen ist per definitionem endlich, d. h. Bedeutung kann immer erweitert werden, wenn der Referenzrahmen weiter bzw. komplexer wird. Mit anderen Worten: Daten erhalten durch ihre Verknüpfungen Bedeutung durch einen je höheren Grad von Komplexität und Zuordnungen. Das kann nicht nur der menschliche Geist, sondern das kann auch KI. KI allerdings ist vom Bewusstsein entworfen, sie ist ein Produkt desselben. Der Unterschied besteht vielleicht darin, dass Zufälliges oder das, was der Regel nicht entspricht, vom Menschen spontan eingeordnet oder ausgeschieden werden kann. Verknüpfungen, die nicht der Regel entsprechen, können durch die Phantasie und Kreativität tatsächlich neue Strukturen ergeben, die gleichwohl sinnvoll in einem höheren Bezugs-

---

83 Ebd., 182 f.

rahmen sind. Menschliches Bewusstsein kann durch Symbolisierung auch das Kontingente in Bedeutungsrahmen einpassen. Das dürfte der KI zumindest schwerer fallen. Ob es sich um eine graduelle Differenz handelt, die im Zuge von technischen Weiterentwicklungen immer kleiner wird und womöglich verschwindet, ist schwer vorhersagbar. KI als Produkt des menschlichen Bewusstseins folgt jedenfalls den Strukturen und Potenzialen desselben.

Es gilt zu bedenken: Die Unterscheidung von natürlicher und künstlicher Intelligenz ist nicht grundsätzlicher Art, denn beide sind (vorläufige) Ergebnisse der Evolution, d. h. der Entwicklung zu immer komplexeren Systemen der Informationserzeugung und -verarbeitung. Wir hatten oben argumentiert, dass Bewusstsein verstanden werden kann als ein bestimmter Komplexitätsgrad von reziproker Informationsverarbeitung, bei dem das System durch Rückkopplung der Ausführung von Möglichkeiten sich selbst verändert, also »lernt«. Auf dieser Grundlage kann der explizite oder implizite Dualismus von Materie und Geist überwunden werden. »Geist« ist dann eine Organisationsstufe von Informationsnetzen, die sich immer weiterentwickeln gemäß der inhärenten Dynamik bzw. als Ausfaltung des Potenzials, das ständig neu generiert wird. Das, was ist (ob wir dies Materie oder Information oder auch anders nennen, ist sekundär), entfaltet sich aus einfachen strukturellen Wechselwirkungen bis hin zu hochkomplexen Elementen, Molekülen, Galaxien, Organismen, biotopischen Verbünden, Kommunikationsstrukturen usw. Wenn gar die letztmöglich denkbaren kleinsten Einheiten nicht mehr als Partikel oder Wellen, sondern als Informationseinheiten verstanden werden, löst sich nicht nur der Gegensatz von Materie und Geist, sondern auch von natürlicher und künstlicher Intelligenz auf. *Es gibt eine einzig sich selbst kreativ erzeugende und in ihren jeweiligen Raum- und Zeitmomenten wechselwirkende Realität*, mit der wir es zu tun haben, und wir Menschen, so, wie alles, was wir hervorbringen, sind Aus-

> Es gibt eine einzig sich selbst kreativ erzeugende und in ihren jeweiligen Raum- und Zeitmomenten wechselwirkende Realität.

prägungen dieser Einen Realität, jeweils wechselnd zwischen Werden und Vergehen, also wechselnd in sich verändernden Niveaus von Stabilität und Instabilität.

All dies hat Auswirkungen auf die Ethik der menschlichen Kommunikation im Privaten wie in Politik und Gesellschaft. Die Regeln müssen neu justiert werden, um die digitalen Möglichkeiten und Grenzen auszuloten, damit der Mensch in einigermaßen kontrollierter Freiheit das steuert, von dem er sonst gesteuert wird. Es geht um den Gewinn oder Verlust von Freiheit.

Ich möchte auf dem Hintergrund des oben beschriebenen nichtdualistischen Weltbildes folgende Thesen dazu aufstellen, die allerdings ziemlich abstrakt bleiben müssen, weil wir die konkrete Zukunft nicht kennen:

1. Bewusstsein und Materie sind nicht trennbar. Vielmehr können beide Kategorien als unterschiedliche Beschreibungsweisen für die *eine* Wirklichkeit verstanden werden. Wie geht das? Bewusstsein ist die hochkomplexe Struktur sich ständig neu erzeugender Rückkopplungsprozesse auf der Basis relativer stabiler Formen (Karma). Rückkopplung, also wechselseitige Beeinflussung und dadurch Veränderung der Ausgangsbedingungen, gibt es auch in den Prozessen, die wir als materielle beschreiben. Aber Bewusstsein ist ein hochkomplexer Grad solcher Ereignisse, und es stellt ein Wissen dar, d. h. Bewusstsein »geschieht« nicht nur, sondern erzeugt »Wissen« als miteinander wechselwirkende Abbilder der zugrunde liegenden Prozesse. Wissen ist also eine Ebene zweiter Ordnung, die die erste Ebene (das Materielle) voraussetzt, aber nicht mit ihr identisch ist. Bewusstsein (Wissen) hat demnach eine eigene Qualität, zumal die Bewusstseinsprozesse in sich selbst selbständig ablaufen und eigene Dynamiken entwickeln, die nicht mehr an die materielle Ebene gebunden

sind. Insofern entsteht Bewusstsein aus Bewusstsein und ist mehr als bloße Spiegelung des Materiellen. Es schafft sich eine eigene Welt von Formen. Letztere sind geometrisch-mathematische Muster (platonische Ideen/Formen). Wir wissen nicht, ob diese dem kosmischen Drama (als ideelle Formen) vorausgehen oder erst im Verlaufe der kosmischen Evolution entstehen. Und es ist womöglich sinnlos, die Frage nach dem »Vorausgehen« zu stellen, was ja Zeit voraussetzt. Zeit aber entsteht vermutlich erst *mit* der Evolution. Dann aber hätten die Formen, die sich in In-formation zeigen, als »die Naturgesetze« selbst eine Geschichte (mit der Entstehung von Raum und Zeit). Wenn jedenfalls »die Welt« (Materie/Bewusstsein) letztlich In-formation ist, sind beide nicht getrennt, sie konstituieren sich in eben dieser Geschichte. Materie und Bewusstsein sind nicht jeweils »etwas« für sich, sondern es sind Begriffe und Anschauungen für jeweils nur unterschiedliche Beschreibungsarten aufgrund unterschiedlicher reziproker Komplexität. Im ganzen Kosmos steckt also Bewusstsein von Anfang an, dies allerdings in verschiedenen Ausprägungen. Interessanterweise kehren die Formen, die wir beobachten können, immer wieder. Sind sie die Algorithmen der Evolution? Sie organisieren die sogenannte tote Materie wie kosmische Anhäufungen von Sternen in Galaxien, die Steine, Kristalle, die Wellenlinien im Wüstensand wie solche auf dem Meeresboden, die Formen von Bergen, Küstenlinien und Flüssen. Sie organisieren ebenso die Formgebungen in organischen Strukturen, z. B die Verästelungen von Zweigen, Blättern usw. Sie sind einander ähnlich und in harmonikalen Größenverhältnissen aufeinander bezogen. Das lehrt die Mathematik z. B. in der fraktalen Geometrie (Mandelbrot-Mengen), mit der Fibonacci-Reihe (die folgende Zahl ist jeweils die Summe der beiden vorausgehenden Zahlen), was auch in direktem Zusammenhang mit dem Goldenen Schnitt steht, der uns als Kombination von Symmetrie und Asymmetrie nicht nur schön erscheint, sondern als Grundform der In-formation eben auch das Gegensätzliche zu einer Einheit zusammenfasst. Auch hier kommen diese Verhältnisse in der Natur mit ständigen Wiederholungen und Variationen vor, z. B. bei der Anordnung von Kernen in der Blüte der Sonnenblume. Dies alles sind Beispiele für den Satz: Materie (und natürlich auch Leben) ist In-formation.

2. Wenn wir sagen, die Formen schaffen das, was wir als Objekte der Natur wahrnehmen, dann ist Zeit vorausgesetzt, denn ein Zustand »vorher« wird mit einem anderen Zustand »nachher« verglichen. Objekte entstehen durch Selbst-Ähnlichkeit, mit einer messbaren Konstanz, d. h. sie zerfallen nicht sogleich wieder. Ein Objekt hat also über einen gewissen Zeitraum hinweg Bestand. Jedenfalls könnten wir sonst Ereignisse nicht als Objekte wahrnehmen und denken. Das ist auch in der Elementarteilchenphysik nicht anders: Wenngleich die Teilchen sofort zerfallen, wenn sie entstanden sind, wissen wir gleichwohl von ihnen durch die Spur, die sie in der Nebelkammer hinterlassen. Die Wirkung der Dynamik bzw. von Holomovement (wie David Bohm es nannte) sind also gewiss Muster und Form-Plateaus, also etwas relativ Konstantes gegenüber der Dynamik, in der sich alles befindet, wie Blasen im Brei, der kocht. So entsteht Zeit, so entsteht Raum. Und so organisiert sich durch Information das Eine als Bewusstseinsmaterie und/oder Materiebewusstsein, einschließlich der Prozesse, die wir als Künstliche Intelligenz bezeichnen.

3. Wenn Künstliche Intelligenz neue Formen hervorbringt, ist dies ein weiterer Schritt in der Linie dieser Evolution, allerdings abhängig vom Menschen, der die Systeme der KI schafft und organisiert, auch wenn sie selbständig lernen. Sollte es in

(wohl ferner) Zukunft möglich sein, dass sich Systeme Künstlicher Intelligenz selbst erschaffen, dann hätten wir tatsächlich eine neue Art in der Evolution hervorgebracht. Hinsichtlich bestimmter Eigenschaften wäre sie dem Menschen ähnlich, in anderen nicht. In manchem »überlegen«, in anderem nicht. So wie das hinsichtlich der Beziehung des Menschen zu anderen Arten auch ist (viele Tiere sind dem Menschen in bestimmter Weise überlegen, in anderer unterlegen). Wobei sich die Frage nach dem Maßstab der Bewertung stellt.

4. Was aber ist das Besondere des Menschen? Darüber ist viel nachgedacht und gestritten worden, nicht erst, seit es Künstliche Intelligenz gibt. Sagen wir es so: Der Mensch ist eine Sonderform von Lebewesen, insofern er kontingent handeln kann, und das bleibt vermutlich auch so im Vergleich mit Künstlicher Intelligenz. Das Vergangene kann zwar von Systemen der KI im Prinzip erfasst und kombiniert werden, vermutlich effizienter und vollständiger als mit menschlicher Intelligenz, aber der Mensch handelt nicht konsistent auf Grund dieser Datensammlung. Der Mensch entwickelt Gefühle, die nicht voraussehbar sind. Sie werden wiederum in sozialen Netzwerken modifiziert, die (nach Erwägungen der Chaostheorie) zwar nicht chaotisch sind, prinzipiell aber auch nicht vorausgesagt werden können. Deshalb handeln Menschen unvorhersehbar, also kontingent. Das ist eine Bürde und eine Chance zugleich. Es ist die Wurzel der Kreativität.

5. Das Spezifikum des Menschen ist also das nicht Vorhersehbare (das nicht Pro-grammierte), das mögliche Scheitern. Daraus entstehen wieder Gefühle, die dem Menschen einen Rahmen für erneute Entscheidungen und das Handeln abstecken. Der ständige Ab- und Ausgleich aus dieser Dynamik ist das spezifisch Menschliche. Der Mensch pendelt zwischen Sehnsucht nach Erfolg und dem immer neuen Scheitern. Das

treibt ihn an. Es ist die Wurzel des Erfüllt-Seins, also des Sinnes der menschlichen Existenz.

6. Menschliches Denken und Handeln ist auf Zukunft gerichtet und nicht völlig vorhersehbar. Die Komplexität, von der wir hier sprechen, besteht auf Grund der Chaos-Theorie auch darin, dass ständig neue Handlungsbedingungen entstehen, auf die sich der Mensch unentwegt einstellen muss. Die Mit- und Umwelt sind zu einem wiederum prinzipiell nicht prognostizierbaren Bedingungsnetz verwoben. Aber auch die interne Abgleichung von Gefühlen, Erinnerungen und Gedanken erzeugt Absichten und Motivationen zum Handeln, die nicht vorhersehbar sind. Wenn Systeme Künstlicher Intelligenz einen ähnlichen Grad von Vernetztheit erreichen sollten, würde dies ebenfalls komplexe Bedingungsnetze für deren Aktivität bereitstellen, aber sie wären anders als die menschlichen.

7. Gerade das Unvollkommene, das (noch) nicht erreichte Ziel, das Scheitern also, ermöglicht kreative Sprünge, die über die Linearität der Pro-grammierung hinausgehen. Darin besteht das Besondere, die Würde und die Bürde des Menschen.

Die Frage, was KI für die Selbstorganisation und Selbstreflexion des Menschen bedeutet, lässt sich an einem – je nach Bewertung, also emotionaler Gestimmtheit – makabren oder tröstlichen Beispiel verdeutlichen: Es gibt durch KI entwickelte Apps[84], mit deren Hilfe man mit Verstorbenen »kommunizieren« kann: Die KI generiert (mit zuvor einprogrammierter Stimme des Toten) Antworten auf Fragen, die die Hinterbliebenen stellen können. Die Antwort klingt wie eine echte Antwort. Sie ist stereotyp, aber variabel genug, um als Antwort auf konkrete Fragen und Bemerkungen zu erscheinen. Der »Text« folgt Mustern, die in der Vergangenheit aufgezeichnet wurden, spontane Präsenz aber täu-

---

84 Tabu Tod. 2tlg. Doku, 3sat, 27. März 2024.

schend simulieren. Wenn dies perfektioniert wird, ist »real« von »fake« kaum zu unterscheiden … Was ist das? Wer kommuniziert mit wem zu welcher Zeit?

Schlussfolgerungen aus interkultureller Perspektive

Der Mensch hat Potenziale, die noch lange nicht ausgeschöpft sind. Ob und wie er sie entwickeln kann, hängt von der Bereitschaft ab, Neues zu lernen und kreative Wagnisse einzugehen. Das zeigen die Debatten um Künstliche Intelligenz wie kaum ein anderes Thema: Ist das, was Menschen hier entwickeln, gefährlich oder eine große Chance? Es ist Begegnung mit etwas anderem, das wir irgendwie aber auch selbst sind, denn schließlich sind wir die Entwickler und Programmierer. Oder doch nicht?[85]

Das Wagnis kann man auch spüren, wenn man andere Kulturen erlebt. Sie konditionieren sowohl den Einzelnen als auch die Gruppe anders, vor allem aber auch das Zusammenspielen von Einzelnem und Kollektiv. Der Mensch ist nicht festgelegt und bei allen begrenzenden Konditionierungen doch offen. Dies ist in der Evolution vorgegeben, und sie hat die »Erfolgsgeschichte« des Menschen ermöglicht. Die

---

85 Die Probleme sind enorm, denn die Geschwindigkeit der Entwicklungen der KI ist so rasant, dass kaum Zeit ist, aufgrund vernünftiger Fragen Strategien zu entwerfen, um destruktiven Anwendungen (Militär, Überwachungsstaat, Hacker und Sabotage, Fake News) entgegenzusteuern. Tausende von Wissenschaftlern aus aller Welt und ganz unterschiedlicher Disziplinen fordern, ein Forschungs- und Entwicklungs-Moratorium von mindestens sechs Monaten einzulegen (»Pause Giant AI Experiments: An Open Letter«, veröffentlicht im März 2023 vom Future of Life Institute (Cambridge, Mass.), online: futureoflife.org), um die notwendigen Fragen aufzuwerfen und Antworten im Dialog zu finden. Dass eine solche Option genannt wird, ist die eine Seite, dass sie kaum realistisch umzusetzen ist, die andere. Der Mensch im Spannungsfeld von Wagnis und Verzicht. (Dazu: Dalai Lama/M. v. Brück, Wagnis und Verzicht, München: Kösel 2019)

Offenheit schafft einerseits Unsicherheit, andererseits ist sie die Voraussetzung für eine optimierte Anpassung an sich verändernde Umwelten. Das ist gerade heute eine überlebenswichtige Einsicht. Der Mensch gestaltet sich durch seine eigene Gestaltung. Das, was das Bewusstsein gestaltet, prägt es selbst um. Noch weitgehend unbekanntes Land (*terra incognita*) sind die Möglichkeiten von integrierten, meditativen Bewusstseinszuständen. Ein Land, das es zu entdecken gilt, so wie vor Jahrhunderten die Menschen vertraute Küsten verließen und über das Meer segelten, voller Entdeckermut und Reiseangst. Beides. Ein erster Schritt wäre getan, wenn uns die Erfahrungen in der Gegenwart lehrten, dass wir es um uns herum nicht mit der *Umwelt* zu tun haben, sondern mit der *Mit-Welt*. Wir sind *wechselseitig* voneinander abhängig. So ist auch das rationale, kalkulierende Ich-Bewusstsein nicht der Mittelpunkt von allem. Es ist eine nützliche Form, die Welt zu erkennen und in dieser sinnvoll zu handeln. Aber es steht in wechselseitiger Abhängigkeit mit anderen Bewusstseinszuständen, z. B. dem meditativen Ganzheitsbewusstsein.

Eine solche Wahrnehmung und Interpretation des Menschen und des Menschseins eröffnen tatsächlich neue Möglichkeiten und Optionen nicht nur für die Beschreibung dessen, was der Mensch ist, sondern vor allem für die Gestaltung dessen, was der Mensch werden kann und vielleicht auch soll.

Ich wird, weil es Du gibt.

Die Erfahrungen in der Gegenwart lehren, dass wir es nicht mit einer Um-Welt zu tun haben, sondern mit der Mit-Welt. Wir sind wechselseitig voneinander abhängig.

Die Unterscheidung von natürlicher und künstlicher Intelligenz ist nicht grundsätzlicher Art, denn beide sind Ergebnisse der Evolution, die nicht abgeschlossen ist.

Kapitel 2:
Wissen und Wahrheit in europäischen und asiatischen Traditionen

Und Ihr Zweifel kann eine gute Eigenschaft werden, wenn Sie ihn erziehen. Er muß wissend werden, er muß Kritik werden (...) Aber geben Sie nicht nach, fordern Sie Argumente und handeln Sie so, aufmerksam und konsequent, jedes einzelne Mal, und der Tag wird kommen, da er aus einem Zerstörer einer Ihrer besten Arbeiter werden wird (...)[1]

(Rainer Maria Rilke)

Worum geht es?

Im ersten Kapitel haben wir die Frage nach dem Bewusstsein und seinen Voraussetzungen und Möglichkeiten im Rahmen der Evolution gestellt. Bewusstsein ist die Voraussetzung von Kultur, und das gilt auch umgekehrt, denn Kultur ermöglicht die Evolution des Bewusstseins durch die Weitergabe von Wissen. Menschliches Leben wird gesteuert durch Wissen. Dieses kann *explizit* sein und kulturell erworben, wobei der Mensch weiß, dass er etwas weiß, oder es kann *implizit* sein und genetisch codiert (z. B. als Instinkt) oder biografisch erworben als Fähigkeit, die gar nicht bewusst ist (z. B. das Laufen). Wissen ist das Resultat der Aktivität von Bewusstsein. Bewusstsein besteht in rückgekoppelten Spiegelungsprozessen, wie wir im vorigen Kapitel dargelegt haben. Es kann nun also in diesem Kapitel gefragt werden, wie das Wissen und das

---

1 Rilke, Briefe an einen jungen Dichter, 16. Juli 1903, a. a. O., 50

Wissen vom Wissen erfasst werden können, um wesentliche Charakterzüge des Menschlichen zu verstehen, vor allem aber um zu fragen, ob und wie die »Verbesserung« von Wissen, an einem Maßstab von Wahrheit gemessen, möglich ist.

Was ist Wahrheit? Die Begriffe sind nicht eindeutig und jedenfalls kulturell verschieden, denn wenn wir in andere Sprachen, z. B. indische Sprachen oder das Chinesische, schauen, wird es kompliziert. Als *wahr* können wir eine Aussage dann bezeichnen, wenn sie widerspruchsfrei (in sich stimmig, konsistent) ist und empirische Daten so interpretiert, dass das Ergebnis im Experiment bestätigt werden kann, und zwar unabhängig von Ort und Zeit. Diese Definition ist interkulturell gültig, sie erfasst das, was wir in den Naturwissenschaften anstreben, die auf Mathematik beruhen. Aber das ist nicht alles, die Frage nach der Wahrheit ist vielfältiger. Erstens, weil jede Interpretation einen Rahmen voraussetzt, der selbst nicht experimentell eindeutig bestimmbar ist. Zweitens, weil Wahrheit als *Gewissheit* erscheint, die das Vertrauen in die interpretierende Vernunft voraussetzt. Oder anders ausgedrückt: Jeder Frage (oder Versuchsanordnung) geht eine Vermutung über die Bedingungen der Erkennbarkeit der Welt voraus. Es gibt eine intuitive Einsicht, die Wahrheit ausdrückt. Oder, in der Formulierung Heideggers: Wahrheit kann gelten als Entbergung dessen, was verborgen ist. Genau das bezeichnet in den indischen Traditionen der Begriff *satya*, der mit Wahrheit übersetzt wird: Es ist die Gemäßheit mit dem Sein, d. h. Wahrheit ist die Entsprechung von Lebensausdruck bzw. Lebenserfahrung mit dem, was ist. *Satya* aber ist nicht nur Entsprechung, sondern der Selbstausdruck des Seins, das Sich-Zeigen des Ganzen. Man sieht, »Wahrheit« ist mehr als die widerspruchsfreie Entsprechung einer Aussage zu dem, was ist, so wie es sich in den gesammelten Daten zeigt. In unserem kurzen Vergleich mit Indien wird bereits deutlich, dass nicht nur der Wahrheits*inhalt*, sondern vor allem die *Form* der Wahrheitssuche historisch und kulturell bedingt sind.

Was ist Wissen? Allgemein gesagt: Wissen ist das mentale Bild des Wahrgenommenen, das durch Verknüpfungen zu einem Gesamtbild von Wirklichkeitsmustern gefügt wird. Diese Definition muss so weit offenbleiben, weil unterschiedliche Disziplinen des Denkens bzw. der Wissenschaft (oder der Kunst und der Religion oder des Alltagswissens) verschiedene Wahrnehmungsgegenstände, Beziehungsmuster und Begriffsbildungen zulassen. Es bedarf also einer Ästhetik des Wissens[2] (im Sinne des griechischen Begriffs *aisthesis* = Wahrnehmung), durch die genauer erkennbar wird, warum und wie in welchem sozialen Kontext bzw. in welcher Wissenschaft etwas als Wissen gelten kann. Eine solche Ästhetik des Wissens hat zwei historische Tatsachen zu berücksichtigen. Erstens ist die Entwicklung der Wissenschaft während der letzten 400 Jahre ein geschichtlicher Prozess gewesen, der keineswegs abgeschlossen ist und nicht mit Notwendigkeit so verlaufen ist, wie er sich im Rückblick darstellt. Die Unterscheidung der Disziplinen und Methoden folgt zwar einerseits internen Systematiken, die den Gegenstandsbereich der Disziplinen klassifizieren, andererseits aber wissensorganisatorischen bzw. politischen Gemengelagen, die historisch bedingt sind. Diese Bedingungen können sich aber ändern, und genau dies scheint heute der Fall zu sein, wenn Interdisziplinarität und/oder Transdisziplinarität beschworen werden. Zweitens gibt es Wissen und Wissenssystematiken nicht nur in der europäisch-amerikanischen Variante. Diese Art der Ansammlung von Wissen (im Englischen treffend als »harvesting of knowledge«, Ernte von Wissen, bezeichnet), die seit dem 15. Jahrhundert von den oberitalienischen Städten ausging, ist zwar weltweit erfolgreich und hat bereits mindestens drei industrielle Revolutionen angestoßen, die die Welt umgestaltet haben und weiter umgestalten werden. Aber genau diese Umgestaltung hat zu einer geographischen Nähe und Informationsdichte in Bezug auf andere Kulturen (China, Indien, Afrika usw.) geführt, die Wissen und Begriffssystematiken anders organisieren, als es in der europäisch-amerikanischen Tradition geläufig ist. Was kann das für die Erarbeitung

---

2 M. v. Brück, Aesthetic principles, the arts, and the interpretation of culture, in: PsyCh Journal 10 (2021). Institute of Psychology. Chinese Academy of Sciences, pp. 200–209.

einer neuen Kulturtheorie und Anthropologie bedeuten, die beide auf eine interkulturelle Ästhetik des Wissens angewiesen wären? Zunächst seien zu dieser Problematik einige Thesen und Fragen formuliert:[3]

1. Wissen ist das systematische Sammeln und Klassifizieren von Daten, die zu einer logisch schlüssigen Theorie verknüpft werden. Wie aber können Subjekt und Objekt des Wissens in Beziehung gesetzt werden, wenn das Subjekt selbst Gegenstand experimentell begründeten Wissens wird? »Wie kann das Erkennen den Erkenner erkennen?«, heißt es bereits in den indischen Upanishaden, und eben dieses Problem stellt sich auch heute nach Jahrhunderten von Wissenschaftsgeschichte. Es bedarf eines Wissens vom Wissen.
2. Man kann explizites Wissen von implizitem Wissen, begriffliches vom bildhaften Wissen, kognitives Wissen und Handlungswissen, symbolisches Wissen gegenüber Körperwissen usw. unterscheiden. Die Diskussionen dazu werden in der Philosophie geführt. Vor allem kommt es hier darauf an, implizite Voraussetzungen, die meist gar nicht bewusst sind, bewusst zu machen, um die methodischen Grundlagen der Gewinnung und Beschreibung von Wissen exakt zu bestimmen. Damit würde ein prinzipieller methodologischer Baustein für eine Theorie der Interdisziplinarität gelegt werden können.
3. Wissen ist nicht die Beschreibung einer objektivierten Wirklichkeit, sondern ein komplexer Ablauf von Prozessen, der neben dem Problem des Erkennens (Kognition) auch gefühlsmäßige Komponenten (Emotion) hat, und ökonomische, soziologische und politische ohnehin, denn die Finanzierung von Wissenschaft entscheidet der Auftraggeber, der Interessen

---

3 Die Thesen sind erarbeitet worden auf der Basis des Austauschs unter Kollegen unterschiedlicher Disziplinen am Humanwissenschaftlichen Zentrum (HWZ) der Ludwig-Maximilians-Universität München, wie bereits in der Einleitung erwähnt.

hat. Wissen wird generiert in Gesellschaften, die im Wissensdiskurs Identitäts-, Konkurrenz- und Dominanzansprüche ausfechten. Der Streit um die Bedeutung von Wissen und Wissenschaft während und nach der Corona-Pandemie ist dafür ein Beispiel. Das »was« und »wie« der Behauptung und Kommunikation von Wissen, die Transferprozesse zwischen gesellschaftlichen Bereichen (Politik, Wirtschaft, Medien), schaffen Voraussetzungen (materielle Mittel, Entwicklung von Hierarchien im Wissenschaftsbetrieb), Wissen zu generieren. Was beforscht wird, bedarf also »gesellschaftlicher Akzeptanz«. Nicht selten will man das Ergebnis schon im Voraus haben, aber das widerspricht dem Prinzip der Wissenschaft: sie ist offen, sonst könnte sie nicht grundsätzlich Neues bringen. Wenn aber Wissen dazu tendiert, das bisher Gewusste und Selbstverständliche in Frage zu stellen, wird das Neue bezweifelt, nicht selten bekämpft. Denn es ist unbequem.

Aus diesen Grundannahmen ergeben sich einige fundamentale Fragestellungen, die einerseits *Universalia* menschlichen Erkennens formulieren, andererseits die *kulturellen Spezifika* von Wissen und den sozialen Wissensbedingungen bewusst machen:

1. Wie entsteht Neues? Ist Wissen nur Beschreibung von Vorgegebenem oder ist es angewiesen auf Kreativität? Natürlich ist zunächst die Wahrnehmung von Objekten etwas anderes als das Denken, das Verknüpfungen von Wahrnehmungen herstellt und vor allem kritisch die sinnliche Wahrnehmung hinterfragt: Das Denken erkennt, dass diese Wahrnehmung durch die biologischen Bedingungen des Auges, des Ohres usw. eingeschränkt ist, denn wir nehmen nur in bestimmten Frequenzbereichen wahr. Es kommt hinzu: Wissen artikuliert sich nicht nur in verschiedenen Sprachen, sondern ist als Architektur ab-

hängig von einem »Bauplan«, also von zuvor erprobten Ordnungsmustern, die wesentlich auch sprachlich sind. Nicht nur die einzelnen sinnlich wahrgenommenen Daten und Objekte werden zu einem Ganzen zusammengefügt, sondern ein Oberbegriff, ein »Ganzes« wird schon vorausgesetzt, damit sinnliche Wahrnehmung überhaupt in Ordnungen zusammengefasst werden kann. Ein Rahmen bzw. ein Muster bestimmt auch darüber, was wir wie wahrnehmen. Diese Muster sind die Brille, durch die wir schauen und beurteilen, sie repräsentieren das, was man wissen zu können meint, und zwar *vor* jedem neuen Wissenszuwachs. Solche Muster sind kulturell konditioniert, sie sind Konvention. Was bedeuten solche Konventionen für die Abgrenzung von Wissen und Nicht-Wissen bzw. Wissen und Nicht-Wissbarem? Wissen beruht auf Reduktion komplexer und überkomplexer Zusammenhänge. Wir schaffen »Laborbedingungen«, die Sicherheit und Eindeutigkeit gewährleisten sollen. Aber die Welt ist komplexer. Außerhalb des Labors kommen Ereignisse hinzu – Zufälle, chaotische Wechselwirkungen –, die prinzipiell nicht vorhersagbar sind.[4] Ist das Ausdruck von Kreativität, dem Nicht-Berechenbaren, das sich der Kontrolle prinzipiell entzieht? Ist diese Kreativität ein Merkmal der Natur selbst, also nicht nur eine Eigenschaft des menschlichen Bewusstseins?

2. Welche Codes, Sprachen, Bilder und Formeln benutzen wir, um neues Wissen zu generieren, um es aber auch von Unsinn abzugrenzen? Wie verhindern wir, dass Wissen verhindert wird oder Fake News gestreut werden, um begründetes Wis-

---

[4] Dazu Friedrich Cramer, Gratwanderungen. Das Chaos der Künste und die Ordnung der Zeit, Frankfurt: Suhrkamp 1995, 31 ff.: »Die neue Wissenschaft vom Lebendigen erfordert neue Gesetze der Dynamik, in denen das Entstehen des Neuen vorgesehen ist, des Einzigartigen, des Individuellen.« Und weiter S. 33: »Die Natur ist nicht nach der euklidischen, sondern nach der fraktalen Geometrie aufgebaut, in der es Chaos-Ordnungs-Übergänge und gebrochene Dimensionen gibt (…)«

sen durch Manipulation zu ersetzen? Wenn wir aber »verhindern« müssen – wie entsteht dann die Kraft, dem Neuen zum Durchbruch zu verhelfen? Ist die Spannung von Konvention und Kreativität komplementär zu verstehen, als fortwährendes Ringen entgegengesetzter Kräfte, die miteinander das Maß immer neu austarieren, durch welches dann geordnetes Wissen möglich wird? Beharrungsvermögen und Kreativität als zwei Komponenten, die einander wechselseitig ausbalancieren?

3. Was also sind die Bedingungen für die Produktion von Wissen? Um zu verstehen, wie Wissen ermöglicht (oder verhindert) wird, brauchen wir eine kritische Perspektive, die Wissenschaft als kulturelle Praxis beschreibt. Wissenschaft fällt ja nicht vom Himmel, sie wird in menschlichen Konkurrenzsituationen erzeugt. Und das auf dem Hintergrund von kulturellen Werten, die uns oft gar nicht bewusst sind: Was Chinesen interessiert, kann sehr anders sein als das, was Europäern des 21. Jahrhunderts unter den Nägeln brennt. Damit fragen wir letztlich nach den Religionen oder Ideologien, die den Werterahmen etabliert haben, innerhalb dessen wir Wissen wie z. B. die nur scheinbar evidenten Unterscheidungen von Materie und Geist oder Gehirn und Bewusstsein ordnen.

4. Wissen ist Kommunikation, die an Sprache und Symbole gekoppelt ist. Durch Verständigung darauf, was gelten soll, müssen Gesellschaften eine gewisse Kohärenz erreichen, vielleicht sogar mit dem Willen zum Konsens. Aber was heißt »Gesellschaft«? Wir erleben ja hautnah, wie in den »sozialen Netzwerken« ganz andere Sprachen, ganz andere Kommunikationsformen eingesetzt werden als in den »Leitmedien« oder gar der wissenschaftlichen Literatur. Wissen und seine Kommunikationsformen sind spezifisch in sozialen Gruppen, d. h. es bilden sich Wissens-Milieus heraus, die ebenfalls den Rahmen dessen, was als Wissen gültig ist, mitbestimmen: Die »Zunft«

einer Disziplin ist ein restriktiver Rahmen der Generierung und Verhinderung von Wissen zugleich, d. h. der inszenierte Wissenschaftsdiskurs folgt Machtinteressen, die durch ökonomische Interessen (»Verwertung von Wissen« unter Konkurrenzdruck) begleitet sein können, aber nicht müssen.

5. In diesem Rahmen bietet sich der Begriff der *Praxis* an, die als historischer Prozess in Raum und Zeit verortet ist. Der Soziologe Armin Nassehi spricht von »Perspektivendifferenz«, die sich zwangsläufig ergibt, wenn unterschiedliche soziale Akteure oder Institutionen verschiedene Funktionen in der Gesellschaft auszufüllen haben. Je aus der entsprechenden Perspektive sieht man dann die Dinge anders als eine andere Gruppe. Aber man kann die Perspektive des anderen einnehmen und »verstehen«. Daraus ergibt sich ein theoretisches Wissen, das Differenz nicht nur als bedrohlich empfindet, sondern zur Grundlage der jeweiligen Beurteilung von Zusammenhängen machen kann.

6. Wissen inszeniert sich als Wissenschaftlichkeit, die normative Geltung beansprucht. »Die Wissenschaft sagt ...« – und damit werden Gegenargumente vom Tisch gefegt. Das ist ein Problem. Denn, wie wir sehen, wird Wissen in Auseinandersetzungen gewonnen, die von Interessen geleitet sind. Beschreibung ist nicht nur Konstatierung, sondern Konstruktion von Sachverhalten. Und die Durchsetzungsfähigkeit solcher Konstruktionen ist nicht nur von den besseren Argumenten abhängig, sondern sie ist auch eine Machtfrage. Wie wird diese Erkenntnis kritisch in unserem Wissenssystem berücksichtigt, und was bedeutet diese Einsicht für die Gültigkeit von Wissen?

7. Wissen ist abhängig sowohl vom hohen Organisationsgrad ausgereifter Gehirne als auch von gesellschaftlicher Kooperation, d. h. von einer funktionierenden intersubjektiven Kommunikation. Lebewesen erwerben Wissen, um die Über-

lebenschancen im Wettbewerb um Ressourcen zu vergrößern, d. h. Wissen ist Produkt der Evolution. Ist Wissen aber ausreichend verstanden, wenn es als Anpassungsleistung an wechselnde Umwelten begriffen wird, da doch Wissen auch zur Selbstzerstörung der Spezies Mensch führen kann? Welchen »Sinn« oder Zweck hat Wissen? Könnte ein solcher in Kategorien des Wissens überhaupt ausgedrückt werden, und wenn nicht, was bedeutet das für den Begriff des Wissens?

8. Eine Bedingung von Wissen in modernen Wissenschaften war/ist die Objektivierung von Sachverhalten bzw. eine »Verdopplung« von Welt als symbolischer Wissenswelt. Das bedeutet auch, dass dem Denken interne Strukturen (wie die Intentionalität des Denkens bzw. die Suche nach dem Zweck bei Kant) auf das projiziert werden, was der Mensch als ein Äußeres bzw. Objektives beschreiben möchte. Was ist der Grund für das Streben nach Objektivierung – die Suche nach Sicherheit, die den religiösen Glauben ersetzt? Wenn ja, wäre dies eine anthropologische Konstante oder eine kulturelle Variante? Müsste man vielleicht überprüfen, ob in anderen Kulturen (z. B. Indien oder China) das Streben nach Objektivierbarkeit möglicherweise eine geringere Rolle spielt, weil die Konstruktion von Sicherheit und Identität kulturell anders vollzogen wird, z. B. in ästhetischer Anschauung bzw. religiösen Ritualen? Das heißt, dass in Indien die Welt als »Spiel Gottes« (*lila*) bzw. sich selbst gestaltendes spielendes Universum verstanden werden kann. Eine solche Grundeinstellung hat unmittelbare Auswirkungen für die Erwartungen, die man an Wissen und Wissenschaft hat. Was bedeutet die Aufdeckung derartiger Zusammenhänge für die Frage nach der Gültigkeit von Wissen, anders ausgedrückt: für den *Glauben* an Wissen und Wissenschaft?

9. Wenn Wissen durch Lernen erworben wird und Lernen Konditionierung ist, wie wird dann die »Schallmauer des Selbst-

echos« durchbrochen, also auch der disziplinäre Rahmen, der nur sehen lässt, was in dem Rahmen erscheinen darf? Kann eine Ästhetik des Wissens den Zirkel der Selbstreferenz (die berüchtigten »Blasen«) durchbrechen? Wie und warum verhindert die Behauptung von Wissen die Generierung von Wissen, und zwar psychologisch (Wissen als Faktum verschleiert die Komplexität des Unbekannten) wie auch politisch (Wissen ist abhängig von der Suche nach Wissen, die durch die Vergabe materieller Mittel ein politisches Projekt ist)?

10. Wie und warum kann Wissen als »befreiend« interpretiert und gegebenenfalls erlebt werden? (Immanuel Kant: Wissen als Ausgang aus selbstverschuldeter Unmündigkeit; Sigmund Freud: Erkenntnis von Traumata führt zur Befreiung von Zwängen; Indische Upanishaden: »Wer solches weiß, geht ins *brahman* (das Absolute Eine) ein.«) Kann die Erkenntnis, dass es neben der Wissenschaft andere Arten des Wissens gibt, die kreative Unschärfe von Wissenssystematiken offenhalten, die notwendig ist, damit sich Wissenschaft nicht nur quantitativ, sondern auch qualitativ entwickelt?

Zum Wahrheitsbegriff in der europäischen Tradition[5]

In der europäischen Geschichte des Denkens können mehrere Modelle des Wahrheitsbegriffs unterschieden werden. Dabei sind drei Phasen der Entwicklung erkennbar:

---

[5] Diese Ausführungen gehen zurück auf einen früheren Aufsatz: M. v. Brück, Religion und Wahrheit, in: J. Höcht-Stöhr/M. Schibilsky (Hg.), Reden über Religion I, Stuttgart: Kohlhammer 1999, 27–39.

- die *onto-theologische* von den Vorsokratikern bis zu den Realisten des Mittelalters,
- die *subjektivitäts-zentrierte* von den Nominalisten bis zum Idealismus,
- die sprachanalytische seitdem.

Thomas von Aquin[6] hat Wahrheit als *adaequatio intellectus et rei* (Übereinstimmung von Einsicht und Sache) verstanden, und er folgt damit Platon und Aristoteles. Der Vorsokratiker Parmenides hatte zuvor schon das Denken zum Maßstab für das Sein gemacht, und Sein und Denken waren einander entsprechend. Die Entsprechung bedurfte eines Grundes, und den fanden die antiken Denker im göttlichen *logos* oder *nous*. Für Aristoteles[7] etwa verhält sich jedes Seiende zur Wahrheit, wie es sich zum Sein verhält, d. h. die Kongruenz von Sein und Denken ermöglicht die *theoria* der Philosophie, also die Möglichkeit, von Wahrheit zu sprechen. Die christliche Theologie setzte für diese Grundlage Gott ein, der nun den Zusammenhang des Erkennenden und des Erkannten garantierte. Wäre nicht im menschlichen Intellekt der göttliche *logos*, der auch in der gesamten Schöpfung anzutreffen ist, zumindest schattenhaft angelegt, so könnte überhaupt nichts als wahr erkannt werden. Durch Teilhabe am Göttlichen kann der Mensch also zur Wahrheit gelangen. Dies gilt allgemein von jedem Menschen, der vernunftbegabt in die Welt tritt. Allerdings ist diese Teilhabe am Göttlichen verdunkelt durch die menschliche Freiheit zum Irrtum, die bekanntlich mit dem Sündenfall beginnt. Diese Freiheit bringt den Menschen einerseits zu sich selbst, d. h. zum Gebrauch seiner Freiheit, paradoxerweise entfernt sie ihn gleichzeitig von Gott als seinem Ursprung. Von dieser Freiheit wird die Menschheitsgeschichte vorangetrieben, und es bedarf der Überbietung menschlicher Freiheit durch den Akt höchster Freiheit seitens Gottes, der sich selbst

---

6 Thomas von Aquin, De veritate q. I,I.I; Summa theol., q. I6,a.2 ad 2.
7 Aristoteles, Metaphysik 993 a 30.

am Kreuz opfert, um dieses Paradox aufzulösen. So hängen christliche Erfahrung der Schuld, der Freiheit und des Grundes der Wahrheit miteinander zusammen. Wahrheit oder Verlässlichkeit der Erkenntnis sind demnach in Gott begründet. Dies war so lange plausibel, als man diese Voraussetzung anerkannte, also die Übereinstimmung des göttlichen *logos* mit der menschlichen Vernunft, der Sonne mit dem sonnenhaften Auge – wie Goethe formuliert –, der Ordnungen des Seins und des Denkens.

Diese Grundlagen wurden erschüttert durch den Nominalismus und später durch die skeptischen Theorien. Danach waren nun alle Begriffe, Gedanken und Vorstellungen, die Menschen gebrauchen, nicht mehr in einem übermenschlichen Reich der Ideen begründet, wie man seit Plato angenommen hatte, sondern im menschlichen Bewusstsein. Jede Erkenntnis verweist den Menschen also nicht an Gott oder eine unabhängig von ihm existierende Ordnung, sondern auf den Menschen selbst. Grundlage der Wahrheit kann dann nur die menschliche Subjektivität sein. Die Selbstgewissheit des Menschen wird identisch mit dem Grund der Wahrheit – *cogito ergo sum* (»Ich denke, also bin ich«), verkündet René Descartes. Es gibt dann keine Entsprechung von Sein und Denken mehr, sondern nur noch die Selbstgewissheit des Subjektes. Der Mensch (ob der individuelle, der abstrakt-idealistische oder der gesellschaftliche gemeint ist, wird im 19. Jahrhundert verschieden beantwortet) wird zum Maß aller Dinge, auch zum Kriterium der Wahrheit. Das ist das Resultat oder vielleicht auch das Ende der Geschichte der abendländischen Wahrheitsmetaphysik.

Man glaubte nun lange Zeit, dass die »harten« Naturwissenschaften objektive Wahrheit erkennen würden, denn schließlich seien ihre Ergebnisse durch wiederholbare Experimente und Voraussagbarkeit erhärtet. Spätestens seit Werner Heisenberg die Quantentheorie als eine Wahrscheinlichkeitstheorie ausformulierte, geriet dieser Glaube ins Wanken, und auch die Mathematik konnte nicht mehr die Gewissheit über die Dinge der Welt vermitteln, wie Albert Einstein in seinem berühmten Wort von 1921 formulierte: »Insofern sich die Sätze der Mathematik auf die Wirklichkeit beziehen, sind sie nicht sicher, und insofern sie sicher sind, beziehen sie sich nicht auf die Wirklichkeit.«[8] Sondern eben innerhalb der Axiomatik auf angenommene Strukturen, die der menschliche Geist hervorbringt, die in sich gewiss konsistent und denknotwendig, damit aber eben noch nicht seins-notwendig sind. Die Einheit von Denken und Sein wird auch von der Mathematik nicht bewiesen, und damit bleibt der Wahrheitsbegriff problematisch.

Gegenwärtig wird die Frage nach dem Wahrheitsbegriff meist ganz auf die sprachanalytische Ebene verlegt – semantische Wahrheitstheorie, Konsens- und Korrespondenztheorie usw. haben eines gemein: Was wir wissen, wissen wir nur, insofern wir Sprache haben. Außerhalb des Horizonts unserer Sprache ist (für uns) nichts, also auch keine Wahrheit. Klassisch formuliert: »Die Grenzen der Sprache sind die Grenzen unserer Welt.« (Wittgenstein) Damit ist wiederum nicht Beliebigkeit gemeint, denn das Individuum schafft Sprache nicht, sondern findet sich in einer Sprache vor. Aber der Sprachen sind viele, und die Grenze dieses Wahrheitsbegriffs ist die Sprachgrenze.

Damit sind wir bei unserem Problem: Was ist Wahrheit, wenn Wahrheit doch an Sprache gebunden ist und Sprachen sehr unterschiedlich sind? Wahrheit ist dann ein Problem der Interpretation (Hermeneutik), abhängig vom Konsens einer Gemeinschaft, und diese Gemeinschaft wandelt sich. Heute ist sie in vielen Gegenden der Welt bereits interkulturell. Wer aber redet diese interkulturelle Sprache, die dann eine Wahrheit vermitteln könnte, wo gibt es die Grammatik (Strukturen), Semantik (Bedeutung) und Semiotik (Ordnung von Zeichen), die interkulturell konsensfähig wären? Man kann eine solche in der Mathematik sehen, die aufgrund ihres hohen Abstraktionsgrades kulturinvariante Größen und Beziehungen erfasst. Aber die Sprache der Mathematik muss in kulturell gewachsenen Sprachen interpretiert werden. Dann aber

---

8 A. Einstein, Geometrie und Erfahrung, in: Sitzungsberichte der Preußischen Akademie der Wissenschaften 1921 (Festvortrag vom 27.1.1921), Berlin: Julius Springer, 123–130.

ergibt sich erneut das Problem des Plurals der Sprachen und Wahrheitsbegriffe (also auch der Wahrheitsansprüche). Sollte man, ganz pragmatisch, bei dieser Pluralität als unhintergehbarem Faktum stehen bleiben? Würde dann aber nicht durch den »Plural der Wahrheiten« das aufgelöst, was der Wahrheitsbegriff anstrebt: *Verlässlichkeit*? Mit dem Begriff der Verlässlichkeit sprechen wir aber schon die zweite, existentiell allerdings grundlegende Dimension des Wahrheitsbegriffs an: die religiöse.

Die religiöse Dimension von Wahrheit

Das deutsche Wort »Wahrheit« ist abgeleitet vom althochdeutschen *war* oder *wara*, und das ist ein Treuegelöbnis. *Giwari* ist dann althochdeutsch »in Treue verbunden«, durch Treue gewiss und sicher. Nicht anders ist das beim englischen Wort *truth*, das von altenglisch *triewo* oder *treowo* (versprochene Treue) kommt und in seiner Ableitung *truthfulness* bis heute Treue und Verlässlichkeit ebenso enthält wie das deutsche Wort »Wahrhaftigkeit«. Die Wahrheit ist in diesem Kontext nicht ein theoretischer Sachverhalt, sondern die Treue und Verlässlichkeit der Wirklichkeit, die Gewissheit, dass es so ist, wie es ist, und dass eben dieses Sosein gut ist – das Gute-Schöne-Wahre war für die Griechen eine Einheit, und so ist es in der christlichen Tradition geblieben: Die Treue und Verlässlichkeit Gottes ist seine Wahrheit.

Sich in Beständigkeit und Treue wahrhaftig zu äußern, sich anderem unverhüllt zuzuwenden, ist ein Charakteristikum der Liebe. So hängen Wahrheit und Liebe miteinander zusammen, in der christlichen Theologie, und bis hin zu Johannes Kepler (1571–1630) auch im Denken der Naturwissenschaft bzw. der Naturphilosophie, so wie auch in anderen Religionen. Wie aber kann die religiöse Dimension der Wahrheit nicht nur intellektuell erkannt, sondern auch existentiell aktualisiert werden? Das ist die Ebene, auf der sich die Religionen voneinander unterscheiden. Dennoch kann man Grundmuster erkennen, die in unterschiedlichen Kulturen auftauchen. Frederick Streng[9] zählt fünf Wege der Aktualisierung religiöser Wahrheit auf:

- *außerordentliche Erfahrung göttlicher Präsenz*
- *symbolische Verdopplung im Mythos und Ritus*
- *Kultivierung rechter Beziehungen zu anderen*
- *intellektuelle Erkenntnis eines absolut Notwendigen*
- *Erwachen zu transzendentem Bewusstsein.*

Die *außerordentliche Erfahrung* göttlicher Präsenz tritt vor allem in zwei Formen auf, im Wesen der schamanischen Erfahrung und der Erfahrung des Propheten, und sie ist auch ein Teilaspekt der mystischen Erfahrung, wie wir sie im 1. Kapitel beschrieben haben. Auch das Spüren von Führung im Leben, von Schutzengeln, Stimmen, das unmittelbare Gefühl der Gegenwart einer höchsten Instanz, die sich in einem Gefühl von Heilung, Ganzheit und Freude ausdrückt, gehören dazu. Es ist eine intuitive, direkte Erfahrung, die nicht nach Bestätigung von außen verlangt.

Die *symbolische Verdopplung im Mythos und Ritus* lässt Wahrheit im Symbol erfahren, um Sinn und Bedeutung zu vermitteln. Das ist zum Beispiel der Fall bei der Heiligen Zeit, wie sie in festlichen Ritualen zelebriert wird, die das Leben strukturieren und mit dem Allgemeingesetz der Welt in Harmonie bringen sollen. Der Mythos ist nicht einfach Ausdruck von Lebenserfahrungen, die auf andere Weise und durch die Sinne gemacht worden sind, sondern er projiziert Sinn, der vom Bewusstsein geschaffen ist, auf die ansonsten als chaotisch und von zufälligen Widerfahrnissen geprägte Wirklichkeit. Mythen und Rituale sind Vergegenwärtigung von Ordnung und Bedeutung, die Götter oder Menschen hintergründig inszeniert haben. Wahrheit ist dabei nicht ein Akt theoretischer Erkenntnis, sondern sozialer Teilhabe.[10]

---

9 F. Streng, Truth, in: Encyclopedia of Religion, Bd. 15, New York: Macmillan 1987, 63 ff.
10 Zur Theorie des Mythos und der Rituale vgl. R. u. M. v. Brück, Leben in der Kraft der Rituale. Religion und Spiritualität in Indien, München: C.H. Beck 2011.

Die Kultivierung rechter Beziehung zu anderen ist der Bereich der Ethik. Redlichkeit und Aufrichtigkeit im Handeln, die persönliche Integrität, ist besonders in der chinesischen Kultur der höchste Weg zur göttlichen Wahrheit überhaupt. Wahrheit ist hier nicht der Begriff des Guten, sondern das alltägliche Handeln selbst. Aber auch im Judentum drückt sich Wahrheit als zuverlässige Treue (*'emeth*) in Gerechtigkeit (*zedakah*) aus, weshalb im Johannesevangelium (Joh 3,21; vgl. 1 Joh 1,6) der Ausdruck »die Wahrheit tun« möglich ist.

Die *intellektuelle Erkenntnis eines absolut Notwendigen*, eines ersten Bewegers, eines zureichenden Grundes für die Ordnung in der Welt usw. hat zu theologischen Systemen geführt, die zwischen den Religionen, aber auch innerhalb einer Religion, verschieden und strittig sind. Diese Unterschiede sollen nicht bagatellisiert werden. Es sei aber darauf hingewiesen, dass dies nur *ein* Zugang zur Wahrheit unter mehreren ist, wie wir hier zu zeigen versuchen. Umgekehrt ist gerade im Buddhismus die Einheit von Meditation und Einsicht aufgrund von Erkenntnis ein hoher Wert.[11] Bei vielen christlichen (Meister Eckhart, Heinrich Seuse, Teresa von Avila), hinduistischen (Shankara, Ramanuja, Abhinavagupta) und islamischen (Ibn al-Arabi) Mystikern ist das nicht anders.

Erwachen zu transzendentem Bewusstsein wird mit Einsicht, Klarblick, Erleuchtung, Durchbruch, Befreiung (skt. *moksha*), Wesensschau (jap. *kensho*) usw. in den Religionen verschieden benannt. Entscheidend ist, dass Wahrheit in diesem Zusammenhang nicht bedeutet, irgendetwas zu *wissen*, sondern etwas zu *werden*. So heißt es in den Upanishaden: Wer *brahman* erkennt, wird *brahman*. Erkennen (griech. *gnosis*) ist dann ein Schöpfungsakt, Erkennen und Liebesvereinigung sind wesenseins. Des Weiteren sei hier verwiesen auf die Ausführungen am Ende des 1. Kapitels.

---

11 Die Einheit von *shamatha* (meditative Konzentration) und *vipashyana* (tiefe Einsicht) ist eine buddhistische Grundregel.

Der Wahrheitsbegriff im Buddhismus

Bereits im Abhidharmakosha[12], später dann auch in den Erkenntnistheorien des Mahayana, werden zwei Existenzweisen der Welt bzw. zwei Wahrheitsebenen unterschieden: die letztgültige Existenzweise (*paramarthasat*) und die konventionelle Existenzweise (*samvritisat*). Was ist damit gemeint? Zusammengesetzte Erscheinungen sind bedingt und vergänglich, das heißt, sie existieren als bezeichnetes »Ding« nur konventionell; die diesen Zusammensetzungen zugrunde liegenden *dharmas* hingegen gelten als letztgültig existierend. Um ein Beispiel zu geben: Wird ein Tonkrug, der zerbrochen ist, als »Tonkrug« bezeichnet, so ist klar, dass er nur konventionell als Tonkrug existiert bzw. die Bezeichnung »Tonkrug« nur einer bestimmten, von vielen Ursachen bedingten und zeitlich begrenzt existierenden Wirklichkeit zugesprochen wird. Einzelne Eigenschaften machen also in bestimmter Zusammensetzung das aus, was »Tonkrug« genannt wird. Eine dieser Eigenschaften kann zum Beispiel die Farbe sein. Nehmen wir an, der Krug sei rot gewesen, so existiert das Rot auch dann noch, wenn der Krug in Scherben liegt. Selbst wenn man die Einzelteile noch weiter zerkleinern und schließlich zu Atomen (*paramanu*) zertrümmern würde, so bliebe – nach der Abhidharma-Logik – die Qualität »rot« erhalten. Damit wäre »rot« eine Realität, die nicht von weiteren Umständen abhinge, das heißt »rot« würde aus sich selbst heraus (*svabhava*) existieren, und solch eine Wirklichkeit wird *dharma* genannt, sie existiert im letztgültigen Sinn. Auch der »Mensch« bzw. die »Person« ist eine Zusammensetzung aus den fünf *skandhas* (Daseinsebenen)[13] und existiert daher nur im konventionellen Sinn. Ein permanentes, aus sich selbst existentes »Ich« gibt es in diesem Sinne nicht. Nur die gespeicherten Form-Muster, nach denen sich Geistiges immer neu formt, also das »Speicher-Bewusstsein«

---

12 Abhidharmakoshabhashya II, 2.1, 334.
13 Dazu oben S. 76.

(*alayavijnana*), existiert als ein unaufhörlicher Strom. Aber er verändert sich ständig.

Die Theorie von den *dharmas*, die aus sich selbst existieren würden, hat aber keineswegs alle buddhistischen Philosophen überzeugt. Und so wurde die Auffassung der zwei Wahrheiten im Mahayana weiterentwickelt und neu interpretiert, wobei vor allem Nagarjuna (2. Jh. n. Chr.) die maßgebenden Argumente geliefert hat. Diese philosophische Umorientierung ist wichtig für das Verständnis der Philosophie der Leerheit (*shunyata*) bei Nagarjuna. Dort wird die »konventionelle Wahrheit« von der »absoluten Wahrheit« so unterschieden, dass die begrifflich unterscheidende Sichtweise als konventionelle (*samvriti*) Wahrheit erscheint, während die absolute (*paramartha*) Wahrheit die gegenseitige Abhängigkeit aller Erscheinungen bzw. ihre Leerheit (*shunyata*) ausmacht. Denn ein Ding ist definiert durch das, was es nicht ist, d. h. A ist A, insofern es nicht nicht-A ist. Damit definiert nicht-A aber A. A ist also nicht, was es ist, aus sich selbst, sondern durch das Andere, d. h. es ist in seiner Eigendefinition abhängig.[14] Dabei erweisen sich alle Begriffskonstruktionen (*prapanca*) als nur konventionell oder relativ gültig, denn isoliert betrachtet kann jede begriffliche Behauptung mit Gegenargumenten (die den »Rahmen« oder das »Referenzsystem« verändern) ad absurdum geführt werden. Die Begriffe, die wir benutzen, erzeugen illusionäre Eindeutigkeit, insofern sie auf »Dinge« hinweisen, die so gar nicht gegeben sind. Begriffe können praktisch nützlich sein, sie beschreiben aber nicht die Welt, wie sie ist. Im praktischen oder konventionellen Sinn haben die Bezeichnungen von »Dingen« durchaus Bedeutung. Denn aufgrund entsprechender Analysen und Bewertungen kann das Schlechtere vom Besseren geschieden und somit eine Ethik

---

14 Ein Beispiel: Hell ist nur hell in Abgrenzung von Dunkel. Hell hat keine »Eigenexistenz« aus sich heraus, sondern ist in *Relation*, was es ist. Die Abgrenzung – in der Grauzone – ist eine Frage der Betrachtungsweise und der konventionellen Klassifikation. Zur Theorie der *dharmas* und dem Begriff der Leerheit (*shunyata*) vgl. M. v. Brück, Einführung in den Buddhismus, Frankfurt a. M.: Verlag der Weltreligionen 2007.

begründet werden! Man muss also wissen, auf welcher Ebene und unter welcher Betrachtungsweise eine Aussage gemeint ist.

Buddhisten wenden vier Prinzipien an, um die Welt zu erklären.[15] Diese müssen logisch konsistent miteinander verknüpft werden, sonst kann es kein gültiges Wissen, also keine wahre Erkenntnis geben. Diese vier Prinzipien sind: 1. Die Abhängigkeit jeder Erscheinung von jeweils anderen, 2. Die Funktion einer Sache (auch einer geistigen Aussage oder einer Emotion), 3. Die Natur oder das Wesen einer Sache, die sich aus den inhärenten Eigenschaften eben dieses Gegenstandes ergeben und die empirisch erhoben und überprüft werden, 4. Die Evidenz, die sich aus dem logischen Erschließen und der Schlussfolgerung ergibt, die auf 1–3 beruht. Dabei werden grundsätzlich drei Arten von Objekten unterschieden: evidente Objekte (Fakten, die man beobachten kann), verborgene Objekte (Fakten, die man erschließen kann) und zutiefst verborgene Objekte (die nur durch verlässliches Zeugnis bekannt sind). Wissenschaft kann nur die ersten beiden Wissensebenen anerkennen. Wissen wird also auch im Buddhismus kontrolliert und überprüfbar erworben.

Das geistige Erwachen zur Nicht-Dualität (absolute Wahrheitsebene) ist etwas anderes, denn es bewegt sich im dritten Bereich (das zutiefst Verborgene). Allerdings kann man zu diesem Wissen erwachen, und es gibt zumindest Spuren von Evidenz. In jedem Fall wirkt es sich im Alltag aus, denn wenn alle Erscheinungen leer, also wechselseitig voneinander abhängig sind, folgt daraus eine grundsätzliche Haltung von Mitgefühl und Engagement. Es kommt hinzu, dass im Mahayana »Alltags- und Erleuchtungsbewusstsein« logischerweise gar nicht getrennt werden können, denn das wäre ja eine Dualität. Aber die beiden Wahrheitseben müssen dennoch unterschieden werden, sie sind gleichsam unterschiedliche Perspektiven.

---

15 Dazu die Ausführungen des Dalai Lama und von Thubten Jinpa zum Thema: Westliche Wissenschaft und Buddhismus«, Tag 1, Mind and Life Conference XXVI, Mundgod/Indien Jan 17–23, 2013 (https://www.mindandlife.org).

Erkenntnis und Wahrheit im hinduistischen Advaita Vedanta

»Den« Hinduismus gibt es nicht. Wir haben es mit unterschiedlichen religiösen Traditionen zu tun. Und mit Philosophien, die einander sogar ausschließen können. Wir beschränken uns auf den Vedanta (die Tradition der Upanishaden, der Bhagavad Gita), weil er im Westen am besten bekannt ist und nicht wenige europäische Denker (Johann Gottfried Herder, Wilhelm von Humboldt, Hermann Hesse, Carl Friedrich von Weizsäcker) sowie die heutige Meditationsbewegung nachhaltig geprägt hat. Und hier wiederum ist die nicht-dualistische (*advaita*) Interpretation dieser Schule besonders interessant, auch deshalb, weil sie sich als Folge der Auseinandersetzungen zwischen den brahmanischen Systemen und dem Buddhismus etabliert hat. In der Philosophie des Advaita Vedanta kann jedes Etwas unter zwei Gesichtspunkten beschrieben werden: nach seiner wesentlichen Natur (*svarupa-lakshana*) und nach seinen akzidentiellen Qualitäten (*tatastha-lakshana*). Die wesentliche Natur ist mit dem Ding gegeben und kann von ihm nicht unterschieden werden, sie unterscheidet es von anderen Dingen. Sie besteht so lange, wie das Ding besteht. Die akzidentielle Qualität kommt dem Ding nur unter bestimmten Begleitumständen zu. Sie erlaubt nur eine zeitlich begrenzte Unterscheidung.[16] *Brahman* ist der Begriff für die Ganzheit der Wirklichkeit. Das Brahman ist in sich unbewegt und undifferenziert. Wenn Brahman als Ursache, energetisches Prinzip der Erhaltung und Grund für die Auflösung oder Umformung der Welt gedacht wird, dann ist die Kausalität in der Welt eine akzidentielle Qualität, insofern sie dem Brahman *zugeschrieben* wird. Will man Brahman aber *svarupa-lakshana*,

---

[16] T. M. P. Mahadevan, The Philosophy of Advaita, New Delhi: Arnold-Heinemann Publishers ⁴1976, 110. Für eine umfassende Darstellung der Advaita Epistemologie vgl. P. K. Sundaram, Advaita Epistemology, Madras 1968. K. Cammann, Grundlegende Probleme der Gegenwartsphilosophie und die Philosophie der Inder, Paderborn: mentis 2005.

in seiner wesentlichen Natur, begreifen, ergibt sich die Schwierigkeit der begrifflichen Aussage, denn Brahman ist prinzipiell jenseits der Unterscheidung von Subjekt und Objekt, es kann nicht objektiviert werden. Darum ist es nicht mit derselben Rationalität erkennbar wie die empirische Wirklichkeit.[17]

Im späteren Advaita hat man unter buddhistischem Einfluss die Theorie der zwei Wahrheitsebenen weiterentwickelt zu einer Theorie von dem dreifachen Sinn, in dem eine Aussage wahr sein kann. Sie ergänzt die Unterscheidung in *paramarthika-satya* (höchste, nicht-dualistische Wahrheit) und *vyavaharika-satya* (empirische relative Wahrheit)[18] durch ein *pratibhasika-satya* (illusorische Wahrheit, die mit dem Verschwinden der Illusion aufgehoben ist). Beispiel: Wenn man in der Dämmerung das Seil für eine Schlange hält, ist dies nur so lange wahr, als die Illusion andauert. Wenn man erkennt, dass das, was als Schlange wahrgenommen wurde, in Wirklichkeit ein Seil ist, hat man den Ausgangsirrtum, der wahr *erschien* (*pratibhasika*), überwunden und ist zur relativen Wahrheit (*vyavaharika*), die der rational-wissenschaftlichen Erkenntnis entspricht, gelangt. Es gibt aber eine noch höhere Wahrheit (*paramarthika*), die das Seil vom Standpunkt des Absoluten her nicht als unabhängige Existenz missversteht, sondern dessen Nicht-Dualität mit allen Wesen und der Ganzheit erkennt. Diese Wahrheit ist über-empirisch, trans-rational.[19]

Für den Advaita Vedanta gilt: In empirischen Fragen besitzen allein die Erfahrungswissenschaften und nicht etwa die Heiligen Schriften Autorität. Die empirischen Wissenschaften können aber nicht das Eine oder das Ganze zum Gegenstand haben, weil das Eine/Ganze

---

17 P. Deussen, Das System des Vedanta, Leipzig: F. A. Brockhaus 1883, 153 f.
18 Dazu: M. v. Brück, Einheit der Wirklichkeit. Gott, Gotteserfahrung und Meditation im hinduistisch-christlichen Dialog, München: Chr. Kaiser ²1987, 95 ff.; N. Isayeva, Shankara and Indian Philosophy, Albany: SUNY 1993; A. Malinar, Hinduismus, Göttingen: Vandenhoeck & Ruprecht 2009.
19 H. Nakamura, Parallel Developments, Tokyo/New York: Kodansha 1975, 431.

kein Gegenstand ist. Deshalb sind hier die Heiligen Schriften die letzte Instanz der Wahrheitsfindung.[20] Die Erfahrung (*anubhava*) des Ganzen kann als solche nur das »dass« der Ganzheit bestätigen und begrifflich bezeichnen, da das »was« sich dem Begriff entzieht, weil es ja leer (*shunya*) von allen Bestimmungen ist. Wie das Ganze/Eine dann doch positiv bezeichnet werden kann, lernt man allein aus der Heiligen Schrift (*shruti*). Shruti ist die Erfahrung anderer, die für den eigenen Erfahrungsweg als Anleitung, Vergewisserung und Korrektiv dient, so wie man auch in den empirischen Wissenschaften auf der Erfahrung der vorangegangenen Generationen aufbaut. Wer dann aber selbst auf die advaitische Erfahrung zurückgreifen kann, bedarf der Autorität der Schrift nicht mehr. Sie kann ihm jedoch weiterhin als Korrektiv dienen, mit dem Wahrheit und Täuschung in der eigenen Erfahrung unterschieden werden können. Das Subjekt auch der advaitischen Erfahrung ist Atman/Brahman. Es kann nicht zum Objekt werden. Deshalb ist es nicht erkennbar für die diskursive Rationalität, sondern erschließt sich in einer intuitiven nicht-dualistischen Erfahrung.[21]

Das im Advaita Vedanta erstrebte Ziel ist *jnana,* das »intuitive Wissen«.[22] Es ist eine Erkenntnis dessen, was schon immer ist, ein »Wegziehen des Schleiers« von der Wirklichkeit. Man erkennt nichts Neues, sondern die Einheit der Wirklichkeit tritt hervor. Shankara beschreibt die Erkenntnis des Brahman via negativa und gibt damit einen methodischen Hinweis, wie Jnana erlangt werden kann:

> *»Das Brahmawissen bedeutet nur das Aufhören der Identifikation mit äußeren Dingen, wie z. B. dem Körper. Die Beziehung der Nicht-Dualität mit brahman muß nicht hergestellt werden, denn sie ist bereits da. Jeder hat bereits die Nicht-Dualität mit ihm, er scheint*

---

20 Shankaras Kommentar zu Brhadaranyaka Upanishad (BU) III, VI, 1; T. M. P. Mahadevan, The Philosophy of Advaita, a. a. O., 62, 201 f.
21 BU IV, IV, 20.
22 T. M. P. Mahadevan, The Philosophy of Advaita, a. a. O., 255 u. 275.

nur mit etwas anderem identifiziert zu sein. Darum behaupten die Schriften nicht, daß Nicht-Dualität mit dem brahman hergestellt werden solle, sondern daß die falsche Identifikation mit den Dingen (...) aufhören soll. Wenn die Identifikation mit anderen Dingen aufgehört hat, kommt die naturhafte Identität mit dem eigenen Selbst zum Tragen. Dies wird mit dem Satz ausgedrückt, daß das Selbst gewußt wird. In sich selbst ist es unerkennbar und kann mit keinem Mittel begriffen werden.«[23]

Wer auf dem Weg zu Jnana fortschreiten will, hat vor allem das Schweigen zu lernen. Dies geschieht durch Entspannung, Ruhe, Selbstkontrolle, Zurückziehung der Sinne und Konzentration, kurz: mittels des achtgliedrigen Yoga-Weges.[24] Alle diese »asketischen« Mittel sind nicht Selbstzweck, sondern sollen Körper und Geist zentrieren, um beide zu Einfachheit und Einheit zu bringen. Wer zur vollkommenen nicht-dualistischen Erkenntnis gekommen ist, und das sind nach Shankara nur sehr wenige Menschen,[25] geht in das Brahman ein, denn Jnana ist Erkenntnis als Partizipation bis hin zur Identifikation.[26] Die vorherrschende Meinung in der Tradition des Advaita Vedanta ist,[27] dass derjenige, der Jnana vollkommen in diesem Leben erlangt hat, schon jetzt zur totalen Befreiung (*jivanmukta*) gelangt ist. Er ist am Ziel, über das hinaus nichts Höheres ist.

---

23 Shankaras Kommentar zu BU IV,IV,20.
24 Shankaras Kommentar zu BU IV, IV, 21.
25 Shankaras Kommentar zu BU IV, IV, 12.
26 AV XIII, IV, 14–16; TU II, I, 1 u. a.
27 Shankaras Kommentar zu BU I, IV, 7 u. IV, IV, 17.

Wahrheitsfrage und mystische Erfahrung[28]

Erfahrung und Tradition

Erfahrung und Erlebnis sind zu unterscheiden. Ein *Erlebnis* ist sinnlich konkret, einmalig in Raum und Zeit, ein unmittelbarer Eindruck. *Erfahrung* wird wiederholt und ist bezogen auf vorherige Erlebnisse, die im Gedächtnis als Erfahrungen gespeichert sind. Erfahrung ist Einordnung von Erlebnissen in wiederholbaren Mustern. Erfahrung ist ein Speicher, der über längere Zeiträume hinweg angelegt wird, er wird geformt durch interne und externe Kommunikation. Intern handelt es sich um eine Kommunikation mit sich selbst (Selbstvergewisserung), extern ist die Erfahrung im Austausch mit anderen geformt worden (Fremdvergewisserung). »Ich habe Erfahrung« bedeutet die Internalisierung wiederholter Abläufe.

Mystische Erfahrungen gleichen einander keineswegs, und die Differenzen sowohl innerhalb einer religiösen Tradition als auch zwischen den Religionskulturen sind beträchtlich. Dennoch ist versucht worden, überlappende Merkmale oder »Familienähnlichkeiten« zwischen den Beschreibungen solcher Bewusstseins-Phänomene zu finden. Dabei kann man vor allem die Folgen oder Wirkungen dieser Erfahrungen betrachten. Erstens ist das ein andauerndes *Gefühl unbedingter Freiheit*. Zweitens kann die *Wahrheit* der Erfahrung als Zusammenfall aller Gegensätze in einer Einheit oder dem Ganzen verstanden werden, was logisch nicht widerspruchsfrei nachvollziehbar ist.[29] Drittens besteht die *Wahrhaftigkeit* der Erfahrung in der selbstevidenten Gewissheit, dass das Subjekt der Erfahrung zeit-ewig in diesem Ganzen aufgehoben ist. Erfahrung in diesem Sinne ist innere Empirie oder die Partizipation an einem Ereignis. Mystische Erfahrung ist demzufolge die Er-

---

28 Dazu: M. v. Brück, Mystische Erfahrung, religiöse Tradition und die Wahrheitsfrage, in: R. Bernhardt (Hg.), Horizontüberschreitung. Die Pluralistische Theologie der Religionen, Gütersloh: Gütersloher Verlagshaus 1991, 81–103.
29 M. v. Brück, Einheit der Wirklichkeit, a. a. O., 247 ff.

fahrung des Ganzen als Partizipation am universalen Zusammenhang oder, klassisch formuliert, *cognitio Dei experimentalis* (experimentelle Gotteserkenntnis).[30] Auch hier erscheint die Wirklichkeit als wechselwirkende Ganzheit, ganz ähnlich, wie wir dies schon bei den buddhistischen Interpretationen der Leerheit (*shunyata*) oder des Entstehens in gegenseitiger Abhängigkeit (*pratityasamutpada*) gesehen hatten. Auch in der christlichen Schöpfungstheologie gibt es zahlreiche Aussagen, die dem ähnlich sind. Von einer »objektiven« Erfahrung kann hier nicht gesprochen werden – denn Subjekt und Objekt sind, abstrakt formuliert, letztlich eins. Jede Erfahrung ist subjektiv, gerade indem sie sich auf transsubjektive Wirklichkeit bezieht – Menschen machen angesichts ähnlicher Umstände dennoch unterschiedliche Erfahrungen. Daraus folgt die grundsätzliche Vielgestaltigkeit mystischer Erfahrungen. Die Erfahrungen sind kommunizierbar, wenn auch nicht in eindeutig definierten Begriffen. Dies ist aber auch bei Erfahrungen wie Liebe und Freiheit nicht anders. In Bezug auf den Grenzbegriff des Ganzen oder den umfassenden Begriff Gott erreicht die definitorische Unschärfe ein Maximum, und genau dadurch ist und bleibt der Begriff offen.

Diese abstrakte Formulierung mag auf (fast) alle Bereiche von Erfahrungen zutreffen, die als mystische bezeichnet werden. Das Eigentümliche aber ist, dass ein Mystiker sich nicht als Mystiker im hier definierten Sinn erfährt, sondern als konkreter Mensch, der ganz und gar in und von den Erfahrungs- und Sprachbildern seiner Tradition geprägt ist. Er erfährt nicht einen »umgreifenden Zusammenhang«, sondern das Ganze in sinnlich konkreter Form, die ganz bestimmt und einmalig ist. Sprachlich-kulturell und was seine Ausbildung betrifft, steht jeder Mystiker in einer spezifischen Tradition, und gerade er ist von ihr oft tief-

---

30 Vgl. dazu mit Literaturhinweisen A. M. Haas, Die Problematik von Sprache und Erfahrung in der deutschen Mystik, in: W. Beierwaltes/H. U. v. Balthasar/A. M. Haas, Grundfragen der Mystik, Einsiedeln: Johannes Verlag 1974, 75.

greifender geprägt als Menschen am Rande religiöser Traditionen.[31] Bei der Interpretation ist zu beachten, dass Ähnlichkeiten und Differenzen in Metaphern, Symbolen, Begleitumständen, Berichten und Sprachformen, die mit Mystik zusammenhängen, auch mit verschiedenen literarischen Genres, nämlich Aphorismen, Biografien, Berichten und Erfahrungen in Selbstzeugnissen sowie interpretierenden Zeugnissen anderer, zusammenhängen können. Jede Äußerung eines Mystikers hat einen »Sitz im Leben« und ist geprägt vom Kontext der Aussage,[32] d. h. sie ist situationsbedingt und relativ.

Das bedeutet aber nicht, dass jeder an christlicher Tradition geschulte Mensch nur eine christlich gedeutete mystische Erfahrung oder ein Buddhist nur eine in buddhistischen Symbolen sich äußernde Erfahrung haben kann, denn mystische Erfahrungen bestehen wesentlich im *Transzendieren* des jeweils Vorgegebenen, wenn sie auch in dieser Überschreitung vom spezifischen Hintergrund, den sie transzendieren, geprägt bleiben.[33] Zen-Erfahrungen etwa können die Überwindung eines in bestimmter Weise geprägten persönlichen Gottesbildes (sei es populär-buddhistisch, hinduistisch oder christlich) bedeuten. Sie können aber auch mit einer spirituellen Praxis einhergehen, die ein »höchstes Wesen« (den Buddha oder »Ausstrahlungen« des Buddha) verehrt und im Gebet anruft.[34]

Es gibt nicht nur den Typ der positiven oder negativen Anknüpfung an die Tradition, sondern auch die *jedes* System sprengende Erfahrung. William James, und vor ihm schon viele Mystiker selbst, hob hervor, dass

---

31 E. Underhill, Mystik, München: Turm Verlag 1928, 591.
32 C. A. Keller, Mystical Literature, in: S. Katz (Ed.), Mysticism and Philosophical Analysis, Qxford: Oxford Univ. Press 1978, 78 ff.
33 M. v. Brück, Christliche Mystik und Zen-Buddhismus, in: W. Greive/R. Niemann (Hg.), Neu glauben? Religionsvielfalt und neue religiöse Strömungen als Herausforderung an das Christentum, Gütersloh 1990, 146 ff.
34 M. v. Brück, Gebet im Zen-Buddhismus, in: M. Delgado/V. Leppin, Homo orans. Das Gebet im Christentum und in anderen Religionen, Basel: Schwabe/Stuttgart: Kohlhammer 2022, 375–402.

mystische Erfahrung nicht in Sprache gekleidet werden könne, wobei aber selbst die negative Ausdrucksweise (*theologia negativa*) auf ein höchstes Zugrundeliegendes verweise.[35] Das trifft allerdings in bestimmtem Sinne auf alle subjektiven Erfahrungen zu, die in der philosophischen Interpretation der Neurowissenschaften heute als »Qualia« bezeichnet werden (die Erfahrung aus der Perspektive der ersten Person, die nur dieser selbst in ihrer Qualität zugänglich ist). Auch mystische Erfahrungen sind nicht ohne weiteres beschreibbar, aber sie sind auch nicht völlig unbeschreiblich, denn sonst wüssten wir nichts von ihnen. Die »unglückliche Alternative«[36] von Mystik und Wort wird weder der Geschichte der christlichen und hinduistisch-buddhistischen Mystik gerecht, noch ist sie unter theoretischen Gesichtspunkten tragfähig. Mystiker benutzen Metaphern und Analogien, die, gerade weil sie in verschiedenen Religionen vorkommen (Feuer, Licht, Ozean, Liebe, Ruhe), nach Deutungen verlangen und Bedeutungen haben. Denn jede Metapher ist an eine Sprachtradition gebunden. Außerdem fällt auf, dass eine Erfahrung sehr häufig zunächst in poetischer Sprache geäußert wird (z. B. in der Sprache der Liebenden), um erst später in rationale Form übersetzt zu werden.

Erlebnis, Erfahrung und Deutung

Mystische Erfahrungen kreisen um das Phänomen der Einheit. Das heißt nicht, dass sie identisch sind. Die entscheidende Frage ist hier das Problem des Verhältnisses von Erfahrung und Tradition.[37] Um dies genauer zu verstehen, ist es nützlich, die Dokumente mystischer Erfahrungen

---

35 W. James, Die Vielfalt religiöser Erfahrung. Eine Studie über die menschliche Natur, Berlin: Verlag der Weltreligionen (Suhrkamp/Insel) 2014, 413 ff.

36 H. Stirnimann, Mystik und Metaphorik. Zu Seuses Dialog, in: A. M. Haas/H. Stirnimann (Hg.), Das »Einig Sein«. Studien zu Theorie und Sprache der deutschen Mystik, Fribourg: Universitätsverlag 1980, 213.

37 Man kann vier Typen unterscheiden: positive Anknüpfung, negative Anknüpfung, grundlegende Neuinterpretation des vorigen Glaubens und Sprengung der Tradition als Bezugsrahmen. (M. v. Brück, Christliche Mystik und Zen-Buddhismus, a. a. O., 146 ff.)

einzuordnen. Dabei können verschiedene Ebenen unterschieden werden.[38] Am Anfang steht

a) der Bericht des Mystikers über sein *Erlebnis* in der ersten Person, danach
b) gibt derselbe Mystiker meist später eine reflektiertere und allgemeinere Beschreibung seiner *Erfahrung*, die
c) von anderen in derselben Tradition aufgenommen und weitergeführt wird, um
d) schließlich von Interpreten auf dem Hintergrund anderer Erfahrungen und Zusammenhänge (z. B. im Vergleich mit anderen Religionen) aufgegriffen und eingeordnet zu werden.

Diese Ebenen unterscheiden sich von (a) bis (d) durch einen jeweils höheren Grad der Verallgemeinerung, der sich daraus ergibt, dass die betreffende Erfahrung für jeweils weitere Hörer- oder Leserkreise erschlossen wird.

Unmittelbarer Erlebnisbericht
Im Fall (a) ist das Erlebnis im Horizont der persönlichen Biografie und Ausdrucksformen angesiedelt. Unmittelbare Empfindungseindrücke werden wiedergegeben, ohne dass bereits ein sinnstiftendes Modell entworfen würde, das die Erfahrung auf die Gesamtheit von Erfahrungen und Vorstellungen des Individuums bezieht, aus der sie dann als zielgerichtete oder eben sinnvolle Vergegenwärtigung des Ganzen erscheint. Auch für Ebene (a) gilt aber, dass das Individuum durch seine Erziehung und kulturelle Umgebung in bestimmter Weise für Wahrnehmungen disponiert ist oder auch nicht. Wer zum Beispiel geschult ist, auf Klänge zu achten, wird nicht nur eine differenzierte Metaphorik

---

38 Ich folge der Klassifikation, die Steven Katz vorschlägt: Language, Epistemology and Mysticism, in: S. Katz (Ed.), Mysticism and Philosophical Analysis, a. a. O., 23. Ähnliche Schemata finden sich bei anderen Autoren.

aus dem Bereich des Hörens entwickeln, sondern der Horizont bzw. die Erwartung bei der *Wahrnehmung* von Klängen und Rhythmen selbst wird aufgrund der »Plastizität des Gehirns« (vgl. Kap. 1) differenziert ausgeprägt. Tibetisch-buddhistische Gebetsrituale etwa erzeugen ein mantrisch-rhythmisches Wahrnehmungsfeld, das die Erfahrungswirklichkeit tibetischer Mystiker seit Jahrhunderten unmittelbar prägt. Dies ist verschieden von musikalischen Formen der Gregorianik oder Bachscher Musik, die ein anderes Zeit- und Rhythmusempfinden hervorbringen.

Als Beispiel für den unmittelbaren Bericht kann die Beschreibung der Zen-Erfahrung durch Yamada Koun Roshi (1907–1989), eines bedeutenden japanischen Zen-Meisters, dienen; es zeigt sich, dass die Ebenen (a) und (b) zumindest in der Retrospektive kaum unterscheidbar sind. Er berichtet:

»Zuerst war mein Verstand nebelhaft, dann blitzte plötzlich das Zitat in meinem Bewußtsein auf: ›Ich realisierte klar, daß Geist nichts anderes ist als Berge und Flüsse und die große weite Erde, die Sonne und der Mond und die Sterne.‹ Und ich wiederholte es. Und dann, ganz plötzlich, war ich geschlagen wie von einem Blitz, und im nächsten Moment zerbarsten Himmel und Erde und verschwanden. Unmittelbar, wie wogende Wellen, wallte eine unglaubliche Wonne in mir auf, ein wahrer Wirbelsturm von Entzücken, während ich laut und wild lachte: ›Ha, ha, hier gibt es kein Denken, es gibt überhaupt kein unterscheidendes Denken!‹ (...) ›Ich bin zur Erleuchtung gekommen! Sakyamuni und die Patriarchen haben mich nicht betrogen‹, erinnere ich ausgerufen zu haben«.[39]

---

[39] Ph. Kapleau, The Three Pillars of Zen, Boston: Beacon Press 1965, 204 ff. (dt. Die drei Pfeiler des Zen, Zürich und Stuttgart: O. W. Barth 1969).

Hier mischen sich ein *elementares Erlebnis* von Licht, Freude und Erschütterung mit Reflexion im Erleben unmittelbar danach, denn die eingeflochtene Passage über das Denken ist zen-buddhistische Tradition, und der Schlusssatz macht eine Erwartungshaltung vor dem Erlebnis auf dem Hintergrund buddhistischer Erziehung plausibel. Es handelt sich also um einen *Erfahrungs*bericht. Bei den christlichen Mystikern, z. B. Mechthild von Magdeburg, Nikolaus von Flüe oder Juliana von Norwich, wird hingegen der christliche Erwartungshorizont explizit sichtbar. Die unmittelbare Erlebnisqualität ist wohl universal, und sie findet sich über alle Religions- und Epochengrenzen hinweg. Aber *gleichzeitig* ist die Erfahrung bereits im Erleben interpretiert und unterliegt damit der Pluralität aller Erscheinungen.

Reflektierende Rückschau
Der Mystiker, der nun (b) sein Erlebnis als Erfahrung in den Traditionszusammenhang seiner Religion stellt, macht damit die Erfahrung nicht nur nach außen kommunizierbar, sondern benennt sie für sich selbst und gibt ihr Sinn. Wer etwa seine mystische Erfahrung als Gottes- oder Christuserfahrung oder als Erfahrung der Einheit der Wirklichkeit erlebt, hat diese Interpretation bereits mehr oder weniger bewusst vollzogen. Dies dient der Vergewisserung, derer der Mystiker als menschliches Wesen, das sich im Zusammenhang einer menschlichen Gemeinschaft bestätigen muss, für seinen Wahrheits- und Wahrhaftigkeitshorizont im oben genannten Sinne bedarf.

> Erfahrung bedarf der inneren Akzeptanz, um Sinn zu geben. Diese Akzeptanz setzt Interpretation voraus.

So deutet Paulus seine eigene mystische Erfahrung als Entrückung in den Himmel (2 Kor 12,2–4). Er hält sich nicht für verrückt, sondern für entrückt. Was berechtigt ihn dazu? Die Interpretation und Einordnung in traditionelle Symbole, die transsubjektive Gewissheit gibt. Selbst wenn man sagen kann, dass eine Einheitserfahrung für das Subjekt absolut gewiss ist, kann sie es nur durch diese Vergewisserung sein, und die ist –

nicht erst sekundär, sondern bereits in der durch komplexe mentale Prozesse strukturierten Wahrnehmung – auf frühere Erfahrung bezogen, also interpretiert. Dieser Sachverhalt ergibt verallgemeinert die These: *Erfahrung bedarf der inneren Akzeptanz, um Sinn zu geben. Diese Akzeptanz setzt Interpretation voraus.* Was sinnwidrig ist, wird verdrängt oder führt zu erheblichen Störungen, bei totaler Nicht-Akzeptanz wohl zur Zerstörung der geistigen Integrität.

Ein weiteres Beispiel für die Durchdringung von Erlebnis, Erfahrung und traditionsbezogener Reflexion ist der Schweizer Politiker, Richter und Mystiker Nikolaus von Flüe (1417–1487).[40] Von ihm werden schon aus früher Jugend Visionen und angstbesetzte »Teufelskämpfe« berichtet, die erst allmählich zur Ruhe kamen, nämlich dann, als er die Visionen als trinitarische Gotteserfahrungen zu deuten vermochte. Auf diese Weise konnte er das Unbekannte (und Unheimliche) in Bekanntes einordnen. In den frühesten überlieferten Berichten der berühmten Liestal-Vision, die seinem Leben eine Umkehr gab, ist von einer äußerst intensiven Lichterscheinung die Rede, hinter der sich ein menschliches Antlitz zeigt, das mit ihm spricht. Dieses Gesicht erschien ihm als *fascinosum et tremendum*, so dass Nikolaus in Furcht und Zittern und mit großen Schmerzen im Unterleib zu Boden fiel. Er *deutet* dies als die Stimme Gottes. Oder die Vision vom Brunnen: Hier schaut er einen Brunnen, aus dem unter Getöse Wein, Öl und Honig fließen.[41] Erst danach *deutet* Nikolaus dieses Erlebnis als Gotteserfahrung der Trinität, d. h. er hat das zunächst Unfassliche und auch Bedrohende für sich in bekannten Symbolen gedeutet, um es integrieren zu können. Dadurch verliert sich der Aspekt des Fremden und des Schreckens. Die

---

40 W. Durrer, Dokumente über Bruder Klaus, Luzern: Rex Verlag 1947; G. u. Th. Sartory, Nikolaus von Flüe. Erleuchtete Nacht, Freiburg: Herder 1981, 26; W. Nigg, in: Nikolaus von Flüe. Eine Begegnung mit Bruder Klaus, Freiburg: Herder 1976, 13; R. Gröbli/H. Kronenberg/M. Ries/Th. Wallimann-Sasaki (Hg.), Mystiker – Mittler – Mensch. 600 Jahre Niklaus von Flüe. Zürich: Theologischer Verlag, 2016, 27.

41 Der Bericht über die Vision ist abgedruckt bei G. u. Th. Sartory, Nikolaus von Flüe, a. a. O., 117.

Erfahrung wird so interpretiert, dass sie den in seiner Zeit üblichen Vorstellungen über die Trinität entspricht, allerdings mit einem bemerkenswerten Unterschied: Die drei göttlichen Personen sind nicht Vorgänge, die sich in einem fernen Jenseits abspielen würden, sondern ihr »Aus- und Eingehen ist ein machtvolles Wirken, hat alles *umbegriffen* und in *göttlichem gewalt*«.⁴² Die alles umfassende mystische Durchdringung, durch die Gott in der Welt vollkommen gegenwärtig ist, wird damit zum Ausdruck gebracht. Die konkreten Bilder dafür sind aber in der Tradition vorgebildet, wie etwa die von Nikolaus beschriebenen drei konzentrischen Kreise, die sich auch in einem Glaubensbuch, das er besaß und studiert hatte, finden.⁴³ Auch das berühmte Meditationsbild des Bruders Klaus setzt eine hoch differenzierte theologisch-mystische Tradition voraus, an der Nikolaus seine Erfahrungserwartung geschult hat.⁴⁴

Auf Grund dieses Befundes können zwei Stadien der Reflexion dieser »Gotteserfahrung« bei Nikolaus von Flüe unterschieden werden: Das erste Zeugnis ist ein Bericht des Erlebnisses, der die völlige Unfassbarkeit und Unerträglichkeit ausdrückt (was keineswegs bei allen Mystikern der Fall ist).⁴⁵ Danach setzt der Prozess ein, bei dem er sich um Verstehen bemüht: Nikolaus entdeckt die theologische *Bedeutung* des Geschehens, und erst dadurch wird die Erfahrung zur *Gottes*erfahrung.

Ein anderes Beispiel ist Juliana von Norwich (um 1342–1413).⁴⁶ Die englische Mystikerin hatte am 13. Mai 1373 sechzehn Visionen

---

42 H. Stirnimann, Der Gottesgelehrte Nikolaus von Flüe, Freiburg: Universitätsverlag 1981, 44.

43 R. Ellwood, Mysticism and Religion, Englewood Cliffs, New Jersey: Prentice-Hall 1980, 78.

44 H. Stirnimann, Der Gottesgelehrte, a. a. O., 191.

45 Nikolaus selbst hat nie etwas geschrieben, und alles hängt an den sehr genauen Berichten von Zeitgenossen. R. Durrer, Bruder Klaus, Quellen, a. a. O., 23.

46 J. Walsh, The Revelations of Divine Love of Julian of Norwich, New York: Harper 1961; vgl. T. W. Coleman, English Mystics of the Fourteenth Century, Westport, Conn.: Greenwood Press 1971, 131 ff.

Wahrheitsfrage und mystische Erfahrung

und schrieb einen Bericht kurze Zeit danach in einer ersten Fassung nieder. Etwa zwanzig Jahre nach dem Ereignis fertigte sie eine zweite Niederschrift an, und die wechselseitige Beeinflussung von Erfahrung und Interpretation ist hier offenkundig.[47] Die erste Fassung ihrer Niederschrift ist kürzer,[48] während die zweite Ausgabe bereits weitergehende interpretierende Zusätze enthält.[49] Diese zweiten Aufzeichnungen sind voller dogmatischer Inhalte, und Juliana wird nicht müde zu betonen, dass sie Gott als Trinität, Christus als Versöhner usw. geschaut hat. Die theologischen Begriffe werden freilich nicht abstrakt eingeführt, sondern dienen zur Erklärung sinnlich-konkreter Erlebnisse. So dient ihr das Erlebnis der Haselnuss, die sie in Verzückung als »alles, was erschaffen wurde«, als Gesamtheit und Einheit der Schöpfung Gottes also, erfährt, die christliche Schöpfungslehre zu bekräftigen: »Dreierlei sah ich in diesem kleinen Ding: erstens, dass Gott es schuf, zweitens, dass Er es liebt, und drittens, dass Er es erhält.«[50]

Juliana erlebt ihre Ekstasen als Vereinigung mit Gott, wenn sie in der 14. Offenbarung schaut, dass das Gebet die Seele mit Gott vollkommen eint, denn: »die Seele (ist) wie Gott, wie Gott auch in der Substanz, wenn sie durch Gnade wiederhergestellt ist«[51], um interpretierend hinzuzufügen: »Die Seele ist eine Kreatur in Gott, die dieselben Eigenschaften hat, aber geschaffen.«[52] Vermutlich nicht erst der jahrelange Abstand hält hier die christliche Lehre von dem ontologischen Unterschied von Gott und Mensch aufrecht, sondern die bewusste Wahrnehmung der Mystikerin während des Erlebnisses ist bereits vorgeprägt: Was die

---

47 Zur Textgeschichte P. M. Vinje, An Understanding of Love According to the Anchoress Julian of Norwich, Salzburg: Institut für Anglistik und Amerikanistik 1983.
48 Deutsche Ausgabe: E. Strakosch (Hg.), Lady Julian of Norwich, Offenbarungen von göttlicher Liebe, Einsiedeln: Johannes Verlag 1960.
49 R. Hudleston (Ed.), Revelations of Divine Love, London: Newman Press 1952, 9.
50 E. Strakosch, Lady Julian of Norwich, a. a. O., 35 (4. Offenbarung).
51 J. Walsh, The Revelations of Divine Love of Julian of Norwich, a. a. O., 118.
52 Ebd., 121.

christliche Mystikerin erlebt, erfährt sie bereits vorgedeutet als personalen Gott, als gegenüberstehenden Geliebten usw.[53]

Das Verhältnis von mystischer Erfahrung und einer Erwartungshaltung, die durch die christliche Tradition geprägt ist, wird bei Juliana auch erkennbar in der Einleitung zur ersten Niederschrift ihrer Visionen: »Ich ersehnte, dass Gott mir drei Gnaden schenken möge. Die erste war, dass ich des Leidens Christi immer eingedenk sei.«[54] In der 13. Offenbarung aber ergibt sich ein beträchtlicher Widerspruch zur theologischen Lehre der Kirche: Juliana schaut, dass »alle Dinge gut sein werden«, und interpretiert dies im Sinne der *Apokatastasis panton*.[55] Sie kann sich aber nicht vorstellen, dass sie eine der kirchlichen Lehre von der Verdammnis der Verdammten widersprechende Offenbarung empfangen habe, und fügt im schroffen Gegensatz hinzu, dass die kirchliche Lehre auch rechtens sei, obgleich sie an ihrer Schau nicht zweifelt, zumal ihr Gott sagt: »Was euch unmöglich ist, ist mir nicht unmöglich – Ich werde alle Dinge gut machen.«[56]

Man wird diesen und ähnliche Fälle nicht nur damit erklären können, dass Mystiker wegen des drohenden Konfliktes mit den Institutionen ihre Visionen nur äußerlich in die Sprache der jeweiligen Tradition gekleidet hätten. Zweifellos hat es im Christentum und Islam Märtyrer

---

53 Damit ist nicht gesagt, dass die Mystikerin nicht aus der Tradition ausbrechen könnte, wie es sich ja auch in der Apokatastasis-Erfahrung andeutet. Dass die Nicht-Dualität von Gott und Mensch für christliche Mystiker auf dem Hintergrund abendländischer Ontologien viel schwerer zu erfassen ist als für Buddhisten oder Hindus, ist offenkundig. In welchem Sinne aber von Einheit, Nicht-Dualität oder Zweiheit geredet wird, kann nur in Bezug zum jeweiligen historischen Hintergrund ermittelt werden. Zu behaupten, das christliche Denken sei dualistisch, das asiatische hingegen monistisch, ist falsch. Um nur ein Beispiel für höchst differenziertes Argumentieren in dieser Frage zu geben, sei verwiesen auf einen der letzten Aufsätze Karl Rahners, Welt in Gott, in: A. Bsteh (Hg.), Sein als Offenbarung in Christentum und Hinduismus, Mödling: St. Gabriel 1984, 69 ff.

54 E. Strakosch, Lady Julian of Norwich, a. a. O., 27.

55 Diese altkirchlich-griechische Vorstellung (»Wiederbringung aller« oder »Allversöhnung«) beruft sich u. a. auf Paulus (1 Kor 15). Demnach gibt es letztlich keine Verdammnis und auch keine Hölle.

56 J. Walsh, The Revelations of Divine Love of Julian of Norwich, a. a. O., 98 f.

unter den Mystikern gegeben, aber es fällt auf, dass sich eine große Zahl von Mystikern der traditionellen Sprache und Symbolik eher zur Selbstvergewisserung bedient, zumal diese Sprache oft bereits in frühkindlichen Entwicklungsphasen internalisiert wurde und die Erfahrung mitgeprägt hat. Die mystische Sprache ist ohnehin viel weniger deskriptiv als evokativ, d. h. mystagogisch. Der Mystiker will seine Hörer oder Leser zur eigenen Praxis ermutigen und weniger über Sachverhalte belehren. Dies trifft im Übrigen auf Mystiker aus allen Religionen zu – man denke an Teresa von Avila, Rumi oder die Meister der chinesischen Zen-Anekdoten.

Spätere Fremdinterpretationen

Ein Beispiel für die Ebene (c), d. h. die Interpretation mystischer Erfahrung durch spätere Interpreten, erübrigt sich, denn die gesamte Geschichte der Deutung von Mystik macht deutlich, dass der jeweilige Zeitgeist oder auch benennbare theologische Interessen die Deutungen beeinflusst haben und prägen, d. h. dass Pluralität bei der Aneignung von mystischer Tradition ebenso unvermeidlich ist wie bei anderen Aspekten der Erinnerungskultur auch.

Eine bezeichnende Überschneidung der Ebenen (c) und (d) ergibt sich heute in der Situation des interreligiösen Dialogs. Menschen aus einer Religion machen Erfahrungen mit der anderen und eignen sich die eigene Tradition durch eine mystische Erfahrung neu an. Das geschieht häufig, wenn Christen Zen-Buddhismus oder Vipassana oder tibetischen Buddhismus praktizieren – sie bekommen ein neues (anderes) Verhältnis zu ihren christlichen Wurzeln.[57] Damit ist weder Gleichgültigkeit

---

57 Als Beispiele unter vielen seien genannt für die Begegnung mit dem Buddhismus: John P. Keenan, The Meaning of Christ. A Mahayana Theology, New York: Orbis Books 1989; Paul Knitter, Without Buddha I Could Not Be a Christian, Oxford: Oneworld Publications 2009 (dt. Ohne Buddha wäre ich kein Christ, Freiburg: Herder 2012); mit dem Hinduismus: M. v. Brück, Einheit der Wirklichkeit, a. a. O. Die jeweiligen Titel sind bezeichnend: Sie folgen dem normativen Rahmen christlicher Identität, die sich im Horizont der anderen Religion neu formt.

noch eine »neutrale« Interpretation einer scheinbar allgemeingültigen Erfahrung gemeint, sondern die jeweils konkrete Erfahrungsgeschichte wird in den Bedeutungshorizont mehrerer Traditionen gestellt, woraus sich neue Interpretationen und Sprachspiele ergeben, die sich aber dennoch an den Kriterien von unterschiedlichen Traditionen messen lassen. Je freier von Widersprüchen im logischen wie existentiellen Sinn dies gelingt, umso größer die Chance der Integration in den Rahmen einer Gemeinschaft (Religion oder Wissensgemeinschaft).

Der christliche Zen-Meister Hugo M. Enomiya-Lassalle (1898–1990) sei hier als Beispiel genannt.[58] Er geht von ein und derselben Erfahrung aus, die jeder macht, der Zen übt, ganz unabhängig von der Religion des Übenden. Aber für den Erfahrenden bedeute sie jeweils etwas anderes, wobei an diesem Begriff der Bedeutung die Gewissheit für den Betreffenden liegt, und zwar unabhängig davon, ob jemand theoretisch einen Pluralismus der Wahrheitsansprüche von Religionen vertritt oder nicht.[59]

Wir sagten: Die Sprache der Mystik ist primär evokativ, nicht deskriptiv. Betrachtet man etwa die Beispiele aus den Koan-Sammlungen des chinesischen Zen-Buddhismus, so wird ersichtlich: Jede Situation der Erfahrung wie ihrer Interpretation ist anders. Gleichwohl ist der Maßstab, an dem Irrtum von Wahrheit unterschieden wird, eine religiöse Norm, die geschichtlich vermittelt wird – der Zen-Meister ruft aus: »Sakyamuni hat mich nicht betrogen«, die christliche Mystikerin bekennt sich zum Leiden Jesu oder zur Trinität. Damit stellt sich erneut die Wahrheitsfrage, die auch angesichts der Pluralität von mystischen Erfahrungen unausweichlich ist. Der Verweis auf mystische Erfahrung kann also die Pluralität von Erkenntnis- und Wahrheitsmodellen nicht aufheben, aber die Wahrheitsdebatte zwischen den Religionen erscheint hier in einem neuen Licht.

---

58 U. Baatz/H. M. Enomiya-Lassalle, Ein Leben zwischen den Welten, Zürich: Benziger 1998.
59 Vgl. dazu M. v. Brück, Christliche Mystik und Zen-Buddhismus, a. a. O., 151 ff.

Erfahrung und Transzendenz

Die religiöse Dimension der Wahrheit kann als das *Erwachen zu transzendentem Bewusstsein* bezeichnet werden. Was heißt das, und gibt es empirisch überprüfbare Daten, die diese Aussage rechtfertigen?

Das »Erwachen« (Sanskrit *bodhi*, davon abgeleitet *buddha*, »der Erwachte«) wird mit Einsicht, Klarblick, Durchbruch, Befreiung (skt. *moksha*), Wesensschau (jap. *kensho*) usw. in den Religionen verschieden benannt. Entscheidend ist, dass Wahrheit in diesem Zusammenhang nicht bedeutet, irgendetwas zu wissen, sondern etwas zu *werden*. So heißt es wiederholt in den Upanishaden: Wer *brahman* erkennt, wird *brahman*. Erkennen, transformative *gnosis*, ist dann ein Schöpfungsakt, Erkennen und Liebesvereinigung sind wesenseins, wie im Kapitel 5 noch ausführlicher erörtert wird.

Die Thematik sei an nur einem Beispiel aus der europäischen Mystik ausgeführt, an dem »Büchlein von der Wahrheit« des Konstanzer Dominikaners Heinrich Seuse aus dem Jahr 1327.[60] Seuse, ein Schüler Meister Eckharts, will seinen Lehrer gegen Anfeindungen und den Vorwurf der Häresie verteidigen. Die Wahrheit erscheint ihm als himmlische Stimme, als Person und belehrende Partnerin, in die der Mystiker schließlich eingeht. Das Sich-Lassen ist ein Verlieren des Ich, also auch der konventionellen intellektuellen Unterscheidungen. Die äußere Schale verschwindet, aber das Wesen des Menschen bleibt. Die Wahrheit kann in Begriffen nicht erkannt werden, denn in ihr fallen die Gegensätze zusammen. Gott ist die Wahrheit, und da in Gott – wie Nikolaus von Kues später formulieren wird – die Gegensätze zusammenfallen (*coincidentia oppositorum*), kann Wahrheit nicht gleichbedeutend mit menschlichem Erkennen sein. Sie gipfelt im Nichtwissen, das aber nichts anderes ist als die höchste Erfahrung des seligen Seins in voller Bewusstheit, das auf jeden Fall die Vielfalt theologischer Sätze transzendiert. Seuse schreibt dazu:

---

60 H. Seuse, Deutsche mystische Schriften (Hg. G. Hofmann), Düsseldorf: Patmos 1966, 331–362.

»*Und darum werden einem gelassenen Menschen, dessen Vater Gott allein ist und in dem nichts Zeitliches geboren wird, nach seinem Eigenwillen die Augen aufgetan, daß er sich selbst erkennt, sein seliges Leben beginnt und eins mit Gott ist, denn da sind alle Dinge eines in dem Einen.*

Der Jünger: Ich sehe doch, daß da Berg und Tal sind, Wasser, Luft und mancherlei Geschöpfe. Wie sagst du da, daß nur eines sei?

Das lautere Wort (die Wahrheit) entgegnete: Ich sage dir noch mehr: Sofern sich der Mensch nicht zweier widersprüchlicher Dinge als eines bewußt sei, so ist es zweifellos nicht leicht, von solchen Dingen mit ihm zu sprechen; wenn er dies aber einsieht, so ist er erst bis zur Hälfte des Weges zum Leben, das ich meine, vorangekommen.

Frage: Welches sind diese Widersprüche?

Ein ewiges Nichts und des Menschen zeitliche Gewordenheit.

Bedenken: Zwei Widersprüche in einem widersprechen in jeder Weise jeglicher Wissenschaft.

Antwort: Ich und du begegnen einander nicht auf einem Zweige oder auf ein und demselben Platz: Du gehst einen Weg und ich einen anderen. Deine Fragen entstammen menschlichem Verständnis, und ich antworte aus einem Denken, das menschliche Beobachtungsweise weit übertrifft. Menschliche Art zu sehen, mußt du aufgeben, willst du in jenen Bereich kommen, denn aus Nichterkennen entspringt die Wahrheit.« (345)

Wahrheit ist unaussprechlich, und was tut der, der in der Wahrheit ist? Seuse erläutert:

»*Er übt Gemeinschaft mit den Leuten, ohne ihr Bild in sich zu prägen, erweist Liebe, ohne an ihnen zu hängen, und Mitleiden, ohne sich zu sorgen in rechter Freiheit.*« (361)

Gibt es dann keine theologischen Lehrmeinungen mehr, keine theoretischen Unterschiede im Meinen und Glauben? Dazu Seuse:

> »*Solange der Mensch Mensch bleibt, gelangt er nicht über Meinen und Glauben hinaus; ist er aber, losgelöst von sich, versunken in das, was da ist, so besitzt er ein Wissen aller Wahrheit, denn seiner selbst entsunken, steht er dann in der Wahrheit selbst.*« (362)

Dies ist, so Seuse, jetzt schon möglich, in selbstvergessener Gelassenheit bzw. im Sich-Lassen in Gott. Das bedeutet auch, intellektuelle Lehrmeinungen und Hilfsvorstellungen letztlich in Gott zu lassen, nicht aus ängstlichem Verzicht, sondern aus Vertrauen, das in Erfahrung gründet. Die Wahrheit, die der Mensch erkennt, ist also in der mystischen Erfahrung im dialektischen Sinne aufgehoben: überwunden und zugleich aufbewahrt. Wer in der Wahrheit ist, streitet nicht rechthaberisch, um seine Identität zu behaupten. Streit kann unvermeidlich sein, um Wahres von Irrtum zu scheiden, aber ausschließlich um des Kriteriums der unbedingten Liebe willen, das allerdings in jeder Religion in eigener Weise konkret ist. Denn im Konfliktfall, wenn z. B. dem Mörder mit Intoleranz begegnet werden muss, zerbrechen liberal-pluralistische Wahrheitsmodelle an der (Selbst-)Aufforderung zum Handeln.

Erkennen und Lebensgestaltung

Die religiöse Dimension der Wahrheit verweist auf das Handeln: Erkenntnis bietet Gründe für Handlungsoptionen an (Johannesevangelium: »die Wahrheit tun«; Buddhismus: die Einheit von Weisheit (*prajna*) und heilender Hinwendung zu allen Wesen (*karuna*)). Die existentielle Dringlichkeit der Frage nach der Wahrheit hat ihren Ursprung in der Notwendigkeit, dass der Mensch werten und abwägen muss. Ohne diese Unterscheidung wäre Überleben unmöglich. Letztlich aber mündet die Frage nach dem Leben in die Suche nach einem letzten

Ziel, das Nirvana oder Reich Gottes oder wie immer es genannt werden kann. Dieses letzte Ziel verbindlich für die Lebensgestaltung zu machen, heißt »die Wahrheit tun«.

Es seien zwei Beispiele genannt: Albert Schweitzer (1875–1965) und Mahatma Gandhi (1869–1948). Schweitzer war ein Universalgenie klassischen Ranges: Musiker und Musikwissenschaftler (sein Buch über J. S. Bach), Theologe (»Die Mystik des Apostels Paulus«), Arzt, Mystiker, Kulturphilosoph, Entwicklungspolitiker – eine einzigartige Verbindung. Darum saß er auch »zwischen den Stühlen«, d. h. er war in keiner der professionellen Lebenswelten ganz beheimatet, und das macht wohl seine geistige Weite aus. Weltweit bekannt geworden ist er vor allem für seine Formel von der »Ehrfurcht vor dem Leben« (*veneratio vitae*). Weniger bekannt ist, dass dieser Begriff nicht einer spekulativen Ethik des Sollens und Müssens entspringt, sondern einer kontemplativen Erfahrung (*contemplatio vitae*), die aber nicht ein einziges Erlebnis blieb. In seiner bedeutenden Kulturphilosophie entwickelt Schweitzer vielmehr eine »mystischen Ethik« oder »ethische Mystik«, der ein lebenslanger Erfahrungs- und Denkprozess zugrunde liegt. Schweitzer versuchte, aus der Erfahrung der Einheit zu leben, indem er ökologische Lebenspraxis und Praxis der Nächstenliebe mit der Gründung seines »Urwaldhospitals« in Lambarene, Afrika verband.

Schweitzer präsentiert eine klare Definition für die »Ehrfurcht vor dem Leben«. In seiner Kulturphilosophie schreibt er, dass sich diese durch Hingabe an anderes Leben auszeichne, und genau darin zeige sich der tiefste Impuls der Bestimmung des Lebens, das in der Ehrfurcht vor dem Leben realisiere, dass alles Leben in dem einen »geheimnisvollen unendlichen Willen« eins sei:

> »*Ehrfurcht vor dem Leben, veneratio vitae, ist die unmittelbarste und zugleich tiefste Leistung meines Willens zum Leben. In der Ehrfurcht vor dem Leben geht mein Erkennen in Erleben über. Die unbefangene Welt- und Lebensbejahung, die in mir ist, weil ich ja Wille*

zum Leben bin, braucht also nicht mit sich selbst in Konflikt zu treten, wenn mein Wille zum Leben denkend wird und den Sinn der Welt nicht versteht. Trotz des negativen Resultats des Erkennens habe ich Welt- und Lebensbejahung festzuhalten und zu vertiefen. Mein Leben trägt seinen Sinn in sich selber. Er liegt darin, dass ich die höchste Idee lebe, die in meinem Willen zum Leben auftritt (...) die Idee der Ehrfurcht vor dem Leben. Daraufhin gebe ich meinem Leben und allem Willen zum Leben, der mich umgibt, einen Wert, halte mich zum Wirken an und schaffe Werte (...)

Das voraussetzungslose Vernunftdenken endet also in Mystik. Sich zu den vielgestaltigen Erscheinungen des Willens zum Leben, die miteinander die Welt ausmachen, in der Gesinnung der Ehrfurcht vor dem Leben zu verhalten, ist ethische Mystik. Alle tiefe Weltanschauung ist Mystik. Das Wesen der Mystik ist ja, dass aus meinem unbefangenen naiven Sein in der Welt durch das Denken über das Ich und über die Welt geistige Hingebung an den geheimnisvollen unendlichen Willen wird, der im Universum in die Erscheinung tritt (...) Von meiner Jugend an war es mir gewiß, dass alles Denken, wenn es sich zu Ende denkt, in Mystik ende. In der Stille des Urwaldes Afrikas war ich fähig, diesen Gedanken durchzuführen und auszusprechen.«[61]

Aus diesem Geist will Schweitzer eine Erneuerung der Kultur und der Religion. Denn das hier Gesagte ist für ihn auch die ethische Wesensbestimmung der Religion, an der sich die konkreten Religionen messen und beurteilen lassen müssen.

Das »Festhalten an der Wahrheit« (*satyagraha*) in der individuellen wie gesellschaftlichen Lebenspraxis war für Mahatma Gandhi (1869–1948) der Leitspruch des Lebens. Authentische Lebenspraxis bedeutet für ihn

---

[61] A. Schweitzer, Verfall und Wiederaufbau der Kultur. Kulturphilosophie. Erster Teil, Berlin: Union Verlag (Albert Schweitzer Ausgabe in fünf Bänden), Bd. 2, 1971, 108 f.

die beständige Suche nach Wahrheit, die »Experimente mit der Wahrheit«, wie Gandhi seine Lebensgeschichte überschrieb. Die nach Wahrheit in unablässiger Bemühung suchende Gruppe ist zunächst die Familie, die Basisgruppe. Weil aber das Handeln auf Grund der Einsicht in die Zusammenhänge der Welt zustande kommen muss, kann es letztlich nur um die Einheit der Menschheit gehen, die alle Kulturen und Religionen einschließt. Toleranz aus Wissen und Gewissheit, nicht aus Gleichgültigkeit, Unwissen und Ungewissheit, ist dazu die Voraussetzung. Da Toleranz nicht unabhängig vom Gemeinwohl gedacht werden kann und dieses wiederum nur im relativen Konsens der Werte formulierbar ist, bleibt die interkulturelle Suche nach Wahrheit offen und vorläufig: Der Prozess der Suche nach Wahrheit ermöglicht konkrete Verbindlichkeit, kommt aber nie zum Stillstand. Die Konsequenz ist Bescheidenheit, einvernehmliche Geduld und Gewaltfreiheit in Situationen des Konflikts. Solche sich bescheidende Geduld hat ihre Wurzel in spiritueller Erfahrung, weil diese jede Form transzendiert und gleichzeitig einschließt, womit sowohl die Bedeutsamkeit als auch die Vorläufigkeit jeder Erscheinung begründet ist.

Schlussfolgerungen aus interkultureller Perspektive

Die *relative, konventionelle Wahrheit*, mit der es empirisches Wissen zu tun hat, ist *quantitativ*. Sie sucht einzelne Faktoren und setzt sie zueinander in Beziehung. Ergeben sich konsistente Beziehungsverhältnisse, kann behauptet werden, dass eine Aussage »wahr« oder »adäquat« ist. Unter dem Gesichtspunkt der Evolution ist allerdings jede »Adäquatio« eine Anpassung an ökologische Nischen – wer sich am besten anpasst, überlebt. Das Ergebnis ist vorläufig, denn neue Entwicklungen verlangen nach neuen Anpassungen. Da auch die Entwicklung des menschlichen Bewusstseins evolutionsbiologisch betrachtet werden kann, ist jede Anpassung vorläufig, und was evolutionsbedingt erfolgreich ist, setzt sich durch. Das muss aber nicht »die Wahrheit« in einem abstrakteren philosophischen Sinne sein. Eben das ist es, was die indische (hinduistische wie buddhistische) Unterscheidung von konventioneller und absoluter Wahrheit auszudrücken beabsichtigt. Es geht um die Deutung einzelner Fakten, und darum ist diese Wahrheit relativ, *samvriti* oder *vyavaharika*, wie dies in Buddhismus und Hinduismus heißt. Die Faktenlage kann sich ständig ändern. Pluralismus bedeutet hier nicht die Vielheit von Wahrheiten, die in Beliebigkeit enden könnte, sondern die jeweilige Konkretion und Relationalität der Wahrheit.

Die *absolute, transzendente Wahrheit*, mit der es die religiöse Erfahrung zu tun hat, ist *qualitativ*. Sie bezieht alles Einzelne auf das Ganze oder auf Gott. Wenn das Einzelne im Ganzen Richtung bzw. Sinn findet, kann von Wahrheit gesprochen werden. Die absolute Wahrheit gibt allem anderen, auch der Gesamtheit der relativen Wahrheiten, Kohärenz und Sinn. Sie ist der Grund für sinnvolles Urteilen und darum selbst nicht in einem Urteil fassbar. Verifizierbar ist diese religiöse absolute Wahrheit nur im Gesamtzusammenhang der Lebenspraxis in einer Gemeinschaft.

Diesen Gesichtspunkt haben die indischen Erkenntnistheorien klar herausgearbeitet, was sich sowohl in buddhistischen als auch in hinduistischen Traditionen niedergeschlagen hat. Ein außer-buddhistisches Beispiel ist die etwa zur Zeit des Buddha (4. Jh. v. Chr.) entstandene und hoch reflektierte Kena-Upanishad (Kap. 1,3):

> *»Das Auge erreicht es nicht, auch nicht die Sprache und auch nicht das Denken. Wir wissen es nicht und wir verstehen es nicht, wie es zu leben ist. Es ist eben anders als das Wissen, es ist aber auch über dem Nicht-Wissen. So haben wir es von den Alten gehört, die es uns gelehrt haben.«*[62]

---

62 E. Wolz-Gottwald (Hg.), Die drei kleinen Upanisaden, Kena-Upanisad, Isa-Upanisad, Mandukya-Upanisad. Texte zur Philosophie, Band 9, Sankt Augustin: Academia Verlag 1994.

Worte, die sich auf diese *absolute* Ebene der Wahrheit beziehen, sind nicht deskriptiv und beschreibend, sondern suggestiv und verweisend. So wollen etwa im chinesisch-japanischen Zen-Buddhismus die *koans* die *kensho*-Erfahrung (»Wesensschau«) nicht beschreiben, sondern den Menschen dazu hinführen, wie wir bereits oben im Blick auf Mystik überhaupt sahen. Für die Wahrheitsfrage bedeutet dies, dass nicht *ein* Wahrheitsmodell absolut gesetzt werden kann, sondern dass wir Wahrheit nur in der Form der Suche nach ihr haben. Wenn auch mystische Erfahrungen in ihren Beschreibungen und Interpretationen durchaus voneinander verschieden sind, so entsprechen sie einander doch in ihrem entscheidenden Zug: dem Transzendieren *jeder* Form, wenn auch dies wieder nur in Form sagbar ist, wie es im Herz-Sutra formuliert wird. Im Buddhismus heißt es folgerichtig: Auch die Entleerung der Form muss entleert werden *(shunyatashunyata)*.

Mythen verweisen in der Sprache von Symbolen auf hintergründige Ordnungen. Mythen lenken die Wahrnehmung derer, die am Mythos teilhaben und eröffnen Perspektiven des Erlebens. Rituale sind Inszenierung von Mythen.

Wahrheit ist nicht nur ein Akt theoretischer Erkenntnis, sondern auch sozialer Teilhabe. Intuitives Wissen ist die Erkenntnis dessen, was schon immer ist, ein Wegziehen des Schleiers.

Der Mystiker will seine Hörer oder Leser zur eigenen Praxis ermutigen, weniger über Sachverhalte belehren.

Kapitel 3:
Schöpfungsmythen und Evolutionstheorien in Indien

> *Wie man sich lange über die Bewegung der Sonne getäuscht hat, so täuscht man sich immer noch über die Bewegung des Kommenden. Die Zukunft steht fest (...) wir aber bewegen uns im unendlichen Raume.*[1]
>
> (Rainer Maria Rilke)

Worum geht es?

Die Zukunft steht fest? Zukunft ist doch das Offene, Vergangenheit ist das Faktische, und beides erscheint gegenwärtig in den Prozessen unseres Bewusstseins. Was also besagt dieser paradoxe Satz, welche Provokation enthält er? Sind Raum und Zeit der Rahmen, in dem sich Evolution abspielt, oder befinden sich »Raum« und »Zeit« selbst in Evolution?

Wir sprechen vom Urknall, mit dem vor ca. 15 Milliarden Jahren alles begann. Die Berechnungen der Expansionsgeschwindigkeit der Galaxien führen bis zu diesem Punkt null, und wir gebrauchen ein Bild, um uns dies irgendwie vorstellen zu können: ein Knall. Alle Materie sei zusammengedrängt gewesen in einem winzigen Punkt. Aber was heißt das? Hat dieser Punkt eine Ausdehnung, dann wäre er in sich differenziert, und es gäbe Bewegung, damit auch Zeit. Zeit vielleicht ganz anderer Art? Oder ist es ein virtueller Punkt, der keine Ausdehnung hat, dann kann es sich aber schwerlich um eine »kontrahierte Materie« handeln.

---

1 Rilke, Briefe an einen jungen Dichter, 12. August 1904, a. a. O., 43.

Können wir uns das vorstellen? Was passiert, wenn die Energie für die Ausdehnung erschöpft ist? Kontrahiert das Universum dann wieder, und alles beginnt erneut? Und unweigerlich fragen wir: Und was war davor, vor dem Urknall?[2] Wir hören, dass die Frage sinnlos sei, weil ja auch erst mit der Ausdehnung des Universums, also mit dem Urknall, die Zeit begonnen habe. Dennoch fragen wir: Wo kommt das alles her? Wo kommen *wir* her? Und vor allem auch: Wo gehen *wir* hin? Ist die Evolution des Lebens in diesen kosmischen Ur-sprüngen (wieder eine bildliche Vorstellung) keimhaft angelegt, oder ist sie eine spätere zu-fällige Entwicklung? Und: Auch der Zu-fall ist ein Bild. Woher fällt da etwas wohin »zu«?

Zufall und Notwendigkeit. Freiheit und Bindung durch Gesetzmäßigkeit. Freier Wille und unsere Bedingtheit durch Beschränkung der sinnlichen Wahrnehmungsfähigkeit, durch Grenzen der körperlichen und psychischen Zustände. Das Denken ist begrenzt, das Fühlen und der Wille ohnehin. Was also sind Zeit und Raum und Kausalität, objektive Gegebenheiten oder Anschauungsformen?

Der Widerstand weiter Teile der christlichen Theologie gegen die Vorstellung einer kausal determinierten – und gleichzeitig dem Zufall (Mutation) und der Anpassung (Selektion) unterworfenen – Evolution[3] ist nicht erst ein Problem des 19. Jahrhunderts (Kampf gegen Charles Darwin) gewesen, sondern hat seine Vorläufer schon im 11. und 12. Jahrhundert im Zusammenhang mit der Aristoteles-Rezeption und

---

2 Die Theorie der »Schleifenquantengravitation« eines ewig expandierenden, dann wieder implodierenden Universums, das an seinem Umkehrpunkt größter Dichte von Energie zu einer neuen Expansion umkehrt (big bounce), wobei die Raum- und Zeitrichtungen jeweils invertiert sind, vertritt z. B. der theoretische Physiker Martin Bojowald, Zurück vor den Urknall. Die ganze Geschichte des Universums, Frankfurt a. M.: Fischer 2009.

3 Die biologische Evolution vollzieht sich durch Mutation und Selektion. Ob (spontane) Mutationen als Folge einer Kausalität verstanden werden könnten, die sich aus der Dynamik einer »impliziten Ordnung« ergibt, ist die Frage, die den Deutungsrahmen betrifft und der im Folgenden erörtert wird. Selektion ist jedenfalls nicht der Ablauf eines determinierenden Programms, sondern ein Lernprozess, der sich relational (Lebewesen und Anpassungsdruck der Umwelt) vollzieht.

der damit verknüpften Auseinandersetzung mit den arabischen Philosophien eines Ibn Sina (Avicenna, um 980–1037) und Ibn Ruschd (Averroes, 1126–1198) und ihrer lateinischen Antworten von Abaelard (1079–1142) über Thomas von Aquin (1225–1274) bis zu Duns Scotus (um 1266–1308). Hier ging es darum, ob Gott gebunden sei an Gesetze, die er einmal erlassen hat, ob also Gottes Freiheit eingeschränkt gedacht werden müsse, oder ob Gott willkürlich frei sei, d. h. zu jeder Zeit tun könne, was er wolle, wobei der Wille als Durchbrechen der Gesetzmäßigkeit aufgefasst werden konnte, die Gott mit der Schöpfung ja selbst aufgerichtet hatte. Ist also das, was Gott will, das Denknotwendige, oder muss Gott das Denknotwendige wollen, um nicht in einen Selbstwiderspruch mit sich selbst zu geraten? Was also besagt die Rede von der »Allmacht« Gottes, die mit dem Gottesbegriff untrennbar verknüpft war, übrigens nicht nur in der christlichen, sondern auch in der arabisch-islamischen und der jüdischen Philosophie. Diese Probleme waren und sind hoch umstritten, und sie sind der Hintergrund für das anthropologische Problem der menschlichen Freiheit, insofern der Mensch *als imago Dei* (Ebenbild Gottes) an der Freiheit Gottes teilhabe. Genau dies schafft aber ein weiteres Problem: Wenn dem Menschen eine ihm eigene Freiheit zukommt (auch wenn sie »ebenbildlich«, d. h. abgeleitet gedacht wird), ist Gottes uneingeschränkte Freiheit dadurch begrenzt?

Das Problem hängt mit dem Gottesbegriff zusammen, und zwar mit dem Interesse, Gott und Welt, Gott und Mensch, das Überzeitliche und das Veränderliche entweder als Unterschied oder als Einheit zu denken. Ist die Welt völlig verschieden von Gott oder ist sie seine Emanation? Ist Gott die Ursache und die Welt die Wirkung, und wenn ja, in welchem Sinn? Oder ist die Welt ein sich selbst generierendes »Etwas«, und wenn ja, was heißt das? Wir werden fragen, ob andere Kulturen, die einem eher nicht-dualistischen Weltbild folgen, die Frage nach der Evolution der Welt anders stellen und beantworten als die europäische.

Ein weiterer Hintergrund für die folgenden Erörterungen sind die gegenwärtigen Bemühungen in den Naturwissenschaften (vor allem

Elementarteilchenphysik, Astrophysik, aber auch Neurobiologie), einen einheitlichen oder zumindest in sich konsistenten Wirklichkeitsbegriff zu finden, der das Raum- und Zeitproblem wie auch die Frage nach der Kausalität oder »kausalen Geschlossenheit« der naturwissenschaftlich erforschbaren Welt neu stellt.[4] Dies ist notwendig geworden angesichts der prinzipiellen Divergenzen zwischen Relativitätstheorie und Quantenphysik, aber auch angesichts der astrophysikalischen Ansage, eine »Dunkle Materie« einführen zu müssen, um die Expansionsgeschwindigkeit des Universums zu erklären. String-Theorien, Mehrere-Welten-Theorien und andere theoretische Konstrukte implizieren, dass der Materie-Begriff ganz neu thematisiert wird. Gemeinsam ist diesen ansonsten sehr unterschiedlichen Modellen, dass sie komplexere Strukturen und Dimensionen einführen, um die Wirkungen und Wechselwirkungen zu erfassen, die das hervorbringen, was wir beobachtbare Welt nennen. Angesichts eines erweiterten nicht-mechanistischen Materiebegriffs ergibt sich auch ein anderer Rahmen für die Diskussion des Körper-Geist-Problems, wie in Kap. 1 dargestellt wurde. Wenn die bisherigen Lösungen des Körper-Geist-Problems zwischen naturalistischem Reduktionismus und cartesianischem Dualismus alle unbefriedigend sind,[5] so hofft man nun, einen neuen Zugang zu finden durch einen Materiebegriff, der nicht-substantiell ist. Die Lösungen, die vorgeschlagen werden, haben Ähnlichkeiten mit dem Versuch Baruch de Spinozas (1632–1677), einen gemeinsamen Grund jenseits der raumzeitlichen Welt und des Bewusstseins zu finden, ein *holomovement* (implizite Ordnung), wie David Bohm sich ausdrückte.[6] Demnach

---

[4] Dazu knapp und allgemeinverständlich: B. Kanitscheider/R. Neck (Hg.), Das naturwissenschaftliche Weltbild am Beginn des 21. Jahrhunderts, Schriftenreihe der Karl Popper Foundation, Bd. 6, Klagenfurt/Frankfurt/New York: Lang 2011.

[5] P. T. I. Pylkkänen, Mind, Matter and the Implicate Order, a. a. O., 98 f., mit Bezug auf: W. Saeger, The Metaphysics of Consciousness, London: Routledge 1991.

[6] Bohm spricht von »ungebrochener Ganzheit in fließender Bewegung«, eine Metapher, die sich nicht leicht erschließt, weil unklar bleibt, was »ungebrochen« heißen soll. Zit. bei Pylkkänen, Mind, Matter and the Implicate Order, a. a. O., 45.

wären Ausdehnung, Trennung, Lokalität usw. nicht fundamental für die materielle Welt, sondern Beschreibungsformen, die nur auf einer bestimmten Realitätsebene sinnvoll sind, wie die Quantenphysik nahelegt. Die Wirklichkeit wäre dann eher ein Kontinuum von Möglichkeitsräumen unterschiedlicher Subtilität, die ineinander durch Evolutionsprozesse verschränkt sind, in denen Ereignisse ständig spontan expliziert werden und in den impliziten Status zurückkehren. Physikalisch ausgedrückt: Das Vakuum wird verstanden als Möglichkeitsraum, aus dem Elementarteilchen emergieren (Quantenfluktuation).[7] Materiellen Prozessen eigne Bedeutung, insofern sie sich nach Organisationsprinzipien (»Quanteninformation«) verändern, und Bewusstseinsprozesse hätten eine physische Seite, die evolutive Ausdrucksformen von Steuerungen darstellen. Wenn Bohm von »aktiver Information«[8] spreche, die der impliziten Ordnung inhärent sei, könne man dies genau in diesem Sinne interpretieren. Andere spekulative und spektakuläre Vorschläge versuchen, die Unbestimmtheit von Quanten-Ereignissen, die berühmte Welle-Teilchen-Komplementarität in der Quantenphysik, vor allem die Quanten-Verschränkung (bei der je umgekehrten Polarisation von Photonen, die eine andere Kausalitätsvorstellung als die übliche suggeriert),[9] mit mentalen und neuronalen Wechselwirkungen zusammenzudenken. Dies seien Vorschläge, die schon A. S. Eddington (1935) und J. C. Eccles (1986) unterbreitet hätten.[10] Chris King schlägt eine Theorie der »Transaktionalen Superkausalität« vor, die durch unver-

---

[7] G. Grössing, Was, wenn NICHTS die Welt im Innersten zusammenhält? Über das »Vakuum« der Quantenphysik und »emergente Phänomene«, in: B. Kanitscheider/R. Neck (Hg.), Das naturwissenschaftliche Weltbild am Beginn des 21. Jahrhunderts, a. a. O., 134 ff.

[8] P. T. I. Pylkkänen, Mind, Matter and the Implicate Order, a. a. O., 157 ff.

[9] Gemeint ist die Erscheinung der jeweils entgegengesetzten Polarisation bei der Messung von je einem der beiden aus einer Quelle emittierten Photone (Einstein-Podolsky-Rosen-Paradox, 1935), experimentell vielfach bestätigt bei Ausschluss lokal-realistischer Kausalität. Dazu: Ph. Walther, Wie wirklich ist die Wirklichkeit?, in: B. Kanitscheider/R. Neck (Hg.), Das naturwissenschaftliche Weltbild am Beginn des 21. Jahrhunderts, a. a. O., 124 ff.

[10] Ch. King, Quantum Cosmology and the Hard Problem of the Conscious Brain, in: J. Tuszynski (Ed.), The emerging physics of consciousness, a. a. O., 440.

mittelte Korrelationen und nicht nur durch sukzessive Kausalität gekennzeichnet ist. Dies entspricht Bohms impliziter Ordnung, mit dem Unterschied, dass King die Parameter detaillierter ausführt. Danach entstehen Teilchen spontan aus »Potentialfeldern«[11], und sie springen sofort in die Virtualität zurück, d. h. die Unterscheidung von Virtualität und Aktualität ergibt sich überhaupt erst aus einer nachzüglichen Ordnung, die mit dem Zusammenbruch der Wellenfunktion (bei Beobachtung) in Verbindung gebracht wird, so dass der Potentialraum zu »Realität« (in raumzeitlichen Koordinaten erfassbar) gerinnt. Die Verschränkung, also nicht-lineare und nicht-duale Verbindung zwischen allen Ereignissen im Universum,[12] führe dazu, dass nicht nur alle Partikel, sondern auch die Ereignisse in der Zeit ineinander verschränkt seien, was auf der mentalen Ebene die »intuitive bewusste Vorausschau« ermögliche, die zweifellos ein in der Evolution entwickelter Vorteil bewusster Wesen im Kampf ums Überleben sei.[13] Kings Theorie, so der eigene Anspruch, gehe über die Kopenhagener Deutung der Quantentheorie hinaus, denn diese sei eine Theorie des Wissens, während die Transaktionale Superkausalität eine Theorie der Verschränkung von den subjektiven und objektiven Aspekten der Wirklichkeit darstelle.[14] In der Evolution, so die Überlegung, haben sich beobachtende bewusste Akteure herausgebildet, die die inhärente Komplementarität von raumzeitlicher Entfaltung des Universums und der mentalen Beobachtung desselben explizit werden lassen.

Diese und ähnlich Vorschläge laufen darauf hinaus, die Evolution im Sinne von Emergenz zu verstehen, wobei eben auch Qualia (die Erlebensqualitäten aus der Perspektive der ersten Person, die in mentalen Prozessen auftreten) als emergente Phänomene hoher Subtilität des einen Wirklichkeitskontinuums interpretierbar wären.

---

11 Ebd., 416 f.
12 Ebd., 444.
13 Ebd., 423 und 439.
14 Ebd., 450.

Das Weltbild ist offensichtlich in Bewegung, und dies hat Konsequenzen für den Begriff der »Materie« und der Kausalität, für die Vorstellung dessen, was »Geist« bedeuten kann, und wie beide miteinander zusammenhängen.[15] Jede dieser Deutungen, jedes Welt- und Menschenbild ist ein Bild in unserem Kopf. Es entsteht durch Bewusstseinsprozesse, durch die Perspektive der ersten Person. Und jeder Versuch der Objektivierung oder Reduktion auf eine objektivierbare Kausalität elektromagnetischer, chemischer oder anderer Wirkungen ist ein Modell, das die Perspektive der dritten Person (Objektivierung) entwirft – aber genau dies geschieht im Bewusstsein der betreffenden Denker, im Erleben und Reflektieren der ersten Person. Menschen entwickeln sich aber nicht nur individuell, sondern sozial in Kooperation und Kommunikation mit anderen. Auch das »Ich« bzw. Selbstbewusstsein ist entwicklungspsychologisch ohne die Kommunikation mit anderen, also ohne Kultur, nicht denkbar.[16] Menschen machen nicht Kultur, wenn sie freie Zeit haben, sondern *Kultur ist die Bedingung, dass sich Menschen entwickeln können, d. h. Kultur ist Voraussetzung für das Menschsein, sie ist Inbegriff der Wechselseitigkeit von evolutionären Prozessen.*

> Kultur ist die Bedingung, dass sich Menschen entwickeln können, d. h. Kultur ist Voraussetzung für das Menschsein, sie ist Inbegriff der Wechselseitigkeit von evolutionären Prozessen.

Man könnte diese Diskussion fortsetzen und immer neue Vorschläge finden, sprachliche Konsequenzen aus dem revolutionären Weltbild der Quantenphysik zu ziehen. Man kann aber auch Sprach- und Deutungsmuster anderer Kulturen untersuchen, um zu prüfen, ob diese strukturell ähnliche Modelle liefern oder nicht. Dies soll nun geschehen.

---

15 Mangels empirischer Evidenz eher skeptisch zu den Vorschlägen, quantenphysikalische Ereignisse bzw. deren Wahrscheinlichkeitsdynamik und bewusstseinstheoretische Spekulationen miteinander in Verbindung zu bringen, äußert sich A. Scott, Physicalism, Chaos and Reductionism, in: J. Tuszynski (Ed.), The emerging physics of consciousness, a. a. O., 171 ff. Die zahlreichen Reaktionen und Gegenreaktionen haben, im Internet nachlesbar, eine lebhafte Debatte entfacht.

16 K. Eibl, Kultur als Zwischenwelt, a. a. O., 181.

Kapitel 3: Schöpfungsmythen und Evolutionstheorien in Indien

Die Mythen der Evolution

Religionen reagieren auf die eben gestellten Fragen zunächst in narrativer Form, im Mythos. Insofern dessen metaphorische Sprachform als »Verschlüsselung« empfunden wurde, hat man versucht, daraus rationale Argumente zu entwickeln. Auch in der indischen Kultur stehen am Anfang die Bilderwelten des Mythos, dem rationale Denkformen zur Seite gestellt wurden.

Der Vishnu-Mythos

Der das All umspannende Gott Vishnu liegt schlafend auf der Weltenschlange Shesha (Ananta) im unermesslichen Weltenozean. Er atmet rhythmisch und schafft damit die Zeit. Der Nabel hebt und senkt sich. Aus dem Nabel wächst langsam und makellos eine Lotosblüte empor. Vishnu schläft und träumt, und in der Blüte, die sich entfaltet, sitzt Brahma, der Schöpfergott, der die ganze Welt eingewickelt in sich birgt. In dieser wunderbaren Manifestation zeigt und spiegelt sich die Vielfalt der Erscheinungswelt, die wir sinnlich wahrnehmen können. Im träumenden Schlafen Vishnus wächst aus dem Rhythmus des Atems die Vielfalt der Welt. Am Ende des Atemzyklus vergeht das Universum, und die Zyklen wiederholen sich in unvorstellbaren Zeitmaßen. Der Atem, die erste Erfahrung des Menschen von Rhythmus und Ausgleich, ist unwillkürliche Bewegung und gestalterische Kraft in einem. Hier nun, in Vishnus Atem, wächst aus dem vorbewussten Traum die Vielzahl wachbewusster Formen. Aus dem Einen enthüllt sich die Welt. Der Mythos von Vishnus Schöpfungsschlaf bündelt die Energien in vorbewusster Gestaltung und Auflösung. Nicht das glitzernde Spiel der Formen (wie im Mythos Shivas), sondern der erdverbundene Wuchs im Rhythmus des langsamen Herzschlags und des ruhigen kosmischen Atems ist hier thematisiert. Eine vorbewusste Bewegung, über der sich die Formbildungen der wachbewussten Welt später erheben werden.

Die grundlegende Bewegung aber bleibt, sie erhält den Zusammenhang.

Nicht zufällig ist es ein Lotos, der sich aus Vishnus Nabel, dem Energiezentrum des Leibes, entfaltet. Im Lotos verdichtet sich mythisch die Strahlkraft des Ästhetischen: In allen von Indien beeinflussten Kulturen ist er Symbol für die Wandlung, für die Vollendung des Wechselspiels der Gegensätze in immer neuen Kombinationen und Synthesen, Symbol für die zerbrechliche Vollkommenheit, die sich in immer neuen Gestaltungen des Schönen manifestiert – denn im dunklen und unreinen schlammigen und faulig stinkenden Grund des Tümpels gründend, erhebt sich der Lotos über die Oberfläche, um sich in makelloser Schönheit als Blütenkelch zu zeigen.

Diese mythische Intuition hat in den *bhakti*-Bewegungen Indiens Gestalt gewonnen. Erste Spuren der *bhakti*-Religiosität finden sich bereits in den klassischen Upanishaden. Ab etwa 300–200 v. Chr. begegnet uns in der Tamil-Sprache eine hochentwickelte Poesie, die die Liebe zu diesem Gott als *den* Heilsweg bzw.

> Die Welt ist in Gott, aber Gott ist nicht die Welt.

die Erfüllung des Menschseins schlechthin zum Thema hat; sie gipfelt in den Liedern der vishnuitischen Alvars (ab 500 n. Chr.). Alle lokalen und ursprünglich nicht-vedischen Gottheiten werden unter verschiedenen Namen mit dem einen All-Gott identifiziert, der sich *als* Universum ausbreitet, somit in allen Wesen anwesend ist, zugleich aber jede Form transzendiert: *Die Welt ist in Gott, aber Gott ist nicht die Welt* (Theopanismus, nicht Pantheismus). Im Vishnuismus ist diese Interpretation prägend gewesen für die *avatara*-Vorstellungen. Danach manifestiert bzw. inkarniert sich der Eine Gott in vielen Gestalten zu allen Zeiten. Diese erlauben auf unterschiedlichen evolutionären Stufen nicht nur eine Anschauung, sondern die Identifikation mit der sinnlich-konkret erlebten Präsenz der Gottheit in mystischer Einheitserfahrung. Die Avatara-Vorstellungen sind eine eigene mythische Gestalt von Evolution: Die göttliche Schöpferkraft selbst entfaltet sich vom vorbewussten starken Tier

(Schildkröte, Eber) über mythische Machtrepräsentationen (Rama mit der Axt) und die personalen Gottesgestalten, die in die Weltgeschichte eingreifen (Krishna, Rama), bis zur spirituellen Form der Präsenz (Buddha) und der künftigen Vollendung der Welt (Kalki).

Der Shiva-Mythos

Der Schöpfung im vorbewussten Traum Vishnus folgt die hellwache Tat in überbewusster Kontemplation Shivas. Ein früher Mythos erzählt, wie der Sturmgott Rudra-Shiva seinen Pfeil und Bogen gegen den Schöpfergott richtet, während er dessen jungfräuliche Tochter, die Morgenröte, verführt. Bei diesem Kampf fällt ein Teil des Samens des Schöpfergottes auf die Erde, und daraus werden die Gestalten der Welt geboren. Aus dem ungeteilten Ganzen entsteht die Vielfalt des Lebens, just in dem Augenblick, da der fliegende Pfeil die Zeit generiert.

Im Rigveda (ca. 1500–1000 v. Chr.) erscheint dieser Gott als Rudra, der wilde Jäger, der aber gleichzeitig die menschliche Ernährung sichert. Er jagt nicht nur, sondern behütet die Tiere, und so ist er von Prajapati, dem Schöpfer, zum Herrn der Tiere, Pashupati, eingesetzt worden. Er trägt aber auch den Beinamen Vastupati und ist als solcher Herr des häuslichen Ortes und auch der Seele des Menschen. Dieser Gott erzeugt durch willentlich gelenkte Aufmerksamkeit schöpferische Energie.

In diesem Mythos bedarf es der gezielten Anstrengung, um schöpferische Potenz zu aktivieren: Yoga, die in Meditation erzeugte und für schöpferisches Wirken einzusetzende Energie (*tapas*), und *bhoga*, der sinnliche, geschlechtliche Genuss, werden bereits in diesen frühen Hymnen in Harmonie gesehen, wobei eins das andere nicht überspielen darf: Shiva, in den die Gestalt Rudras integriert worden ist, zerstört Kama, den Gott der erotischen Liebe, mit der Strahlung aus seinem dritten Auge, dem Sitz des Erleuchtungsgeistes, als dieser versucht, Shivas Meditation zu stören, sprich: die Balance der Kräfte zu verhindern. (Die schöne Parvati, Tochter des Himalaya, gewinnt dann allerdings durch ihre eigene Meditationspraxis Shivas Wohlwollen, ehelicht ihn und bittet den Gatten, Kama wieder zum Leben zu erwecken, was auch geschieht.)

Der Sinn dieser Mythengruppe ist offenkundig: Innere geistige Disziplin und erotische Liebe, die Ansammlung schöpferischer Potenz im Innern und die Auswirkung derselben nach außen, sind zwei Seiten einer Sache, und von der Harmonie dieser polaren Kräfte hängt der Bestand der Welt ab. Rudra/Shiva ist nicht ein von der Welt getrennter Schöpfer, sondern er ist der Kosmos, die »Totalität der Manifestationen«.[17] Gott und Welt sind eins, die Ganzheit umfasst alle Gegensätze. Shiva ist der Gnädige, der neben Vishnu zu einem der zwei wichtigsten Götter des späteren Hinduismus wurde.[18]

Shiva ist nicht nur der große Yogi, der auf dem Berg Kailash in meditativer Versenkung sitzt, und der Liebhaber, aus dessen geschlechtlicher Verbindung mit der Großen Göttin, die als seine Kraft (*shakti*) erscheint, die Welt hervorgeht, sondern er ist auch der Tänzer, Nataraja, der den kosmischen Tanz der Schöpfung und Zerstörung des Geschaffenen tanzt, dabei Ordnung erzeugt und das Chaos bezwingt. Er tanzt den Kosmos ins Sein und tanzt ihn auch wieder in das Vergehen. Fünffach ist die Bewegung, in der seine göttliche Totalität Gestalt annimmt – Schöpfung, Erhaltung, Auflösung, das Enthüllen und Verhüllen der Wirklichkeit, die letztendliche Befreiung aus der Illusion der Zeit.[19] Der tanzende Gott mit vier Armen hat den linken Fuß zu leichtem Schritt erhoben, der rechte ruht auf der Gestalt des Dämons Apasmara, der durch den Tänzer niedergehalten wird. Aber der Dämon wird nicht ausgelöscht,

---

17 S. Kramrisch, Art. Siva, in: Encyclopedia of Religions (Ed. M. Eliade), Bd. 13, New York/London: Macmillan 1987, 339.

18 J. Gonda, Visnuism and Sivaism, London: Bloomsbury Academic 1970; A. K .Ramanujan, Speaking of Siva, Harmondsworth: Penguin Books 1973; S. Kramrisch, The Presence of Siva, Princeton: Princeton University Press 1981; W. D. O'Flaherty, Siva, The Erotic Ascetic, London: Oxford University Press 1981.

19 Zum Zeitbegriff in indischen philosophischen Systemen: A. Malinar (Ed.), Time in India: Concepts and Practices, New Delhi: Manohar 2007.

sondern gezügelt, denn seine Energiewellen halten, in gestalteter Form, den Tanz der Schöpfung in Gang. In der Gegenbewegung von Armen und Händen spielt sich das Drama von Leben und Tod ab, zwei Endpunkte eines ewigen Pendels, das rhythmisch schlägt: Die obere rechte Hand hält die Trommel der Zeit (*damaru*), ihr Ton ist der Ur-Klang, aus dem sich das Universum entfaltet. Die obere linke Hand trägt das Feuer, das die Welt am Ende eines jeden Daseinszyklus verzehrt. Die unteren Hände, erhoben und gesenkt, zeigen im kreisenden Gestus die Gebärde der Furchtlosigkeit und des Gewährens an – Werden und Vergehen, der Rhythmus des Lebens als Spiel, zu dem der lächelnde Gnädige (*shiva, shakti*) voller Anmut einlädt. Unausschöpflich ist diese Gestalt, dunkel und doch klar in ihrer Form, die das Wesen hinter dem Vergehen der Welt enthüllt und so alle Illusion, Angst und Trägheit vertreibt.

Die Metapher des Schöpfungstanzes hat die indische Kultur nachhaltig geprägt. Tanz ist die kreative Kraft, die Einheit des Rhythmus in der zeitlich definierten Bewegung, in der die Ordnung, nach der sie abläuft, im Geschehen des Tanzes von Augenblick zu Augenblick neu geschaffen wird. Shiva ist also weder Schöpfer, der an eine vorherige Ordnung gebunden wäre, noch steht er der Welt fern gegenüber, sondern er ist in seiner Bewegung alles in allem, er ist die Evolution von Raum und Zeit. Und zwar so, dass von vornherein eine Polarität in ihm ist, shiva und shakti, das Männliche und das Weibliche, das Statische und das Dynamische. Er, das letzte Prinzip der Welt, ist nicht ein Wesen jenseits dieser Gegensätze, sondern er ist diese Polarität, d. h. die Welt ist eine in sich dynamische Einheit, die ständig neue Formen hervorbringt und in sich zurücknimmt. So wird verständlich, dass Shivas drei Charakteristika, die zunächst als Gegensätze erscheinen wollen, nämlich Geschlechtlichkeit, Meditation und tanzende ekstatische Bewegung, die Einheit der Welt, den Rhythmus der Evolution überhaupt, veranschaulichen.[20]

---

20 In den Erzählungen über Shivas Wirken, den Agamas und Puranas, wird genau dieses zugrunde liegende Prinzip in der Vielfältigkeit des Lebens ausgesponnen und weitergeführt.

Theoriebildungen zum Evolutionsgedanken

Shivaitische Systeme

In philosophischen Theorien wurde diese Grundvision der Evolution des Einen begrifflich verdichtet. Es gibt verschiedene shivaitische Systeme, und ich möchte hier nur den Kashmir Shaivismus und den Shaiva Siddhanta erwähnen, nicht ohne zuvor noch auf eine der späteren Upanishaden, die Shvetashvatara Upanishad, hinzuweisen: Hier wird der Eine Gott erneut als Rudra angesprochen, der alles durchdringt und gegenwärtig ist: Er jagt in den Bergen und residiert im Herzen jedes Menschen. Er lässt die Welten entstehen, herrscht über sie und nimmt sie am Ende wieder zurück. Er ist der allgegenwärtige Shiva, immanent und transzendent zugleich.[21] Wer ihn durch direkte Erkenntnis vermittels Yoga oder durch liebende Hingabe *(bhakti)* kennt, ist von den Banden weltlicher Existenz *(pasha)* erlöst.

Shaiva Siddhanta hat sich im Kontext der Bhakti-Bewegungen (Gottesliebe) entwickelt, er hat darum ausgeprägt dualistische Tendenzen. Der tantrische Shaivismus in Kashmir hingegen vertritt eine Deutung der universalen Wirklichkeit als Einheit. Das System gipfelt in der *Pratyabhijna*-Lehre, d. h. der Wiedererkennung des göttlichen Grundes als Erlösungswirklichkeit. Historisch ist die Philosophie des Kashmir Shaivismus erstmals greifbar in den Shiva Sutras und wurde von Somananda (ca. 900–950 n. Chr.), danach durch Abhinavagupta (um 1000 n. Chr.) umfassend systematisiert. Für ihn geht es darum, dass *alles* von Gott durchdrungen ist, und deshalb ist die sinnliche Wirklichkeit nicht zu überwinden, sondern hochzuschätzen. Die kultische Unterscheidung von »rein« und »unrein« bzw. deren philosophische Form, die Diffe-

---

21 Die Einflüsse aus der Induskultur, die Rede vom »Herrn der Tiere«, die Mondsichel auf der Stirn des Gottes (wohl abgeleitet aus Büffelhörnern, die der Gott ursprünglich trug) usw. finden sich noch nicht beim vedischen Rudra, sondern erst bei Shiva, weshalb man volksreligiöse Substrate bei der Bildung des Groß-Gottes Shiva annehmen kann. Vgl. U. Schneider, Einführung in den Hinduismus, Darmstadt: Wiss. Buchgesellschaft 1989, 144.

renz von »wirklich« *(sat)* und »unwirklich« *(asat)*, hat demzufolge keine Basis in der Realität, sondern gilt als Projektion eines ungeläuterten Bewusstseins. Alle Kräfte in der Welt und im Menschen (einschließlich der Sexualität) können für die Transformation des Geistes in das Gottesbewusstsein genutzt werden, denn alles ist göttliche Potentialität. Die Anschauung, die all dem zugrunde liegt, kann als Pan-Sakramentalismus bezeichnet werden.[22]

Das Wissenssystem Samkhya

In Indien haben sich unterschiedliche Wissenssysteme *(darshana)* entwickelt, die in einem qualifizierten Sinn als Wissenschaften angesprochen werden können, weil sie die Welt der Erscheinungen systematisch ordnen und Kausalitätsmodelle entwickeln. Eines der ältesten und wichtigsten Systeme dieser Art ist Samkhya[23], erstmals greifbar als System in der Samkhyakarika des Ishvarakrishna um 350-450 n. Chr. und der Yuktidipika (um 600 n. Chr.). Samkhya bildet eine der wichtigsten Grundlagen fast aller indischen Theorien über den Kosmos, das Denken, die Gesellschaft, die Kunst, die Moral. Die älteste Überlieferungsschicht beinhaltet ein nicht-theistisches Samkhya, das die Welt dualistisch in

---

22 K. G. Pandey, Abhinavagupta. An Historical and Philosophical Study, Varanasi ²1963; L. N. Sharma, Kashmir Shaivism, Varanasi 1972; B. N. Pandit, Aspects of Kashmir Shaivism, Srinagar 1977; P. E. Murphy, Triadic Mysticism. The Mystical Theology of the Shaivism of Kashmir, Varanasi 1986. Für eine Sammlung von Texten mit Kommentierung durch die Herausgeberin vgl. B. Bäumer (Hg.), Abhinavagupta. Wege ins Licht. Texte des tantrischen Shivaismus aus Kaschmir, Zürich: Benziger 1992; B. Bäumer, Trika. Grundthemen des kaschmirischen Sivaismus, hg. u. übers. v. E. Fürlinger, Innsbruck/Wien: Tyrolia 2003; E. Fürlinger, Verstehen durch Berühren. Interreligiöse Hermeneutik am Beispiel des nichtdualistischen Shivaismus von Kashmir, Innsbruck/Wien: Tyrolia 2006.

23 Der folgende Text beruht auf: M. v. Brück, Bhagavad Gita. Frankfurt a. M.: Verlag der Weltreligionen 2007, 141–149. Vgl. E. Frauwallner, Geschichte der indischen Philosophie, Bd. 1, Salzburg: Otto Müller Verlag 1953; S. Dasgupta, A History of Indian Philosophy, Bd. 1, Cambridge: University Press 1922; G. J. Larson, Classical Samkhya: An Interpretation of it's History and Meaning, Santa Barbara: Ross/Erikson 1979; G. J. Larson/R. Sh. Bhattacharya (Eds.), Samkhya: A Dualist Tradition in Indian Philosophy (Encyclopedia of Indian Philosophies, Vol. 4 (Ed. K. H. Potter), Princeton: Princeton University Press 1987.

zwei Prinzipien einteilt: *prakriti*, die sich wandelnde Erscheinungswelt, und *purusha*, das unwandelbare geistige Prinzip, ein nicht-intentionales, d. h. reines Bewusstsein schlechthin (*cetana*), das reiner Zuschauer (*sakshin*) der Prozesse (*prakriti*) ist. Es wäre jedoch falsch, diesen Dualismus mit der europäischen Unterscheidung von Materie und Geist gleichzusetzen, weil hier ungleich mehr zur Materie zählt, als in der europäischen Geistesgeschichte angenommen wird: neben den materiellen auch psychische und mentale Prozesse, sofern sie dem zeitlichen Gestaltwandel unterliegen, kurz: »Materie« ist, was Gegenstand der Erfahrung (Wahrnehmung und Erkenntnis) sein kann. Das Samkhya-System beschreibt, wie die Evolution der Welt aus einfachen und für alle Bereiche des Kosmos geltenden Prinzipien erklärt werden kann, insbesondere wie die in Evolution begriffene Welt und die Unveränderlichkeit der Aufmerksamkeit, die das Geschehen mental spiegelt, zusammengedacht werden können. Dabei wird die nicht-dualistische Grundvorstellung aufgegeben, dass letztlich die wahre Realität im unveränderlichen *atman/brahman* zu finden sei, wie die meisten Upanishaden lehren und wie im Vedanta systematisch ausgeführt wird, sondern dass mit der Dualität von *purusha* und *prakriti* ein Erklärungsmodell vorliegt, das einen konsistenten Heilsweg begründen kann, ohne dass dabei die Intuition von der Bedeutung der Erscheinungs-Welt aufgegeben werden müsste. Die *prakriti* ist (wie *atman/brahman* der Upanishaden) omnipräsent in Zeit und Raum, aber in ständiger Veränderung begriffen. Nur ihre veränderlichen Manifestationen können wahrgenommen werden, sie selbst ist feinstofflich (*sukshma*) und darum zwar nicht sinnlich wahrnehmbar, wohl aber mental erschließbar.

Bereits im frühen Samkhya werden 23 Elemente oder Aspekte der Evolution der *prakriti* unterschieden; so ergeben sich, wenn man die zwei genannten obersten Prinzipien hinzuzählt, 25 Kategorien, in denen die Evolution als Selbstentfaltungsprozess der Welt begrifflich gespiegelt werden kann. Die Welt ist periodischen Evolutionen und Kontraktionen unterworfen, und diese Prozesse spielen sich im Wechselspiel von

Kapitel 3: Schöpfungsmythen und Evolutionstheorien in Indien

24 in Bewegung befindlichen Kategorien ab – denn der *purusha* als reines Geistprinzip bleibt *jenseits* dieser Prozesse. Nur die ersten zwei, *purusha* und (*mula*)*prakriti*[24], existieren unabhängig voneinander und stehen als solche jenseits der innerweltlichen Erfahrung in Raum und Zeit. Purusha ist inaktiv, Prakriti ist generativ. Alle anderen Elemente entstehen und vergehen in Abhängigkeit voneinander, wenn sie vom Purusha als »katalysatorischer Präsenz« aktiviert werden, wobei der Purusha durch diesen Weltprozess keinerlei Veränderung unterworfen ist. Er ist und bleibt nicht-intentionale beobachtende Bewusstheit (*sakshitva*) ohne jeden Denkinhalt, er ist also einerseits allen Wahrnehmungs- und Gestaltungsprozessen transzendent, gleichzeitig aber auf jeder Ebene der Wirklichkeit und in jeder Phase des Weltprozesses immanent. *Der Purusha ist nicht-intentionale Bewusstheit, die sich von der normalen Aufmerksamkeit des Bewusstseins, das auf ein Objekt gerichtet ist, unterscheidet.* Die 25 Elemente werden wie folgt geordnet:

> Der Purusha ist nicht-intentionale Bewusstheit, die sich von der normalen Aufmerksamkeit des Bewusstseins, das auf ein Objekt gerichtet ist, unterscheidet.

1. Reines Bewusstsein   *purusha*
2. Bewegte Natur   *prakriti*

3. Intellekt   *buddhi* ⎤
4. Ich-Zentrum   *ahamkara* ⎬ die drei Grunddimensionen bewusster Prozesse
5. Denken   *manas* ⎦

---

24 Mulaprakriti (Wurzel-Prakriti) ist die Materialität an sich, die sich im Entfaltungsprozess der Prakriti manifestiert.

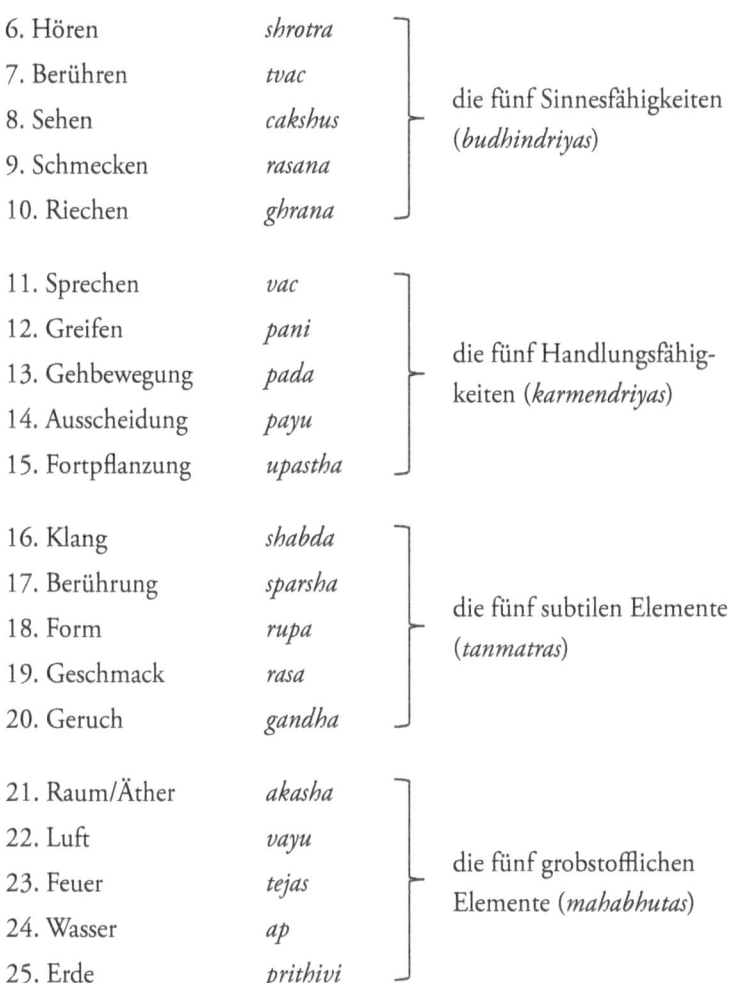

6. Hören	*shrotra*	
7. Berühren	*tvac*	
8. Sehen	*cakshus*	die fünf Sinnesfähigkeiten (*budhindriyas*)
9. Schmecken	*rasana*	
10. Riechen	*ghrana*	
11. Sprechen	*vac*	
12. Greifen	*pani*	
13. Gehbewegung	*pada*	die fünf Handlungsfähigkeiten (*karmendriyas*)
14. Ausscheidung	*payu*	
15. Fortpflanzung	*upastha*	
16. Klang	*shabda*	
17. Berührung	*sparsha*	
18. Form	*rupa*	die fünf subtilen Elemente (*tanmatras*)
19. Geschmack	*rasa*	
20. Geruch	*gandha*	
21. Raum/Äther	*akasha*	
22. Luft	*vayu*	
23. Feuer	*tejas*	die fünf grobstofflichen Elemente (*mahabhutas*)
24. Wasser	*ap*	
25. Erde	*prithivi*	

Während der westliche Materiebegriff gewöhnlich nur die Elemente 22 bis 25 abdeckt, zählen in Indien auch die Prinzipien der Form, der Sinneswahrnehmung und die psychologischen Kategorien zur Prakriti. Die Elemente 3 bis 20 formen den »subtilen Körper« (*sukhshma sharira*), die Elemente 21 bis 25 den »grobstofflichen Körper« (*sthula sharira*). Die Elemente 3 bis 25 leiten sich voneinander ab in ko-generativer

Abhängigkeit, sie entfalten und repräsentieren die Potentialitäten der Prakriti. Alle diese Elemente sind räumlich, zeitlich, sich verändernd, zusammengesetzt und kontingent. *Buddhi*, *ahamkara* und die fünf *tanmatras* sind einerseits hervorgebracht von der ursprünglichen bzw. unmanifesten Prakriti, andererseits aber auch selbst aktiv, indem sie in der Lage sind, aus sich heraus die weiteren Entfaltungen hervorzubringen. Die Evolutionskette wird wie folgt beschrieben: *Buddhi* bringt *ahamkara* hervor, *ahamkara* bringt *manas* und die *buddhindriyas* sowie die *karmendriyas* hervor. *Buddhi*, der ersten Manifestation, kommt sowohl eine ontologische als auch eine psychologische Funktion zu. Die fünf *tanmatras* sind von *ahamkara* hervorgebracht, bringen aber ihrerseits die grobstofflichen Elemente hervor. Die subtilen Elemente sind die formativen allgemeinen (*avishesha*) Wesenskerne für die spezifischen (*vishesha*) mit den Sinnen wahrnehmbaren Elemente (*mahabhutas*). In den verschiedenen Texten wird die Frage, wie aus den subtilen Elementen die grobstofflichen geformt werden, unterschiedlich beantwortet. Eine häufig vorkommende und z. B. in der Yuktidipika diskutierte Theorie besagt, dass die Kombination mehrerer feinstofflicher Kategorien grobstoffliche Materialisierungen bewirkt. Interessant dabei ist, dass dem kosmischen Evolutionsprozess der mentale Prozess des Erkennens entspricht, d. h. makro- und mikrokosmische Sphären entsprechen einander. Alle Prozesse der Wirklichkeit folgen qualitativ einem Evolutionsprozess, der durch drei Merkmale charakterisiert wird, die den Prozess steuern. Diese Qualitäten (Merkmale) werden quantitativ verschieden gemischt, um auf diese Weise die Vielfalt der Phänomene der Welt zu ergeben Es handelt sich um die drei Grundqualitäten (*gunas*): *sattva* (Reinheit), *rajas* (Energie) und *tamas* (Trägheit). Wenn diese drei vollkommen ausgeglichen sind, ist die Welt (oder eben auch das Bewusstsein und die Psyche des Menschen) in einem Balancezustand. Geraten die drei durch die Selbstbewegung der Prakriti aus dem Gleichgewicht, entsteht streng kausal aus der Prakriti als Potentialität (Element 2) die Vielfalt der Welt (Elemente 3 bis 25). Neben den hier genannten 25 konstitutiven Elementen der Wirklichkeit (*tattvas*) oder Seinszuständen werden des Weiteren acht aktiv-modifizierende Wirkungsformen (*bhava*) unterschieden, die als vom intentionalen Bewusstsein erzeugte Qualifikationskriterien gelten. Die acht aktiv-modifizierenden Kategorien sind Dispositionen, durch die sich die Buddhi selbst modifiziert und zum absichtsvollen Handeln vorbereitet, nämlich einerseits positive Bewusstseinsformung (*dharma*), Erkenntnis (*jnana*), Nicht-Anhaften (*vairagya*), Kraft (*aishvarya*), andererseits negative Bewusstseinsformung (*adharma*), Unwissenheit (*ajnana*), Anhaften (*avairagya*) und Kraftlosigkeit (*anaishvarya*).

Die Buddhi ist also einerseits der Prozess reflexiver Repräsentation von Gegebenem, andererseits die Konstruktion von Zuständen (des Bewusstseins), die jeweils durch die acht *bhavas* und ihre Wechselwirkung gekennzeichnet sind. Tattvas und Bhavas wirken immer zusammen. Die so erzeugten Bewusstseinszustände werden nun unterstützt von jeweils unterschiedlichen »Lebensenergien«, den fünf *pranas* (Atmen (*prana*), Ausscheidung (*apana*), Verdauung (*samana*), Austausch (von Denkinhalten in Sprache usw., *udana*), Balanceerhaltung (aller Systeme des Organismus, *vyana*)), die schon aus den frühen Upanishaden bekannt sind und auch im Yoga eine große Rolle spielen. In der Yuktidipika werden diese fünf Energien mit Mustern des sozialen Verhaltens in Verbindung gebracht.

> Die Evolution der kosmischen, sozialen, individuellen und mentalen Ereignisse funktioniert auf Grund von qualitativ und quantitativ aufeinander abgestimmten Mechanismen und Mischprozessen, die jeweils einander entsprechen und sich auf verschiedenen Ebenen von Subtilität oder »Materiedichte« äußern.

Die Evolution der kosmischen, sozialen, individuellen und mentalen Ereignisse funktioniert auf Grund von qualitativ und quantitativ aufeinander abgestimmten Mechanismen und Mischprozessen, die jeweils einander entsprechen und sich auf verschiedenen Ebenen von Subtilität oder »Materiedichte«

äußern. Im Samkhya wird nun noch weiter kategorial differenziert, indem fünfzig Kategorien der phänomenalen Wirklichkeit (*padarthas*) bzw. Wirkungsmuster des Bewusstseins aufgestellt werden, die sich wiederum aus der Interaktion von Tattvas und Bhavas evolutiv ergeben. Dazu gehören z. B. die fünf Kategorien fundamentalen Irrtums (*tamas* (Verdunklung), *moha* (Täuschung, d. h. Identifikation mit dem Ich), *mahamoha* (völlige Verwirrung in Begierde), *dvesha* (Aversion), *andhatasmisra* (völlige Dunkelheit und Todesfurcht)). Weiterhin gehören dazu die 28 Kategorien der Funktion bzw. Fehlfunktion der Wahrnehmung, der Motorik und der mentalen Steuerungen. Alle Funktionen bzw. mögliche Fehlsteuerungen werden wiederum untergliedert und auf andere Parallelvorgänge bezogen, so dass sich ein Beziehungsgeflecht von körperlich-mentalen und sozialen wie kosmischen Zuständen ergibt.

Das Problem des Menschen besteht nach der Samkhya-Analyse darin, dass er seine Prakriti-bestimmten Bewusstseinsprozesse mit dem eigenen Bewusstsein identifiziert, anstatt das reine Bewusstsein (*purusha*) als seine wahre Identität zu erkennen, was möglich ist in Zuständen tiefster nicht-intentionaler Bewusstheit, die sich durch vollkommene Loslösung (*kaivalya*) von Objekten der Wahrnehmung (einschließlich der Begriffe des Denkens) manifestiert. *Nur wer sich lösen kann von den Wechselprozessen der Prakriti, erlangt Befreiung vom ständigen Kreislauf der Evolution und Involution bzw. Explikation und Implikation, vom ständigen Wechselbad der Gefühle und des Denkens.* Auch können erst dann die unausgeglichenen energetischen Prozesse, die den subtilen Körper (*sukshma sharira*) formen, beendet werden, und erst dann produziert der *sukshma sharira* keine formativen Energien mehr, die sich von Geburt zu Geburt neue materielle Körper (eben die Wiedergeburten der Lebewesen unter den Bedingungen der leidvollen Welt) schaffen.

> Nur wer sich lösen kann von den Wechselprozessen der Prakriti, erlangt Befreiung vom ständigen Kreislauf der Evolution und Involution bzw. Explikation und Implikation, vom ständigen Wechselbad der Gefühle und des Denkens.

Gültige Erkenntnis kann der Mensch gewinnen durch Sinneswahrnehmung, Schlussfolgerung und das Zeugnis der Überlieferung. Dabei kommt im Samkhya der logischen Schlussfolgerung besondere Bedeutung zu, weil man vom Purusha keine Sinneserfahrung haben kann, wohl aber auf seine Realität durch Schlussfolgerung verwiesen wird. Dass es eine direkte nicht-sinnliche (meditative) *Erfahrung* geben kann, wird im Samkhya-Yoga bejaht in dem Sinne, dass es Bewusstseinszustände gibt, die sinnliche Erfahrung transzendieren und eingeübt werden können. Davon zu unterscheiden ist *Wahrnehmung*, die zustande kommt, wenn die fünf Sinnesfähigkeiten Objekte erfassen und die Eindrücke, die durch die Sinnesorgane und die Sinnesfähigkeiten erzeugt werden, vom *manas* (Denken) koordiniert zu einem Gesamtbild verarbeitet werden. Dabei konstruiert das *manas* einen konsistenten Gegenstand im Bewusstsein, was wir als »Begriff« bezeichnen. Wahrnehmung ist also nicht Abbildung von Wirklichkeit, sondern deren aktive Konstruktion auf Grund der Entsprechung zwischen Impulsen aus der Außenwelt und Koordinierungsleistungen der mentalen Innenwelt. Die *buddhi* ist die höhere Vernunft, die vom Sinneseindruck (Klang, Farbe, Gestalt usw.) abstrahierte mentale Repräsentationen kombiniert und somit eine interne Vernetzungsebene im Bewusstsein organisiert, die deshalb eine zweite Ordnungsebene darstellt. Auch die *buddhi* ist aktiv in Kombination, Intuition und Konstruktion von mentalen Welten. Weil diese Welten sich ständig verändernde Prozesse sind, bedarf es einer Identitätsinstanz, die Kontinuität und Konsistenz schafft, und das ist das Ich-Bewusstsein (*ahamkara*), das dem Menschen das Gefühl einer Erfahrungs-Identität gibt, die aus den koordinierten Eindrücken der eigenen Geschichte (»*mein* Gedächtnis«) resultiert. Diese aus zufälligen, ständig wechselnden Bedingungen konstruierte und darum falsche Identität aufzulösen und die wahre Identität im unbewegten Purusha zu finden, ist Ziel des Samkhya. Wenn dieser Purusha als *purushottama* (höchster Purusha) mit Gott identifiziert wird, wie dies z. B. in der Bhagavad Gita geschieht, bedeutet die Identifikation mit Gott durch Erkenntnis (*jnana*), liebende Hingabe (*bhakti*) und im Handeln (*karma*) das Ende der Unwissenheit und damit das Ende des leidvollen Geburtenkreislaufs.

Das Schöpfungs-Denken in der vedantischen Philosophie

Das Eine und das Viele
Die brahmanisch-orthodoxen Systeme, wozu der Vedanta zählt, haben – anders als der frühe Buddhismus – eine Ontologie entwickelt, deren Kerngedanke die Einheit der Welt, die Einheit von Makrokosmos und Mikrokosmos ist. Die Vielheit und Trennung der Objekte/Ereignisse ist eine Erscheinung im relativen menschlichen Bewusstsein. Auch das Eine erscheint in der Differenz dieser zwei Perspektiven, als *nirguna brahman* (das Ganze ohne jede differenzierende Bestimmung) und als *saguna brahman* (das Ganze mit Eigenschaften). Für Shankara (um 800 n. Chr.), den nicht-dualistischen Interpreten der upanishadischen Tradition, hat das *saguna brahman* drei Funktionen: 1. Schöpfung (*srishti*) 2. Erhaltung (*sthiti*) und Auflösung (*samhara*) der Welt.[25]

Maya (wörtl. »das Messbare«, die Energie, die das Eine ausdifferenziert erscheinen lässt) ist das Prinzip der Schöpfung. Schöpfung ist die Erscheinung des Einen als Vielheit, nicht aber das objektive Resultat des Handelns eines absoluten Subjektes, und daher kommt ihr keine unabhängige Existenz zu. Der im Advaita Vedanta gebrauchte Begriff der »Schöpfung« unterscheidet sich damit von entsprechenden jüdisch-christlich-islamischen Vorstellungen, aber auch von anderen Systemen im Hinduismus. Das sei genauer ausgeführt:

---

[25] Zu Shankara auch N. Isayeva, Shankara and Indian Philosophy, Albany: SUNY 1993; A. Wilke, Ein Sein – Ein Erkennen. Meister Eckharts Christologie und Sankaras Lehre vom Atman: Zur (Un-)Vergleichbarkeit zweier Einheitslehren. Bern u. a.: Lang 1995.

Brahman gilt als Material- und Wirkursache der Welt zugleich.[26] Allerdings stimmen diese Begriffe nicht ganz mit der aristotelischen Tradition überein, und deshalb haben Übersetzungen zu Missverständnissen geführt. Statt »Materialursache« (*upadana karana*) ist deshalb der Begriff »innere Ursache« vorgeschlagen worden (R. V. DeSmet). Brahman ist als *upadana karana* jedenfalls umfassender und subtiler als das von ihm Hervorgebrachte.[27] Da die Wirkung von der Ursache weder verschieden noch mit ihr identisch sein soll, ist für Shankara die Welt implizit im Brahman.[28] »Gott« ist allerdings mehr als nur Erster in einer Kette von Wesen.[29] Manche Texte sprechen von einer universalen Energie: Gott ist in der Welt wie das Feuer im Holz.[30]

Die Welt ist keine reale Transformation des Absoluten, sondern Transfiguration des Einen in unserer Erkenntnis. Als solche ist sie aber auf der relativen Erkenntnisebene (*vyavaharika*) durchaus wirklich.[31] Demnach wäre das Absolute als Substrat einer illusorischen Erscheinung gedacht, die nur für den Unwissenden getrennt vom Absoluten erscheint.[32] Doch wäre es einseitig, nur diesen *nirguna*-Standpunkt anzuerkennen, und Shankara lässt den *saguna*-Standpunkt nicht nur zu, sondern braucht ihn. Daraus ergibt sich eine ständige Bewegung zwischen den Standpunkten, und das lässt sich wie folgt darstellen:

---

26 T. M. P. Mahadevan, The Philosophy of Advaita, New Delhi ⁴1976, 203.
27 Ein zentraler Text für Shankaras Kausalitätsbegriff ist BSB III, I, 6 f.
28 BSB II, I, 18 ff.
29 T. M. P. Mahadevan, The Philosophy of Advaita, a. a. O., 201.
30 SU I, 14.
31 GK IV, 73.
32 S. M. Srinivasa Chari, Advaita and Visistadvaita, London 1961, 112 f.

Kapitel 3: Schöpfungsmythen und Evolutionstheorien in Indien

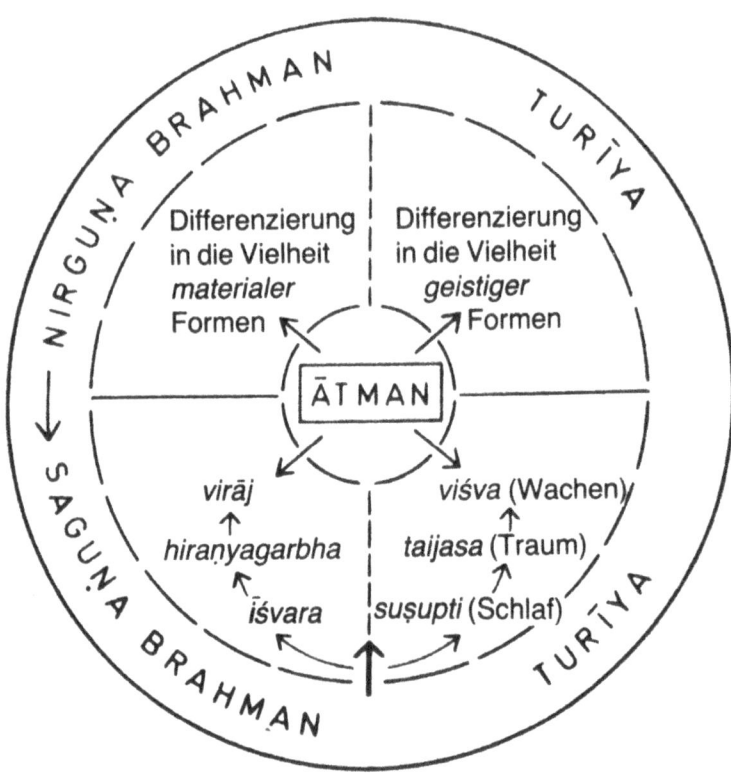

Erklärung: *Brahman* erscheint im Spiegel der *maya* als *saguna brahman*. Es erscheint in drei kosmischen Formen, die als *ishvara*, *hiranyagarbha* und *viraj* bezeichnet werden. Ishvara ist der personale Gott, der Schöpfer. Als nächste und weniger subtile Form zeigt sich Das Eine Brahman als Hiranyagarbha, die Goldene Saat, der Erstgeborene der Schöpfung. In ihm ist alles geschaffen. Er ist die Potentialität, die das Ganze (*brahman*) ist, bevor die Welt geschaffen wurde. Als dritte und noch weniger subtile Form erscheint es als Viraj, die Vielheit der Welt in allen materiellen und geistigen Formen. Von Ishvara über Hiranyagarbha bis zu Viraj wird Saguna Brahman mehr und mehr bestimmt und bedingt. Diesen kosmischen Formen des Brahman entsprechen die individuellen Formen:³³ Der *turiya*-Zustand des Bewusstseins, der jenseits aller Differenzierung und darum unaussprechlich ist, entspricht dem Nirguna Brahman. Die modifizierten Erscheinungsformen des Bewusstseins (Tiefschlaf, Traum und Tagesbewusstsein) entsprechen dem Ishvara, Hiranyagarbha und Viraj, sie sind subtile, also geistige Erscheinungsweisen dieser drei. *Ishvara* ist der eine Schöpfer und Herr über allen himmlischen und weltlichen Wesen.³⁴ Er ist die Potenz bzw. der Mutterschoß, aus dem alles hervorgeht.³⁵

Hiranyagarbha ist die erste subtile Verwirklichungsgestalt des Einen, noch nicht grobstofflich materiell, sondern eher ein Potenzialraum, der erste strukturelle Muster bereitstellt. Er ist wörtlich die »Goldene Saat«, der Spross oder Keim, aus dem sich alles entfaltet. Alles ist in ihm schon implizit enthalten. Er gilt als der eine Gott, der viele Formen annehmen kann.³⁶ So wird er auch mit der Urenergie (*prana*) identifiziert.³⁷ Er ist die Gesamtenergie, aus der sich alle Einzelenergien entfalten.³⁸ Als »Erstgeborener« durchdringt er alles und gilt als der »Höchste Herr«, die Quelle der Fülle: »Selbst eine geschaffene Person (*hiranyagarbha*) kann alles durchdringend sein, denn in seinem Aspekt als die eine kosmische

---

33 Dieser Bezug wird in der Mand U entfaltet, auch in GK. Wir können hier der Theorie nicht nachgehen, sondern zum Verständnis nur ein Zitat bringen, das die Lehre gut zusammenfasst: »Im Wachstadium verbindet sich das Selbst mit den Sinnesobjekten, die außerhalb sind, und sein Genuß ist grob. Im Traum schwelgt es in einer Bilderwelt, und seine Erfahrung ist subtil. Im Tiefschlaf gibt es weder Verlangen noch Träume. Das Selbst wird eins ohne Unterschied zwischen Seher und gesehenem Objekt, es verbleibt dann (…) als Seligkeit, die Seligkeit genießt (…) Das vierte *caturtha* (oder *turiya*), das das wahre Selbst ist, ist jenseits der sich verändernden Existenzweisen. Es ist nicht in den dreifachen Strom von Wachen, Traum und Tiefschlaf eingebunden, obwohl es das zugrunde liegende Substrat dieser Stadien ist.« (T. M. P. Mahadevan, Invitation to Indian Philosophy, New Delhi: Arnold-Heinemann Publishers 1974, 39 f.).
34 RV X, 121. Zur Entwicklung des *ishvara*-Begriffs vgl. R. Panikkar, The Unknown Christ of Hinduism, London: Darton, Longman & Todd 1964, 119 ff.
35 T. M. P. Mahadevan, The Philosophy of Advaita, a. a. O., 206.
36 BSB I, III, 27, vgl. auch BSB IV, III, 10 u. 14, wo gesagt wird, dass *hiranyagarbha* über dem Werden und Vergehen steht.
37 BU III, IX, 9 und Shankaras Kommentar.
38 Shankaras Kommentar zu PU VI, 4.

Lebensenergie wohnt er in den Körpern aller Wesen.«[39] Er ist aber als Manifestation bereits bedingt und kann darum nicht vollkommen real im Sinne des Absoluten sein.[40] Darum heißt es an anderer Stelle, dass die kosmische Intelligenz des Hiranyagarbha, die *mahat* genannt wird, niedriger ist als das Unmanifeste (*avyakta*).[41] Wer deshalb in der Meditation bei Hiranyagarbha als einer zwar sehr subtilen, aber doch bedingten Ebene der Wirklichkeit stehenbleibt, unterliegt der gleichen Illusion wie derjenige, der Gott in sinnlich greifbaren oder begrifflich fassbaren Projektionen verehrt, ja, der Irrtum wäre besonders groß, weil er weniger offensichtlich ist.[42]

Viraj wird als kosmische Form des Einen, als volle Entfaltung aller Wesen bezeichnet. Das bedeutet: Viraj ist die grobstoffliche Form der Wirklichkeit: »Alle Dinge sind seine sichtbaren Formen. Jedes Wesen ist ein Teilstück seines kosmischen Gewandes.«[43] Darum kann man Viraj als Materie bezeichnen, als die Explikation des Impliziten.[44] Mythische Vorstellungen lassen Viraj aus der Zerstückelung des personalen Urwesens (*purusha*) entstehen, und interessanterweise entsteht rückläufig im Mythos auch der Purusha aus Viraj.[45] Die unauflösliche Beziehung und letztliche Einheit beider ist damit in mythischer Sprache ausgedrückt.

Das Eine und das Viele sind zwei Seiten einer Sache. Das Spiel der Maya ist das Spiel (*lila*) des Einen. Gäbe es die Vielheit der Welt nicht,

---

39 BSB I, II, 23. Shankara beruft sich auf RV X, 121, wo es heißt: »*Hiranyagarbha* wurde zuerst geboren, und als er geboren war, wurde er der Herr aller Wesen.« Einen Unterschied zwischen »wurde geboren« (*samavartata*) und »wurde geschaffen« (*asrijyata*) macht Shankara nicht.

40 GK III, 25.

41 BSB I, IV, 3 mit Bezug auf KU I, III, 11.

42 IU 12 und Shankaras Kommentar, vgl. T. M. P. Mahadevan, Gaudapada. A Study in Early Advaita, Madras 1975, 135.

43 T. M. P. Mahadevan, The Philosophy of Advaita, a. a. O., 206.

44 BU IV, II, 3.

45 RV X, 90, 5.

könnte die Einheit des Brahman nicht als Einheit erscheinen. In den Worten Shankaras: »Wären die vielfältigen Formen nicht manifest, könnte die transzendente Natur dieses Selbst als reines Bewusstsein nicht bekannt sein.«[46]

Prana – die Urenergie
Die Wurzel für die Vorstellung vom *prana* als Urenergie, auf die der Kosmos zurückgeführt wird, kann man in der Atemübung und Atemkontrolle (*pranayama*) finden,[47] denn Prana (Wurzel *pra* = füllen, mit dem lateinischen *plenus* verwandt) wird durch Yoga kontrollierbar

Prana kann in die verschiedenen Energieformen vitaler körperlicher Kraft und/oder psychisch-mentaler Energie umgewandelt werden. Dies ist der Grund für die Reduktion vitaler Funktionen und besonders für die Empfehlung zu sexueller Enthaltsamkeit im Yoga, denn es ist die eine Energie, die entweder für sexuelle Vitalität oder psychisch-geistige Entwicklungsprozesse verbraucht werden kann. Prana bezeichnet auch die »Organe« des Selbst, nämlich Atem, Sprache, Sehen, Gehör und Denken, gilt aber zugleich als Ursprung all dieser Funktionen.[48] Da auch alle geistigen Vorgänge auf Prana beruhen, sind auch die Heiligen Schriften in ihrer Essenz Prana.[49] Prana ist also das energetische Prinzip *in* allem, aber als zugrunde liegende Kraft entzieht er sich auch der direkten Er-

---

46 Shankaras Kommentar zu BU II, V, 19.
47 M. Eliade, Yoga. Immortality and Freedom, Princeton: Princeton University Press ³1973, 337 f.
48 BU VI, I, 1; BU I, V, 21 und Shankaras Kommentar zu Kaus U III, 8 erklärt: »So wie an die Speichen eines Rades der Radkranz und die Speichen in die Radnabe eingefügt sind, so sind die Objekte der Sinne in die Sinnesorgane und die Sinnesorgane in den *prana* eingefügt. Dieser *prana* hat das Bewusstsein des Selbst (*atman*), er ist Seligkeit, wird nicht alt und stirbt nicht. Durch ein gutes Werk wird er nicht größer und durch ein schlechtes nicht geringer, sondern er lässt das gute Werk den tun, den er aus diesen Welten emporheben will, und das schlechte Werk den, den er nach unten ziehen will. Er ist der Hüter der Welt, der Höchste Herr und Gebieter der Welt. Man soll erkennen: ›Er ist mein Selbst‹.«
49 BU I, III, 19.

fahrung. Nur seine Wirkungen sind sichtbar.[50] Mit der Erfahrung des Prana als Lebensprinzip hat sich die philosophische Suche nach dem Urstoff zu der Erkenntnis des Prana als der zugrunde liegenden und alles Einzelne transzendierenden Urenergie verbunden. Die Suche nach dem Urstoff hat ihre Parallelen in anderen Kulturen, so in der chinesischen Philosophie[51] und bei den Vorsokratikern im antiken Griechenland.[52] Für die indische Lösung ist charakteristisch, dass sie Ergebnis introspektiver Schau und des Selbstexperiments mit Pranayama ist. Die spätere systematische Philosophie unterscheidet im Prana-Begriff drei Dimensionen: die Organe, die Lebensenergie in jedem Individuum und Prana als kosmisches Prinzip.[53]

Die kosmische Form des Prana repräsentiert die Vielheit aller Erscheinungen der Welt, die als individualisierte Evolutionsprodukte der Energie (*shakti*) des Brahman aufgefasst werden können.[54] So betrachtet sind Prana und Brahman dasselbe, Prana ist sowohl das Brahman selbst[55] als auch dessen Manifestation in allen Lebensenergien.[56]

Einheit von Materie und Geist
Obwohl es Texte gibt, die das Bewusstsein als etwas von Gott gesondert Geschaffenes betrachten, das zu der aus Prana hervorgegangenen Welt hinzukommt,[57] bemüht sich das System des Advaita Vedanta, die Welt

---

50 H. Zimmer, Philosophie und Religion Indiens, Frankfurt a. M.: Suhrkamp ²1976, 338 u. 477; Swami Sivananda, The Science of Pranayama, Sivanandanagar, ⁹1971, 27 ff. Es wäre falsch, Prana primär als emotional-sexuelle Energie verstehen zu wollen. Die Sexualität ist nur eine mögliche Ausdrucksform von Prana. Vgl. B. K. S. Iyengar, Light on Yoga, London: Schocken ⁹1977, 12.
51 H. Nakamura, Parallel Developments. A Comparative History of Ideas, Tokyo/New York: Harper & Row Publishers 1975, 413.
52 H. Zimmer, Philosophie und Religion Indiens, a. a. O., 309.
53 BSB II, IV, 1 ff., bes. Shankaras Einleitung zu Abschnitt II, IV.
54 CU VII, XV, 1.
55 BU IV, I, 3.
56 BU IV, I, 4 ff.
57 Mand U I, 6.

als Einheit zu denken. *Innerhalb* der empirischen Welt sind die beiden Manifestationsstufen des Einen, Geist und Materie, durchaus zu unterscheiden. Der Unterschied ist aber relativ zum Absoluten. So sind die Potenzen der Materie anfangs unmanifest bzw. implizit. Dort, wo sie explizit und mit dem Geist als lenkendem und ordnendem Prinzip in Beziehung getreten sind, wird von Viraj gesprochen, wie wir oben sahen. Die Betrachtungsweise im relativen Aspekt von Saguna Brahman stellt diese Verbindung von Materie und Geist dar. Auch Gott, wie er im relativen Erkennen erscheint, ist darum ein Komplex von Materie und Geist.[58] Man kann sagen, dass alle organisierte Materie, die Gegenstand von Erfahrung ist, als »geistig« qualifiziert werden muss, insofern sich in ihr ein ordnendes und strukturierendes Prinzip (*cit*) ausdrückt. Der Mensch ist ein lebendiges Wesen, in dem Prana wirkt, und zwar in materiellen wie geistigen Prozessen. Der Mensch ist deshalb graduell, nicht prinzipiell vom Tier, den Pflanzen und der »toten« Materie unterschieden.[59]

Die Lehre vom Atman
Als die vier »großen Worte« (*mahavakyani*) der vedantischen Literatur gelten in der Überlieferung:

1. *prajnanam brahma* – Brahman ist Bewusstsein.
2. *aham brahmasmi* – Ich bin Brahman.
3. *tat tvam asi* – Das bist du.
4. *ayam atma brahma* – Dieser Atman ist Brahman.

Diese Sprüche erläutern auf verschiedene Weise, dass die Wirklichkeit als »kondensiertes Bewusstsein« (*vijnanaghana eva*) aufgefasst wird.[60]

---

58 M. K. V. Iyer, Advaita Vedanta. According to Samkara, Bombay 1964, 96.
59 H. Nakamura, Ways of Thinking of Eastern Peoples, Honolulu: East-West Center Press 1964, 124 f.
60 BU II, IV, 12.

Die subjektiven und objektiven Aspekte der Wirklichkeit sind letztlich eins. Brahman ist ein und alles, nämlich »über allem, außerhalb von allem, jenseits von allem und doch in allem«.[61]

Brahman ist das reale Selbst aller Wesen, und als solches wird es *atman* genannt. Der Atman ist das individuelle absolute Prinzip, das Brahman ist das kosmische absolute Prinzip.[62] In den frühen Upanishaden kann Atman den Körper bezeichnen,[63] auch den göttlichen Lebenshauch,[64] die Bewusstheit,[65] das Subjekt der Erfahrung,[66] das wahre Selbst des Menschen,[67] das Selbst der Welt,[68] das Subjekt des spirituellen Pfades wie auch des kosmischen Bewusstseins,[69] und schließlich das Brahman.[70] Atman ist der innere Lenker (*antaryamin*):

> »*Der im Zeugungsorgan wohnt, der im innersten inwendig ist, den das Organ nicht kennt, der das Organ von innen regiert (yamayati), der ist der innere Lenker, dein eigenes unsterbliches Selbst. Er wird niemals gesehen, sondern ist der Seher, niemals gehört, sondern ist der Hörer, niemals gedacht, sondern ist der Denker. Er wird niemals gewußt, sondern ist der Wissende. Es gibt keinen anderen Seher denn ihn, keinen anderen Hörer außer ihm, keinen anderen Denker als ihn, keinen anderen, der weiß, als ihn. Er ist der innere Lenker*

---

61 IU 5; vgl. BG XIII, 15 u. a.
62 H. Zimmer, Philosophie und Religion Indiens, a. a. O., 317. H. Nakamura, Parallel Developments, a. a. O., 92 ff., deutet an, dass die Wortgeschichte von *brahman* einige Parallelen mit dem griechischen Logos-Begriff aufweisen könnte.
63 BU I, II, 4; CU VIII, VIII, 1; TU II, I, 1.
64 BU I, V, 20; CU V, I, 6.
65 BU II, I, 17; Kaus U III, 8.
66 BU I, IV, 7; Kaus U III, 8.
67 BU III, VII, 16 ff.
68 BU II, IV, 5 f.
69 BU III, IV, 2; CU VIII, XII, 4 ff.
70 BU II, V, 1 ff; CU III, XIV, 2 ff.

(antaryamin), dein eigenes unsterbliches Selbst. Alles außer ihm ist sterblich.«[71]

Man vergleicht den Atman mit der Nabe, um die sich die Speichen des Rades drehen.[72] Er ist der Wagenlenker, der die Rosse der Sinne und des Denkens (*indriyani*) regiert.[73] Sein Verhältnis zum gewöhnlichen Ich wird an einer Stelle so beschrieben: Wenn man einen Edelstein zur Prüfung in ein Glas Milch taucht, so gibt der Stein seinen Farbschein an die Flüssigkeit ab. Die Milch erscheint grün auf Grund der Farbqualität des Smaragds. So ist auch der Glanz des Körpers, der Empfindungen, des Denkens in Wirklichkeit der Glanz des Atman, von dem das empirische Ich durchtränkt ist und seine Lebenskraft erhält.[74] Alles ist in ihm enthalten. Er ist die universale Potenz.[75] Er transzendiert als absolutes Selbst das Universum.[76] Der Atman ist konstant, reine Einfachheit, ewig und makellos. Er ist jenseits von Gut und Böse und aller anderen unterscheidenden Bestimmungen.[77] Bewegung (*cala*) wie auch eine abstrahierte Objektivität (*vastutva*) gehören zum Bereich der Erscheinungen und können nicht den Atman betreffen, und in dieser Sprachform erscheint er als »der unbewegte Beweger«.[78] Auch wenn man ihn als absolutes Subjekt bezeichnet, muss man wissen, dass er jede Subjektivität, die ein Objekt als Gegenüber hätte, transzendiert. Insofern ist der Atman transpersonale Personalität.

Aus diesen wenigen Zitaten und Erläuterungen dürfte deutlich werden, dass der Atman grundsätzlich verschieden von einem platonisch

---

71 BU III, VII, 23.
72 BU II, V, 15.
73 KU I, III, 3–9.
74 BU IV, III, 7.
75 T. M. P. Mahadevan, The Philosophy of Advaita, a. a. O., 235.
76 Ebd., 239.
77 BU IV, IV, 20.
78 GK IV, 45.

gedachten Begriff der Seele ist.[79] Atman ist überhaupt keine Wesenheit eigener Art, die *neben* anderen Dingen auch existiert und vielleicht nur mit den besonderen Prädikaten der Unvergänglichkeit, Makellosigkeit usw. ausgestattet wäre. Atman ist nicht »Seele«, sondern göttliche Kraft (*shakti*),[80] die alles bewegende Energie des Weltgeschehens. Sie ist unbegreiflich (*agrahya*) und nicht sinnlich erkennbar.[81] Wer die Einheit der Wirklichkeit im Atman erkennt, ist frei von Furcht. Denn Furcht kommt nur dort auf, wo ein Anderes, Bedrohendes gegenübersteht. Erkenntnis des Atman ist das Wissen, dass es kein Anderes gibt, das nicht wesentlich das Selbst wäre. Nicht-Dualität (*advaita*) bedeutet deshalb die Freiheit von Furcht (*abhaya*).[82]

Die indisch-advaitische Tradition insistiert darauf, dass die Identität von Atman und Brahman nicht spekulativer Begriff, sondern Beschreibung einer bestimmten Erfahrung ist. Erkenntnismittel (*pramana*) ist hier aber nicht das Denken (*manas*), sondern Meditation oder anbetende Geisteshaltung (*upasana*). Es handelt sich um ein Gewahrwerden dessen, was in Wirklichkeit ist. Wer das weiß (*veda*), wird eins mit dem Absoluten in allen seinen Formen, weil ja in Wahrheit nichts anderes als dieses Eine ist.[83] Das Streben nach diesem Wissen ist nicht rationale Erkenntnis, sondern Gnosis (*jnana*). Eine solche lebensverändernde Erfahrung gibt Gewissheit, Furchtlosigkeit und die »Seligkeit des Lebens im Ganzen« (*ananda*). Es handelt sich um die Erfahrung des Eingebunden- und Geborgenseins in der Einheit der Wirklichkeit.

---

79 Allenfalls ließe sich der *atman* mit dem von Plato selten gebrauchten Begriff *seauton* vergleichen. (F. Brunner, A Comparison between Proclus' Philosophy and Advaita, in: Spiritual Perspectives. Essays in Mysticism and Metaphysics (ed. by T. M. P. Mahadevan), New Delhi: Arnold-Heinemann Publishers 1975, 107). Da auch im Neuplatonismus die Seele als Entität eigener Art und verschieden von Gott gedacht wird, lässt sich die indische Vorstellung auch nicht mit dem Begriff der Seele im Neuplatonismus identifizieren.
80 Vgl. auch H. Zimmer, Philosophie und Religion Indiens, a. a. O., 81 u. 88.
81 IU 5; BU IV, IV, 19.
82 BU IV, III, 23; I, IV, 2.
83 CU III, XIII, 1 ff.

Darum gilt der Erfahrene als schon in diesem Leben erlöst (*jivanmukta*), auch wenn er noch durch die Körperlichkeit den Beschränkungen von Raum und Zeit unterworfen ist. Diese Beschränkungen fallen erst mit dem Tod hinweg. Darum nennt man auch die advaitische Erfahrung *samadhi*, den Tod aber *mahasamadhi*, großen *samadhi*.

Um die Nicht-Dualität von Brahman und »Welt« begrifflich zu erfassen, verwenden die Sanskrit-Texte gelegentlich die beiden Begriffe *ananyatva* und *tadatmya*, wörtlich »Nicht-Andersheit« und »dies als das Selbst habend«. Im ersten Fall handelt es sich nicht um eine Affirmation (Bejahung), sondern um Negation der Verschiedenheit, wie auch bei *a-dvaita* (Nicht-Zweiheit). Wenn Brahman die eine Wirklichkeit ist, kann es kein Zweites außer ihm geben, das es begrenzen würde. Also kann weder die Welt noch das individuelle Selbst vom Brahman verschieden sein. Ein interessantes Denkmodell zeigt sich in dem Begriff *tadatmya*. Er bezeichnet die »Beziehung der Identität«[84], ein Widerspruch in sich, wollte man einen linearen Identitätsbegriff als Maßstab anlegen. Identität ist aber hier nicht die Deckungsgleichheit zweier Größen, sondern die Selbigkeit in der Evolution des Einen. Tadatmya bezieht die Erscheinung auf ihr Wesen oder bezeichnet den inhärenten Zusammenhang einer Sache. Darum kann Tadatmya auch das Verhältnis der Spezies zum Genus angeben.[85] Der Atman ist das Selbst des Ich. Dieser Satz kann aber nicht umgekehrt werden.[86] Tadatmya bezeichnet eine unumkehrbare Abhängigkeit im Begriff der Einheit, also eine »Hierarchie« in der Realität. So ist auch die Welt (das Viele) abhängig vom Brahman (dem Einen), nicht aber das Brahman von der Welt. Damit ist erwiesen, dass man im Advaita Vedanta keineswegs von einer Identität

---

84 T. M. P. Mahadevan, The Philosophy of Advaita, a. a. O., 102.

85 In der Universalienfrage sind die Logiker des Advaita Vedanta eher den Realisten zuzurechnen, und sie drücken den *modus* der *universalia in re* mit dem Begriff *tadatmya* aus. Vgl. H. Nakamura, Ways of Thinking of Eastern Peoples, a. a. O., 65, und P. K. Sundaram, Advaita Epistemology, Madras: University of Madras 1968, 43, 49.

86 BSB II, I, 9 und Shankaras Kommentar zu TU II, VI, 1.

des Absoluten und der Welt im Sinne eines Äquivalenzbegriffs sprechen kann.[87] Vielmehr bezeichnet Tadatmya, als Relation von Atman/Brahman und Welt, eine unumkehrbare Abhängigkeitsbeziehung. Deshalb haben die relativen Erscheinungen innerhalb der sich entfaltenden Welt keine Tadatmya-Beziehung untereinander, denn diese Relationen gelten als wechselseitig und umkehrbar.[88] Das Selbst der Welt *ist* das Absolute, Atman ist Brahman, und die Wirklichkeit hat dieses Atman/Brahman als das Selbst: *tadatmya*.

Vyavaharika erscheint der Atman verschieden von den expliziten Ereignissen und Dingen. *Paramarthika* aber erscheint die Wirklichkeit als Einheit. Die Illusion der Verschiedenheit schwindet und der Wissende erkennt, dass die Welt der Vielheit nichts anderes als das absolute Selbst *ist*.[89] Darum kann er das Selbst eines jeden Wesens durch die Erscheinung hindurch erkennen und sagen: *tat tvam asi*, »das bist du«.[90]

Die Theorie der Wirklichkeitsschichten (kosha)
Gemäß der Kosha-Theorie gilt der Atman als überdeckt von verschiedenen Schichten, die von innen nach außen einen Stufenbau erkennen lassen, der mit den subtilsten, rein geistigen Ausprägungen der einen zugrunde liegenden Wirklichkeit beginnt und im grobstofflichen materiellen Körper endet. Es handelt sich um ein Evolutionsmodell, in dem die jeweilige Vorstufe in der nächsten emergenten Struktur enthalten und selbst notwendige Bedingung für ihre Entfaltung ist. Be-

---

87 R. DeSmet, Does Christianity profess Non-Dualism? in: The Clergy Monthly, 37, 9, New Delhi 1973, 356.

88 S. Grant, Reflections on the Mystery of Christ Suggested by a Study of Shankara's Concept of Relation, in: God's Word among Men (ed. by G. Gispert-Sauch), New Delhi: Vidyajyoti, Institute of Religious Studies 1973, 105 ff.

89 Die Frage, ob das Selbst als Substrat unbeteiligter Zuschauer (*sakshin*) der Veränderungen in der Welt ist oder ob es als innerer Lenker (*antaryamin*) den Weltlauf aktiv bestimmt, ohne selbst verändert zu werden, ist zwischen Samkhya und Vedanta, aber auch innerhalb der verschiedenen vedantischen Schulen strittig. In den Upanishaden überwiegt die Ansicht von der Aktivität des Selbst.

90 CU VI, VIII, 7 und Parallelen.

sonders in der Taittiriya-Upanishad wird diese Theorie auf folgende Weise präsentiert:

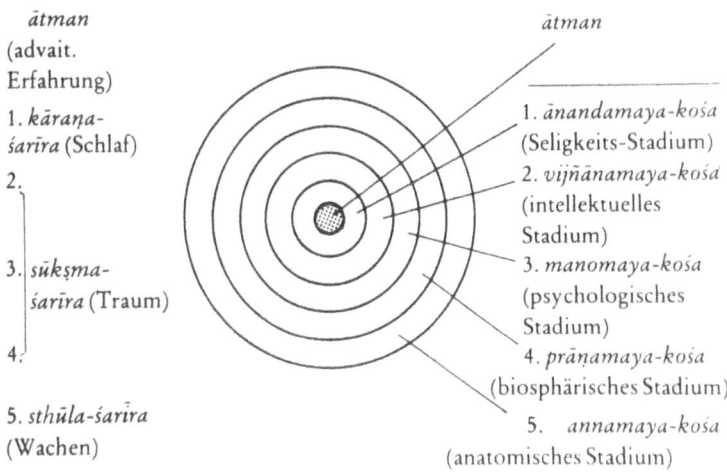

Diese Theorie vermeidet den Leib-Seele-Dualismus. Der Aufbau der Wirklichkeit – und so auch des Menschen – ist vielmehr ein Gefüge von übereinandergelagerten Schichten, die sich durch ihren Grad an Subtilität voneinander unterscheiden. *Was einen größeren Wirkungsbereich hat und darum die anderen Ebenen in Wechselwirkung durchdringt, ist subtiler.* Wir können das als holistische Psycho-Somatologie bezeichnen.

> Was einen größeren Wirkungsbereich hat und darum die anderen Ebenen in Wechselwirkung durchdringt, ist subtiler.

Die fünf Hüllen (*kosha*) sind übereinandergelagerte psychosomatische Schichten, unter denen das Selbst (*atman*) verborgen ist und als innerer Lenker (*antaryamin*) die Prozesse in den einzelnen Schichten steuert, ohne doch selbst in den Wechsel, der sich in den Hüllen abspielt, verstrickt zu sein. Beginnen wir von außen: Der materielle Körper ist am wenigsten subtil und heißt *annamaya-kosha*, die aus Nahrung gemachte Hülle. *Pranamaya-kosha* ist die subtilere Hülle vitaler Energie, die ganz besonders im Atemvorgang beobachtet werden kann. *Manomaya-kosha* ist aus dem Gemüt und den Sinnen gebildet. Auch die verstandesmäßige Isolierung von Merkmalen mittels analytischen Denkens gehört dazu. Dahinter lagert die Funktion des synthetischen Verstehens (*vijnana*). In dieser Schicht sind die höhere Vernunfterkenntnis und das intuitive Wissen angesiedelt. Weiter innen liegt *anandamaya-kosha*, die »aus Seligkeit« gebildete Hülle. Es handelt sich dabei nicht um die Seligkeit, die Brahman/Atman selbst ist, sondern um die durch Bedingungen eingeschränkte Erscheinung derselben in der Welt der Evolution und Vergänglichkeit. Die fünf Hüllen liegen wie Kleidungsstücke über dem Selbst, das am Grunde als integrierendes Kraftzentrum wirkt, wobei seine Integrationskraft nach außen hin abzunehmen scheint. Die fünf Hüllen bilden drei Körper (*sharira*), nämlich den grobstofflichen (*stula-sharira*), den subtilen (*sukshma-sharira*) und den »Kausalkörper« (*karana-sharira*). Auch das Bewusstsein ereignet sich in dieser dreistufigen Ganzheit: Der grobe Körper entspricht dem mentalen Bereich des Wachens (*vishva*), der subtile dem Traum (*taijasa*) und der Kausalkörper dem Tiefschlaf (*sushupti*). Darunter liegt eine Bewusstseinstiefe, die nicht benennbar, aber sehr wohl erfahrbar ist, und *turiya* oder *caturiya* (bzw. *caturtha*, »der Vierte«) genannt wird. Diese Zusammenhänge sind wichtig für die Meditation, die durch die fünf Hüllen zum Atman vordringen will und darum vom Wachbewusstsein ausgehen muss, um nacheinander mit aller Energie auch das Traum- und Schlafbewusstsein zu durchdringen, bis schließlich im vierten Zustand (*turiya*) der Atman erkannt wird.[91] Das hier für den Menschen dargestellte System (mikrokosmischer As-

---

91 B. K. S. Iyengar setzt die Lehre von den fünf *kosha* in Beziehung zu modernen anthropologischen Vorstellungen: »Der Mensch besteht aus fünf Schichten (…) In moderner Terminologie sind diese bekannt als anatomisches, physiologisches, psychologisches, intellektuelles und Seligkeits-Stadium. Der Körper hat verschiedene Systeme wie Zirkulation, Respiration, Digestion, Nervensystem, Drüsensystem usw. Er hat eine große Organisation mit verschiedenen Unterabteilungen wie in einer Gesellschaft. Und der präsidierende Beamte ist das Selbst.« (Yoga and Dharma in: Spiritual Perspectives (ed. by T. M. P. Mahadevan), a. a. O., 274 f.) Zum Problem vgl. H. Zimmer, Philosophie und Religion Indiens, a. a. O., 370 f.

pekt) gilt mutatis mutandis für den Aufbau der Welt (makrokosmischer Aspekt).

Wir sehen: Der Atman wird als das verborgene Subjekt aller Aktivität (Sehen, Hören, Verstehen usw.) interpretiert, und er ist gleichzeitig von aller Aktivität verschieden. Darum wird er der »ungesehene Seher, der ungehörte Hörer, der ungedachte Denker«[92] genannt. Die menschlichen geistigen Fähigkeiten haben ihre Aufgabe *innerhalb* des Bereichs der Tätigkeiten oder der *koshas*, sie vermögen aber nicht, ihren eigenen Grund zu erfassen: Das Denken kann denken, aber es kann das Denken nicht denken, sondern erfasst immer nur Teilaspekte desselben.[93] Das Brahman ist alles in allem. Dort, wo es mit Attributen als persönlicher Gott gesehen wird (*saguna*), kann es verehrt werden. Andererseits ist alles, was ist, in ihm.[94] Dies gilt unabhängig davon, ob dem Menschen etwas als Lust oder Leid (*sukha* oder *duhkha*) erscheint.[95]

Das Ewige ist nicht außerhalb, sondern *im* Zeitlichen. Das Zeitliche hat deshalb keine Existenz in sich selbst. Dies nicht zu erkennen, ist die große Illusion, der Grundirrtum des Menschen. Wenn aber die Welt als das gesehen wird, was sie wirklich ist – nämlich abhängige relationale Wirklichkeit –, ist sie keine Illusion. Die Illusion besteht vielmehr darin, dass ein falscher (dualistischer) Begriff von der Wirklichkeit konstruiert und das, was nur Hülle des Realen ist, für real gehalten wird. Wirkliches Sein (*sat*) kommt allein dem Brahman zu. In der dem Advaita zugrunde liegenden Erfahrung wird die Dualität von Gott und Welt, Realität und Nicht-Realität, Befreiung und Verstrickung ins Endliche aufgehoben zu einer Erfahrung der Gegenwart des Ewigen oder Ewigen Gegenwart.

---

92 BU III, VII, 20.
93 Ein anderes Beispiel für dieses Argument findet sich in BU III, VII, 5: Gott ist die innere Kraft im Feuer, aber er ist nicht das Feuer, und darum kennt ihn das Feuer nicht. Vgl. dazu A. G. Aranjaniyil, The Absolute of the Upanishads, Bangalore: Dharmaram Publications 1975, 3 f.
94 BG VI, 30.
95 BG VI, 32.

Vergleicht man die Modelle von Samkhya und Advaita Vedanta bezüglich ihrer jeweiligen Theorie der Evolution, so ergeben sich Unterschiede: Im Samkhya ist Evolution ein realer Prozess, die Selbstentfaltung der Prakriti. Diesem Prozess steht der Purusha gegenüber, der nicht der Dynamik von Explikation und Implikation unterzogen ist, sondern die Instanz des Gewahrseins eben jenes Prozesses bezeichnet. Im Advaita Vedanta hingegen erscheint die Welt als Evolution nur in einem Bewusstseinszustand, der differenzierend und relational operiert. Im Bewusstseinsmodus der Betrachtungsweise vom Ganzen her gibt es weder Raumzeit noch Evolution. Alles ist hier eine mit und in sich selbst identische Einheit.

Die Evolutionstheorie im Buddhismus[96]

Wir können uns hier kürzer fassen, weil Grundlegendes bereits im 1. Kapitel über die Theorie vom »Entstehen in gegenseitiger Abhängigkeit« (Sanskrit *pratiyasamutpada*, Pali *paticcasamuppada*) dargestellt worden ist. Es handelt sich um eine Beschreibung der prozessualen Verbundenheit aller Erscheinungen, nicht um eine Ontologie.[97] Dabei sollte man eher von einer dynamischen Kausalität und nicht von einer einlinig-statischen sprechen. Alles ist Wechselwirkung. Deshalb ist alles Ursache für bestimmte Wirkungen, die wiederum zur Ursache aller Erscheinungen werden. Jedes Glied in der Kette des

---

96 Quellen: MN 38, 17; MN 38, 20; MN 115, 11, ausführlicher in MN 9, 21–66, bezogen auf das Leben eines Individuums in MN 38, 26–40, in komprimierter Version MN 1, 171; MN 11, 16 und MN 75, 24 f. Vgl. auch SN II, 2–4.

97 Es sei darauf hingewiesen, dass es »den« Buddhismus nicht gibt, auch nicht in Bezug auf so fundamentale Deutungen dessen, was die Begriffe »Leerheit«, »Entstehen in wechselseitiger Abhängigkeit«, »Bewusstsein« usw. bezeichnen sollen. Die Differenz der Schulen des Buddhismus ist unübersehbar, und es seien hier nur sehr allgemeine Denkmuster herausgearbeitet. In der Abhidhamma-Literatur und auch im späteren Buddhismus gibt es durchaus ontologisierende Theoriebildungen. Dazu auch: M. v. Brück, Einführung in den Buddhismus, a. a. O., 109 ff.; Dalai Lama, Wegweiser für die Welt von heute, a. a. O., 335 ff.

Entstehens enthält alle anderen und trägt deshalb alle Möglichkeiten und Wirklichkeiten in Vergangenheit, Gegenwart und Zukunft in sich. *Man deutet dies heute gelegentlich als »holographisches Weltbild«, bei dem jeder Teil das Ganze enthält, weil ein Hologramm nicht Lichtpunkte abbildet, sondern Interferenzmuster von Wellen.* Das Ganze ist die Struktur eben dieser Muster als Matrix für jedes mögliche Ereignis. Diese universale Weltdeutung ist aber eine Denkfigur, die sich vornehmlich erst im Mahayana entwickelt hat. Im frühen Buddhismus hingegen bezeichnen die Glieder der buddhistischen Kette des Entstehens in wechselseitiger Abhängigkeit zunächst das prozesshaft sich entfaltende Lebenskontinuum der menschlichen Existenz. Dieses geistig-körperliche Kontinuum wird in zwölf Aspekten wie folgt erfasst, wobei empirisch von dem gewöhnlichen geistigen Zustand des Menschen ausgegangen wird, denn damit beginnt ja »jedes Nachdenken über sich selbst«:

1. Die Unwissenheit (*avidya*) führt dazu, dass der Mensch sich als ein autonomes Subjektzentrum bzw. Ich wahrzunehmen glaubt. Dies führt
2. zu karmischen Bildungen (*samskarakarma*), weil jeder geistige Impuls (völlig unabhängig davon, ob er fehlerhaft ist oder nicht) Wirkungen hat und »Prägungen« schafft, das heißt es entstehen Motivationen für Handlungen, die
3. einen spezifischen Bewusstseinszustand (*vijnana*) erzeugen.

Aus diesen drei Aspekten ergeben sich die Existenzbedingungen für die materielle Manifestation derselben, das heißt für die Geburt als Mensch im Lebenskreislauf, so dass sich

4. durch ein Zusammenwirken der *skandhas* (*namarupa* usw.)[98] ein Lebensorganismus bildet. Der Embryo entwickelt
5. die sechs Sinneskräfte (*shadayatana*: Sehen, Hören, Reichen, Schmecken, Tasten, Denken). Wenn diese Sinneskräfte unter dem Antrieb von Bewusstseinsenergie mit Objekten zusammentreffen, ergibt sich
6. eine Berührung (*sparsha*), die als angenehm, unangenehm oder neutral empfunden werden kann. Diese bewertende Qualität schlägt sich
7. als entsprechendes Gefühl (*vedana*) nieder.
8. Darauf reagiert der Mensch mit Anhaften (*trishna*), das angenehmen Gefühlen Dauer verleihen und unangenehme Empfindungen vermeiden möchte. Dieses Anhaften steigert sich
9. zum begehrenden Ergreifen (*upadana*), das sich auf vierfache Weise auswirkt:
    a) als das unstillbare Verlangen nach Lustgewinn durch angenehme Formen, Klänge, Düfte, Geschmäcker und berührbare Objekte;
    b) als die intentionale Ausrichtung auf (irrtümliche) Vorstellungen, die dem Ich unabhängige Existenz und Macht vorspiegeln;
    c) als das Verlangen nach Haltungen und Verhaltensweisen, die dem eingebildeten Existenz- und Machtanspruch des Ich Ausdruck verleihen und diesen Anspruch stärken;
    d) als das Verlangen nach »Ich« und »mein«, das nun vollständig alle Bewusstseinsimpulse begleitet und bestimmt.

---

[98] Die Theorie der Skandhas wurde auf S. 76. erläutert. Detailliert dazu auch S. Hamilton, Identity and Experience. The Constitution of the Human Being According to Early Buddhism, London: Luzac Oriental 1996; M. v. Brück, Aesthetic principles, the arts, and the interpretation of culture, in: PsyCh Journal 10 (2021). Institute of Psychology. Chinese Academy of Sciences, pp. 200–209.

10. Werden (*bhava*) ist Resultat des zweiten Gliedes (*samskara-karma*) und aller seiner Konsequenzen, die in den Gliedern 3 bis 9 benannt sind.
11. Geburt (*jati*) sowie
12. Altern und Tod (*jaramarana*) schließen den Kreislauf, der nun wieder von vorn beginnt.

Diese Kette beschreibt ein wechselseitiges Sich-Bedingen: Jede Erscheinung ist Bedingung der anderen, und alle Erscheinungen der Wirklichkeit sind wechselseitig voneinander abhängig. Einsicht in diese Struktur ist Voraussetzung für die Befreiung aus dem Gefangensein in ihr. Wie kann Erkenntnis eine solch umgreifende Auswirkung haben? Die Begründung ist einfach, denn nirgends sonst als im Bewusstsein entstehen die karmischen Bildekräfte, die sich auf dem Weg zur Befreiung entweder förderlich oder hinderlich auswirken können.[99]

Wie kommt das alles zum Ende oder zum Ziel? Im *nirvana*. Das Nirvana wird beschrieben als das Ende aller bedingten Bewusstseinszustände und ist damit das Ende von Frustrationen, die durch ich-hafte Bewusstseinsprojektionen verursacht sind. Das ist folgerichtig das Ende von Leiden (*duhkha*). Das Nirvana ist demnach nicht-bedingt (*asamskrita*), es ist höchstes Glück (*paramasukha*), insofern es frei von Geburt, Krankheit, Alter und Tod ist.[100] In ihm gibt es keine unterscheidenden Empfindungen. Demzufolge kann es nicht versprachlicht werden, weil Sprache an unterscheidende Abgrenzungen und somit bedingte Begriffskonstruktionen gebunden ist. Man kann darum nur sagen, was das Nirvana nicht ist, nicht aber beschreiben, *was* es ist. Wer das Nirvana »erreicht« hat, denkt nicht darüber nach, denn er ist allen Dualitäten

---

99 Der Zusammenhang der einzelnen »Glieder« untereinander ist verschieden gedeutet worden, und auch die Reihenfolge der einzelnen Aspekte ist in der Pali-Literatur nicht einheitlich. (Dazu auch: Magandiya Sutta MN 75, 19 (I, 508))

100 Das Nirvana ist weder ein räumlicher noch ein zeitlicher Bereich.

entzogen.[101] *Dass* es ist, ist gleichwohl die Voraussetzung für den ganzen analytischen Ansatz des Buddhismus. Dieser Sachverhalt ist gemeint mit den berühmten Sätzen aus Udana und Itivuttaka, wo *nirvana* als *ayatana* (Grundlage, Bereich, heilige Stätte) bezeichnet wird, womit nicht eine räumlich vorgestellte Größe, sondern eher ein Bewusstseinszustand bzw. -bereich gemeint sein dürfte:[102]

> *»Es gibt ein Nicht-Geborenes, Nicht-Entstandenes, Nicht-Geschaffenes, Nicht-Bedingtes. Gäbe es kein Nicht-Geborenes, so gäbe es keine Befreiung für das, was geboren, entstanden, geschaffen, bedingt ist.«*

Der Weg des Buddha wird als der »Mittlere Pfad« (Sanskrit: *madhyama pratipad*)[103] bezeichnet. Dies bezieht sich erstens auf die religiöse Praxis, zweitens auf die Mitte zwischen extremen philosophischen Positionen. Hinsichtlich der Praxis ist die Mitte zwischen einem Leben in sinnlichem Genuss und radikaler Askese bzw. zwischen Vergnügen und selbstgesuchtem Leiden gemeint,[104] denn physische Selbstqälung ist nutzlos, weil sie nichts an der Motivation des Begehrens ändert. Philosophisch wird die Mitte zwischen Nihilismus und Substanz-Ontologie (Eternalismus) gesucht. Die spezifisch buddhistische Lehre vom Nicht-Selbst (*anattal anatman*) muss auf diesem Hintergrund interpretiert werden. Sie besagt, dass die Evolution ein sich selbst-steuerndes Geschehen ist, bei dem alle Emergenzen in wechselseitiger Abhängigkeit einander durchdringen. Die befreiende Erkenntnis aber besteht darin, das Ganze, aus dem diese Prozessstruktur folgt, zu durchschauen und mental das Raumzeitgeflecht zu durchbrechen, um – metaphorisch gesprochen – in einen Zustand *reinen Schauens* zu gelangen. Was letzterer Ausdruck besagt, entzieht sich dem analytischen Wissen.

---

101 Mulapariyaya Sutta MN 1, 27–194 (I, 4–6).
102 Udana 8, 1–4, vgl. Itivuttaka 37 u. a.
103 Dhammadayada Sutta, MN 3, 8–15.
104 Vin I,10.

Schlussfolgerungen aus interkultureller Perspektive

Die Evolutionsvorstellungen des Hinduismus sind zu unterschiedlichen Theorien gebündelt worden, die eine systematische Weltanschauung ergeben. Es ist ein Bild von der Einheit der Welt, das gleichwohl einen Stufenaufbau der Wirklichkeit erkennen lässt, der durch evolutionäre Prozesse in Gang gekommen ist, erhalten wird und durch eine Umkehr zur In-volution bzw. Kontraktion von Raum und Zeit zum Ende kommt, bevor alles von vorn beginnt. Ein zyklisches Weltbild, das doch einer zielgerichteten und nicht umkehrbaren Zeitrichtung folgt, weil karmische Bedingungen eine Geschichte zur Folge haben, die Einmaliges erzeugt. Dieses Weltbild benutzt Bilder und Metaphern, um die Einheit in Vielheit zu denken, um zyklische Zeitperioden und zielgerichtete Zeit als zwei Aspekte einer teils chaotischen, teils strukturierten Bewegung zu denken (der Tanz Shivas) und vor allem die menschliche Bestimmung in diesem Prozess der Evolution zu finden.

Der Buddhismus ist eher an der Entwicklung des Geistes interessiert. Er hat zwar die kosmologischen Theorien und Zeitvorstellungen im Hintergrund parat, die sich von den hinduistischen nicht wesentlich unterscheiden, aber das ist Begleitmusik, die in den Ritualen und in künstlerischen Darstellungen eine Rolle spielt, die Hauptmelodie ist aber das geistige Erwachen, das durch Praxis der Kultivierung des Geistes erreicht werden kann. Dazu ist jeder Mensch aufgefordert und befähigt, wenngleich jeder andere Voraussetzungen mitbringt. Das hat zur Folge, dass der Weg unterschiedlich lang sein kann, es bedarf jedenfalls vieler Wiedergeburten, bis der Geist gereinigt ist und Erkenntnis (*prajna*) zusammen mit heilender Hinwendung zu allen Lebewesen (*karuna*) vollkommen ausgebildet sind.

Der Mensch ist kein festgelegtes Wesen, seine Entwicklung ist offen, weil Menschen lernfähig sind. Wie weit diese Lernfähigkeit in den ererbten und erworbenen Haushalt der Emotionen eingreifen kann, um z. B. Hass und Gewalt zu zügeln, ist schwer vorhersagbar. Die Zeiträume für Veränderungen sind jedenfalls in der bisherigen Geschichte relativ groß gewesen, und die Zeit drängt (C. F. von Weizsäcker). Allerdings ist auf der Basis der Neuroplastizität des Gehirns wie auch der Einsicht in die kulturellen Entwicklungen der letzten Jahrtausende begründet zu vermuten, dass menschliche Neuentwicklungen nicht nur selektiv geschehen, sondern aktiv gesteuert werden können. Doch wer steuert wen und wie? Es bedarf einer kühnen Motivation zur Transformation, die vielleicht nur durch Anpassungsdruck bzw. Leidensdruck zustande kommt. Indische Lebensmodelle aber legen den Fokus auch auf die spielerische Freude und Kreativität, die aufgerufen und aktiviert werden kann. Das bedeutet eine Veränderung in der Wahrnehmung und den Wahrnehmungsgewohnheiten – Schönheit und Vernetzung aller Aspekte des Lebens regen zu einer nachhaltigen Lebensgestaltung an. Und dies befriedigt und befriedet Emotionen in Richtung auf eine Verwirklichung der Potenziale des Humanen.

Die buddhistischen wie hinduistischen Vorstellungen von der Evolution des Kosmos wie von der Evolution des menschlichen Geistes sind gut geeignet, den Dialog mit den Naturwissenschaften neu aufzunehmen und über Kultur- wie Religionsgrenzen hinweg fruchtbar zu machen für die Pflege einer Humanität, die die Einheit der Menschheit im Blick hat, sowohl was die Herkunft des Menschen und seiner Kulturen betrifft, vor allem aber hinsichtlich der Aufgabe, das gemeinsame Schicksal der Menschheit zu meistern. Die Resonanzen der unterschiedlichen Menschenbilder sind offenkundig. Sie eröffnen Gestaltungsmöglichkeiten für die Zukunft und offene Räume der Freiheit.

Das Eine und das Viele sind zwei Seiten einer Sache.
Der Atman ist transpersonale Personalität, die alles bewegende Energie des Weltgeschehens. Prana ist das energetische Prinzip in allem.
Nicht-Dualität bedeutet die Freiheit von Furcht.

Kapitel 4:
Die Freiheit der Person

Wir haben keinen Grund, gegen unsere Welt Mißtrauen zu haben, denn sie ist nicht gegen uns. Hat sie Schrecken, so sind es unsere Schrecken, hat sie Abgründe, so gehören diese Abgründe uns, sind Gefahren da, so müssen wir versuchen, sie zu lieben.[1]

(Rainer Maria Rilke)

Worum geht es?

»Die Freiheit des Menschen liegt nicht darin, dass er tun kann, was er will, sondern, dass er nicht tun muss, was er nicht will.« Dieser Spruch wird Jean-Jacques Rousseau (1712–1778) zugeschrieben. Freiheit ist also nicht willkürliches Sich-Gehenlassen, sondern an Verantwortung gegenüber der eigenen Vernunft und dem Gemeinwohl gebunden. Freiheit wurde in der Aufklärung gegen die Willkür der absolutistischen Herrschaft erkämpft: Politik muss auf dem gemeinsam geäußerten Willen der Gemeinschaft und auf dem Recht beruhen, denn dies entspreche der Natur des Menschen. Freiheit ist in diesen politischen Kontexten vor allem die Freiheit des Einzelnen gegenüber dem einseitigen Machtanspruch und Machtmissbrauch des Staates bzw. seiner Repräsentanten. Der Mensch darf, ja muss dann den Gehorsam verweigern, wenn staatliches Handeln sich selbst delegitimiert. Das Thema ist hochaktuell geblieben, denn die Praxis der Demokratie hängt an Lösungen, die das Gemeinwohl einerseits und den Selbstverwirklichungswillen des Individuums andererseits ausgleichen.

---
1 Rilke, Briefe an einen jungen Dichter, 12. August 1904, a. a. O., 45.

Ist das aber vielleicht alles Illusion? Sind wir determiniert durch unsere Gene und Instinkte, deren Resultat wir in den gesellschaftlichen Strukturen ausgedrückt finden? Wie käme denn die einzelne Person überhaupt zu vernunftbegründeten und werteorientierten Urteilen, die sowohl den Spielraum für die eigene Lebensgestaltung als auch das Gemeinwohl fördern? Die Frage nach der Freiheit der Person ist in neuer Weise aktuell geworden in der Debatte um die philosophischen Deutungen neurowissenschaftlicher Aussagen, die eine Determiniertheit menschlichen Handelns behaupten. Es dürfte aufschlussreich sein, das Thema auch aus der Perspektive der hinduistischen und buddhistischen Philosophien mit einem Seitenblick auf China zu erörtern.

Bereits aus dem vorigen Kapitel wird ersichtlich, dass die Geschichte der Philosophie in Europa unter diesem Gesichtspunkt betrachtet werden kann: *Was ist der Mensch und was ist seine Freiheit im Kosmos?* Angesichts der theologischen Rede von der Allmacht Gottes ist die Frage nach der Freiheit des Menschen schon über Jahrhunderte hinweg diskutiert worden, denn wenn Gott allmächtig ist, wo bleibt dann Raum für die Freiheit des Menschen? Unterschiedliche Antworten und Lösungsmöglichkeiten sind vorgeschlagen worden, die hier nicht erörtert werden können. In der griechischen Antike, nicht nur in den Tragödien eines Sophokles, ist es das Schicksal, das die Götter dem Menschen bereiten und das blind zuschlagen kann: Ein Schicksal, das nicht durchschaubar ist, und das – wie bei Ödipus – auch nicht selbstverschuldet ist, das aber die Freiheit des Menschen geradezu verhöhnt.

> Was ist der Mensch und was ist seine Freiheit im Kosmos?

Im 19. Jahrhundert stellte sich die Frage neu, nun auch angesichts des Problems der gesellschaftlichen Zwänge, und man denkt an Hegel und die Links-Hegelianer, dann auch an den Marxismus. Auch hier gibt es keine einheitlichen Antworten, immerhin aber die Feststellung eines Ludwig Feuerbach und eines Karl Marx, der Mensch sei das Ensemble der gesellschaftlichen Verhältnisse. Das heißt: Der Mensch wird zu dem, was er ist, durch die Gesellschaft, und diese wandelt sich. Sie ist den Zwängen der Macht und der Klassenkämpfe unterworfen, und das bedeutet eine gravierende Einengung der menschlichen Freiheit. Hinzu kam Sigmund Freud, der erkannte, dass der Mensch keineswegs Herr im eigenen Hause ist, weil die bewussten Steuerungsvorgänge wie die Spitze eines Eisbergs seien, dessen größte Masse im Unbewussten bzw. in vorbewussten Prozessen liege. Auch hier also Erkenntnisse, die dem Menschen die Freiheit absprechen, weil durch gesellschaftliche Zwänge, Normen, Prägungen (Freuds Über-Ich) das Erkennen und Verhalten gelenkt werden, was die Freiheit zumindest einschränkt. Das Problem verschärft sich, wenn man nach der Gestaltungskraft des einzelnen »Führers« in der Geschichte fragt: Hat der charismatische Herrscher (in welchem Bereich der Politik oder Kultur auch immer) Macht, die Verhältnisse zu verändern, oder erzwingen die Verhältnisse das Glück oder Scheitern des Einzelnen? Das war Leo Tolstois Grundfrage in seinem monumentalen Roman »Krieg und Frieden« (1868).

Solche Erkenntnisse waren nicht neu, und die Sündenlehre der christlichen Theologie hatte seit Jahrhunderten (bis hin zu Luthers Schrift von 1525 über das *servum arbitrium,* »geknechteter Wille«) die Freiheit in Frage gestellt. Dagegen hatte bereits Erasmus von Rotterdam (1466?–1536) seine humanistische Position gestellt. Die Aufklärung bedeutete dann allerdings einen Neuaufbruch im Plädoyer für die Freiheit, den Marx und Freud in je unterschiedlicher Weise wieder dämpften. Beide glaubten allerdings an eine Entwicklung zur Freiheit hin – durch ökonomische und politische Befreiung (die »klassenlose Gesellschaft«) der eine, durch befreiende Erkenntnis (aus »Es« soll »Ich« werden) der andere.

Die Freiheit des Menschen war und ist jedenfalls ein höchst fragiles Gut, das auch philosophisch immer wieder neu durchdacht und neu begründet werden musste. Ist sie etwas Reales, oder kennen wir sie nur in Form der Sehnsucht und Hoffnung nach Freiheit? Freiheit ist gekoppelt mit dem hohen Ideal der Würde des Menschen. Das Grundgesetz der

Bundesrepublik Deutschland erklärt die Würde des Menschen für unantastbar. Sie ist höchstes Prinzip über allem anderen. Gibt es dafür eine rationale Begründung? Und sofort stellt sich die Frage: In der Realität wird die Würde ständig verletzt. Was sind die Ursachen?

Von grundsätzlicher Bedeutung ist die Frage, ob die Idee von der Würde des Menschen eine kulturelle Behauptung oder Norm ist, die man setzen kann oder auch nicht, oder ob die Würde des Menschen in der Evolution selbst begründet ist, im Menschsein des Menschen, und dann auch nicht mit rationalen Argumenten ausgehebelt werden könnte. Ist sie also eine Behauptung oder ein Faktum? Wenn Letzteres, müsste die Entwicklung zur Würde eines jeden Individuums der Spezies Mensch in der Dynamik der biologischen Evolution selbst zu finden sein. Im Folgenden möchte ich das Argument entwickeln, dass die Würde des Menschen in der Evolution angelegt ist und entwickelt wird, und zwar aus folgenden Gründen:

Die biologische Entwicklung des Menschen gipfelt in der Komplexität des Gehirns. Dieses ist nicht nur charakterisiert durch die außergewöhnliche Quantität an Hirnsubstanz, sondern vor allem durch die Vernetzungsfähigkeit und Synchronisierung unterschiedlicher Bereiche. Diese wiederum befähigen Menschen, eine komplexe Umwelt differenziert wahrzunehmen und kollektiv koordiniert zu agieren, um Gefahren abzuwenden und Möglichkeiten zum besseren Leben zu erproben. Das macht den erstaunlichen evolutionären Erfolg des Menschen aus. Kreativität ist also angelegt, und die wiederum kann sich nur entwickeln im Abweichen vom Mainstream kollektiver Gewohnheiten. Folglich ist das spannungsvolle Zusammenspiel von individueller Abgrenzung und kollektiver Kooperation ein Grundbaustein des evolutionsbedingt entwickelten Aktionsmusters des Menschen. Die Dynamik beider ist das, was den Menschen zur biologischen und zur kulturellen Entwicklung antreibt. Das Individuelle kann sich aber nur in über-individuellen Synthesen (Gemeinschaft) verwirklichen, und umgekehrt ist die Gemeinschaft abhängig von der systemisch funktionierenden Kooperation der

Individuen. Das ist beim Zusammenspiel unterschiedlicher hirninterner Systeme der Fall, und es ist das Grundprinzip der bipolaren Anlage des Nervensystems, des Stoffwechsels, der kardiovaskulären Dynamik, des Atemsystems, des Immunsystems usw., aber eben auch der gesellschaftlichen Kooperation: Das Individuell-Besondere kann nur im Respekt, d. h. in der Wechseldynamik mit dem je Anderen, sein eigenes Potential einbringen; beide sind aufeinander angewiesen. Kulturell gesprochen: Das Ich verwirklicht sich in Abgrenzung von und im Zusammenspiel mit dem Du und umgekehrt. Genau darin besteht das Leben, das von Würde gekennzeichnet ist. Darin liegen die Möglichkeiten und Grenzen der Freiheit, die Würde nicht nur begründet, sondern auch im je geschichtlichen Kontext konkretisiert. Würde ist also kein Wert, den man zur Disposition stellen könnte, er ist vielmehr der basalen Dynamik der Lebensprozesse selbst geschuldet. Damit ist die Würde des Einzelnen wie des Zusammenwirkens der Einzelnen zum gemeinsamen Vorteil (common good) evolutionsbiologisch begründet.

Die Würde kommt jedem Menschen zu, unabhängig von seinem sozialen Status, auch unabhängig von seiner Leistung oder seines Bewusstseinszustandes. Als Mensch hat er diese Würde, sie ist nicht erworben und demzufolge kann er sie auch nicht verlieren. Anders gesagt: *Der Mensch als Mensch hat Würde, und das heißt, dass er nie zum Objekt gemacht werden darf, er ist und bleibt – welche konkreten politischen oder wirtschaftlichen Verhältnisse auch immer gelten – Subjekt seiner Selbst-Gestaltung*. Das ist seine Freiheit. Nicht erst Immanuel Kant (bzw. die Aufklärung überhaupt) hat das so gesehen, sondern bereits der Buddha mit seiner Lehre, dass alle Lebewesen (nicht nur Menschen) die Buddha-Natur haben bzw. sind, und auch die indische Philosophie des Advaita, wonach es Gott ist, der sich in jedem menschlichen Lebewesen als Kern der Person manifestiert. Oder Jesus bzw.

> Der Mensch als Mensch hat Würde, und das heißt, dass er nie zum Objekt gemacht werden darf, er ist und bleibt – welche konkreten politischen oder wirtschaftlichen Verhältnisse auch immer gelten – Subjekt seiner Selbst-Gestaltung.

Paulus, die von der Gotteskindschaft sprechen – »ihr seid nicht Knechte, sondern Kinder, also Erben«. In all dem spiegelt sich eine lange, durchaus leidvolle kulturelle Erfahrung des Gegenteils, eben der Versklavung und Unfreiheit, der Fremdbestimmung und Unterdrückung durch diejenigen, die Macht ausüben. Dagegen ist der Begriff der Würde ein Programm, oft auch ein Aufschrei. Aber wenn es konkret wird, ist auch hier Konflikt vorprogrammiert.

Der Mensch – und das trifft auf viele andere Arten ebenfalls zu – ist Individuum und Gesellschaftswesen zugleich. Hirnphysiologisch und hirnfunktional spricht man von einem Spaß-System einerseits, das individuelle schnelle Befriedigung, d. h. Ausgleich von Spannungen, anstrebt; und einem Bindungssystem andererseits, das langfristig Kooperation, emotionale Wärme und Fürsorge füreinander ermöglicht, d. h. die lange Phase der Sorge für den Nachwuchs bestimmt und Glück bereitet. Beide Systeme liegen räumlich im Hirn beieinander und beeinflussen einander wechselseitig, aber die jeweils damit verbundenen Interessen und Bedürfnisse stehen in Spannung zueinander. Aristoteles' *zoon politikon*, Senecas *animal sociale* oder der moderne Begriff des Gesellschaftswesens – die drei Begriffe sind durchaus nicht deckungsgleich –, immer gibt es ein Ringen um die Balance zwischen den Gegensätzen, die allerdings umwelt- bzw. gesellschaftsabhängig ist. In Jägerkulturen mit etwa 30 Mitgliedern in der Horde stellt sich die Frage völlig anders als in Zeiten der Sesshaftwerdung, der Hierarchisierung und Urbanisierung der Gesellschaft und vor allem des Privatbesitzes an Eigentum und entsprechenden Erbschaftsregeln, und noch einmal anders in den Megastädten des 21. Jahrhunderts mit 20–30 Millionen Einwohnern. Nicht nur der Organisationsgrad ist verschieden, auch die Kommunikationsregeln und sozialpsychologischen Muster werden kulturell umgeformt. Eben: Die gesellschaftlichen Bedingungen unterliegen der kulturellen Gestaltung. Das hat auch mit Sprache und Klima (Bedingungen der Wohnarchitektur, Kälte oder Hitze, Jahreszeiten) zu tun, mit Eigentums- und Erbschaftsorganisation, mit Kommunikationsformen (KI und social media) usw. Wir wissen, dass z. B. Ostasien, geprägt vom Konfuzianismus, dieses Verhältnis ganz anders bestimmt als Europa oder Indien, aber auch hier sind Stereotype eher Klischees als Empirie, denn die Bedingungen wandeln sich auch dort, und *das Normative ist nie identisch mit der tatsächlich gelebten Realität*. Der Mensch ist im Werden, die Evolution ist nicht abgeschlossen – weder biologisch noch kulturell. Daraus folgt die Verpflichtung zur erkennenden Verantwortung bzw. zu verantwortetem Erkennen. Weil dies mangelhaft ist, wird die Würde (noch) verletzt. Es bleibt eine Aufgabe der Erkenntnis; und aus der Erkenntnis sind Schlussfolgerungen für das Handeln zu ziehen, damit die Spezies nicht untergeht. Wir werden uns im Folgenden nicht mit der politischen Dimension dieses Themas befassen, sondern auf die spirituellen und religiösen Aspekte eingehen, besonders aus der Perspektive der asiatischen Kulturen im Spannungsfeld der neurophilosophischen Fragestellungen.

Die moderne Debatte, wie sie in Deutschland vor allem auf Grund der Thesen der Neurowissenschaftler Gerhard Roth (Bremen)[2] und Wolf Singer (Frankfurt)[3] geführt wird, nimmt ihren Ausgang meist von den Libet-Experimenten. Benjamin Libets Experimente besagen, dass Bewegungen (in diesem Fall Bewegungen der Hand) durch Bereitschaftspotentiale, die messbar sind, schon angezeigt werden können, bevor sich der Mensch bewusst wird, dass er eine Handbewegung ausführen will. Die Handlungsbereitschaft, ein Aktionspotential des Gehirns, das sich durch elektrische/elektromagnetische Ableitungen feststellen lässt, ist zeitlich bereits aufgebaut, bevor eine bewusste Entscheidung fällt. Daraus wird gefolgert, dass die freie Entscheidung eine Fiktion sei, die sich das Bewusstsein

---

[2] G. Roth, Gehirn. Gründe und Ursachen, in: DZPhil 53/2005, 691–705.
[3] W. Singer, Ein neues Menschenbild? Gespräche über Hirnforschung, Frankfurt a. M.: Suhrkamp 2003; ders., Verschaltungen legen uns fest. Wir sollten aufhören, von Freiheit zu sprechen, in: Chr. Geyer (Hg.), Hirnforschung und Willensfreiheit, Frankfurt a. M.: Suhrkamp 2004. Dazu auch: J. Nida-Rümelin/W. Singer, Erregungsmuster und gute Gründe. Über Bewusstsein und freien Willen, in: T. Bonhoeffer/P. Gruss (Hg.), Zukunft Gehirn. Neue Erkenntnisse, neue Herausforderungen, München: C.H. Beck 2011, 253–277.

selbst vorspiegelt, dass aber in Wirklichkeit die Determinierungen des Erkennens und Verhaltens in den biologisch angeborenen und biografisch erworbenen Verschaltungsmustern der Hirnstrukturen lägen: Der Mensch handelt nicht nach Gründen, die er mehr oder weniger rational gegeneinander abwägt, sondern nach Zwängen, derer er sich nicht bewusst ist. Dies freilich wird als eine Wahrheit verkündet, für die sich der Leser oder Hörer durch Einsicht entscheiden solle, wodurch also doch zumindest die Freiheit der Akzeptanz oder Nichtakzeptanz, also eben doch ein Urteilen nach Gründen und Vernunfteinsichten, mithin die Korrekturfähigkeit durch Einsicht, unterstellt wird. Aber dieser Widerspruch sei hier dahingestellt. Den soeben dargestellten Argumenten und Interpretationen der Libet-Experimente ist seitens der Philosophie, aber auch der Neurobiologie selbst, widersprochen worden.[4] Das trefflichste Gegenargument ist dieses: Ein Bereitschaftspotential erzeugt eine »Plattform« der Aufmerksamkeit, aber das ist noch keine Entscheidung, und das zeigt sich im Experiment eindeutig.[5]

Dass das Gehirn und die Körperzustände, zu denen auch die Gehirnzustände zählen, Erinnerungen und neuronale Verknüpfungen für mentale Entscheidungen konditionieren, ist unbestritten. Das ist, in anderer Sprache ausgedrückt, die Fortführung der eben erwähnten metaphysischen, theologischen und anderer Debatten in der europäischen Geschichte. Aber dass diese Konditionierungen die Freiheit völlig unmöglich machen würden, ist eine Behauptung, die sich keineswegs als einzig schlüssige Interpretation der besagten Experimente ergibt. Denn Bewegungs- und Handlungspotentiale, die einmal aufgebaut sind, können aus abwägbaren Gründen auch wieder zurückgenommen, umgeformt und korrigiert werden. Wir können einen Impuls, der sich im

---

4 So Günter Rager, Tobias Müller, Jürgen Habermas u. a. in ihren Beiträgen in: T. Müller/Th. M. Schmidt (Hg.), Ich denke, also bin ich Ich?, a. a. O. Vgl. auch J. Nida-Rümelin, Über menschliche Freiheit, Stuttgart: Reclam 2005.

5 Wir müssen dies hier nicht im Einzelnen erneut darlegen. Schlüssig zusammengefasst ist der Sachverhalt von Christoph Herrmann, Determiniert – und trotzdem frei!, in: Spektrum der Wissenschaft edition 3, Bewusstsein 3.23, Heidelberg 2023, 104–109.

emotionalen Spektrum zeigt, durchaus durch die Abwägung von Gründen zurückhalten, also mitten in einem Prozess eine Entscheidung treffen, die diesen Prozess abbricht und in eine andere Richtung lenkt, weil wir Gründe haben, die natürlich wiederum im Gehirn erarbeitet werden – wo sonst? –, die aber scheinbar automatisch ablaufende Prozesse neu bewerten und umkonditionieren, so dass sie eine andere Intensität und Richtung erhalten können. Evolutionsbiologisch wäre die Frage berechtigt, wozu denn der komplexe mentale Apparat da wäre, wenn wir nur deterministisch und mechanisch reagieren würden und nicht aufgrund von Erfahrungen, die sich im Gedächtnis unserer Persönlichkeit aufgebaut haben. Wenn wir also nicht tatsächlich Handlungsabläufe nach Erkenntnis von Gründen verändern könnten. Die mentalen Strukturen sind erkennbar dafür angelegt, Entscheidungsalternativen aufzubauen, d. h. Möglichkeiten von Handlungen abzuwägen und in der Phantasie ihre Folgen vorwegzunehmen, um dann in konditionierter Freiheit eine Möglichkeit zu wählen. In allen Handlungstheorien und Spieltheorien spielt diese Voraussetzung die entscheidende Rolle. Das Spiel ist die perfekte Kombination von Regel und Freiheit. Es ist das Neue und Unerwartete, das geschehen kann und mit Spannung erwartet wird. Im Spiel werden kognitive und emotionale Dispositionen erprobt. Es ist die Quelle der Kreativität, die dann lebenspraktisch zur Verfügung stellt, was im Spiel erlernt wurde. Kreativität ereignet sich im Durchspielen von Varianten durch neue Kombinationen, es ist die Entdeckung neuer möglicher Variationen. Die Variation bzw. das Spiel funktioniert aber nur im Raum von Regeln, die dem Erwarteten oder Erwartbaren einen Rahmen geben. Spiel bezeichnet also eine Mitte von Differenz und Identität, es bringt das Ähnliche hervor. Jede Differenzierung beruht auf dem Zusammenspiel von Varianz und Invarianz.[6] Das Ähnliche aber empfinden wir als befriedigend oder sogar schön, denn es stellt die Balance zwischen zwei Polen dar, weil es einerseits die Vertrautheit des

---

6 L. Ciompi, Affektlogik, a. a. O., 99 ff.

Gleichen in sich trägt, andererseits das mit Spannung erwartete Neue, das Überraschende. Damit bildet das Spiel die Struktur der Evolution ab, die ja eine Vervielfältigung von einzelnen Formen erreicht, die sich in je neuen Mustern ordnen.[7] Denn das ist es ja, was Menschen – zumindest in dieser Intensität, denn Spiel gibt es auch bei Tieren – von anderen höheren Lebewesen unterscheidet, dass sie Handlungen und ihre möglichen Folgen mental antizipieren können, um durch Abwägung von Alternativen Überlebensvorteile zu erzielen. Dies ist ein Raum der Freiheit.

So weit die europäische Debatte. Wenn das Thema der Willensfreiheit nun in der indischen Tradition behandelt wird, muss man zur Kenntnis nehmen, dass selbstverständlich auch die indische kulturelle Welt in sich höchst differenziert ist und auf diese Frage auch unterschiedliche Antworten gefunden hat. Gleichwohl, es finden sich Grundformen des Denkens, die sich von dem unterscheiden, was es auf dem Hintergrund der griechischen Antike, der mittelalterlichen Philosophie und auch der neuzeitlichen nach-kantischen Philosophie an Denkmöglichkeiten gibt. Wir müssen uns beschränken und, was den Buddhismus betrifft, bei den indischen Wurzeln bleiben, denn die buddhistischen Philosophien in Ost- und Südostasien haben sich wiederum in anderen kulturellen Räumen weiterentwickelt.

Karma und Schicksal

Karma und Schicksal sind Begriffe, mit denen der Mensch die Unvorhersagbarkeit des Lebens, des Scheiterns und Gelingens, des Schmerzes und der Freude, des Sinnes und des Widersinnes, zu fassen versucht.

---

[7] Ciompi, ebd., 147 ff., argumentiert, dass diese Polaritäten überall zu finden sind. Abstraktion ist die Ordnung nach Gemeinsamkeiten, die wiederum durch Ähnlichkeit entstehen. Einzelnes wird sytemisch zusammengefasst, so dass Musterbildung zur Reduktion (Invarianz) beiträgt.

Schicksal (*vidhi*), das Gott oder die göttliche Sphäre (*daivam*) dem Menschen zuteilt, ist auch im Hinduismus eine Deutungsmöglichkeit des Lebens und des Leidens, die neben der Vorstellung vom Karma existiert. Gott spielt, und in ihm ist eine Überfülle an Kreativität. Was dem Menschen widerfährt, ist dieses überschäumende Sprudeln von Kreativität, die er, auf sich bezogen, als *vidhi* erfährt. Im volkstümlichen Hinduismus werden nicht selten positive Lebensumstände dem *vidhi* zugeschrieben, die negativen aber dem Karma.[8] Das könnte damit zusammenhängen, dass man das Negative dem eigenen Handeln zuschreibt, das Glück aber nicht, um nicht als stolz oder selbstgefällig zu erscheinen, was den Zorn der Götter hervorrufen würde, die wiederum aus Eifersucht schlechtes Schicksal schicken könnten.

Die Karma-Theorie besagt, dass jede Tat und ihre Wirkung einen unauflöslichen Zusammenhang bilden, dass also jede Tat ihre unvermeidliche Wirkung in sich trägt, so dass das gesamte Weltgeschehen als Netz von reziproken Kausal-Beziehungen erscheint. Die phänomenale Welt ist gekennzeichnet durch den kosmischen Zusammenhang aller Dinge im Karma: Jede Wirkung, jedes Ereignis ist verwoben in den Gesamtzusammenhang. Die Gegenwart ist somit Folge des Vergangenen, und Zukunft ist die Entfaltung des gegenwärtigen Karma. Karma ist unerschöpflich, und somit entsteht der Eindruck einer kreisförmigen Zeitbewegung. Karma ist weniger ein universales Gesetz, dessen Struktur statisch wäre, sondern die akkumulierte Kraft der *Gewohnheit*, die ihre Eigengesetzlichkeit im Verlaufe ihrer Wirkung entwickelt. Ein Beispiel: Wenn eine Handlung (z. B. das Rauchen) ständig wiederholt wird, ist die Folge davon, dass die Wahrscheinlichkeit zunimmt, mit der sich das Handlungsmuster entsprechend der Gewohnheit verstärkt – man wird dann das Rauchen immer schwerer aufgeben können, es wird zum Habitus. Nicht nur im Bereich menschlichen bewussten Handelns schafft habituelle Disposition unumkehrbare Strukturen, sondern die Gesetz-

---

8 A. Ayrookuzhiel, The Sacred in Popular Hinduism, Madras: CLS 1983, 142 ff.

mäßigkeit der Wirklichkeit als solche beruht auf dieser Dynamik. Karma ist somit das formende Prinzip schlechthin, das der materiellen wie der geistigen Evolution zugrunde liegt. Das karmische Netz hat keinen Anfang, wohl aber ein Ende. Die karmischen Wechselwirkungen kommen nämlich dann zu Ende, wenn der Kreislauf der Gewohnheit durch eine tiefe geistige Einsicht durchbrochen ist, wobei kein neues Karma mehr erzeugt wird. Wie ist das möglich?

Karma, so argumentieren der Buddhismus und viele Strömungen im Hinduismus, hängt am Willen, an der *Intention zum Handeln*, die normalerweise von der Begierde gelenkt wird, weil der Mensch sein Ich durch Handeln stabilisieren will. In jedem Handeln aber steckt Intention, also auch das Begehren, etwas zu erreichen. Wird aber in tiefer Einsicht (z. B. durch Meditationserfahrung) erkannt, dass es kein Ich gibt, das sich durch Zugewinn oder Abgrenzung von Anderem stabilisieren könnte, sondern dass auf einer tieferen Ebene der Wirklichkeit alle Lebewesen und Erscheinungen eins sind, weil sie voneinander abhängig entstehen, so verliert das Handeln seine karmische Wirkung, d. h. es ist nicht mehr gebunden an eben dieses Begehren zur Ich-Stabilisierung. Bindung an *bestimmte* Formen (Gewohnheiten, Dinge, Ideen) wird überwunden durch Teilhabe an der Ganzheit, in der das Ich sich selbst überwunden hat. *Das Ende des Karma ist der Beginn der Freiheit.*

> Das Ende des Karma ist der Beginn der Freiheit.

Ist das eine realistische Sicht des Menschen? Vielleicht doch, wenn man sehr langfristig denkt und evolutionäre Entwicklungen annimmt. In Indien hat man dazu eigene Vorstellungen entwickelt, die auf ganz Asien ausgestrahlt haben: Das Weltgeschehen ist ein Auf und Ab im Ausgleich und Wiedereintritt von Spannungen. Für Lebewesen gilt demnach, dass auch die im Karma eingeprägten Handlungspotentiale ausgeglichen werden müssen. Da dies nicht in diesem Leben allein möglich ist, besteht die Notwendigkeit zu besserer Wiedergeburt für den Fall, dass Verdienste und gute Taten erworben bzw. vollbracht wurden, zu schlechterer Wiedergeburt für den Fall, dass Strafe und böse Taten abgebüßt bzw. abgegolten werden müssen. Die Karma-Theorie ist das wichtigste Argument für die Lehre vom Kreislauf der Geburten (*samsara*) und der Wiedergeburt. Durch das Karma bilden sich psychisch-mentale Dispositionen heraus, die mit dem Tod des physischen Körpers nicht enden, sondern Eindrücke im subtilen Körper (*sukshma sharira*) hinterlassen, den Atman aber in keiner Weise berühren. Sie bilden eine Art Feld, in das Lebenserfahrungen, Gewohnheiten, Gedächtnisinhalte »eingeprägt« werden (*samskaras*). Dieses Feld modifiziert den subtilen Körper, der wiederum auf die physischen Vorgänge (z. B. den Körper der nächsten Inkarnation) Einfluss nimmt. Der neue Embryo wird bestimmt von seinen biologischen Erbanlagen *und* diesem subtilen Feld, das durch Karma geformt wird. Nach der Philosophie Shankaras (um 800 n. Chr.), des wichtigsten Exponenten des Advaita (Nicht-Dualität), gibt es in Wahrheit aber keine unabhängigen »Seelen«, die von Gott verschieden und dem Samsara unterworfen wären. Denn die einzige Wirklichkeit, das Subjekt aller physisch-psychisch-mentalen Vorgänge, ist der Atman bzw. Brahman (personifiziert als »Gott«). Shankara zieht die Konsequenz in Bezug auf die »Seelenwanderungslehre«: »In Wahrheit wandert kein anderer als Gott im Kreislauf der Geburten (*satyam neshvarad anyah samsari*).«[9] Dies heißt nichts anderes, als dass Gott selbst der Einzige ist, der ständig »wiedergeboren« wird *als* die Vielheit der Welt. Er selbst wandelt sich dabei nicht, sondern verändert sich gleichsam im Anderssein, in seiner schöpferischen Energie (*maya*), deren Herr (*mayin*) er ist und bleibt.

Weil die Vorstellung vom Karma die geordnete Beziehung zwischen allen Erscheinungen beinhaltet, kann sie als Inbegriff der Historizität bzw. sich selbst organisierenden Wirklichkeit, als Kausalitätstheorie schlechthin, betrachtet werden. Sie hat fast alle Philosophien des Hinduismus und den Buddhismus geprägt.

---

9 Shankara, BSB I,I,5.

Kapitel 4: Die Freiheit der Person

Karma und Freiheit

Die Befreiung des Menschen von der Vergänglichkeit und Vergeblichkeit des Kreislaufs ist überzeitlich, da hier die quantitative Zeit transzendiert ist auf Grund der Erfahrung einer anderen Qualität von Zeit.[10] Im Atharvaveda wird die Zeit (*kala*) als die eine Energie beschrieben, die den Weltprozess formt. Gott ist die Zeit.[11] Auch in der Bhagavad Gita stellt sich Gott als die Zeit vor, die alles hervorbringt und wieder verschlingt. Sie ist das Prinzip des Vergänglichen, und die zerstörenden Kräfte in der Welt sind ihre Werkzeuge, damit Neues entstehen kann.[12] Jenseits davon aber kann der Mensch auf ein zeitfreies Bewusstsein stoßen, da Vergangenheit und Zukunft im Jetzt der Gegenwart zusammenfallen. Das ist ein Zustand, den wir spontan erfahren, wenn »die Zeit stille steht«, also vor allem in außergewöhnlichen Glückserlebnissen (*peak experiences*).

Den Gegensatz von Zeit und Nicht-Zeit zu überwinden, ist das Ziel der gesamten meditativen Spiritualität, in den nicht-dualistischen (*advaita*) Philosophien hinduistischer Prägung ebenso wie im Buddhismus. Zeit-Erfahrung gilt als abhängig vom Bewusstseinszustand. Danach ist im Wachbewusstsein die zeitliche Differenzierung am stärksten, schwächt sich im Traum ab, wird im Tiefschlaf aufgehoben, um in dem alles umfassenden *turiya*-Zustand der meditativen Einheitserfahrung transzendiert zu werden. Schon jetzt im Leben kann eine solche Bewusstseinsqualität erreicht werden, die Leben und Tod transzendiert.

Man muss also einen doppelten Zeitbegriff voraussetzen. Der eine ist quantitativ und auf die Erscheinungen im Bereich der Maya bezogen. Der andere ist qualitativ und bezeichnet den Augenblick des Übergangs

---

10 Shankaras Kommentar zu BU III, I, 6.
11 R. Panikkar, The Vedic Experience, London: Darton, Longman & Todd 1977, 216 ff.; vgl. Kaiv U 8. Zu weiteren Zeitbegriffen: A. Malinar (Hg.), Time in India. Concepts and Practices. New Delhi: Manohar 2007.
12 BG XI, 32: »Ich bin die herangereifte Zeit, die Ursache der Weltvernichtung.«

zum befreiten Bewusstseinszustand (*moksha*).[13] Qualitative Zeit wäre der Moment, der die Relativität transzendiert und den universalen Zusammenhang der Einheit der Wirklichkeit blitzartig aufleuchten lässt, ein solcher »höchster Augenblick«, den Goethes Faust mit Sehnsucht herbeiwünscht und den wohl die meisten Menschen zumindest andeutungsweise aus ekstatischen Erfahrungen kennen.[14]

Die Befreiung (*moksha*) ist ein Akt der Erkenntnis, nämlich die Befreiung aus der Unwissenheit, die darin besteht, dass der Mensch sich als ein von Gott getrenntes Wesen empfindet. Moksha gründet nicht in einer Fähigkeit des individuellen Ich, sondern im Atman, der das Individuelle transzendiert und doch als nicht verschieden von der empirischen Persönlichkeit aufzufassen ist. Er ist gleichsam die transzendente Dimension, die in, mit und unter dem Empirischen erfahren wird als dessen Grund.[15] »›Erlösung‹ oder ›Befreiung‹ heißt, dass das Absolute, Brahman, die durch Unkenntnis (*avidya*) verborgenen, gegensätzlichen und miteinander zerstrittenen vielen einzelnen Ichs (*jiva*) ans Licht bringt (zur Selbst-Bewusstheit gelangen lässt, Vf.); einmal erwacht, können sie die Weisheit erlangen und zum eigentlichen Selbst zurückkehren. Erlösung läßt sich so auch als Rückkehr des absoluten Geistes zu sich selbst bestimmen.«[16]

> Befreiung (moksha) ist die Erfahrung der Gegenwart des Einen oder der Einen Gegenwart. Die Wirklichkeit erscheint in ihrer totalen Interrelationalität als Ausdruck des Einen. Mit diesem Einen identifiziert zu sein, ist Freiheit.

Moksha bedeutet also nicht, dass man in ein Jenseits gelangt, das getrennt von der Welt existieren würde. Durch Moksha wird vielmehr eine

---

13 H. Nakamura, Ways of Thinking of Eastern Peoples, a. a. O., 64, 79–81, 146.
14 R. Panikkar, Le Temps circulaire: Temporisation et Temporalité, in: Temporalité et Aliénation, Paris: Aubier 1975, 225 Dazu auch: R. u. M. v. Brück, Leben in der Kraft der Rituale, a. a. O., 7, 20.
15 KeU II,4 f.
16 H. Nakamura, Weisheit und Erlösung durch Meditation. Ihr Sinn in der Philosophie Shankaras, in: G. Stachel (Hg.), Munen muso. Ungegenständliche Meditation. Festschrift für P. Lassalle, Mainz: Grünewald 1978, 55 f.

falsche bzw. illusionsgesteuerte Haltung aufgegeben und die Einheit der Wirklichkeit erkannt. Der Schleier des dualistischen Nichtwissens wird beseitigt, damit das, was ist, sichtbar wird. Die Dinge zu sehen, wie sie in Wirklichkeit sind, hinter den Formen das Formlose zu erkennen, das als *saccidananda* (Sein-Bewusstsein-Seligkeit) bezeichnet wird, ist Moksha.[17] Mit anderen Worten: *Befreiung (moksha) ist die Erfahrung der Gegenwart des Einen oder der Einen Gegenwart. Die Wirklichkeit erscheint in ihrer totalen Interrelationalität als Ausdruck des Einen. Mit diesem Einen identifiziert zu sein, ist Freiheit.*

Woher kommt das Böse?

Woher kommt das Böse (*unde malum*)? Diese Frage steht nicht nur in der christlichen Theologie und europäischen Philosophie seit Jahrhunderten auf der Tagesordnung, sie verweist auf ein Problem, das in allen Kulturen Rätsel aufgibt. In Mythen und Märchen narrativ dargelegt, in der Philosophie abstrahiert und im Theater konkret veranschaulicht, kann man daran verzweifeln, dass alle Antworten schal zu werden scheinen, wenn man ganz konkret und individuell selbst betroffen ist. Die Frage lässt sich wohl nie schlüssig und zufriedenstellend beantworten. Aber es gibt Argumente in der Auseinandersetzung, die gerade im interkulturellen Kontext Gewicht haben, denn sie können zu weiterer Analyse und zu wirkungsvollen Strategien führen, mit dem Bösen anders umzugehen, als dies bisher der Fall war. Die folgenden Überlegungen sind Vorschläge, mehr nicht. Aber sie beanspruchen, auf der Wahrnehmung von Lebensstrategien zu beruhen, die in ganz unterschiedlichen Kulturen erprobt wurden.

Es geht uns hier nicht um Schicksalsschläge für einzelne Menschen oder ganz Gruppen bzw. Spezies von Lebewesen, die durch die geo-

---

17 Shankaras Kommentar zu BU IV, IV, 6. Die Ähnlichkeit zu buddhistischen *tathata* (Soheit) ist offenkundig. Der Begriff wird im 5. Kapitel detaillierter erörtert.

logischen und klimatischen Veränderungen in der Natur hervorgerufen sind (Erdbeben, Tsunamis, Unwetter usw.). Es geht auch nicht um Unfälle, die sich unvermeidlich ergeben, wenn der Mensch in Bewegung ist. Es geht um das Handeln des Menschen. In ihm zeigt sich das Böse sowohl in offenkundiger als auch in verborgener Gestalt, und natürlich ist das Handeln im Denken und Fühlen des Menschen verwurzelt. Und das wiederum hängt mit der biologisch eingeprägten Selbst-Behauptung zusammen: Ziel des Lebens ist das Überleben. Das Böse ist uns in diesem Sinne von der Evolution mitgegeben, es ist ein wesentlicher Aspekt evolutionärer Strategien: Der Kampf um Ressourcen, um Lebensraum, um Anerkennung in den Hierarchien von Rudeln, Horden und Gruppen ist (bisher) unvermeidlich gewesen, und er ist nicht auf die Menschen beschränkt, sondern im Tierreich, ja auch im Wettbewerb von Pflanzen um einen »Platz an der Sonne« angelegt. Aggression, Täuschung, Abwehr, Ausgrenzung um der Stärkung der Gruppenidentität willen sind Teilaspekte dieser evolutionären Strategien. Allerdings erweist sich andererseits die Kooperation von Individuen als Überlebensvorteil, ja als Bedingung für das Überleben des Einzelnen – das gilt für den Ameisenstaat ebenso wie für die Rudel von Jagdtieren oder den Schwarmschutz möglicher Beutetiere ebenso wie für die Familie des Menschen, Kleingruppen und Gesellschaften. Kurz: Konkurrenz und Kooperation sind *beide* wesentliche Strategien des Lebens und Überlebens.

Dieser Befund ist selbstverständlich. Was aber bedeutet er in Bezug auf die Zukunft des Menschen? Ist der Mensch diesem Erbe ausgeliefert oder hat er die Freiheit, sich davon zu lösen? Oder doch zumindest die Extreme, die sich daraus ergeben können, einzudämmen? Eben, der Mensch hat Freiheit. Eine Freiheit, die allerdings konditioniert ist durch Grenzen, die in der Natur liegen – physisch wie geistig. Das Charakteristikum von Kultur, so sahen wir, ist die Verwirklichung von Möglichkeiten, die in der Phantasie erkundet werden. Dies betrifft nicht nur den Außenraum, sondern auch den Innen-

> Der Mensch gestaltet sich durch seine eigene Gestaltung.

Kapitel 4: Die Freiheit der Person

raum des Menschen, sein Denken, Fühlen und Wollen. *Der Mensch gestaltet sich durch seine eigene Gestaltung.* Damit kann der Mensch auch – in einem immer neu auszulotenden Rahmen – sich selbst verändern. Das ist die *erste Einsicht*.

Die *zweite Einsicht* betrifft die besondere Situation der Menschheit heute. Menschliche Kultur hat sich so weit entwickelt, dass die Erfolge der Technologie ein nie dagewesenes Potential für die Entfaltung menschlicher Fähigkeiten bereitgestellt haben, aber die Kehrseite ist: Der Mensch hat technisch die Fähigkeit erlangt, sich selbst auszurotten durch Massenvernichtungswaffen und/oder die Zerstörung der Mitwelt (Klima, Biosysteme usw.). Anders ausgedrückt: Die technische Entwicklung und die moralisch-kulturelle Entwicklung sind völlig auseinandergedriftet. *Die Fähigkeit zur Selbstgestaltung hat mit der Fähigkeit zu technischer Gestaltung nicht Schritt gehalten. Das ist die Folge von einseitig realisierter Freiheit, die damit in Unfreiheit umschlägt. Dieser Widerspruch ist der fundamentale Ausdruck des Bösen in der Gegenwart.*

> Die Fähigkeit zur Selbstgestaltung hat mit der Fähigkeit zu technischer Gestaltung nicht Schritt gehalten. Das ist die Folge von einseitig realisierter Freiheit, die damit in Unfreiheit umschlägt. Dieser Widerspruch ist der fundamentale Ausdruck des Bösen in der Gegenwart.

Daher formulieren wir als *dritte Einsicht*: Die Wurzel des Bösen liegt in *unvollständiger Reflexion* und in *unbalancierter Emotion*. Wie Emotion und Kognition miteinander zusammenhängen, haben wir mittels der *skandha*-Theorie erörtert. Beide Aspekte prägen das Wollen und die Motivation. Daraus folgt dann ein angemessenes oder unangemessenes Handeln. Was heißt das?

Die *unvollständige Reflexion* sei hier gebündelt dargestellt an zwei Problemen des Denkens:

- der Reduktion des komplexen Wechselspiels von Kooperation und Konkurrenz, und
- der ungenügenden Einsicht in das systemische Ganze der Welt.

Kooperation und Konkurrenz sind wesentliche Merkmale aller Lebensprozesse. Sie liegen aber nicht auf der gleichen Ebene, und dies zu missachten ist ein fundamentaler Irrtum. *Kooperation* ist der umspannende Rahmen, die Strategie, mit der Lebewesen erfolgreich sind durch Symbiosen, rückgekoppelte Verhaltensstrukturen und Synergien Einzelner zu einem Gesamtorganismus. Die Verhaltensbiologie kann dazu unzählige Beispiele anführen. Ein Einzelner der Spezies Mensch jedenfalls kann offenkundig nicht überleben. Jeder Robinson braucht seinen Freitag. Die Selbsterkenntnis des Menschen ist nur in Ich-Du-Beziehungen möglich, und komplexe Gesellschaften haben in ihrer Ausdifferenzierung die Wechselseitigkeit aller Teilbereiche der Gesellschaft auf die Spitze getrieben. Wir haben das erleben können bei der Diskussion um die Frage, welcher Bereich für die Gesellschaft »systemrelevant« sei – eigentlich alles, je nach Perspektive. *Konkurrenz* ist notwendig, um das jeweils Bessere,

> Konkurrenz ist lebensnotwendig, aber sie muss der Kooperation dienen.

d. h. den Umständen Angepasste, zu finden, damit auch hier die Überlebensfähigkeit gestärkt wird. Ohne Konkurrenz ist diese Optimierung kaum zu erreichen, das zeigt sich z. B. im Unterschied von Planwirtschaft und sozialer Marktwirtschaft. Letztere ist, jedenfalls mittel- und langfristig, überlegen, denn sie setzt Anreize und kann notwendige Korrekturen effektiver leisten. Allerdings muss das Konkurrenzprinzip dem der Kooperation untergeordnet sein, sonst zerstört der Konkurrent den anderen Konkurrenten, und wenn dieser ausgeschaltet ist, wird das ausbalancierte System zerstört. Ein Widerspruch, der nur dann gelöst werden kann, wenn dafür gesorgt ist, dass ein unterlegener Konkurrent nicht untergeht. Das ist durch Hemmungen bei der Aggression gegen den Gegner in vielen biologischen Systemen realisiert; der Mensch scheint dies durch Einsicht lernen zu müssen und lernen zu können. *Konkurrenz ist lebensnotwendig, aber sie muss der Kooperation dienen.* Das ist der Maßstab, und wenn er verletzt wird, ist das böse. Das Prinzip lässt sich auf alle Lebenssituationen anwenden, und darin besteht die Aussicht auf Lösungen von Problemen durch Einsicht. Nur dann ist eine denkerische Reflexion vollständig.

Die ungenügende *Einsicht in das Ganze der Welt* ist die Folge ungenügender Wahrnehmung und fehlerhafter Reduktion komplexer Zusammenhänge. Die wechselseitige Abhängigkeit aller Teilsysteme eines Ganzen ist heute im Prinzip begriffen, insofern wir lernen, systemisch zu denken – und das betrifft die Neurobiologie und Kognitionstheorie, die Kosmologie, die Elementarteilchenphysik, die Biologie, die Psychologie, das Studium der kulturellen Wechselwirkungen (Interkulturalität) und die Soziologie. Aber wir ziehen daraus noch nicht die konsequenten Schlussfolgerungen. Die Gründe dafür, aber auch die Möglichkeiten zur Überwindung des Mangels, sind vor allem im ersten und zweiten Kapitel erörtert worden. Die Wechselseitigkeit als Grundstruktur der Welt zunächst sinnlich konkret wahrzunehmen, emotional zu genießen und dann zu erkennen, insofern aus ihrer Dynamik überhaupt erst etwas als etwas entsteht, ist die entscheidende Erkenntnis. Wenn diese Erkenntnis emotional erlebt und gestaltet wird, sprechen wir von Liebe, wie wir im nächsten Kapitel zeigen werden. Es geht um die Wahrnehmung der Einheit der Wirklichkeit in der wechselseitigen Bedingtheit aller Einzelerscheinungen. Sie kann Tendenzen zum Bösen ausgleichen.

Die *unbalancierte Emotion* sei wie folgt erläutert: Emotionen sind Bewertungen, die Eindrücke so verarbeiten, dass sie Aufmerksamkeit, Nähe oder Distanz, Dringlichkeit der Handlung und vor allem eine Hierarchie von Motivationen aufbauen. Dies dient einer Ordnung von Optionen für das am besten angepasste Verhalten. Dafür hat der schon genannte Physiologe, Psychologe und Kulturwissenschaftler (siehe seine monumentale *Völkerpsychologie*) Wilhelm Wundt (1832–1920) eine hilfreiche Unterscheidung vorgeschlagen. Er ordnet die Emotionen in Spannungsdimensionen, denn Spannung ist die Grundlage des Lebens, weil aus ihr jede Bewegung erzeugt wird. Er unterscheidet drei psychische Bereiche von Spannungsverhältnissen: Spannung und Lösung, Lust und Unlust, Erregung und Beruhigung. Emotionen können jeweils auf einer Skala angeordnet werden, die das Pendelspiel von Erregung und Hemmung bei der Entwicklung und Zurücknahme von Emotionen darstellt. Es gibt heute in der Psychologie unterschiedliche Auffassungen darüber, welche Emotionen als Grundemotionen gelten können. Im Anschluss an den amerikanischen Psychologen Paul Ekman (*1934) werden meist fünf kulturübergreifende Grundemotionen genannt: Angst, Trauer, Freude, Ekel, Ärger. Ekman selbst hat die Reihe aber auf sieben um Überraschung und Verachtung erweitert. Manche Autoren zählen auch noch die Scham hinzu. Wie dem auch sei – es kommt darauf an, die Emotionen in Balance zu bringen. Das bleibt eine ständige Aufgabe, denn der Stillstand der Emotionen wäre das Ende der psychischen Bewegung, und nicht nur das Handeln, sondern auch das gesamte geistige Leben käme zum Erliegen. Die Ausbalancierung stellt ein (nicht dauerhaftes) Plateau von Zufriedenheit her, insofern die Gegensätze zu-frieden-gestellt sind, und dies ist die Basis eines ausgeglichenen Handelns aufgrund ausgeglichener Motivation. Die Zufriedenheit äußert sich in Freude, und in dem Maße, in dem Freude vorhanden ist, kann sich lebensförderndes, nicht-egozentriertes und gewaltfreies Handeln entwickeln. Freude überwindet auch Trägheit und Dummheit. Trägheit und Dummheit sind nur scheinbar banale Gestalten des Bösen, in Wirklichkeit verhindern sie angepasstes Verhalten, woraus Frustration entsteht, die nicht selten durch Gewalt kompensiert wird. Dummheit ist eine beschränkte Geisteshaltung des Beharrens bzw. der Fixierung, die weder ihre Inhalte noch die Haltung selbst verändern will.

Es geht also um Balance. Das »Gute« ist nicht die Ausrottung des »Bösen«, sondern die Balance polarer Kräfte, die miteinander wechselwirken und die Dynamik des Lebens erzeugen. Hass, unmäßige Gewalt, Zerstörungswut sind fehlgeleitete Impulse und Einseitigkeiten, Blockaden im Fluss des Lebens. Es gibt nicht zwei Weltprinzipien, die einander bekämpfen würden (Gott und Satan), sondern einen Lebensstrom, der durch seine polaren Kräfte angetrieben wird. Was das bedeutet und wie in Balance konkret gelebt und gehandelt werden kann, wie die »*Lebens-*

fähigkeit durch Gleichgewicht und Harmonie« gepflegt werden soll – das ist ein Grundpfeiler der chinesischen Kultur.[18] Dabei geht es vor allem darum, Fixierungen aufzulösen, denn das Starre lässt erstarren und behindert den Fluss des Lebens. Das Üble ist die Blockade des Lebendigen und Wechselseitigen. Anschmiegsame Biegsamkeit ist das Gesetz des Kosmos, des Lebens, der Pflanzen, der Tiere. Ein guter Herrscher berücksichtigt das: Nicht Reglementierung, sondern ausgleichende Regulierung ist seine Aufgabe. Nur dann können »das Gesetz des Himmels« und das »Gesetz der Erde« in Harmonie gebracht werden. Seit den Klassikern des Daoismus über den Konfuzianismus in allen seinen Spielarten und bis heute ist die ausbalancierte Emotionenkontrolle *das* alles entscheidende Merkmal eines gebildeten Menschen. Das ist der Inbegriff des chinesischen Humanismus, der literarischen Bildung, des gesitteten Verhaltens in Familie und Gesellschaft.

Ziehen wir eine Zwischenbilanz aus den Erkenntnissen der gerade an diesem Punkt sehr unterschiedlich geprägten kulturellen Welten Europas, Indiens und Chinas: Was das Böse (im Denken, Fühlen, Reden und Handeln) letztlich überwindet, ist *Weisheit*. Unter Weisheit verstehen wir das Maß in der Praxis durch Wissen. Weisheit ist Prozess, sie »ist« nicht fixiert, sondern entsteht im Erkennen und Handeln. Erkenntnis bzw. Wissen ist dabei die Voraussetzung dafür, dass Maß – also Balance – gefunden wird in dem Sinne, wie wir soeben Balance beschrieben haben. Dies kann aber nur situativ in jeder konkreten Situation neu bestimmt werden. Es ist wie beim Pendel der Uhr: Die Extrempositionen sind Stillstand, sie lösen sich auf und schwingen zurück, damit die Bewegung weitergehen kann. Das Maß in der Praxis bedarf der aktiven Erkenntnis und Selbsterkenntnis. Sie bezieht das jeweilige Gegenteil in die Betrachtung ein, sie ist das Leben in einem »Dazwischen«.[19] Gelingt dies, ist das Böse (zumindest vorläufig) eingedämmt. Die Voraussetzung

---

18 Dazu prägnant und mit Blick auf das Anliegen Sigmund Freuds: F. Jullien, China und die Psychoanalyse, a. a. O., 116–128 (zit. 128).
19 Ebd., 152 ff.

dafür ist die Geistesschulung (Achtsamkeit, Meditation, Einübung in Empathie), wie wir sie hier in allen Kapiteln immer wieder mit Blick auf die Praxis in anderen Kulturen (besonders im Buddhismus) darstellen und empfehlen. Sie ist die Konkretion der Aufgabe des Menschen, seine Freiheit zu gebrauchen und genau durch diesen Gebrauch ein Mehr an Freiheit zu gewinnen.

Buddhistische Grundgedanken zur Freiheit der Person

Freiheit ist im Buddhismus vor allem Freiheit vom Leiden. Bereits in der frühesten buddhistischen Überlieferung, in der ersten »Predigt von Benares«[20], erscheint als Kern der Lehre des Buddha die Rede von den »drei Merkmalen der Existenz«, dass nämlich alles vergänglich, ohne Ich und leidvoll ist. Dies wurde später als die *Vier Edlen Wahrheiten* (Skt. *aryasatya,* Pali *ariyasacca*) formuliert:

1. die Erkenntnis, dass alles Anhaften an vergänglichen Dingen zu Leiden (*Frustration*) führt,
2. die Aufdeckung der *Ursache* dieses Sachverhaltes,
3. die Einsicht in die Möglichkeit, diesen leidvollen Zustand zu *beenden,*
4. die Darlegung des *Weges* zur Befreiung.

Dieses Schema ist konstruiert nach dem Muster einer medizinischen Diagnose und der Verschreibung des entsprechenden Medikaments: Erstens wird festgestellt, dass alles Dasein *duhkha* ist (Feststellung der

---

20 Vin. I,10, MN 141, 2; MN 4, 31; MN 36, 42, MN 9, 14–18, detailliert im Saccavibhanga Sutta MN 141 u. a.

Krankheit), zweitens, dass die Ursache von *duhkha* (*duhkhasamudaya*) das Begehren (*trishna*) ist, drittens, dass dieser Zusammenhang erkannt und aufgelöst (*duhkhanirodha*) werden kann (Möglichkeit der Therapie), und viertens wird der Weg der Therapie gezeigt (Mittel der Therapie), d. h. wie die fundamentale Unwissenheit (*avidya*) des Menschen über sich selbst aufgehoben wird. Dieser Aufbruch zur Freiheit aus Unwissenheit wird im »Edlen Achtfachen Pfad« als Weg zur Überwindung des Leidens detailliert beschrieben.

Das Problem besteht in der Übersetzung des Begriffs *duhkha*, der meist mit »Leiden« wiedergegeben wird, was aber in die Irre führen kann. *Duhkha* kann gemäß der Analyse des Buddha so verstanden werden:

1. Alles, was als Wirklichkeit erscheint, ist zusammengesetzt (*samskrita*).
2. Alles Zusammengesetzte löst sich wieder auf, ist also vergänglich (*antiya*).
3. Die Strukturmuster, nach denen sich Zusammensetzung und Auflösung vollziehen, sind sich selbst erzeugende reziproke Kausalitätsketten (*karman*).
4. Das Karma bewirkt, dass alle vergänglichen Dinge in gegenseitiger Abhängigkeit entstehen und vergehen (*prtityasamutpada*).
5. Alles Vergängliche (*anitya*) aber ist »leidvoll« (*duhkha*).

Nicht die Vergänglichkeit als solche ist das Leiden, denn sie ist ein wertneutrales Naturgesetz. Leidvoll ist vielmehr der Versuch des Menschen, dem Augenblick Dauer zu verleihen, um sich selbst Identität als ein stabiles Ich *(atman)* zu geben. Das ist Fixierung, ein Einfrieren des Lebendigen. Da der Mensch genauso zusammengesetzt ist wie alle anderen Dinge, hat er keine ewige und unzerstörbare Identität, sondern er ist ein systemischer Prozess, der sich aus Grundelementen (*skandhas*) nach den Strukturmustern des Karma dauernd aufbaut, auflöst und wieder zusammensetzt, mit einer gewissen Kontinuität in der strukturellen Ausrichtung, wie oben dargelegt wurde. Aus egozentrischer Selbstbehauptung verkennt der Mensch diese Tatsache und schafft sich die Illusion, beständig zu sein. Um die Illusion aufrechtzuerhalten, giert er in einem unstillbaren Durst (*trishna*) nach Dauer, wobei ihm alles zum Objekt dieser Gier werden kann, aber solche mentalen und materiellen Objekte wirken nur scheinbar stabilisierend. Denn weil diese Haltung auf einer falschen Grundannahme beruht und dem Weltgesetz widerspricht, muss sie misslingen und immer wieder frustriert werden. Diese Frustration ist *duhkha*. Duhkha – der Einfachheit halber nun doch mit »Leiden« übersetzt – ist also weniger ein ethischer und gleich gar nicht ein ontologischer, sondern ein *erkenntnistheoretisch-psychologischer* Begriff. Dabei sind das Erleiden von Duhkha und die Verursachung von Duhkha gegenüber anderen Wesen unvermeidlich miteinander verbunden, denn beide wurzeln in der Gier (*trishna*), die sowohl bei der Aneignung von Objekten als auch bei dem Hass, der entsteht, wenn die Gier nicht erfüllt bzw. frustriert wird, Gewalt und Leiden freisetzt. Nur durch Einsicht (*prajna*), die in meditativer Versenkung gründet, kann diese Wurzel des Leidens überwunden werden.

Woher aber kommt das Leiden bzw. die grundlegend falsche Einstellung, die Menschen zur Wirklichkeit haben? Der Buddha lehnt spekulative Fragen nach der ersten Ursache der Welt, aber auch nach dem metaphysischen Grund des Bösen, als irrelevant ab, weil jede mögliche Antwort spekulativ bleiben muss und nicht zur *Praxis* des Befreiungsweges beiträgt. Entsprechenden Fragen entgegnet er mit dem berühmten Gleichnis vom vergifteten Pfeil: Wenn jemand von einem vergifteten Pfeil getroffen wird und Freunde ihn zu einem Arzt bringen, um sein Leben zu retten, so würde er die ärztliche Hilfe nicht davon abhängig machen, dass er zuerst erführe, wer den Pfeil abgeschossen habe, zu welcher Kaste derselbe gehöre, ob er groß oder klein, von dunkler oder heller Hautfarbe sei. So auch könnten metaphysische Fragen zwar endlose und wiederum fragliche Antworten produzieren, die aber nichts an der Situation der Unfreiheit bzw. des Leidens ändern würden. Der Buddha stellt daher nüchtern fest: »Da ist Geburt, Altern, Tod, da ist Sorge, Klage, Schmerz, Trauer und Verzweiflung, deren Überwindung ich hier und jetzt verordne.«[21]

Freiheit ist demnach die Befreiung von den eben genannten Illusionen. Freiheit ist im Buddhismus nicht einfach gegeben oder auch nicht. *Freiheit ist eine Aufgabe für den Menschen, die als therapeutischer Weg beschrieben wird.* Die einzelnen Aspekte sind als Handlungsanleitungen im Achtfachen Pfad formuliert. Dieser beruht auf der Erkenntnis, dass sich die leidverursachenden Faktoren (vor allem Unwissenheit, Begierde und Hass) verändern. Was sich aber verändert, ist nicht notwendig unablösbarer Teil des Bewusstseins. Daraus folgt, dass die leidverursachenden Faktoren vom Bewusstsein abgetrennt werden können und müssen. (Hier zeigt sich: Die Veränderlichkeit der Welt ist nicht als solche ein Übel, sondern sie erweist sich an dieser Stelle sogar als die Möglichkeitsbedingung für die Befreiung.) Die leidverursachenden Faktoren entstehen aufgrund von Konditionierungen, und eine Auflösung derselben bedeutet den Beginn der Freiheit des Bewusstseins.

> Freiheit ist eine Aufgabe für den Menschen, die als therapeutischer Weg beschrieben wird.

Die Glieder des Achtfachen Pfades (*aryashtangika marga*) sind:[22]

1. *samyak-drishti* (ganzheitliche Anschauung), bei der in vollkommen nicht-dualistischer Weise die Einheit von Motivationen, Handlungen und Wirkungen als wahre Natur der Wirklichkeit (»die Dinge, wie sie wirklich sind«) betrachtet wird;
2. *samyak-samkalpa* (ungeteilter Entschluss), die Einsicht in die ganzheitliche Anschauung zu vertiefen und in allen Lebensbereichen zu verwirklichen;

---

21 Culamalunkya Sutta, MN 63, 5.
22 Zum Folgenden M. v. Brück, Einführung in den Buddhismus, a. a. O., 126 ff.

3. *samyak-vac* (untadelige Rede), die ich-bezogene Werturteile erkennt und vermeidet und so weder falsche Verherrlichung noch Verleumdung zulässt, sondern gleich-gültig den Dingen und Menschen begegnet;
4. *samyak-karmanta* (vollkommenes Handeln), in dem der ungeteilte Entschluss und die untadelige Rede individuell wie in der Gemeinschaft mit allen Lebewesen konkret Gestalt gewinnen;
5. *samyak-ajiva* (ganzheitliche Lebensführung), in der Menschen ihre eigenen Antriebe und Motivationen so gründlich wie möglich durchschauen, so dass alles Handeln in Bezug auf sich selbst und die Mitwelt so gestaltet wird, dass vor allem der Lebensunterhalt auf eine Art und Weise verdient wird, die mit den anderen Gliedern des Pfades verträglich ist;
6. *samyak-vyayama* (gleichgewichtige Anstrengung), die sich in Geduld übt und im Gleichgewicht von Anspannung und Entspannung den Bewusstseinsstrom ausgeglichen lenkt, um in allem heitere Gelassenheit zu erreichen;
7. *samyak-smriti* (unablässige Achtsamkeit), durch die alle physischen, psychischen und geistigen Vorgänge bewusst und somit kultivierbar werden;
8. *samyak-samadhi* (ganzheitliche Einswerdung) aller Bewusstseinsvorgänge, woraus Freude und Zufriedenheit folgt, in der das Ich sich völlig losgelassen hat.

Die acht Glieder sind nicht Stufen, die nacheinander zu begehen wären, sondern Aspekte, die gegenseitig aufeinander einwirken und gleichzeitig bedacht und praktiziert werden müssen. Nur Erkenntnis vermag das Handeln zu verändern, Erkenntnis aber muss auf eigener Erfahrung beruhen, nicht auf der Autorität von nur Gehörtem.[23] Der Achtfache

---
23 Mahatanhasankhaya Sutta, MN 38, 23–25.

Pfad ist eine Anleitung zur Erfahrung in allen Bereichen psychischer und physischer Handlungsfelder.

Die Konkretisierung dieser Handlungsfelder bzw. acht Gesichtspunkte gewinnt Gestalt in der Ethik des Buddhismus, die im nächsten Kapitel behandelt wird. Die Ethik ist dabei keine abgeleitete praktische Philosophie, sondern sie ist selbst Bewusstseinsschulung. Damit gehört sie zum Kernbereich des Buddhismus.

Schlussfolgerungen aus interkultureller Perspektive

Der Mensch ist zugleich frei und unfrei sowie weder frei noch unfrei. Freiheit ist eine Aufgabe. Sie ist der Inbegriff und Ziel des Weges zur Befreiung, sei er hinduistisch oder buddhistisch formuliert. Freiheit ist das Ziel des Lebens. Freiheit ist nicht die Erlaubnis, tun und lassen zu können, was einem gerade in den Sinn kommt. Im Gegenteil: Ungezügelte Begierden und unkontrollierter Hass kommen auf, wenn das Verlangen nach Ich-Bestätigung frustriert wird, und diese Emotionen bzw. Handlungsweisen sind Ausdruck tiefster Unfreiheit. *Freiheit ist eine Geisteshaltung, die auf Erkenntnis (der Zusammenhänge) und dem entsprechenden Handeln (der Empathie mit allen Mit-Wesen) beruht.*

> Freiheit ist eine Geisteshaltung, die auf Erkenntnis (der Zusammenhänge) und dem entsprechenden Handeln (der Empathie mit allen Mit-Wesen) beruht.

Für den Buddhismus ist Freiheit das Erwachen (*bodhi*) aus der fundamentalen Unwissenheit. Die Unwissenheit besteht darin, ein abgegrenztes Ich bzw. autonomes Subjekt für wirklich zu halten. Um den Irrtum aufrechtzuerhalten, entwickelt der Mensch Gier, mit der er den Ich-Wahn zu stabilisieren sucht. Da alle anderen Menschen das Gleiche tun, trifft Gier auf Gier, folglich wird Gier frustriert. Das Resultat ist die

Entwicklung von Hass (*dvesha*). Unwissenheit, Gier und Hass bedingen einander, sie sind der Antrieb, der das Rad der Unfreiheit am Laufen hält. Nur wer die fundamentale Einsicht in diese Zusammenhänge gewinnt und die Ich-Zentrierung überwindet, gelangt zur Freiheit, denn er ist nun nicht mehr diesen blinden Leidenschaften unterworfen, die alle kognitiven, emotionalen und intentionalen Aspekte des Bewusstseins vergiften. Es ist eine Freiheit durch Erkennen.

Ist das realistisch? Zeigt nicht die Geschichte der Menschheit, dass Freiheit zwar als Ideal mit Sehnsucht erwartet, selten aber verwirklicht wurde? Und was lehrt der Blick in die Gegenwart? Dass Menschen, wenn sie zwischen Sicherheit und Freiheit wählen müssen oder können, lieber die (vermeintliche) Sicherheit wählen: Man verzichtet freiwillig auf Freiheit, wenn die Mächtigen (der Staat, die Vorgesetzten, die Versicherungsgesellschaften) mit dem Versprechen punkten, dass sie für die »Sicherheit« der Bürger sorgen. Denn Freiheit ist anstrengend. Sie verlangt Mut, auch den Mut zum Risiko. Und wer vermag schon Risiken abzuschätzen in einer so schnelllebigen Gesellschaft, in der neue Technologien in atemberaubendem Tempo traditionelle Werte umkrempeln? Im Übrigen liegen in diesen Zusammenhängen auch die Chancen und Gefährdungen der Demokratie begründet. Das Problem (nicht erst heute) ist: Freiheit braucht Gewissheit, die sich auf Werte gründet, die nicht jeden Tag neu ausgehandelt werden müssen. Denn Freiheit auszuüben, setzt Vertrauen voraus. Was heißt das? In der englischen Sprache (auf dem Hintergrund des Lateinischen) wird klar unterschieden zwischen Sicherheit (security, lat. *securitas*) und vertrauender Gewissheit (certainty, lat. *certitudo*). *Security* sucht man zu erlangen durch Versicherungspolicen, durch einen starken Staat und geheimdienstliche Organisationen (nicht selten werden Unterdrückungsinstitutionen der Macht als *Security* bezeichnet). *Certainty* hingegen ist eine geistige Haltung. Sie bezeichnet eine innere Stärke, die unerschütterliches Vertrauen wachsen lässt. Sie beruht auf innerer Erfahrung und glaubendem Vertrauen (faith, lat. *fides*, *fiducia*), also letztlich auf einer religiösen Grundhaltung, wie Judentum und Christentum das formulieren. Was der Erkenntnisweg des Hinduismus oder die Schulung des Bewusstseins im Buddhismus hier beitragen können, haben wir ausführlich beschrieben – es geht um ein Ziel, ja vielleicht den Sinn des Lebens.

Gibt es Gründe zu der Annahme, dass Freiheit als Ziel des Menschen eine realistische Chance der Verwirklichung hat? Oder sind wir zu träge, vielleicht auch zu feige, um die Chance der Freiheit auszuloten und zu ergreifen? Es sind die menschlichen Fähigkeiten der Phantasie und des Spiels, die hier aktiviert werden können. Die Phantasie befähigt zur Vorstellung eines Besseren gegenüber der gegenwärtigen Situation. Sie ist nicht allein gebaut auf Wissen, das eher den jetzigen Zustand aufgrund analytischer Urteile einzuschätzen vermag, sondern Phantasie ersinnt das, was sein könnte oder sollte, sie ist dabei begründet auf Ahnung. Ahnung ist nicht ein Abgleiten ins »Phantastische«, sondern sie zeichnet fiktive Zukünfte, die Möglichkeiten, die sich aus der Gegenwart ergeben. Und das zunächst denkerisch, dann auch in Aktion erprobt. Sie ist realistisch und über-realistisch zugleich. Sie ist eine Eroberung von Räumen in der Gegenwart, damit Gestaltung der Zukunft möglich wird. Sie gründet auch in Neugier und bedarf vor allem der Kooperation mit anderen, d. h. sie setzt das Eingebundensein in Gemeinschaft voraus, sonst kann sie leicht ins Unmögliche verfliegen. Sie ist intentional, prinzipiell grenzenlos, und sie überwindet Identitäts-Schranken, die Gruppen aufrichten, um sich Kohärenz zu verleihen. Sie schafft allerdings neue Gruppen mit neuer Kohärenz, und das trotz oder vielleicht gerade auf Grund der Konkurrenz von Phantasie-Entwürfen. So funktionieren Kunst und Religion – nicht aber auch die Wissenschaft?

Allgemeiner formuliert: Phantasie, Ideale und Wirklichkeit hängen miteinander zusammen. Das, was sich als Phantasie und Ahnung andeutet, wird in Idealen verdichtet, die im Vergleich mit den gegenwärtigen Zuständen Lebensformen darstellen, auf die hin das Handeln intentional gerichtet werden kann, damit Wirklichkeit optimiert wird. Wirklichkeit ist das, was wirkt und neue Wirklichkeit auf Grund der

Fähigkeit zur Phantasie ermöglicht. Phantasie stellt somit Muster von Wirklichkeit her, die sich zu Idealen formen.[24] Ideale sind von Gefühlen gesteuerte (libidinös gesetzte) Formgebungen, die intersubjektiv angepasst werden. Die Entwicklung dieser Prozesse ist die Geschichte der Kultur: eine Evolution des Möglichen im Durchspielen von Varianten.

Im Spiel erproben Lebewesen (nicht nur Menschen) Möglichkeiten, die sich aus der Phantasie im Abgleich mit der als Realität wahrgenommenen Welt ergeben. Spiel ist Darstellung und Aushandlung der Optionen, die von der Phantasie vorgeschlagen werden. Das Spiel folgt Regeln und eröffnet doch Räume der Freiheit, denn jedes Spiel geht anders aus. *Das Zusammenspiel von Regel und Freiheit ergibt die Kreativität.* Genau das ist ein Prinzip der Evolution. Regeln können sich ändern oder geändert werden, aber sie sind nötig, zumindest für die Zeit des Spiels. Dabei spielt die Ähnlichkeit eine entscheidende Rolle. Sie ist die Mitte oder Balance zwischen Differenz und Selbigkeit. Dasselbe ist langweilig, die völlige Andersheit chaotisch, die Ähnlichkeit empfinden wir als schön. Warum? Weil das Neue oder Unerwartete im Rahmen von Erwartungen auftritt. Das ganz Andere entzieht sich der Wahrnehmbarkeit, das, was ganz Dasselbe ist, ist nicht neu (und enttäuscht Erwartungen), *das Ähnliche aber kann Neues und Bekanntes miteinander verknüpfen und darstellen. Deshalb ist es interessant.* Es repräsentiert die harmonikale Balance.

> Das Zusammenspiel von Regel und Freiheit ergibt die Kreativität.

> Das Ähnliche kann Neues und Bekanntes miteinander verknüpfen und darstellen. Deshalb ist es interessant.

---

24 Die Einheit von Notwendigkeit und Freiheit wurde philosophisch von G. W. F. Hegel und psychologisch, auf den interkulturellen Vergleich bezogen, von Wilhelm Wundt durchdacht (Völkerpsychologie. Eine Untersuchung der Entwicklungsgesetze von Sprache, Mythos und Sitte, 10 Bände (1900–1920)). Wundt spricht in diesem seinem Hauptwerk von »Entwicklung« und »Wert« als den Grundbegriffen einer Kulturpsychologie. Werte sind danach ein System von Ursachen und Wirkungen, von Zwecken, die sich aus den Gesetzen des Denkens ergeben, sie sind nur im »relativen Sinn« formulierbar, weil sie den Entwicklungsgesetzen unterworfen sind und jeweils neue Anpassungsleistungen darstellen.

Das Spiel ist nicht nur für Kinder der Zeitraum der Einübung von Regeln und der Moment der Überraschung, sondern auch das Prinzip der Kunst, der Wissenschaft, der Wirtschaft, ja des gesamten Lebens. *Im Spiel schafft sich der Mensch ein Zuhause, das zugleich offen ist. Offen auch in den Resonanzen der Zeit.* Denn Zeit ist einerseits der Rhythmus der Kreisläufe in der Natur wie im Menschen, sie ist gleichzeitig aber auch die Offenheit, mit der stabile Systeme in chaotische übergehen, um sich dann neu, auf einem anderen Niveau, zu stabilisieren. Das ist das allgemeine Zeitgesetz der Natur in Evolution, die nicht ist, sondern *geschieht*,[25] die in Bewegung ist, vom Kosmos angefangen über die Klimasysteme bis hin zu den Kreisläufen lebender Systeme und der Rhythmisierung von Zeit im Festkalender und den Ritualen von Gesellschaften. Wenn sich der Mensch von diesen Rhythmen entkoppelt, wird er krank. Wenn er in ihnen spielend die Möglichkeiten auszuschöpfen lernt, wird er kreativ. *Freiheit und relative Bindung treten zugleich auf, sie bedingen einander und ermöglichen so das kreative Universum. Und die kreative Lebensgestaltung jedes einzelnen Menschenlebens.*

> Freiheit und relative Bindung treten zugleich auf, sie bedingen einander und ermöglichen so das kreative Universum. Und die kreative Lebensgestaltung jedes einzelnen Menschenlebens.

Freiheit ist gekoppelt an das hohe Ideal der Würde des Menschen. Die Würde des Menschen ist in der Evolution angelegt.
Das Spiel ist die perfekte Kombination von Regel und Freiheit. Im Spiel werden kognitive und emotionale Dispositionen erprobt. Es ist die Entdeckung neuer Variationen. Wo Freude ist, kann sich lebensförderndes, nicht-egozentriertes und gewaltfreies Handeln entwickeln. Das Böse ist die Blockade des Lebendigen und Missachtung wechselseitiger Abhängigkeiten.

---

25 F. Cramer, Erkennen, daß Heraklit Recht hat, in: F. Cramer (Hg.), Erkennen als geistiger und molekularer Prozeß, Weinheim/New York/Basel/Cambridge: VCH 1991, 221 ff.; ders., Gratwanderungen. Das Chaos der Künste und die Ordnung der Zeit, Frankfurt a. M.: Suhrkamp 1995, 17 ff.

Kapitel 5:
Liebe und Verantwortung

Vielleicht sind alle Drachen unseres Lebens Prinzessinnen, die nur darauf warten, uns einmal schön und mutig zu sehen. Vielleicht ist alles Schreckliche im tiefsten Grunde das Hilflose, das von uns Hilfe will.[1]

(Rainer Maria Rilke)

Worum geht es?

Liebe ist ein zentrales Thema in jedem menschlichen Leben, und schauen wir in die Literatur, den Film, die bildende Kunst und die Musik, namentlich die Oper der letzten Jahrhunderte, ist sie neben Tod und Gewalt das bestimmende Sujet überhaupt. Auch in vielen Religionen geht es um die Liebe, aber die diversen Kulturen unterscheiden sich erheblich voneinander gerade auch bei diesem Thema, und auch »Liebe« unterliegt den Wechseln und Anpassungsleistungen, die Menschen während der letzten Jahrtausende in ihren kulturellen (ökonomischen, sozialen, sprachlichen, bewusstseinsbildenden) Revolutionen in Szene gesetzt haben. Dabei sind Menschen zugleich Subjekte und Objekte dieser Prozesse, d. h. sie sind Akteure und Produkte, ohne je aufzuhören, von den jeweiligen Mitwelten angetrieben zu sein. Denn was ist denn »Liebe«? Ein Wunsch, eine Hoffnung, eine Aufgabe? Jedenfalls keineswegs die Realität in vielen menschlichen Beziehungen, im Großen wie im Kleinen. Ist Liebe ein Gefühl, das die berühmten »Schmetterlinge im Bauch« tanzen lässt? Ein ethischer Imperativ, der ernst und streng gepredigt wer-

---

1 Rilke, Briefe an einen jungen Dichter, 12. August 1904, a. a. O., 46.

Kapitel 5: Liebe und Verantwortung

den muss? Eine Laune der Natur, um die Reproduktionsbereitschaft anzuregen? Eine Versicherung, um den überlebensnotwendigen Bindungsschutz für Neugeborene und Kleinkinder zu gewährleisten? Alles das ist Liebe auch. Aber Liebe ist mehr: Liebe ist die Grundstruktur der Wirklichkeit. Sie fordert und fördert alle Bewusstseinskräfte gleichzeitig: Erkennen, Fühlen, Erinnern, Wollen, Motivation zum Handeln. Liebe manifestiert sich für Menschen aber ganz besonders in einem emotionalen Ergriffensein, das überwältigt. Wenn solche Liebe enttäuscht wird, können daraus aber auch ungezähmte Eifersucht, der aggressivste Hass und unvorstellbare Zerstörungswut erwachsen. Ist es dann aus mit der Liebe? Ist dann die »Grundstruktur der Wirklichkeit« verletzt oder nicht mehr relevant? Wie können wir hier etwas Klarheit finden und vielleicht nützliche Unterscheidungen erkennen?

Wenn wir in die europäische Geschichte der Bilder und Begriffe von Liebe blicken, sehen wir, dass es hier epochenweise größte Wandlungen in der Bedeutung von *eros, agape, philia, amor, Liebe, l'amour* oder *love* gegeben hat. Die Literaturgeschichte zeugt davon ebenso wie die bildende Kunst und die Musik. Auch die sozialen Ausprägungen von Bindung, Gemeinschaft, Liebe – im intimen Bereich wie in den weiteren Formen von Vergemeinschaftung in Gruppen – geben Zeugnis davon, dass das Bild der Liebe im Lauf der Geschichte immer neu gezeichnet wurde und wird. Die Bilder und Praxis der Liebe – sie sind auch spezifisch in je unterschiedlichen Gesellschaftsschichten. Und ein Blick auf andere Kulturen zeigt, dass dies dort nicht anders ist. Die Differenzen sind erheblich.

Liebe kann durchaus auch evolutionsbiologisch erklärt werden.[2] Demnach ist Liebe zweckmäßig und eine geschickte Strategie der Natur, um den Vater an der Pflege des Nachwuchses zu beteiligen, denn die lange Aufzuchtzeit beim Menschen erzwingt lange und kontinuierliche Präsenz der Erwachsenen. Liebe ist somit eine Form des Bindungsver-

---

2 K. Eibl, Kultur als Zwischenwelt, a. a. O., 66–73.

haltens. Dafür gibt es genetische Dispositionen, kulturelle Anpassungen und symbolische Kodierungen. Dass die sexuelle Attraktion (Östrogen und Androgene) und auch das Bindungsverhalten (Oxytocin und Vasopressin) mit der Ausschüttung chemischer Botenstoffe verknüpft sind, die das sogenannte Belohnungssystem aktivieren, ist bekannt. Aber Liebe erschöpft sich nicht darin, sondern die kulturellen und symbolischen Liebes-Welten ermöglichen Kulturen von Kommunikation, die das Thema bzw. das Verhalten weitreichender und nachhaltiger prägen als ein relativ kurzfristig wirksamer chemischer Impuls.

Es ist kaum möglich, die weit verzweigten Vorstellungen von »Liebe und Mitgefühl« zu erfassen, wie sie sich zunächst in eng abgegrenzten Stammesgesellschaften entwickelt haben, in denen die Folgen des jeweiligen individuellen Verhaltens sofort spürbar waren, weil die kleine Horde von Menschen kooperatives oder unkooperatives Verhalten sofort belohnen oder sanktionieren musste, damit die Gruppe überlebt. Die Verhältnisse waren im Wortsinne überschaubar. Mit der Sesshaftwerdung vor ca. zehntausend Jahren wurden die Produktion von Nahrungsüberschuss und die Abstraktion von Kommunikationsverhältnissen möglich – die Folgen des Handelns waren nicht sofort sichtbar, und das Individuum oder die Gruppe konnte das jeweilige Verhalten anonymisiert praktizieren, je größer die Siedlungsverbände bis hin zu Städten, Flächenstaaten und Imperien wurden. In der Geschichte der jüdisch-christlichen, islamischen oder hinduistischen und buddhistischen Kulturen bilden sich diese Prozesse von »Sozialisierung« auf je unterschiedliche Weise ab. Das trifft in besonderem Maße auf Christentum und Buddhismus zu, denn sie haben sich ja in ganz unterschiedlichen Kulturen ausgebreitet und deren »Fluidum« angenommen. Geologische, klimatische und ökonomische Gesichtspunkte sind ebenso heranzuziehen wie kultursoziologische und kulturpsychologische, um nicht nur die normativen Entwicklungen zu beschreiben, also das, was man »tun soll«, sondern die Lebenswelt. Die Normen sind, was den Buddhismus betrifft, im Wesentlichen in der *vinaya*-Tradition (monastische Lebensregeln) begründet, die aus Indien stammt und in Ostasien weiterentwickelt und natürlich für die breitere Gesellschaft angepasst wurde. Aber nicht nur was gelten soll, ist interessant, sondern wie Menschen tatsächlich leben und Bindung praktizieren bzw. vernachlässigen. Man muss also auch die Lebenspraxis und die gegenwärtigen Transformationsprozesse der unterschiedlichen christlichen, buddhistischen und hinduistischen, islamischen und jüdischen Gemeinschaften in den Blick bekommen.[3] Bleiben wir bei Süd- und Ostasien: Hier können wir beobachten, dass sich in diesen Kulturen das Verhältnis zum Körper, der Ausdruck von körperlicher Intimität und die entsprechenden Tabus ganz anders darstellen, als dies europäischem Empfinden entspricht. Und auch in Europa unterliegt, wie wir wissen, das Körpergefühl und der Ausdruck körperlicher Nähe (oder Distanz) einem beständigen Wandel. Was als angemessen, anständig oder fehlgeleitet oder gar pathologisch gilt, verändert sich. Die Geschichte der Anthropologie und Beschreibungen über das scheinbar freizügige »Liebesleben der Wilden« vom 18. bis ins 20. Jahrhundert ist voller Fehldeutungen, und auch unser Blick ist selbstverständlich nicht vorurteilsfrei. Vorsicht und behutsames, wissendes Einfühlen sind also geboten.

Liebe – Urphänomen und Blüte von Kultur

Was ist Liebe? Jeder Versuch der Beschreibung scheitert am Wesen dieses Phänomens: dem Überwältigtwerden. Liebe ist immer neu und anders, oder sie ist nicht. Die Leidenschaft der Liebe kann soziale Bindungen stärken, sie kann aber auch disruptiv für Gemeinschaften sein. Sie ist überwältigend, und darum wird sie gesellschaftlich eingehegt, gelenkt und sanktioniert, und das ist kulturell jeweils verschieden, entsprechend

---

3 Dazu ein Beispiel aus dem heutigen Theravada in Thailand: Bhikkhu P. A. Payutto, Vision of the Dhamma, Nakhon Pathom: Wat Nyanavesakavan 2006.

den Umständen. Und doch gibt es hinsichtlich der Liebe Ereignisse oder markante Phänomene, die im Laufe der Geschichte auch recht unterschiedliche Gestalten annehmen können, die aber doch eine mit dem Menschsein verbundene universale Kraft darstellen. Liebe ist einerseits der Ursprung von allem, ein Urphänomen. Sie unterliegt andererseits der Verfeinerung, der Entwicklung, ja, sie *ist* vielleicht *die* kulturelle Entwicklung des Menschlichen in tausend Varianten. Sie ist die Blüte am Stamm des Lebens. Die Blüte ist vergänglich, und sie bringt die Frucht hervor. In ihrem Gestaltwandel also ist sie fruchtbar. Die Blüte ist für alle Sinne ein ästhetisches Ereignis, und sie ist in vielen ihrer Gestalten – die Rose, der Lotos, die Chrysantheme, das Veilchen – Symbol und Inbegriff der Liebe. Wir wollen einige markante Phänomene hervorheben:

Liebe ist das Ergriffenwerden vom Anderen, dem Außergewöhnlichen, dem Ekstatischen. Sie kann unterschiedliche Gestalten annehmen und ist doch immer das, was Menschen mit dem Anderen nicht nur verbindet, sondern eine tiefere Einheit mit ihm gewahr werden lässt. Liebe manifestiert sich in jeder Gestalt der Wirklichkeit. Sie entzündet sich an einem Besonderen (dem Geliebten), taucht aber damit alles in einen Horizont der grundsätzlichen Verbundenheit. Wenn *nur* das geliebte Besondere begehrenswert und in dieser Motivation transformiert erscheint, sprechen wir von Begierde. Begierde ist ein wichtiger Aspekt an der Liebe – sie richtet die Aufmerksamkeit, die Sinne und Gefühle auf das Geliebte –, aber sie wird in der Liebe transzendiert durch die Öffnung auf das Ganze hin.

Man kann kaum lieben *wollen*, schon gleich gar nicht lieben *sollen*. Liebe *geschieht*, und wenn das der Fall ist, entsteht etwas. Dass also etwas ist und nicht nichts ist, ist das Resultat von Liebe: der Kosmos, die Erde, die Natur, die Menschen. Denn Liebe ist nicht nur subjektives Gefühl, sondern Grundstruktur der Wirklichkeit: Nicht, dass erst einzelne »Dinge« da wären, die dann Beziehungen eingingen, sondern »Dinge« entstehen aufgrund eines Relationen-Netzes, das sich im menschlichen geistig-emotionalen Spektrum als »Liebe« ausdrückt. Alles, was ist, ist sekundär davon abgeleitet. Liebe ist wie ein Vibrieren von (potenzieller) Energie, die ein Beziehungsnetz aufspannt, und in diesem Netz wechselseitiger Abhängigkeit von Relationen entsteht das, was wir als Wirklichkeit bezeichnen. In verschiedenen Sprachen, Bildern, Erzählungen und Begriffen haben die Religionen diese Grunderfahrung ganz unterschiedlich ausgedrückt und daraus Traditionen geformt.

Das Eigene und das Andere erscheinen dabei in Wechselwirkung: Eigenes entsteht nicht durch Abgrenzung allein, sondern ist die besondere Ausformung oder Verdichtung eines weiten Feldes, von dem das, der oder die Andere eine andere Ausformung ist. Damit sind grundsätzliche Dimensionen unseres Raum- und Zeitempfindens angesprochen. Es ist kein Zufall, dass Formen des Ausdrucks von Liebe und die schöpferische Gestaltung von Bewegung und Vielfalt in Formen, also die verschiedenen Künste, in unmittelbarer Nachbarschaft des menschlichen Gestaltens angesiedelt sind, oft überlappen sie einander: Liebe und Tanz, Liebe und Musik, Liebe und Malerei ... Der Komponist, Musiktheoretiker und Philosoph Dane Rudhyar[4] hat darauf hingewiesen, dass hier eine grundsätzliche Frage nach der Wahrnehmung von Raum auf dem Spiel steht: Raum als »leeres Gefäß, in dem sich einzelne und unabhängige Dinge bewegen«, um dann erst sekundär in Beziehung zueinander zu treten, oder Raum als »Fülle des Seins, in der Bereiche unterschiedlich starker Verdichtung, Differenzierung und Konzentration auftreten, die wir als getrennte und scheinbar vereinzelte Dinge oder Wesenheiten wahrnehmen«. Einerseits also die Bewegung getrennter Dinge im Raum, andererseits die Bewegung des Raumes, aus der sich die einzelnen Dinge herauskristallisierten. Pythagoras, so Rudhyar, habe noch letztere Wahrnehmungsweise gekannt, die ansonsten die östlichen Kulturen kennzeichne, während der Westen seine

---

4 D. Rudhyar, Die Magie der Töne, München/Kassel: DTV/Bärenreiter 1988, 64 f.

Geschichte mit der ersten Wahrnehmungsweise verknüpft habe.[5] Wie dem auch sei, wenn Liebe als universale Kraft beschrieben wird, so ist diese Bewegung des Raumes gemeint, das Ineinandergreifen von Potentialen, das zu Raumverdichtung führt, die dann als die Wirklichkeit der unterschiedenen Dinge wahrgenommen wird. Diesen Prozess erleben und beschreiben wir als »Zeit«. Liebe ist, bevor irgend*etwas* ist. Anders ausgedrückt: Jedes »etwas« ist ein Kondensat des Fließens von Liebe. Diese Erfahrung lässt sich eher dem Hörsinn als dem Sehsinn zuordnen. Der Komponist, Dirigent und Musiktheoretiker Hans Zender macht darauf aufmerksam, dass sich dies an der Geschichte der europäischen Musik und ihrer begeisterten Rezeption in Ostasien zeigen lasse. Das »Augendenken« strebe danach, die Welt als »feste Konstellation« zu erfassen, ein auf dem Ohr beruhendes Denken hingegen beruhe auf dem »zeitlichen Abtastvorgang«, auf dem zeitlichen Fluss also, auf dem Nacheinander der Eindrücke, die dann zu einer Melodie oder einem Satz geformt würden. Ersteres sei statisch und mit der Erschließung unveränderlicher Gesetze verbunden, wie es der Westen in den Naturwissenschaften praktiziere, Letzteres sei dynamisch und mit der Erschließung der Veränderungen bzw. der Offenheit von Beziehungs-Konstellationen verbunden, wie es der Osten in der chinesischen Malerei und Kalligraphie ausdrücke. Auch im Westen allerdings sei diese Grundhaltung vor allem in der Musik verwirklicht.[6] Um Musik aber hören (und verstehen) zu können, bedürfe es »des Eintritts in diesen Raum der Konzentration, eines Nicht-Denkens bei größter geistiger Wachheit, (…) wie es die Zen-Buddhisten nennen.«[7]

---

5 Wie komplex die Verschränkung von Raum und Zeit in künstlerischen Wahrnehmungen und Gestaltungsweisen sein kann, die Kulturen unterschiedlich prägen, zeigt eindrucksvoll Albert Breier in seiner Studie mit dem bewusst paradoxen Titel: Die Zeit des Sehens und der Raum des Hörens. Ein Versuch über chinesische Malerei und europäische Musik, Stuttgart: Metzler 2002. Wie sich dies auf das »wissende Sehen« japanischer Kalligraphien auswirken kann, habe ich zu zeigen versucht in: M. v. Brück/H. Zender, Sehen-Verstehen-SEHEN. Meditationen zu Zen-Kalligraphien, Freiburg/München: Verlag Karl Alber 2019.

6 Siehe Kap. 1 A 48

7 Ebd., 31.

Drei Dimensionen der Liebe

Die Gestalten der Liebe hängen zusammen mit den unterschiedlichen Dimensionen, in denen sich der Mensch erfährt. Von Pythagoras über Platon und die griechische Bibel bis hin zu Kierkegaard und Bataille sind diese Lebensebenen zwar unterschiedlich benannt, gleichwohl aber konsequent unterschieden worden:

Drei Dimensionen der Liebe sind es, die drei Dimensionen der menschlichen Existenz abbilden, und dazu gibt es interkulturell zahlreiche Analogien (man denke an die Unterscheidung grobstofflich-feinstofflich-geistig, die die indischen und ostasiatischen Kulturen prägt):

a) Die sinnlich-leibliche Liebe hat ein Potential der Verschmelzung von Subjekt und Objekt im *präpersonalen* Bereich. Die Individualität des jeweils Anderen ist unwichtig und allein die sexuelle Polarität spielt eine Rolle. Hier wirkt die Begierde, die den/die Andere geradezu »auffrisst«, es ist dies die Welt des Sexus. Im System der tantrischen Yoga-Psychologie wird diese Ebene mit den Energien der unteren Chakras verbunden, die reines Verbrauchen und Verschmelzen, Sich-Auflösen und vitales Sich-Aneignen bzw. Sich-Auflösen signalisieren. In der darstellenden Kunst (vor-personale Gottesbilder) werden die Wesen ohne Gesicht dargestellt, dafür sind die Geschlechtsorgane überproportional betont. Zahllose Steinfiguren aus Indien, Afrika, Ozeanien sind dafür hinreichender Beleg.

b) Die erotische Verschmelzung der Herzen hat das Potential einer spezifischen Beziehung zu einem *personalen* Du, das einzigartig und nicht kompatibel mit anderen Verschmelzungen ist. Die Individualität des Anderen ist ganz und gar zentral, was zählt, ist das einzigartige Du: »Ich liebe *Dich*.« Hier hat die personale Beziehung ihren Platz, die sich in den/die Andere hineinliebt, ohne völlig zu verschmelzen, es bleibt ein Rhythmus gleichzeitiger Schwingung von zweien. Dies entspricht der Ebene des Herzchakra und des Halschakra, wo die eigene Innerlichkeit im Außen des Du angeschaut und kommuniziert wird und umgekehrt.

Diese Ebene ist ganz und gar personal, es ist die Welt des Eros, der den Sexus einschließt, aber nicht mit ihm identisch ist.

c) Die Einheit aller Wesen zu erkennen hat das Potential einer nicht am Objekt orientierten Verbindung zu allen Erscheinungen der Wirklichkeit. Der/die Andere ist nicht in ihrer je individuellen Besonderheit Objekt der Liebe, sondern um der *transpersonalen* Einheit willen, die durch sie/ihn hindurch spürbar wird. Den/die Andere liebe »ich« dann nicht nur »wie« mich selbst, sondern »als« mein Selbst. Es ist eine *transpersonale Beziehung*, die ihren Gipfel in der Einheit erreicht. Ob dieser Gipfel als Verschmelzung oder permanente asymptotische Annäherung erlebt wird, ist verschieden. Diese Dimension entspricht dem »Dritten Auge« (Ajna-Chakra als Einheit der Polaritäten) und dem Kronenchakra (Tausendblättriger Lotos an der Schädeldecke, die Öffnung in die Transzendenz). Nicht Sexus oder Eros, sondern Agape. Der Liebende und die Geliebte (bzw. umgekehrt) sind von einem Geschehen bzw. einer Tiefenerfahrung des primären Verbundenseins ergriffen, sie erleben sich als Resonanzen der einen unfasslichen göttlichen Wirklichkeit, als Ausdruck eines unmittelbaren Willens zum Leben: »Ich lebe mein Leben in ›Gott‹, und alle anderen Wesen leben in gleicher Weise.« Die Folge davon ist, dass alles, jedes Lebewesen, jeder Mensch unendlich kostbar wird – der so Ergriffene kann gar nicht anders, als allem in einer tiefen »Ehrfurcht vor dem Leben« zu begegnen. Eine solche »Ehrfurcht« ist die Ergriffenheit von der grenzenlosen Resonanz mit allem. Es ist ein nüchterner Rausch, eine Erfahrung von unermesslicher Weite. Die christliche Tradition weist auf diese Einheit hin im Bild vom »mystischen Leib Christi« oder auch in Jesu Rede vom Weinstock. »Ich bin der Weinstock, ihr seid die Reben« (Joh 15,5), das heißt, dass alle Wesen von dem einen göttlichen Lebenssaft durchflossen sind. Andere Traditionen (Hinduismus, Judentum, Islam usw.) haben analoge Metaphern entwickelt.

Bei der Darstellung der drei Gestalten der Liebe fällt auf, dass nur die mittlere Form (b) ein personales Du kennt, was allerdings für den Menschen wesentlich ist. Hier ist die Transzendenz vollkommen in der

Immanenz, das Liebesgeschehen selbst ist die sakramentale Vermittlung des Ewigen im Zeitlichen. Die Formen (a) und (c) sind prä- bzw. transpersonal. Hier kann prinzipiell jedes Lebewesen die Dimension der Polarität eröffnen, jedes Wesen ist möglicher Partner. Eros kann sich aber öffnen auf Agape hin, denn Agape lebt von der Integration des Sinnlichen, sie ist darum wohl die integrierte Wahrnehmung, die ihren Ausdruck »im Ganzen« findet. Das Ganze aber kann in unterschiedlichen Symbolen erscheinen, als Kosmos, Gott, der Grund von allem usw.

Liebe im Christentum

Im Christentum ist der Höhepunkt der Liebe das Einswerden durch Identifikation im Mit-Leiden bzw. Mitgefühl. Liebe (Agape) ohne Bedingung, auch ohne einen unmittelbaren sinnlichen Impuls: Liebe deine Feinde. Diese Forderung hat sich im Judentum bereits in vorchristlicher Zeit allmählich entwickelt – viele Zeugnisse der frühen Geschichte der Hebräer, wie anderer antiker Völker auch, sprechen aber auch noch die andere Sprache der Ausgrenzung und Gewalt gegenüber dem Anderen. Wir sehen: *Es gibt eine Evolution und Geschichte der Liebe in je unterschiedlichen kulturellen Kontexten.* Liebe ist abgebildet im Gottesbild: Gott, der gütige Vater, liebt seine Kinder. Da alle Menschen als Gottes Kinder gelten (und sogar nach dem Bild Gottes geschaffen sind), ist Liebe universal. Nächstenliebe ist die bedingungslose Erfüllung des Willens eines liebenden Gottes. Wer ist der Nächste? Der bedürftige Mensch, wer immer dies ist.

> Es gibt eine Evolution und Geschichte der Liebe in je unterschiedlichen kulturellen Kontexten.

Einzelne Kämpfer für Humanität und Gerechtigkeit kommen dem Ideal nahe. Aber meistens ist es Ideal geblieben, wenngleich nicht unterschätzt werden sollte, wie viele kleine Taten der Nächstenliebe und der Dankbarkeit täglich weltweit vollbracht werden, oft unerkannt und unbeachtet. Diese umfassende Liebe setzt Erfahrung der Einheit mit Gott und allen Lebewesen voraus, sonst fehlen ihr der Impuls und die Kraft. Und sie verlangt außerdem ein gewisses Maß an Selbsterkenntnis, sonst kann sie zur Selbstgerechtigkeit mutieren. Es kommt hinzu, dass die »universale Liebe«, das »Seid umschlungen Millionen …« oder »Proletarier aller Länder vereinigt euch« ein Ausweichen sein kann, ein Ersatz für mangelnde Liebe in der Primärbeziehung der Familie, Folge eines Mangels an Zuwendung in der Kindheit. Eine solche universale Liebe ist ja zunächst selten konkret. Sie kann einen in die Utopie verschobenen Neid ausdrücken oder gar einen »unterdrückten Haß« verbergen, wie der Philosoph Max Scheler (1874–1928) vermuten konnte und wie es sich auch in psychotherapeutischer Praxis zeigt.[8] Man wird also genau hinschauen müssen, wie sich die transpersonale Liebe in den konkreten kleinteiligen Beziehungen des Lebens konkret auswirkt. Eine Integration der genannten drei Ebenen ist hilfreich, und sie sollte das Ziel einer ausbalancierten Lebensgestaltung sein.

Das Christentum ist – nach dem Vorbild des Jesus von Nazareth – maßgeblich vom Mit-Leiden inspiriert worden. Mit-Leiden ist eine unvermeidliche Gestalt der Identifikation mit dem Anderen, denn Leiden ist ein Aspekt des Lebens. Wo Verlangen und Furcht überwunden sind, kann sich selbst-lose Liebe ereignen. Nun ist dies in der Geschichte des Christentums vorrangig als Sühnopfer interpretiert worden, was für heutigen Menschen kaum nachvollziehbar

> Liebe ist der Schmerz, voll und ganz mit-lebendig zu sein.

ist: Demnach ist Jesus der Christus, der leidende Gottesdiener, indem er den zürnenden Gott mit seinem Selbstopfer versöhnt, und dies als Ausdruck seiner Selbsthingabe, seiner Liebe. Doch das ist keineswegs die einzige Deutung. Für den genialen Theologen Abaelard (1079–1142)[9]

---

8 Zit. nach A. und B. Ulanov, Cinderella and Her Sisters. The Envied and the Envying, Einsiedeln: Daimon 2012, 138 ff.
9 Dazu J. Campbell, Die Kraft der Mythen. Bilder der Seele im Leben des Menschen, Zürich: Artemis 1989, 122.

war Christi Leiden aus Liebe ein pädagogischer Akt, um in anderen Menschen das Mitgefühl zu erwecken: Der Anblick des unschuldigen Leidens erwecke die tiefsten Emotionen der Einheit mit anderen Wesen, dadurch werde der andere Mensch in das eigene Herz integriert, und das sei der Antrieb zur geistigen Transformation. Anders ausgedrückt: Im Mit-Leiden mit Christus wendet sich der Mensch zu Christus hin und wird eins mit ihm, und so auch mit jeder anderen Kreatur. Damit erlangt das Leben seinen Höhepunkt. *Liebe ist der Schmerz, voll und ganz mit-lebendig zu sein.*

Aber Mit-Leiden ist einseitig. Auch die Mit-Freude ist Ausdruck tiefster Verbundenheit und Solidarität. Wir unterscheiden deshalb Mitleid von Mitgefühl (Empathie). Denn dieses stellt eine Identifikation mit dem ganzen Menschen her, und es tendiert weniger zu einer gewissen Distanz oder gar Überheblichkeit, die im Mitleid mitschwingen kann. Wir wissen heute, dass die sogenannten Spiegel-Neuronen im Gehirn hinsichtlich Mitleid und Mitfreude genau das auslösen, was passiert, wenn man das Ereignis selbst physisch erlebt. Und das wiederum ist abgebildet in Schopenhauers Mitleids-Ethik, die Richard Wagner zutiefst beeinflusst hat.[10] In Wagners Parsifal wird der Held »aus Mitleid wissend«.[11] Das aber ist tatsächlich die Empathie. Parsifal muss nicht nur seine Herkunft erkennen, sondern durch Mitgefühl sowohl das unerfüllbare Begehren der Kundry als auch den Schmerz des Amfortas in das Licht einer alles umfassenden Liebe rücken, um als »erlöster« Erlöser seine Bestimmung zu erfüllen. Es ist der Weg zu einem mystischen Einheitserlebnis durch Mit-Gefühl.

---

10 M.-Chr. Beisel, Schopenhauer und die Spiegelneurone. Eine Untersuchung der Schopenhauer'schen Mitleidsethik im Lichte der neurowissenschaftlichen Spiegelneuronentheorie, Würzburg: Königshausen & Neumann 2012. Dazu auch Takao Ito, Religion and Ethics in Schopenhauer, in: Voluntas. Revista Internacional de Filosofia, Santa Maria, Vol 12, Ed. Special: Schopenhauer e o pensamento universal 2021, 1–15; ders., The Kantian Framework of Schopenhauer's Ethics: Right, Justice, Compassion, and Asceticism, in: Schopenhauer Jahrbuch, Würzburg: Königshausen & Neumann 2020, 29–45.

11 Richard Wagner, Parsifal, 1. Akt, 19.

Die drei Dimensionen der Liebe bilden sich auch ab in der Architektur und dem Prozessionsraum der mittelalterlichen Kathedrale. Bei dem römischen Architekten und Architektur-Theoretiker Vitruvius (ca. 70 v. Chr.–15 n. Chr.) finden wir die Vorstellung, dass der Tempel dem menschlichen Körper entspricht bzw. umgekehrt. Diese Idee wurde von Paulus (1 Kor 6,19) aufgegriffen und z. B. bei Tertullian (ca. 150–220 n. Chr.) zur Begründung der Ethik herangezogen.[12] Die Kathedrale hat den Grundriss des Kreuzes durch die Fügung von Langhaus und Querschiff, deren Achsen in der Vierung kreuzen. Man kann aber die Symbolik der Kathedrale, die ja oft gebaut wurde auf dem Platz alter vorchristlicher Heiligtümer, die der Muttergöttin geweiht waren, auch so interpretieren: Die Kathedrale hat den Grundriss des Leibes der liegenden Göttin – von den aufgestellten Beinen (Türme) über den langen Raum (Leib) und die Vierung (Herz) mit den Seitenschiffen (Arme) bis zum Chor und den Kapellen (mit *capitellum*, »Köpfchen«, identifiziert) am Beschluss der Apsis. Die Kathedrale ist Symbol der Maria (Notre Dame). Sie wird (z. B. in Chartres) als Erdgöttin (braune Farbe) und als Himmelskönigin (blaue Farbe) dargestellt, verbindet also die Polaritäten des Leiblichen und des Geistigen. Der Pilger tritt durch den Schoß in der Mitte zwischen den Türmen in den Raum der vegetativen präpersonalen Kräfte, der göttlichen Gebärmutter, in das Mysterium der Um- und Neugestaltung bzw. Neugeburt ein (das Labyrinth als Unterleib) und durchläuft die Transformation bis zur Vierung, dem Herzzentrum der personalen geistigen Begegnung mit dem Heiligen im Sakrament. Die Vollendung im Chor der Apsis und im Kopf, den (oft 7 oder 9) Kapellen, steht noch aus, und dieser Bereich steht für die vollkommene spirituelle transpersonale Transformation.

Bei vielen Mystikern, namentlich in den Schriften der Mechthild von Magdeburg (1207–1282), wird der Eros auf diese Weise sublimiert,

---

12 Bezeichnend für die Entwicklung der europäischen Religion ist, dass diese Sicht später umgedeutet wurde: In Johann Sebastian Bachs Kantate zum Pfingstfest »Erschallet ihr Lieder« (BWV 172) heißt es im Eingangschor: »Gott will sich die *Seelen* zu Tempeln bereiten.«

ohne dass das erotische Motiv und die mit ihm verbundene Gefühlslage dabei verdrängt würden. Mechthild ist zu Recht als »Höhepunkt der personalen Liebesmystik des Mittelalters« (Walter Haug) gepriesen worden. Ihre Schrift »Fließendes Licht der Gottheit« ist ein spirituell-transzendierendes Gegenstück zur Dichtung der Troubadoure aus der gleichen Zeit (13. Jahrhundert). Darin wird beschrieben, wie die Seele zu ihrem Bräutigam aufbricht, sich neu kleidet, das Hemd der sanften Demut anzieht, darüber das Kleid der lauteren Reinheit trägt und schließlich den Mantel des Duftes der Heiligkeit anlegt, der aus den erworbenen Tugenden gewoben ist. Es kommt zu einem Brauttanz der heiligen Partner, die sich bis zur Ermüdung verausgaben. Die Seele sucht daraufhin Kühlung, will aber dieselbe nur finden in ihrem Geliebten. Man warnt sie, die Gottheit sei heißes Feuer! Sie aber antwortet: Wenn auch der göttliche Bräutigam gewiss brenne, so könne er doch zugleich auch kühlen. Und »so geht die Allerliebste zu dem Allerschönsten in die geheime Kammer der unschaubaren Gottheit. Da findet sie ein Liebesbett, die Gelegenheit zur Liebe, von Gott in übermenschlicher Weise bereitet.

Doch Gott sagt:[13]

›Bleibt stehen, edle Seele.‹
›Was gebietest du, Herr?‹
›Ihr sollt Euch ausziehen!‹
›Herr, wie wird mir dann geschehen?‹
›Edle Seele, Ihr habt so sehr mein Wesen angenommen, dass nichts zwischen Euch und mir sein darf.‹
So legt sie ihre Kleider ab und diese Kleider sind die Angst und die Scham und alle Tugenden. Und darauf sagt sie:
›Herr, nun bin ich eine nackte Seele (...) unser zwei Gemeinschaft

---

[13] Zit. bei W. Haug, Erotik und Körperlichkeit in der Literatur des Mittelalters und der Frühen Neuzeit, in: D. Clemens/T. Schabert (Hg.), Kulturen des Eros, Eranos NF 8, München: Fink 2001, 155 f.

ist das ewige Leben ohne Tod.‹
Und dann kommt eine beseligende Stille, und wie sie beide es wollen,
gibt er sich ihr und sie gibt sich ihm.«

Dies ist ein unmittelbares Erleben, die Kraft der Sinnlichkeit ist in diese Liebesmystik integriert. Die *unio mystica* wird *als* sinnlicher erotischer Akt erfahren. Dazu der Mediävist Walter Haug:[14] »Wir stehen damit an einem extremen Gegenpol zur dionysisch-platonischen Erosphilosophie. Es geht nun nicht mehr darum, das Irdisch-Körperliche in seiner Schönheit wie seiner Verführungsmacht über einen Weg der Entsinnlichung zurückzulassen, vielmehr werden nun *unio* und Differenz über den Körper erfahren.« Das aber ist im Christentum selten.

---

14 Ebd., 157.

Kapitel 5: Liebe und Verantwortung

Ethik und Liebe im Buddhismus

Aus dem Gesetz der gegenseitigen Abhängigkeit bzw. der Erkenntnis des Nicht-Ich (*anatman*) folgt, dass Menschen nie nur Beobachter, sondern stets aktive Mitgestalter der Wirklichkeit sind, ob sie es wollen oder nicht, und darum ist die Ethik (*shila*) für den Buddhismus fundamental.[15] Diese Mitgestaltung beschränkt sich nicht auf physisches Handeln, sondern wird im Bewusstsein geformt, denn es ist ja das Bewusstsein, das Intentionen, Motivationen und Gefühle hervorbringt, die dann mit anderen geteilt werden. Mitgestaltung geschieht also durch Bewusstwerden, verbale Kommunikation (Rede) und physisches Handeln. Dies kann zerstörerisch (ab- und ausgrenzend) sein oder zu größerer Harmonie, Ausgeglichenheit und Glück[16] beitragen. Glück ist nicht etwas, das die Göttin Fortuna zufällig über einem ausschüttet oder auch nicht, sondern eine Aufgabe, die mit Bewusstseinskraft angegangen werden kann und durch Praxis stabilisiert wird. Außerdem, und das ist ein zweiter Gesichtspunkt, ist das Handeln selbst eine Voraussetzung für die Beruhigung und Klärung des Bewusstseins, denn ein Bewusstsein, das in sich gespalten ist und von egozentrischen Motiven des Begehrens oder des Zornes, also von den leidverursachenden Emotionen hin- und hergerissen wird, kommt nicht zur Ruhe und kann schwerlich meditieren und Klarheit gewinnen.

Bei allem Denken, Fühlen und Handeln ist das Grundgift (*klesha*) der Gier bzw. des Anhaftens zu überwinden. Das Ziel des buddhistischen Weges ist Weisheit (*prajna*), die durch Bewusstseinsschulung erlangt wird und das Handeln bestimmt. Die Ethik folgt damit notwendig aus der meditativen Praxis, d. h. die Ethik ist konstitutiv für das Verständnis des buddhistischen Lebenszieles, des *nirvana*.[17] Warum?

---

15 Die folgenden Überlegungen übernehme ich aus: M. v. Brück, Einführung in den Buddhismus, a. a. O.

16 M. v. Brück, Glück im Buddhismus, in: D. Thomä/Ch. Henning/O. Mitscherlich-Schönherr (Hg.), Glück. Ein interdisziplinäres Handbuch, Stuttgart: Metzler 2011, 343–346.

17 D. Keown, The Nature of Buddhist Ethics, New York: Palgrave 2001.

Weil das Handeln des Menschen nicht dauerhaft einem von außen kommenden »Sollen« folgen kann, sondern einer inneren »Notwendigkeit« entspringen muss, d. h. das *Sein* des Menschen bestimmt sein *Tun*. Da die buddhistische Grunderkenntnis in der gegenseitigen Abhängigkeit und Verbundenheit aller Wesen besteht, ist die altruistische Grundhaltung das Resultat von Einsicht, die in der Meditation gewonnen und zur Gewohnheit gemacht wird. Der Buddhismus zeichnet sich dadurch aus, dass Einsicht bzw. Weisheit (*prajna*) und barmherziges tätiges Handeln (*shila* bzw. *karuna*) als zwei Seiten einer Medaille gelten (bzw. den zwei Flügeln gleichen, ohne die der Vogel nicht fliegen kann).

Kultivierung von Liebe im frühen Buddhismus

Jeder Mensch macht die Erfahrung, die auch der Ausgangspunkt des Buddhismus ist: Es gibt kein Leben ohne Leiden, das ganz unterschiedliche Gestalten annehmen kann. Immer hängt es aber auch ab von der Wahrnehmung und unserer Reaktion auf das, was geschieht. Im Buddhismus gilt als Wurzel des Leidens die Ego-Zentriertheit, denn diese generiert Begehren, das letztlich unerfüllbar ist, was Frustration erzeugt, die sich in Aggression entlädt. Wir leiden, wenn wir nicht mit den Wechselprozessen des Lebens mitgehen wollen, weil wir auf verblendeter Identitätssuche sind. Wer nicht bejahen kann, dass alles vergänglich ist, leidet. Diese falsche Wahrnehmung bzw. Begriffsbildung aufzulösen, ist die Aufgabe. Dann auch Anderen unermüdlich dabei zu helfen, ihre Fehlhaltungen zu überwinden, ist das Ziel. Folglich sind liebevolle Freundlichkeit (*maitri*), Güte, Milde und barmherzige Hinwendung zu allen Wesen (*karuna*) die rational begründbaren Leitmotive der buddhistischen Ethik. Diese Ethik wird für Laien-Buddhisten wie für Mönche und Nonnen in den fünf grundlegenden moralischen Regeln (*pancashila*) zusammengefasst, die ohne Einschränkung gelten. Sie sind abgeleitet aus zwei Grundeinsichten:

- aus dem Gebot der Geistesschulung, nach der solche Faktoren ausgeschaltet werden sollen, die Unwissenheit, Begehren und Hass als mentale Verunreinigungen (*klesha*) erzeugen und somit negatives Karma bewirken,
- aus der Einsicht in die wechselseitige Abhängigkeit aller Wesen.

Eine weit verbreitete Meditationsformel lautet: »Im Kreislauf der Geburten sind alle Wesen einander Mutter und Vater gewesen, so will ich sie entsprechend behandeln.«

Die ethischen Verhaltensregeln sind nicht nur Anweisungen für das körperliche Handeln, sondern bezogen auf Körper, Rede und Geist. Es geht nicht nur darum, Einstellungen und Handlungen zu *überwinden*, die negatives Karma erzeugen, sondern auch Einstellungen und Verhaltensweisen zu *kultivieren*, die dem buddhistischen Weg zur Befreiung dienlich sind. Das sind vornehmlich die fünf fundamentalen Tugenden (*pancashila*) der Ethik, die für Mönche und Nonnen, Laien und Laienanhängerinnen gelten:

1. *Nicht-Verletzen* von Lebewesen (*ahimsa*). Dies bedeutet nicht nur, auf physische Gewaltanwendung zu verzichten, sondern zum Beispiel auf der Ebene der Rede keine verletzenden Worte zu gebrauchen. Positiv gesprochen wird diese Tugend durch die vier *brahmaviharas* oder *apramanas* (die Unermesslichkeiten) erfüllt, die jeder Buddhist im täglichen Leben bewusst in alle Situationen mental ausstrahlen soll:[18]
    - liebende Freundlichkeit zu allen Wesen (*maitri*)
    - heilende Hinwendung zu allen Wesen (*karuna*)
    - Mit-Freude über geistiges Aufwärtsstreben (*mudita*)
    - nicht-wertende Gesinnung von Gleichmut (*upeksha*)

---

18 Tevijja Sutta, DN 13,76 ff.

2. *Nicht-Nehmen (asteya)* dessen, was nicht gegeben wird. Dies bedeutet, jede Form von unangemessener *Begehrlichkeit* zu überwinden. Positiv ist dies die Empfehlung der Freigebigkeit (*dana*), die häufig als der Königsweg zur mentalen Reinigung für die Laien betrachtet wird.[19]
3. *Keine unheilsamen* (von Begierde geprägten) *sexuellen Beziehungen* pflegen (*brahmacarya*), was nur für Mönche und Nonnen völlige Enthaltsamkeit bedeutet. Positiv besagt dies, niemanden zu instrumentalisieren und alle Beziehungen aus gegenseitigem Respekt heraus zu gestalten, denn alle Partner sind wechselseitig voneinander abhängig und dadurch auf Augenhöhe.
4. *Wahrhaftigkeit (satya)* meint vor allem sprachliche Zurückhaltung und die Vermeidung unnützen Redens sowie der Verbreitung falscher Nachrichten. Positiv bedeutet dies, milde und freundliche Rede zu pflegen.
5. *Vermeidung von Rauschmitteln (surameraya)*, weil sonst geistige Konzentration, die auch Laien üben sollen, unmöglich würde. Positiv bedeutet dies, unablässig die Klarheit des Bewusstseins zu kultivieren.

Die buddhistische Psychologie hat Methoden erarbeitet, um beim Auftreten eines negativen Gefühls durch die Kultivierung eines positiven Gedankens, durch das genau entsprechende »Gegenmittel« also, das Bewusstsein in die gewünschte Bahn und Stabilität zu lenken.

Zwei Texte, die die Bedeutung und den besonderen Charakter der buddhistischen »Liebe ohne Anhaften« eindrucksvoll zur Geltung bringen, seien hier (auszugsweise) zitiert, ein Text aus dem frühen Buddhismus (*Itivuttaka*) und das »Hohelied der Liebe« im Mahayana-Buddhismus (*Vimalakirtinirdesha-Sutra*).

---

19 Vin., Mahavagga 19.

Kapitel 5: Liebe und Verantwortung

> *Wer Liebe entstehen läßt,*
> *unermeßliche, mit Bedacht –*
> *dünn werden die Bande ihm,*
> *der das Versiegen des Anhaftens schaut.*
> *Nur einem Lebewesen mit argloser Gesinnung*
> *Liebe erweisend, wird er dadurch tugendhaft.*
> *Mit allen Wesen im Geist mitleidig,*
> *erwirkt der Edle reichen Verdienst.*
> *(…)*
> *Wer nicht tötet, nicht töten läßt,*
> *nicht unterdrückt, nicht unterdrücken läßt,*
> *Liebe erzeigt allen Wesen,*
> *Feindschaft (droht) ihm von niemandem.*
>
> (Itivuttaka 27)[20]

Der Text aus dem Mahayana-Buddhismus unterscheidet deutlich zwischen Liebe und Anhaften. Beide haben nichts miteinander zu tun, insofern Liebe frei von Begierde ist, da sie nicht wertet und auswählt (nach dem Kriterium der Nützlichkeit für das Ego):

»*Der Bodhisattva Manjushri sprach zu dem Licchavi Vimalakirti: ›Ehrenwerter Herr, wie sollte ein Bodhisattva über alle Lebewesen denken?‹*

Vimalakirti antwortete: ›Manjushri, ein Bodhisattva sollte alle Lebewesen betrachten, wie ein weiser Mann die Spiegelung des Mondes im Wasser betrachtet oder wie Magier Menschen, die durch Magie entstanden sind, betrachten. Er sollte sie betrachten wie ein Spiegelbild im Spiegel, wie das Wasser einer Fata Morgana, wie den Klang des Echos, wie einen Wolkenhaufen am Himmel, wie den An-

---
[20] Übersetzung von K. Mylius, Die Vier Edlen Wahrheiten, Leipzig: Reclam 1985, 214 ff.

fangspunkt einer Seifenblase, wie die Erscheinung und Auflösung einer Wasserblase.‹

Daraufhin fragte Manjushri weiter: ›Edler Herr, wenn ein Bodhisattva alle Wesen auf solche Weise betrachtet, wie kann er dann große Liebe (mahamaitri) zu ihnen entwickeln?‹

Vimalakirti antwortete: ›Manjushri, wenn ein Bodhisattva alle Lebewesen so betrachtet, denkt er: „So wie ich den Dharma in mir verwirklicht habe, so möchte ich ihn auch alle Wesen lehren." Damit erzeugt er Liebe, die wahrlich eine Zuflucht für alle Lebewesen ist; eine Liebe, die frei ist vom Besitzergreifen; Liebe, die nicht fieberhaft ist, weil sie frei von unreinen Motivationen ist; Liebe, die mit der Wirklichkeit übereinstimmt, weil sie in allen drei Zeiten (Gegenwart, Vergangenheit und Zukunft) gleichbleibend ist; Liebe, die konfliktfrei ist, denn sie ist frei von Gewalt, die mit Leidenschaften verbunden ist; Liebe, die in sich nicht-zwei ist, denn sie ist weder in das Äußere noch in das Innere verstrickt; Liebe, die unerschütterlich ist, weil sie unbedingt ist.‹«

(Vimalakirtinirdesha-Sutra, Kap.6)[21]

Liebe als Praxis der Einsicht in Wechselwirkung – Weisheit des Mahayana

Grundlage des Handelns ist Einsicht, die aus Erfahrung kommt. Im Buddhismus ist dies gerade nicht die Anstrengung eines isolierten Ich, sondern das Handeln aus der Erkenntnis der Vernetzung mit anderen Lebewesen und der gesamten Wirklichkeit. Dabei wird die individuelle Verantwortung für die je spezifische eigene Lebensgeschichte nicht aufgelöst, weil ja das eigene Bewusstsein durch die Kette karmischer Bindungen einen je eigenen spezifischen Strom von Ereignissen ausbildet.

---

[21] Übersetzung: M. v. Brück/Panglung Rinpoche, Vimalakirtinirdesa-Sutra, Kap. 6, in: Weisheit der Leere. Sutra-Texte des indischen Mahayana-Buddhismus, Zürich: Benziger 1989, 257 ff. (auch Heyne (München), Kösel (München), zuletzt EOS: St. Ottilien (4. Auflage) 2012, 236 ff.

Einerseits also entsteht alles in wechselseitiger Abhängigkeit und nichts kann isoliert betrachtet werden, andererseits bildet jedes Lebewesen einen eigenen unverwechselbaren Strom von Ereignissen, die durch Karma miteinander verknüpft sind und jeweils individuelle Verantwortung einfordern. Verantwortung aber ist der tätige Aspekt der Liebe. Diese Grundstruktur jeden buddhistischen Denkens wird noch verstärkt im Mahayana: Nichts ist *aus* sich selbst, d. h. alles ist leer *(shunya)*. Daraus folgt, dass nicht die Substanz, sondern die Relation (Beziehung) die Basis der Wirklichkeit ist. Diese Erkenntnis trifft auf die Phänomene der unbelebten Welt ebenso zu wie auf die Wirklichkeit von Lebewesen und auf die Strukturierung des Bewusstseins einschließlich der Denkvorgänge, der Gefühle usw. Wenn nichts aus sich selbst ist und alle Erscheinungen in ständiger Veränderung durch Wechselwirkung existieren, ist die ethische Gestaltung des *Mit-Seins* (oder *Inter-Seins*, wie der vietnamesische Meditationsmeister Thich Nhat Hanh formuliert) nicht nur eine sekundäre Anwendung einer Einsicht in die Zusammenhänge der Welt, sondern spontane *Partizipation* an dem Geschehen der Wirklichkeit, allerdings – und das ist das Spezifische ethischen Verhaltens – in *bewusster* Erkenntnis des Gestaltungsrahmens, den der Mensch in seiner konditionierten Freiheit hat. Damit hängt eine Doppelstruktur bei ethischen Argumenten zusammen: Erstens hat jede Tat karmische Folgen, und dieser Ablauf vollzieht sich automatisch und kann im Nachhinein nicht beeinflusst werden; zweitens aber können Intentionen (z. B. die Abwendung von Übel durch Gewalt) diesem Automatismus zuwiderlaufen, wodurch zwar der karmische Automatismus nicht außer Kraft gesetzt, wohl aber durch eine andere Kausalität gleichsam »überschrieben« werden kann. Hier soll die bewusste Güterabwägung im Rahmen verantwortungsethischer Argumente ansetzen. Genau das ist Inbegriff der Freiheit, die das Handeln des Bodhisattva auszeichnet.[22]

---

22 Um es für die Ethik theoretisch noch zugespitzter zu formulieren: Im Mahayana wird (wie im gesamten Buddhismus) die gesinnungsethische Grundlage in eine verantwortungsethische Praxis überführt, ohne dass die gesinnungsethische Selbstreflexion aufgegeben würde.

Die Einsicht in die substanzielle Leerheit *(shunyata)* bzw. die wechselseitige Bedingtheit alles Entstehens *(pratityasamutpada)* heißt, dass die Erkenntnis frei wird von der abgrenzenden bzw. »identitären« Substanzialisierung und der Mensch damit *Freiheit* gewinnt von seinen Illusionen. Aus dieser Einsicht resultiert das, was »Liebe« *(maitri)* und »heilende Hinwendung zu allen Wesen« *(karuna)* genannt wird, denn diese sind Haltungen der Mit-Freude und Freiheit, die sich ergeben, wenn das Netz der Verbundenheit aller Erscheinungen erkannt ist. *Liebe ist weder nur ein Gefühl noch ein ethischer Imperativ, sondern eine einsichtsvolle Realisierung der Grundstruktur der Wirklichkeit, wie sie ist.* Prajna (Weisheit) als höchstes Ziel der Erkenntnis und *Karuna* als Inbegriff aller Intentionen bzw. Motivationen sind zwei Seiten einer Sache, denn ohne Intentionalität wäre Erkennen ziellos, und ohne Erkennen wäre Intentionalität grundlos. Im Mahayana-Buddhismus wird, wie wir oben schon erwähnt haben, dafür gern das Bild von dem Vogel gebraucht, der nur mit zwei Schwingen fliegen kann.

> Liebe ist weder nur ein Gefühl noch ein ethischer Imperativ, sondern eine einsichtsvolle Realisierung der Grundstruktur der Wirklichkeit, wie sie ist.

Liebes-Ethik im Vedanta

Ausgehend von den Upanishaden und unter Einfluss des Buddhismus systematisiert von Shankara (um 800 n. Chr.), hat der Vedanta die Geistesgeschichte Indiens entscheidend mitgeprägt.[23] Für dieses Denken ist charakteristisch, dass die Wirklichkeit von zwei verschiedenen Standpunkten aus betrachtet und gedeutet werden kann: dem ab-

---

23 Zum Folgenden M. v. Brück, Einheit der Wirklichkeit, a. a. O., 95 ff.; N. Isayeva, Shankara and Indian Philosophy, Albany: SUNY 1993; A. Sharma, The Philosophy of Religion and Advaita Vedanta: A Comparative Study in Religion and Reason, University Park: Pennsylvania State University Press 2008.

soluten Standpunkt (*paramarthika*) und dem relativen Standpunkt (*vyavaharika*). Der absolute Standpunkt erkennt die Wirklichkeit als undifferenziertes (*nirguna*) Eins (*ekam* oder *brahman*), und die alltägliche Erfahrung der Vielheit ist aufgehoben in die Ganzheit des Einen. Der relative Standpunkt (*vyavaharika*) lässt die Erfahrung der Vielheit und Geschichte zu, aber sie ist nicht die letztgültige Wirklichkeitserfahrung.

So stellt sich die Frage, ob sich unter der *paramarthika*-Betrachtungsweise Gesichtspunkte für das Handeln des Weisen ergeben, die als ethische Prinzipien auf Grund der advaitischen Erfahrung verstanden werden könnten. Eine solche *paramarthika*-Ethik ist nie wirklich ausformuliert worden und man begnügte sich damit, zu behaupten, dass der in der Advaita-Erfahrung lebende *jivanmukta* (der vollkommen befreite, obgleich noch im Körper lebende Mensch) spontan das Rechte tue, wobei aber die sozialen Konsequenzen aus dieser Einsicht selten gezogen wurden. Diese Vernachlässigung hat zu den Widersprüchen geführt, die man in der Sozialgeschichte Indiens antrifft: Spirituell wird die Einheit der Wirklichkeit beschworen, historisch-sozial grassiert nicht selten Ignoranz gegenüber dem Geschick der Kastenlosen und unteren Kasten. Die Verbundenheit aller Lebewesen, die Wirklichkeit der Liebe, bleibt dann abstrakt. Wie kann man eine Konkretion begründen? Vielleicht so:

Die eine Wirklichkeit ist die Potenz, die aus sich selbst die Formen der Erscheinungswelt hervortreten lässt. Dies wird auch mit der Formel *saccidananda* zum Ausdruck gebracht, die übersetzt heißt: Die eine Wirklichkeit ist in ihrem Wesen vollkommenes Sein, vollkommenes Bewusstsein und vollkommene Seligkeit. Das schließt den Begriff der vollkommenen Energie oder Kraft ein. Die drei Aspekte der Formel bedeuten:

Sat: Das Eine kann weder begrenzt noch bestimmt sein. Von ihm kann nicht einmal das Sein als Gegensatz zum Nichts ausgesagt werden. Das Eins *ist* Sein, es hat nicht Sein. Dies wird gern an einem Beispiel erläutert: Das erste Produkt der Maya (schöpferische Kraft) ist der Raum (Äther), der stofflich gedacht ist, aber gleichzeitig als so subtil gilt, dass er zum Ausbreitungsraum für die materielle Objektwelt wird. Äther partizipiert an der Natur des Einen, insofern er *ist (asti)*, manifest ist *(bhati)* und liebevoll anziehend wirkt *(priyam)*. Brahman ist die konstante Existenz in allen räumlich/zeitlichen Manifestationen, es ist die liebreizende Anziehungskraft *(asti, bhati, priyam* bzw. *saccidananda)* in allem. Die Erscheinungen der Dinge sind real, insofern sie dieses *sat* sind; sie sind unreal und unwahr, wenn sie abgelöst von der sie umfassenden Ordnung gedacht werden. Das bedeutet also: Die umfassende Ordnung ist in allen Erscheinungen gegenwärtig. Deshalb sind alle Erscheinungen der Welt von höchstem Wert, und der Mensch soll ihnen mit Ehrfurcht und Achtsamkeit begegnen.

Cit: Brahman ist reines Bewusstsein *(cit)*, sat *ist* Cit.[24] Cit kann als Kraft der Einheit des Sat betrachtet werden[25] bzw. als der dynamische Aspekt des Einen in seinen Entfaltungen. Das, was zunächst als Zweiheit von statischer und dynamischer Dimension erscheint, ist im Begriff des *saccit* eins. Zur Veranschaulichung des Gemeinten könnte vielleicht das Bild des Kraftfeldes nützlich sein. Ein solches Kraftfeld ist die Realität der Liebe, nicht nur im personalen Bereich, sondern in der transpersonalen Beziehungsdynamik der Wirklichkeit überhaupt.

In einer berühmten Episode in der Taittiriya-Upanishad wird erzählt, wie Varuna von seinem Sohn Bhrigu um Unterweisung gebeten wird, damit er das Brahman erkenne. Der Vater bezeichnet als Mittel der Erkenntnis des Brahman die körperliche Energie *(anna)*, Atemenergie *(prana)*, Auge *(cakshu)*, Ohr *(shrotra)*, Vernunft *(manas)* und Sprache *(vac)*. Woraus alle Dinge geboren werden, wodurch sie leben, woraufhin sie sich bewegen und wohinein sie eingehen werden, dies ist Brahman.[26] Cit ist die dynamische Kraft des Einen, die Basis aller Energien, die sich als »Liebe« spiegeln.[27]

---

24 BU IV, V, 13; BSB III, II, 16.
25 R. Panikkar, The Vedic Experience, London: Darton, Longman & Todd 1977, S. 669 f.
26 TU II, I, 1; Kaivalya Upanishad (Kaiv U) 19.
27 R. C. Pandeya, The Problem of Meaning in Indian Philosophy, Delhi: Motilal Banarsidass 1963, 254 f.

Ananda: Die Wirklichkeit ist in sich ein Prozess von Ausstrahlung und Angezogenwerden durch »Liebreiz« *(priyam)* und insofern Seligkeit *(ananda)* als dritte Dimension des einen Brahman. Ananda wird als die Kraft des Brahman beschrieben, von der alles lebt. Auch wer in Unwissenheit lebt und glaubt, vom Brahman abgesondert zu sein, fällt nicht aus dem Kraftfeld von Ananda heraus,[28] d. h. alle mit Bewusstsein ausgestatteten Wesen haben wenigstens einen gewissen Anteil an Ananda. Moksha (Befreiung) ist die volle Erfahrung und der vollkommene Ausdruck von Ananda.[29] Es ist eine Seligkeit, die nicht erlangt, sondern ent-deckt wird, da sie ja als das Wesen der Einen Realität gilt.

Die Einheit der Begriffe *sat – cit – ananda* markiert den Kraft- und Energieaspekt des Einen, denn das Brahman »scheint«, »manifestiert sich«, »durchwirkt alles mit Kraft«. In diesem Sinne ist das Brahman »Liebe«: Das Gleiche wird geeint. Was bedeutet das für menschliches Handeln und mögliche Prinzipien der Ethik? Dazu folgende Erwägung: Unmittelbar im Anschluss an die Erörterung über die Natur des Brahman beschreibt die Brihadaranyaka Upanishad die drei großen »da«: Selbstkontrolle *(dama)*, barmherziges Geben *(dana)* und Anteilnahme (Empathie) am Geschick aller Lebewesen *(daya)*.[30] Diese sind im Gegensatz zu Lust, Zorn und Gier[31] direkte Bestandteile der Vorbereitung auf die Meditation.[32] Einerseits sind diese Haltungen Voraussetzungen für die Erkenntnis, die zur advaitischen Erfahrung führen soll. Andererseits kann der vom Standpunkt des Relativen her urteilende Mensch diesen Tugenden nicht gerecht werden, selbst wenn er sie als moralische Imperative akzeptiert. Wer aber die universale Nicht-Dualität aller Dinge im

---

28 BU IV, III, 32.
29 BU III, IX, 28.7.
30 BU V, II, 3. Der dritte Begriff wird gewöhnlich mit »compassion« (Mitleid) übersetzt. Da in diesem Wort weniger eine aktive Anteilnahme als ein passives Mitdulden anklingt, ist die Übersetzung mangelhaft. Was gemeint ist, könnte eher in Anlehnung an Albert Schweitzer mit »Ehrfurcht vor dem Leben« (*veneratio vitae*) bezeichnet werden.
31 Shankaras Komm. zu BU V, II, 3.
32 Shankaras einleitender Kommentar zu BU V, III.

Atman/Brahman erfahren hat und vom nicht-dualen Standpunkt her lebt, empfindet und denkt, kann diese Lebensweisen realisieren, denn sie sind für ihn selbstverständlich. Egozentrismus, Geiz und Hass fallen von selbst fort, da ja jeder Hass das hassende Subjekt selbst treffen würde:[33] »Wer alle Wesen *(sarvani bhutani)* im Selbst *(atman)* sieht und das Selbst in allen Wesen, der fühlt keinen Hass auf Grund dieser Realisierung.«[34]

Der klassische Ausdruck für diese Lehre ist ein Gespräch in der Brihadaranyaka Upanishad,[35] das der Weise Yajnavalkya mit seiner Gemahlin Maitreyi führt: Nicht, weil jemand Ehemann, Ehefrau, Sohn oder sonst etwas ist, wird er geliebt, sondern um des Atman willen, der in dem Liebenden und dem Geliebten nicht-zwei ist. Denn der Atman ist das Wertvollste und Liebenswerteste schlechthin.[36]

Die Ethik wird hier also nicht in einer Unterscheidung von Gut und Böse, Wahr und Falsch begründet. Denn in solchen Gegensätzen zu denken, hieße, einen Teil der Wirklichkeit auszublenden und das eine zuungunsten des anderen zu ergreifen. Auf diese Weise könnten aber nie Gleichgewicht, Harmonie und Frieden *(shanti)* geschaffen werden. Das advaitische Ideal gründet vielmehr in der Erfahrung der Nicht-Dualität, durch die der Zwang zur Ich-Behauptung als Wurzel allen Übels hinfällig wird.[37] Die praktische Verwirklichung der Liebe ist einerseits Frucht aus der erkannten Nicht-Dualität aller Wesen, sie ist andererseits Mittel, diese Erkenntnis durch psychische Einstellungen und physisches Handeln einzuüben.

---

33 BG XIII, 27 f.
34 IU 6.
35 BU II, IV, 5.
36 BU I, IV, 8.
37 H. Zimmer, Philosophie und Religion Indiens, a. a. O., 214.

Kapitel 5: Liebe und Verantwortung

Schlussfolgerungen aus interkultureller Perspektive

Nicht nur aus Erfahrung, sondern durch empirische Studien wissen wir, wie eng ökologische, soziale und individuelle Entwicklungen miteinander verknüpft sind. Eine Verantwortungsethik, die das Sollen in gesellschaftlichen Bezügen beschreibt, scheint ethisch geboten zu sein. Verantwortung kann aber zu einer Haltung, die über den Appell an das Notwendige hinausgeht, nur dann werden, wenn ein Mentalitätswandel die Gesinnung tatsächlich transformiert. Wie ist dies möglich, da wir wissen, dass trotz einer mindestens 2500-jährigen Geschichte der Liebes-Ethik die moralische Reifung des Menschen mit seiner technologischen Intelligenz nicht Schritt gehalten hat? Wem die menschliche Natur als Mischung von Angst, Selbsterhaltungstrieb und Bosheit erscheint, dem wird zumindest eine Ethik der Hoffnung entgegengehalten werden können, denn seit es Zivilisationen gibt, mangelt es nicht an Entwürfen für eine bessere Welt und einen verbesserten Menschen; zumindest also in der Form sehnsuchtsvoller Erwartung sind Gerechtigkeit, Harmonie und Liebe eine Realität.

Es stellt sich allerdings die Frage nach den realistischen Aussichten der Verwirklichung solcher Programme. Gibt es zwischen dem pessimistischen Realisten und dem optimistischen Idealisten vernünftige Alternativen, sprich: Gibt es angesichts von Erkenntnissen aus der Neurobiologie, der Verhaltensforschung, der Psychologie, der Politologie und den Kulturwissenschaften Spielräume für die begründete Hoffnung auf eine moralische Evolutionsfähigkeit des Menschen, mehr noch, realistische Aussichten auf einen Mentalitätswandel, der nicht nur Einzelne, sondern größere Gruppen, die gesellschaftliche Gestaltungskraft besitzen, erfassen kann?[38]

---

[38] Dazu M. v. Brück, Interkulturelles Ökologisches Manifest, Freiburg/München: Verlag Karl Alber 2020.

Schlussfolgerungen aus interkultureller Perspektive

Wenn ja, wäre es die Liebe, die hier entscheidend ist, und zwar nicht nur als romantisches Sentiment oder religiöses Programm, sondern als Projekt der kulturellen Selbstgestaltung des Menschen, der Kultivierung also, die rational begründet sein muss. Wir wollen versuchen, die aus den letzten Kapiteln gewonnenen Einsichten für eine solche Argumentation einzusetzen. Dabei ist es selbstverständlich, dass wir interkulturell denken, denn menschliche Motivationen werden zunehmend in globalen Perspektiven erzeugt und erprobt. Aus diesem Grunde sind die indischen Grundlagen für die Ethik in buddhistischen und hinduistischen Varianten ausführlicher dargestellt worden.

Blicken wir noch einmal auf Asien: Die indische Kultur ist alles andere als ein einheitliches Gebilde, und das, was als Liebe beschrieben wird, kann einerseits ganz und gar emotional und erotisch explizit dargestellt werden, andererseits in sozialen Beziehungen der Familien-Loyalität und Verantwortung, also des Zusammenhalts in Gruppen. Wir kennen das Kamasutra, die Kunst der erotischen Verführung und des kultivierten Genusses, neben der glühenden Liebe zu Gott, dem Verschmelzen im Einen, das jedes individuelle Streben buchstäblich verbrennt. Liebe ist aber auch die Verantwortung gegenüber der Gemeinschaft. In Ver-antwortung steckt die Antwort, die Antwort nämlich, die der Einzelne zu geben hat auf die Fragen des jeweils Anderen. Liebe ist dialogisch, und Verantwortung ist ein emotional-soziales Geschehen. Verantwortung ist in indischen Kulturen abhängig von der sozialen Stellung, traditionell gesprochen von der »Kastenpflicht« (*svadharma*), der das Individuum unterliegt. Wenn es konkret wird, kann weder die Liebe noch die Verantwortung konfliktfrei gelebt werden. Der Mut dazu schließt auch die Bereitschaft zum Scheitern ein. Ein diesbezüglich klassischer Pflichtenkonflikt zwischen Verantwortung gegenüber der Familie und Verantwortung gegenüber der Kaste ist der Ausgangspunkt der berühmten Bhagavad Gita: Arjuna soll als Angehöriger der Kshatriya-Kaste kämpfen, um die Ordnung im Lande wiederherzustellen; er muss aber gegen eigene Verwandte kämpfen, was der Familienpflicht widerspricht. Und überhaupt stellt sich die Frage: Wie sind Liebe und Verantwortung begründbar, wenn alle Erscheinungen der Welt – so eine gängige hinduistische Intuition – nur Schein, relativ und letztlich angesichts der Einheit des Einen sekundär sind? Und im Buddhismus? Wird hier nicht gelehrt, dass Emotionen wie das Begehren überwunden werden müssen? Wie steht es dann um die Liebe?

Auch in den chinesischen (und von China geprägten) Kulturen ist die Loyalität gegenüber der primären Gemeinschaft (Familie, Großfamilie usw.) eine zentrale Tugend, der die spontane Liebe untergeordnet wird. Auch für diese Kulturen gilt aber: Liebe ist in der menschlichen Erfahrung ein Ergriffensein vom Anderen, in dem das Ich verschwindet und gleichzeitig auch stark wird. Es ist eine Sehnsucht nach Annäherung bis hin zur Verschmelzung, die aber nie völlig geschieht, d. h. die Dynamik und Bewegung bleibt erhalten. Wir hatten dies mit einem Begriff aus der Geometrie, der asymptotischen Annäherung, verglichen: Zwei Kurven nähern sich immer weiter an und berühren einander erst in der Unendlichkeit. Beispiele dafür gibt es in den Liebesdichtungen aller Kulturen, ganz markant in der indischen Radha-Krishna-Mystik, aber auch im Islam. So heißt es bei dem Sufi-Dichter al Hallaj:[39]

> *»Ich bin der, den ich liebe,*
> *und der, den ich liebe, ist ich.«*

Diese Tonart kehrt wieder und wird metaphysisch weiter verdichtet bei dem andalusischen Mystiker Ibn al-Arabi (1165–1240), einem Zeitgenossen des Thomas von Aquin. Er war geprägt von der neuplatonischen Philosophie und gilt als einer der bedeutendsten Theoretiker des Sufismus mit einer erheblichen Ausstrahlung nach Europa und in den Mittleren Osten bis nach Indien. Nach ihm setzt das Eine (Gott)

---

39 A. Schimmel, Liebe – Himmlisch und nicht ganz himmlisch, in: D. Clemens/T. Schabert (Hg.), Kulturen des Eros, a. a. O., 29 f.

aus sich die Vielheit der Welt frei, um sich selbst zu erkennen, um sich im Spiegel der Welt zu sehen. Diese Kreativität zur Vielfalt, die sich in sich selbst reflektiert, nennt er Liebe.[40] Liebe ist kosmisches Geschehen, Selbstentfaltung des Einen in allen Formen. Bei Ibn al-Arabi kann man von einer Sakramentalisierung der Vereinigung sprechen, und die rituelle Gleichsetzung der Frau mit der kosmischen Natur hat einen ganz ähnlichen Stellenwert wie die indische Gleichsetzung der Natur (*prakriti*) mit der Göttin (*devi*). Ibn al-Arabi schreibt:[41]

> *»Gott kann nicht getrennt von der Materie gesehen werden, und er wird vollkommener in der menschlichen Materie als in irgendeiner anderen gesehen, und vollkommener in der Frau als im Mann. Denn er wird gesehen entweder unter dem Aspekt des agens oder dem des patiens oder als beides gleichzeitig. Deshalb, wenn ein Mann Gott im Hinblick auf die Tatsache betrachtet, dass die Frau aus dem Mann entstanden ist, so kontempliert er Gott unter dem Aspekt des agens, wenn er nicht darauf achtet, dass die Frau aus dem Mann entstanden ist, so kontempliert er Gott unter dem Aspekt des patiens, weil er als Geschöpf Gottes absolut patiens in seiner Beziehung zu Gott ist. Aber wenn er Gott in der Frau betrachtet, so betrachtet er Ihn sowohl als agens als auch patiens. Gott in der Gestalt der Frau manifestiert ist agens dank der Tatsache, dass er völlige Macht über die Seele des Mannes hat und den Mann dazu veranlasst, sich Ihm ganz und gar hinzugeben und zu unterwerfen, und auch patiens, weil, wenn Er in der Gestalt der Frau erscheint, Er unter der Kontrolle des Mannes ist und seinen Befehlen unterworfen. Daher bedeutet, Gott in der Frau zu sehen, Ihn in diesen beiden Aspekten zu sehen. Und eine solche Schau ist vollkommener, als Ihn in allen anderen Formen zu sehen, in denen er sich manifestiert.«*

---

40 U. App, Schopenhauers Kompass, a. a. O., 105 f.
41 Zit. bei A. Schimmel, Liebe – Himmlisch und nicht ganz himmlisch, a. a. O., 42 f.

Kapitel 5: Liebe und Verantwortung

In dieser sich selbst transzendierenden Kraft des Eros bricht eine metaphysische Einsicht bzw. existentielle Erfahrung durch, dass der/die Andere als Geliebte oder Geliebter letztlich gar kein Anderer ist. Beide sind Aspekte an dem Einen, das meist Gott genannt wird. Dies ist die spontane Intuition der Einheit allen Lebens, der Liebe vor der Individuierung. *Liebe ist das Netz der Wirklichkeit,*[42] *die Energie, die alles verbindet, zueinander zieht und auch abstößt, das Spiel der Kräfte, in unendlicher Schönheit und leidvoller Sehnsucht, nie erfüllt oder am Ziel, ein ewiges Werden.*

> Liebe ist das Netz der Wirklichkeit, die Energie, die alles verbindet, zueinander zieht und auch abstößt, das Spiel der Kräfte, in unendlicher Schönheit und leidvoller Sehnsucht, nie erfüllt oder am Ziel, ein ewiges Werden.

Ist die Erziehung zu einer solchen Einsicht, aus der moralisches Handeln folgen würde, realistisch? Gibt es eine Liebe, die das Lebensrecht anderer Wesen unter der Perspektive der Einheit der Wirklichkeit nicht nur akzeptiert, sondern zu fördern bereit ist? Eine Liebe, die ohne Anhaften ist, wie es die buddhistische Praxis erfordert, die also ohne egozentrisches Eigeninteresse eine Resonanz auf Grund von Einsicht und Erfahrung wäre? In der die »Ehrfurcht vor dem Leben« ökonomische und ökologische Folgen hätte?[43] Wenn nicht alles täuscht, hängt das Überleben der Menschheit – durchaus evolutionsbiologisch gedacht – von der Anpassung der Spezies an eben diese vernetzte Welt ab. Um das

---

42 Dies erinnert an das indische Bild vom »Netz Indras« und an Fa-tsangs verspiegelten Raum, wie er oben beschrieben wurde (Kap. 1, S. 73). In spekulativer Weise kehrt der Gedanke – mit Bezug auf die indische Tantra-Tradition – wieder bei Chris King, Quantum Cosmology and the Hard Problem of the Conscious Brain, in: J. Tuszynsik (Ed.), The emerging physics of consciousness, Berlin: Springer 2006, 448. King spricht von einer Komplementarität des subjektiven Bewusstseins und physischer Hirnzustände, analog zur Komplementarität von Welle und Teilchen. Die Bosonen-Fermionen-Komplementarität und die quantenmechanische Verschränkung (wechselseitige Abhängigkeit der Polarisation von Photonen) deutet er im Bild der sexuellen Wechselseitigkeit, wie sie im Tantra als Grundstruktur der Wirklichkeit überhaupt gedacht würde.

43 Konkreter ausgeführt sind diese Aussagen in: M. v. Brück, Wie können wir leben? Religion und Spiritualität in einer Welt ohne Maß, München: C.H. Beck ⁵2005 (TB Beck'sche Reihe 2009).

zu erkennen und in der Praxis zu verwirklichen, bedarf es einer mentalen Mutation. Die Religionen nannten dies »geistige Umkehr«, die zur Weisheit führt.

> Nicht die Substanz, sondern die Beziehung ist die Basis der Wirklichkeit.
> Liebe ist die Grundstruktur der Wirklichkeit, ein kosmisches Geschehen.
> Liebe ist Ergriffenheit von der Resonanz mit allem, ein nüchterner Rausch.
> Verantwortung ist der tätige Aspekt der Liebe.

Kapitel 6:
Sterben und Tod

Es ist nicht die Trägheit allein, welche macht, daß die menschlichen Verhältnisse sich so unsäglich eintönig und unerneut von Fall zu Fall wiederholen, es ist die Scheu vor irgendeinem neuen, nicht absehbaren Erlebnis, dem man sich nicht gewachsen glaubt. Aber nur wer auf alles gefaßt ist, wer nichts, auch das Rätselhafteste nicht, ausschließt, wird die Beziehung zu einem anderen als etwas Lebendiges leben und wird selbst sein eigenes Dasein ausschöpfen.[1]

(Rainer Maria Rilke)

Worum geht es?

Sterben ist kein einmaliges Ereignis, sondern ein Prozess, der das gesamte Leben mitprägt, es ist ein Teil des Lebens. Das Sterben am Ende des Lebens können wir beobachten und Schlüsse daraus ziehen, z. B. dass es Phasen des Sterbens gibt. Diese laufen zwar nicht immer völlig gleich ab, aber doch mit hoher Regelmäßigkeit. Vom Tod hingegen wissen wir abgesehen von einigen biologischen Daten nichts, außer der Tatsache, »dass« er ist. *Was* die Religionen oder Philosophien über Sterben und Tod aussagen, ist Resultat ihres Verständnisses des Lebens bzw. der Deutung der Wirklichkeit als Ganzes. Diese ist, wie wir gesehen haben, abhängig von Modellen, die evidente Daten in einem umfassenderen Rahmen interpretieren. Diese Modelle ändern sich. Wenn materielle Prozesse und mentale Prozesse nicht als grundsätzlich getrennte Sphären verstanden werden, was folgt daraus für das Verständnis von Sterben und Tod?

---

[1] Rilke, Briefe an einen jungen Dichter, 12. August 1904, a. a. O., 44 f.

Der Tod ist nicht nur biologisches, sondern auch ein psychologisches und soziales Phänomen. Vorstellungen und Erwartungen prägen die psychosomatischen Vorgänge beim Sterben ganz erheblich mit, weshalb wir ihnen große Aufmerksamkeit widmen werden, und zwar interkulturell. Jeder Mensch stirbt seinen eigenen Tod, gleichzeitig aber wird das Sterben in sozialen Zusammenhängen erfahren, und die Rituale, die für den Toten durchgeführt werden, sind ebenso Rituale, die die Lebensgemeinschaft betreffen: Der Tote wird durch Rituale in ein spezifisches Verhältnis zu den Lebenden gesetzt, d. h. er ist auch als Toter rituell im Sozialkörper auf neue Weise gegenwärtig.

Rituale, die Sterbeprozesse begleiten, werden während des Lebens eingeübt; die *Ars moriendi* (Kunst des Sterbens) ist eine *Ars vivendi* (Kunst des Lebens), wie schon die Philosophen der Stoa im Römischen Reich bemerkten. Das *memento mori* (Bedenken des Todes) dient dem Hinweis, die Lebensmöglichkeiten verantwortlich auszuschöpfen, d. h. die begrenzte Zeit des Lebens klug zu nutzen. Im Ritual für die Toten verarbeitet eine Gesellschaft ihr Verhältnis zu Zeitlichkeit und Ewigkeit.[2]

Sterben, Tod und Jenseitserwartung im Christentum

Menschen in Mitteleuropa haben heute ein anderes Verhältnis zu Sterben und Tod als noch vor wenigen Jahrhunderten. Wenn man etwa in die Zeit des Barocks bis hin zur Romantik schaut, also vom 17. bis ins 19. Jh., waren Sterben und Tod nicht nur ständig präsent, sondern sogar

---

2 Die Ausführungen in diesem Kapitel gehen zurück auf drei frühere Publikationen: M. v. Brück, Ewiges Leben oder Wiedergeburt? Sterben, Tod und Jenseitshoffnung in europäischen und asiatischen Kulturen, Freiburg: Herder 2007; R. und M. v. Brück, Leben in der Kraft der Rituale. Religion und Spiritualität in Indien, München: C.H. Beck 2011; M. v. Brück, Vom Sterben. Zehn Meditationen zur spirituell-palliativen Praxis, München: C.H. Beck 2020.

mit einer gewissen Sehnsucht befrachtet. Hohe Kindersterblichkeit und Seuchen aller Art, ebenso die dauernden Kriege und Naturkatastrophen machten den Tod allgegenwärtig. Frühe Sterblichkeit war an der Tagesordnung. Wir wissen aus Briefen und Biografien, wie die Menschen trauerten, aber auch, von tiefer Frömmigkeit erfüllt, den Tod als Wille Gottes akzeptieren konnten: »… der Herr hat's gegeben, der Herr hat's genommen«. Das hat sich mit der modernen Medizin, durch die die Lebenserwartung erheblich gestiegen ist, und durch das Schwinden der religiösen Bindungen dramatisch verändert: Der Tod wird tapfer bekämpft als Feind der Ärzte und der Kranken, wer eine Krebsdiagnose längere Zeit überlebt, hat die tödliche Krankheit (zumindest auf Zeit) besiegt, und das Sterben wird nach wie vor tabuisiert. Wenn auch in den visuellen Medien Tod und Sterben omnipräsent sind, so ist das doch nicht der eigene Tod. Es gibt allerdings in neuester Zeit Ausnahmen, und allein die ethische und politische Debatte um Sterbehilfe hält die öffentlichen Auseinandersetzungen wach. Palliativmedizin und Hospizbewegung bemühen sich um ein würdevolles und schmerzarmes Sterben. Sterbe- und Trauerrituale werden individualisiert, es gibt immer weniger »standardisierte« Formeln und Rituale. Neben die Erd- und Feuerbestattung sind Friedwälder und anonyme Gräber getreten, auch Seebestattung oder Verarbeitung des Kohlenstoffs zu Diamanten ist angesagt. Die Vielfalt der Symbolik und selbst erfundener Rituale ist kaum noch überschaubar. Sterbende und Trauernde gewinnen Trost aus einer allgemeinen Naturfrömmigkeit: Man stirbt in die Einheit des Naturkreislaufs hinein. Aber auch populäre Berichte über Nahtoderfahrungen wecken Hoffnungen auf ein angenehmes Sterben und irgendeine Existenz über den Tod hinaus. Freilich vermuten wohl immer weniger Deutsche, dass es eine personale Existenz nach dem Tode geben könnte.[3] Einzelne Elemente der traditionellen christlichen Vorstellungen und Riten wer-

---

3 Th. Tesche, Der Tod – und was dann? Jenseitsvorstellungen heute, Paderborn: Schöningh 2017.

den aber auch weiterhin für hilfreich erachtet. Die Furcht vor dem Tod und seine (nicht selten wütende) Ablehnung sind dennoch spürbar.

Die traditionell christlichen Vorstellungen von Sterben und Tod haben mehrere Wurzeln (griechische, ägyptische, jüdische, persische usw.), und sie haben sich im Laufe der Geschichte erheblich verändert. Das gilt auch für die Rituale des Sterbens und der Bestattung.

Einige Grundzüge der Tradition lassen sich wie folgt zusammenfassen: Die christliche Vorstellung von einer Auferweckung der Toten zeichnet sich dadurch aus, dass im Tod die Seele nicht den sterblichen Körper verlässt und in anderer Existenzform weiterlebt, sondern dass der ganze Mensch als leib-seelische Einheit vergänglich ist und stirbt. Durch die Schöpferkraft Gottes aber wird er leiblich-seelisch auferweckt, d. h. zu einer neuen Existenz gebracht. Wie die alte erdhafte Existenz in der Zeit und die neue Existenz der Auferstehung miteinander zusammenhängen könnten, ist nur selten genau durchdacht worden. In den vorexilisch-jüdischen Vorstellungen von einem Totenreich (*sche'ol*) wurde für den einzelnen Menschen keine wirkliche personale und heilvolle Existenz nach dem Tod erwartet, da sich die Heilszusage Gottes über die Zeiten hinweg auf das *Volk* Israel bezog, d. h. die Kontinuität über den Tod hinaus war in der kollektiven Existenz gegeben. Dies spiegelt die Bedeutung des sozialen Zusammenhangs wider, der in den vorderorientalischen Kulturen vor dem 1. vorchristlichen Jahrtausend im Vordergrund stand, während die Individualität wohl noch weniger ausgeprägt und demzufolge zweitrangig war.

Seit der Begegnung mit der persischen Kultur in der Mitte des 1. vorchristlichen Jahrtausends änderte sich dies, bis das Judentum die ägyptischen und zoroastrisch-iranischen Vorstellungen von einem Totengericht übernahm, wonach der Verstorbene, wenn er als »gut« befunden wurde, der Vernichtung entgehen konnte. (Was »gut« sei, wurde in unterschiedlichen Traditionen verschieden definiert.) Die anderen würden entweder vernichtet oder in einer unheilvollen Existenz in Gottesferne mehr siechen als leben. Außerdem kam es seit dem babylonischen Exil der Jerusalemer Oberschicht (597–539 v. Chr.) zu einer neuen Deutung der Geschichte, die mit der Apokalyptik und der Zwei-Äonen-Lehre (zwei Zeitalter) ihren Höhepunkt erreicht: Gott wird die alte Welt nach deren Zusammenbruch neu schaffen. In diesem Zusammenhang wird die Auferstehung der Toten als Neuschöpfung in einem neuen Zeitalter zu einem Glauben, der nun das Schicksal des Einzelnen in den Zusammenhang der Weltgeschichte stellt: Die Gläubigen werden auferweckt, die Gottfernen werden in die Gehenna, den Abgrund, den Hades geworfen (dies sind neutestamentliche Begriffe für das, was später Hölle heißt), wo das ewige Feuer brennt und keine Freude herrscht. Die Synthese dieses Weltbildes aus verschiedenen Traditionen war in hellenistischer Zeit in ihren Grundzügen abgeschlossen.

Die erwähnten apokalyptischen Vorstellungen[4] bilden den Hintergrund für den christlichen Auferstehungsglauben, wie er besonders im Ritual der Taufe zur Geltung kommt. Die Taufe ist ein Reinigungs-, Sterbe- und Neubelebungsritual, das nicht erst von Christen eingeführt, sondern bereits von jüdischen Gruppen um Johannes »den Täufer« praktiziert wurde. Die Ursprünge gehen jedoch weit in die Religionsgeschichte zurück bis nach Indien, allerdings sind direkte kulturelle Einflüsse (noch) nicht nachweisbar. In der Taufe dient das Wasser der Reinigung von kultischer Unreinheit oder/und moralischer Schuld, wobei der »alte Mensch« ertränkt wird und der »neue Mensch« aus dem Taufbad auftaucht: Er ist dadurch zu einer neuen Existenz wiedergeboren bzw. wiederauferstanden. Aus dem Wasser entsteht Leben. Und Wasser erfrischt. Während die Reinigungsbäder im hellenistischen Bereich ebenso wie in der Gemeinde von Qumran periodisch wiederholt wurden, um neue Verunreinigungen abzuwaschen, ist die christliche Taufe einmalig, denn sie steht im Kontext der Zwei-Äonen-Vorstellung. Sie ist Symbol des Anbruchs eines neuen Zeitalters (einmalig) und nicht mehr das periodisch zu vollziehende Ritual der Reinigung: Das alte Zeitalter

---

4 Dazu ein neues Themenheft: Apokalypse, ThPQ 172, 2/2024, Regensburg: Pustet 2024.

ist vergangen, mit Christus ist eine grundsätzlich neue Zeit, der Äon der Gottesherrschaft, angebrochen, in der auch der Tod besiegt ist. Jesu Christi Tod und Auferstehung sind zugleich Archetyp und Ausdruck dieser neuen Weltzeit, und Christen werden in Christi Tod getauft, um mit ihm aufzuerstehen (Röm 6,3 f.) – wer getauft ist, ist in Christus eine neue Kreatur, und ihm werden in der Taufe *pneuma* (Geist) und Charisma verliehen, die das ewige Leben bedeuten (Röm 6,23). Zusammengefasst: Christen haben in dieser durch die Taufe begründeten Zugehörigkeit zu Christus den Tod bereits hinter sich, jedoch unter dem Vorbehalt, dass, obwohl diese *grundsätzliche* Entscheidung schon gefallen ist, ihre Realisierung und Vollendung noch aussteht.

In der Taufe ist es nicht der Mensch, der sich selbst reinigt, sondern Gott reinigt ihn. Dies wird in den Bildern und Symbolen der damaligen Zeit unterschiedlich ausgedrückt, z. B. in der Vorstellung vom stellvertretenden Sühneopfer Jesu, die die gesamte Christentumsgeschichte geprägt hat: Die Sünde gegen Gott verlangt, dass sie ausgeglichen wird, damit die Balance wiederhergestellt ist. Rituell wird Ähnliches in Neujahrsfesten vieler Religionen durch ein Opfer dargestellt, dem alles Negative aufgeladen wird (z. B. der »Sündenbock«, der am israelitischen Versöhnungstag in die Wüste geschickt wird [Lev 16]), oder das als Kompensation dargebracht wird. In der christlichen Tradition wird die Sünde bzw. Gottferne des Menschen als so gravierend empfunden, dass der Mensch keine Kompensation leisten kann, also tritt Gott selbst für ihn ein, indem er – in Gestalt des Gottessohnes – selbst zum »Sündenbock« wird. Das ist der Hintergrund der Lehre vom stellvertretenden Sühneopfer, die jüdische Wurzeln hat. Das Taufritual ist mit der Herabkunft des Heiligen Geistes *(pneuma, parakletos)* verbunden (Joh 3,16), der Getaufte ist nicht nur vom Tode befreit, sondern er trägt nun das Merkmal des neuen Lebens in sich.

Das Leben des getauften Christen war nach frühchristlichem Verständnis ein »Zwischenzustand«: bereits erlöst und »geistlich« auferstanden, aber noch im Leib, also der Vergänglichkeit und dem Leiden unterworfen. Das frühe Christentum erwartete die Wiederkunft Christi als unmittelbar bevorstehend für die gegenwärtige oder die nächste Generation, und damit auch das Ende der materiellen Welt sowie die endgültige Verwirklichung des neuen Äons, den man in Jesus schon angebrochen glaubte. Nun erwartete man auch die allgemeine Auferstehung der Toten. Wie intensiv dieser Glaube war, bezeugen die kühnen Antworten des Paulus auf die unsicheren Fragen der Korinther, die an der Auferstehung zweifelten: Bevor noch die jetzige Generation gestorben sei, würden diejenigen, die noch leben, nicht sterben, sondern »zur Zeit der letzten Posaune« plötzlich und in einem Augenblick direkt in den Auferstehungsleib verwandelt werden – und zwar alle (1 Kor 15,51 f.). Paulus unterscheidet einen irdisch-materiellen (*soma psychikos*) von einem himmlisch-spirituellen Leib (*soma pneumatikos*). Jener vergeht, dieser wird auferstehen.[5] Dies alles geschehe als kosmisches Drama (1 Kor 15,23 ff.), in dem alle Wesen, die die Ordnungen der Welt repräsentieren, zu Gott zurückkehren, bis Gott »alles in allem« (*panta en pasin*) sei. Damit ist »der Tod verschlungen in den Sieg« (1 Kor 15,55), wie es als Heilserwartung schon zuvor im Buch Jesaja formuliert worden war, wo es heißt, dass Gott alle Tränen abwischen wird (Jes 25,8). Die Welt als differenzierte Existenz in Raum und Zeit wird aufgehoben. Das bedeutet: Auferstehung bzw. die »Wiederherstellung aller Dinge« (*apokatastasis panton*, Apg 3,21) versetzt den Kosmos in den Zustand der Einheit mit Gott, wie er vor dem Auseinanderfallen der Welt in Gegensätze gewesen war. Allerdings erzählt die griechische Bibel in zahlreichen Bildern auch von der endgültigen Vernichtung der Gegner

---

5 Paulus sagt nichts Genaues über den Auferstehungsleib, wohl aber der Kirchenvater Origenes (um 200 n. Chr.), der dabei platonisch argumentiert: Bei der Auferstehung handele es sich weder um eine bloße Wiederherstellung des irdischen Leibes noch um eine völlige Andersartigkeit diesem gegenüber, vielmehr habe der Auferstehungsleib die gleiche »Gestalt« (*eidos*) wie der irdische Leib, sei aber rein geistig zu verstehen, ohne dass die besonderen individuellen Merkmale, die unter irdischen Bedingungen am materiellen Leib sichtbar seien, aufgelöst würden – sie existieren als »Idee« in ihrer wahren Form. (Dazu: A. E. McGrath, Der Weg der christlichen Theologie, München: C.H. Beck 1997, 568 ff.)

der Gottesherrschaft. Im Einzelnen widersprechen die Details dieser Erwartung eines Seins nach dem Tode einander, aber der platonische und hellenistische Hintergrund einerseits und das jüdische Erbe eines heilsgeschichtlich-messianischen Dramas andererseits ist offenkundig.

Da die Christen bis ins frühe 4. Jh. in ständiger Furcht vor Verfolgung lebten,[6] hat das Motiv des Märtyrertodes in der Nachfolge Christ (*imitatio Christi*) die Todesvorstellungen des späteren Christentums geprägt – die bildende Kunst ist ebenso davon erfüllt wie die Erbauungsliteratur, und bis zur Barockzeit (Arien in den Bach-Kantaten) ist die Todessehnsucht standardisierte Form der Frömmigkeit gewesen. Als in der Zeit der nationalsozialistischen und stalinistischen Diktaturen im 20. Jh. Christen aufgrund der politischen Konsequenzen der Nachfolge Christi ermordet wurden (Pater Maximilian Kolbe, Dietrich Bonhoeffer, die Geschwister Scholl u. a.), erhielt das Thema des Todes durch Martyrium eine neue Aktualität.

Die Vorstellung vom Fegefeuer zeigt, dass man einen Zwischenzustand zwischen irdischem Leben und einer wie auch immer vorgestellten ewigen Existenz in Gemeinschaft mit Gott annehmen musste, um die Aussagen von der Gerechtigkeit Gottes mit der Liebe Gottes in Einklang zu bringen. Denn wenn Gott Liebe und Vergebung ist, dazu allmächtig, müsste er alle seine Geschöpfe zu ihrer Vollendung führen können. Wenn er aber gerecht ist, könne dies nicht geschehen, ohne dass die offenkundig Ungerechten zuvor büßen müssten bzw. in geeigneter Weise sich weiterentwickelten und dadurch gereinigt würden. Bereits Clemens von Alexandria (ca. 150–215) und Origenes (ca. 185–254) vertraten die Lehre, dass die Gestorbenen, die ohne Gelegenheit zur Reue geblieben waren, »durch das Feuer« gereinigt werden würden, und

---

[6] Die Verfolgung von Andersgläubigen durch die Kirche im Mittelalter und in der frühen Neuzeit steht auf einem anderen Blatt und kann hier nicht Gegenstand der Erörterungen sein. Auch hier wurde aber das Feuer als »Reinigungsfeuer« interpretiert, und diese Vorstellungen wurden politisch instrumentalisiert in der systematischen Ketzer- und Hexenverbrennung, die in Europa bis ins 18. Jh. hinein praktiziert wurde.

dieser Meinung stimmten auch der einflussreiche Kirchenvater Augustinus (354–430) und Gregor der Große (ca. 540–604) zu.

Die Individualisierung des Menschenbildes etwa seit dem 13. Jh. und die damit verbundene Angst vor dem Jüngsten Gericht verlangte nach Strategien der Bewältigung, und eine solche ist die im 14. und 15. Jh. aufblühende Literatur und Seelsorgepraxis der »Kunst des Sterbens« (*ars moriendi*). Hierbei handelt es sich um Anleitung und Einübung in die Kunst eines frommen Lebens angesichts des allgegenwärtigen Todes, der, mit Sense und Stundenglas in der Hand, jeden Augenblick in das Leben eintreten kann. Es ist ein Regelwerk für Sterbebegleiter. Bereits im Hochmittelalter war es gerade der gewaltsame und unvorbereitete Tod, der Furcht und Schrecken einflößte, und so verlagerte sich das Interesse von der Furcht vor dem Jüngsten Gericht auf den individuellen Sterbeprozess und die Wachheit der Seele zur Todesstunde. Man glaubte, dass im Augenblick des Todes die Seele zwischen den Ansprüchen des Teufels und denen des Engels bzw. Gottes hin- und hergerissen würde, dass beide Mächte am Totenbett um den Besitz der Seele streiten würden und dass der Sterbende sich auf die richtige Seite zu stellen habe. Dieses Motiv geht zwar auf die Alte Kirche zurück, wird aber nun literarisch aufgegriffen und findet breites Echo.

Diese Literatur folgt, oft nur geringfügig abgewandelt, einem festen Schema von zunächst zwei Prüfungen, denen der Sterbende auf dem Totenbett unterzogen wird und die er zu bestehen hat, wobei das Sterben Jesu als Vorbild für den Sterbensweg jedes Christen gilt. In der ersten Prüfung führt der Teufel die Sünden und den Schrecken der Vergänglichkeit vor (Darstellung des Makabren), um den Menschen zur Verzweiflung zu verführen, der Engel hingegen mahnt, auf die göttliche Barmherzigkeit zu vertrauen. In der zweiten Prüfung lässt der Teufel im Sterbenden die Bilder all dessen aufsteigen, was er verlassen muss (Frau, Kinder, Besitz), wodurch er den Sterbenden ablenken und zur *avaritia*, dem Anhaften und der Gier, verführen will. Der Engel hingegen mahnt, alles getrost loszulassen und sich auf die kommende Gemeinschaft mit Gott zu freuen. Für das ewige Schicksal des Sterbenden, Verdammung oder Rettung, galt das gottbezogene (bußfertige) Bewusstsein zum Todeszeitpunkt als entscheidend, und die Sünden der Vergangenheit konnten durch die richtige geistige Haltung im Augenblick des Todes getilgt werden.

Die *Ars moriendi* will die Lebenden ermahnen, das Anhaften an irdischen Gütern aufzugeben, jeden Lebensaugenblick mit dem Gedanken an Gott zu erfüllen und die Todsünden zu meiden. Darin drücken sich neben der christlichen Heilserwartung allgemeine Tugendlehren aus, die seit der Philosophie der Antike, vor allem der Stoa (Seneca, Epiktet, Cicero, Marc Aurel) des 1.–3. Jh. n. Chr., gepflegt wurden. Den Tod als naturgegeben und vernünftig zu akzeptieren, war Ziel der geistigen Übung. Die Einsicht, dass jeder Augenblick des Lebens der letzte sein könnte, sollte zur Qualität des bewussten Lebens, zur Einübung in maßvolle Gelassenheit hier und jetzt, beitragen. Der römische Kaiser und Philosoph Marc Aurel (121–180) empfiehlt, die Vergänglichkeit der Lebewesen zu betrachten, der Großen und Kleinen, der Herrscher und Beherrschten, auch der Ärzte, die Krankheit bekämpfen, und der Philosophen, die über den Tod heroisch nachdenken. Der Gedanke an den Tod verändert Werturteile, befreit den Menschen vom Anhaften an banalen und vergänglichen Angelegenheiten des Alltags. Die Anschauungen des christlichen Mittelalters unterscheiden sich von diesen Vorbildern aus der Antike allerdings dadurch, dass die Hoffnung und die Freude auf die Auferstehung der möglichen Resignation oder Verzweiflung entgegengesetzt werden. Der Tod biete dem Frommen Trost, weil er Wunden heile und ein Gleichmacher angesichts der zermürbenden Ungerechtigkeiten dieser Welt sei. Die ursprünglich christliche Erwartung der Auferweckung von den Toten war im Mittelalter, unmerklich fast und allmählich, von der Hoffnung auf die Unsterblichkeit der Seele bzw. ihre Rettung im Jüngsten Gericht verdrängt worden.

Die Reformation übernahm die Vorstellungen von der *Ars moriendi*. Seit dem 16. Jahrhundert setzte auch in Bezug auf die Vorstellungen vom Tod und die Sterberiten eine zunächst allmähliche, dann aber sozial fundamental durchgreifende Säkularisierung ein. Für die Entwicklung bis ins 19. Jh. kann man feststellen: Die Bestattung wurde professionalisiert, der Tod romantisiert, der Tote objektiviert. Im 20. Jh. wurde der individuelle Tod immer mehr verdrängt; stattdessen wurde der Heldentod fürs Vaterland in den Weltkriegen zu einem literarischen und politischen Sujet. Die Kirchen verloren auch auf diesem Gebiet die Deutungshoheit.

Erst in jüngster Zeit ist eine Rückkehr des öffentlichen Interesses zu einer Debatte um das Sterben in Würde und den Tod spürbar, dies vor allem im Zusammenhang mit einer Deutung der Nahtoderfahrungen, die dank der technischen Medizin häufiger vorkommen oder zumindest häufiger berichtet werden, und der Medizinethik im Zusammenhang mit dem Thema der passiven oder aktiven Sterbehilfe sowie der Palliativmedizin.[7] Die Erfahrungen aus dem palliativen Bereich lehren: Den Tod kennen wir nicht. Wir können ihn mit Angst oder Gelassenheit oder Neugier oder sogar Humor erwarten. Das hängt an unseren mentalen Einstellungen, die im Leben eingeübt werden. Vom Sterben hingegen wissen wir einiges: Es ist mit Verlust und mit Trauer verbunden, und es kann auch schmerzhaft sein, trotz aller medizinischen Interventionen. Es kann bitter sein, besonders wenn die Diagnose frühzeitig im Leben kommt. Sterben kann einsam machen. Aber wir können das Sterben einüben, was die Furcht reduziert oder gar wegnimmt. Das ist eine gute Voraussetzung für ein friedvolles Sterben, ob uns das aber letztlich so widerfahren wird, kann keiner vorauswissen. Auch das Sterben bleibt ein weitgehend nicht bekannter Weg. Wichtig ist die gute Begleitung. Wir müssen, wollen und sollen nicht allein sterben. Kundige und einfühlende Begleitung kann sowohl für den Sterbenden als auch für die Begleitenden ein außerordentliches menschliches Erlebnis werden, das Dankbarkeit hervorbringt. Sterbende

---

7 G. D. Borasio, selbst bestimmt sterben, München: C.H. Beck 2014; D. Mihm, Verbunden bis zuletzt. Sterbende spirituell begleiten mit heilsamen Ritualen, München: Arkana 2019; M. v. Brück, Vom Sterben, a. a. O.; S. Grätzel/E. Guhe (Eds.), Life, Body, Person and Self. A Reconsideration of Core Concepts in Bioethics from an Intercultural Perspective, Freiburg/München: Verlag Karl Alber 2016.

haben ein feines Gespür dafür, wie groß das Maß an Gemeinschaft und das Bedürfnis nach einsamer Ruhe in den jeweiligen Phasen des Sterbens sein soll. Empathische Begleitpersonen spüren das ebenfalls. Die Begleitung im Sterben kann tiefste menschliche Gemeinschaft stiften.

Sterben, Tod und Befreiung im Hinduismus

Menschen in Indien gehen oft immer noch gelassener mit dem Tod um als heutige Mitteleuropäer. Ob dies am weniger oder anders ausgeprägten Individualismus liegt oder an dem tief verwurzelten Glauben an die Wiedergeburt oder an der immer noch relativ höheren vorzeitigen Sterblichkeit und damit der Allgegenwärtigkeit des Todes (jedenfalls in den Dörfern), ist schwer zu sagen. Sterben und Trauerrituale sind zumindest auf dem Lande eine Angelegenheit des gesamten Dorfes (bzw. der Kaste). In den Mittel- und Oberschichten nimmt die Großfamilie Anteil am Sterbeprozess der Verwandten, oft reist man dafür über Kontinente hinweg eilends herbei, berufliche Verpflichtungen sind demgegenüber nach wie vor zweitrangig. Freilich zeichnen sich auch hier neue Verhaltensweisen ab, die moderne Industriegesellschaft verändert die mentalen und sozialen Verhältnisse. Meistens aber sind traditionsbezogene Vorstellungen prägend:

Angefangen bei den vedischen Mythen über den Gott Shiva bis zum Totengott Yama erscheint der Tod als erlösender Freund und schrecklicher Zerstörer zugleich. Er fordert den Tribut des Lebens, aber er kann gerade dadurch über das Wesentliche belehren. Der klassische Text dazu findet sich in der Katha Upanishad (um 500–300 v. Chr.). Hier tritt Yama, der Herr des Todes, als Lehrmeister auf, der den Knaben Naciketas in das Mysterium des Lebens und des Todes einweiht und spricht:[8]

---

8 KU VI, 7b–9 u. 18, zit. n. B. Bäumer (Hg. und Übers.), Upanishaden, München: Kösel 1997, 235 ff.

Jenseits der Wirklichkeit ist der große atman,
höher als der Große ist das höchste Ungeschaffene,
Jenseits des Ungeschaffenen ist der purusha (Geist),
der Alldurchdringende, ohne ein Merkmal:
Der Mensch, der ihn erkennt, wird befreit
und geht ein in die Unsterblichkeit.
Seine Gestalt ist nicht sichtbar,
niemand kann ihn mit dem Auge schauen.
Mit dem Herzen, mit Einsicht, mit dem Denken bereitet,
die ihn kennen, werden unsterblich.
(...)
Da Naciketas diese vom Tod verkündete Weisheit
und die vollkommene Yogapraxis empfangen hatte,
erlangte er brahman und wurde frei von Sünde und Tod. –
Ebenso geschieht es dem, der es im eigenen Selbst erfährt.

Die Jenseitserwartungen waren und sind in Indien unterschiedlich. Bei der Analyse verschiedener Traditionen kristallisieren sich folgende Vorstellungen heraus:

- der automatische Kreislauf der Seelenenergie in Verbindung mit dem Kreislauf des Wassers,
- eine zeitweilige Existenz in einer höheren Himmelswelt, die durch gutes Leben auf Erden erworben und, nach Verbrauch der positiven Kräfte, automatisch durch einen erneuten Tod beendet wird,
- eine karmisch bedingte Wiedergeburt in einer irdischen Existenz (als Mensch, Tier, höheres oder niederes Geistwesen, gelegentlich auch Pflanze),
- die Befreiung des geistigen »Seelenprinzips« von jeder Bindung an Raum und Zeit (*moksha, nirvana*).

Aus diesen unterschiedlichen Jenseitserwartungen entstanden Mischformen. Auch die Vorstellung von einem Totengericht unter dem Vorsitz des Totengottes Yama konnte in unterschiedlichen Kombinationen mit diesen Typen verbunden werden. Fast überall aber begegnet die Überzeugung, dass es die Qualität des Bewusstseins zur Todesstunde sei, die das weitere Schicksal prägt, und dies sowohl in Verbindung mit der Erwartung eines Wanderns im Kreislauf der Wiedergeburten als auch im Kontext der Hoffnung auf endgültige Befreiung. Diese Qualität sei möglich, wenn der Mensch von jedem Verlangen frei geworden ist, da es dieses Verlangen sei, das »Lebensmotivation« bzw. Begehren erzeugt und damit Kräfte freisetzt, die sich zuerst feinstofflich und dann grobstofflich »materialisieren«, d. h. zur Wiedergeburt führen. Dieser Gedanke findet sich, lange bevor er im Buddhismus seinen Eingang fand, an prominenter Stelle bereits in den ältesten Upanishaden:[9] Wie einer handelt, so wird er. Ein Mensch besteht aus den Gestaltungen seines Verlangens (*kamamaya*), und dieses prägt den Willen (*kratu*). Der Wille wiederum formt das Handeln, und was ein Mensch tut, das prägt ihn, in das verwandelt er sich. Im nach-buddhistischen Hinduismus wurde die Idee ritueller Reinheit (die das Kastensystem legitimiert) umgedeutet und spiritualisiert bzw. ethisiert: Wer immer heilvoll handelt, wer Gott, in welcher seiner vielen Gestalten auch immer, in der Todesstunde erinnert, der geht zu Gott ein:[10]

> *»Wer in der Stunde des Todes mich erinnert, wenn er vom Leib losgelöst wird,*
> *indem er nur meiner gedenkt, der gelangt zu meiner Seinsweise. Darüber gibt es kein Zweifel.«*
> *»Richte dein Denken auf mich, liebe mich mit Hingabe, opfere mir, verehre mich!*

---

9 BU IV, 4,5.
10 BG VIII, 5 und XVIII, 65.

So sollst du zu mir kommen – ich verspreche es dir wahrhaftig, denn du bist mir lieb.«

Diese Anschauung zeigt sich bereits in den Upanishaden, wird in der Bhagavad Gita verdichtet und wird von unterschiedlichen indischen Religionstraditionen – aber nicht von allen – als gültig angesehen: Wer immer mit ungeteilter liebender Hingabe (*bhakti*) sein ganzes Wesen auf Gott richtet, der »geht zu ihm ein«. Das ganze Leben wird hier zum Ritual, das diese Praxis einübt: Im Denken, Wollen, Handeln, im Kult im Tempel wie in den Pflichten in Familie und Gesellschaft finde der Mensch Gelegenheit, sich auf Gott zu richten, denn Gott ist *in* allem anwesend. So heißt es:[11]

»Ich bin das Selbst, das den innersten Kern von allem darstellt. Ich bin der Anfang und die Mitte und das Ende der Wesen.«

Gott ist auch der Tod und der Ursprung dessen, was sein wird.[12] Der Tod wird hier nicht als Gegenmacht zum Leben empfunden, sondern als die umgestaltende Schöpferkraft Gottes in ihrer notwendig negativen, das Alte zerstörenden Form. Wer das erkenne und besonders in der Todesstunde bedenke, überwinde die Angst, was den Eintritt in ein friedvolles Bewusstsein ermögliche, in dem Gott selbst dem Menschen entgegentrete.

Sterben, Tod und Erwachen im Buddhismus

Die mythischen Vorstellungen über den Tod unterscheiden sich im indischen Buddhismus nicht grundlegend von den hinduistischen, wie an

---

11 BG X, 20.
12 BG X, 34.

der symbolischen Gestalt des Gottes Yama deutlich wird. Yama wird von Yamantaka (»Beendiger des Yama«) in Büffelgestalt bezwungen, der als Zeichen seiner Kraft mit acht Köpfen ausgestattet ist. Im Buddhismus steht Yama nicht nur für den Tod als Ende des Lebens, sondern auch für das geistige Sterben: Er verkörpert die behindernde, ego-zentrierte Gegenmacht zum Buddha-Bewusstsein. So steigt Yamantaka in das Totenreich hinab und besiegt Yama, was bedeutet, dass die Ich-Freiheit das Anhaften am Ich besiegt. Es ist kein Zufall, dass Yamantaka als die Macht-Gestalt des Bodhisattvas der Weisheit gilt, des Manjushri nämlich, der das Schwert der Weisheit zur Unterscheidung von Wahrheit und Irrtum trägt, womit deutlich wird, dass im Buddhismus die Überwindung des Todes in erster Linie ein Vorgang des rechten Erkennens ist.

Im Buddhismus, wie im Hinduismus auch, gilt der Tod nicht als Ende, sondern als Durchgang zu einer neuen Existenz. Dabei ist entscheidend, wie, d. h. mit welchem Bewusstsein, der Mensch diesen Übergang vollzieht, ob das Bewusstsein in der Todesstunde gelassen, frei von Anhaften und Angst, konzentriert und voll spiritueller Kraft ist, d. h. vor allem von Liebe, Mitgefühl und Ich-Freiheit getragen wird. Für den Buddhisten ist das Leben Übung und Vorbereitung auf den wichtigen Augenblick des Sterbens. In den verschiedenen buddhistischen Traditionen (tibetischer Buddhismus, Zen usw.) nimmt diese Übung unterschiedliche Formen an, doch geht es immer darum, bewusst und gelassen, in Einheit aller Bewusstseins-Kräfte, den Tod zu erleben, wenn möglich aktiv mitzugestalten.

Ein »sinnvolles Sterben« hat der Legende nach der Buddha selbst vorgelebt, und auch die Erzählungen, die von Yogis und Meditationsmeistern überliefert werden, thematisieren in allen buddhistischen Kulturen das Sterben in dem Sinne, dass ein geistig fortgeschrittener Mensch zu einem selbst festgesetzten Zeitpunkt zu sterben und das eigene Sterben zur Belehrung der Schüler zu nutzen vermag. So wird in einer berühmten Geschichte erzählt, dass der Buddha in einer früheren Existenz einer völlig entkräfteten Tigermutter begegnet sei, die ihre Jungen nicht mehr versorgen konnte und im Begriff war, diese aus Hunger zu töten. Den künftigen Buddha erfasste Mitleid, und er überließ seinen Körper der Tigerin zur Nahrung. Damit hatte er nicht nur die Tigerjungen gerettet und das Karma der Tigerin bewahrt (die durch Tötung ihre eigenen Jungen negatives Karma auf sich geladen hätte), sondern gleichzeitig hat er durch die Haltung des Gleichmuts angesichts des Todes und durch sein Mitgefühl für andere Lebewesen sein eigenes Bewusstsein weiter kultiviert, wodurch er einen guten Tod und damit einen weiteren Impuls der Reifung des Bewusstseins auf die Buddhaschaft hin erlangte. Auch der Tod des historischen Buddha[13] ereignet sich nach den Legenden zu einem von ihm selbst bestimmten Zeitpunkt, nachdem er Bilanz gezogen und seinen Schülern verkündet hat, dass seine Aufgabe nun erfüllt sei, nämlich zum Erwachen zu gelangen, viele Menschen den Weg dahin zu lehren und als geeignetes Instrument dafür den Samgha (die Gemeinschaft der Praktizierenden) zu gründen. Er hält die Schüler und Freunde an, nicht zu trauern, und verweist sie auf den Dharma, die Anweisungen zur Praxis, deren Beachtung wichtiger sei als die Gegenwart dessen, der die Lehre vermittelt hat – so wie man gesund werde nicht vom Besuch des Arztes, sondern von der Einnahme der Arznei. Nachdem der Buddha seine Aufgabe erfüllt habe, könne er nun einen sinnvollen Tod sterben, gelassen, heiter, in Liebe zu allen Wesen, als Beispiel für die, die ihm nachfolgen wollen.

Eine der wesentlichen Übungen des Sterbens, wie sie besonders im tibetischen Buddhismus gepflegt wird, ist die meditative Vorwegnahme oder Simulierung des Sterbeprozesses. Dies kann äußerlich oder innerlich geübt werden: äußerlich, indem auf einem Friedhof oder an einem Totenbett meditiert wird, wobei die Vorgänge des Zerfalls der Leichen beobachtet werden in dem Wissen, dass dies das Schicksal auch des eige-

---

13 Die (legendären) Ereignisse der letzten Lebenszeit und des Sterbens des Buddha sind im Mahaparinirvana Sutra, im Lalitavistara und dem Buddhacarita des Ashvaghosa sowie anderen Texten mehrfach überliefert.

nen Körpers sein wird; innerlich, indem das Sterben des eigenen Körpers in allen Details vorgestellt wird. Es wird in der Visualisation willentlich vorweggenommen, was im Sterbeprozess unwillkürlich geschieht. Dadurch soll zum einen die Angst vor dem Sterben überwunden, zum anderen der Prozess der willentlichen Steuerung unterworfen werden, damit dann der tatsächliche Sterbeprozess ruhig, klar und geordnet verlaufen kann, was eine positive Bewusstseinsqualität erzeugt, die als unerlässlich für eine günstige Wiedergeburt gilt.

Der Sterbeprozess im tibetischen Buddhismus

Die tibetischen Lehren über das Sterben beruhen auf der Beobachtung, dass in den tieferen Zuständen der Meditation ähnliche Prozesse ablaufen wie beim Sterben, nämlich die sukzessive Ablösung des subtilen Körpers vom materiellen Körper, wobei sich am Schluss die Trägerenergien und Bewusstseinskräfte der subtilen Geistebenen dergestalt auflösen, dass sie an einem Punkt (im Herzen) konzentriert werden, was die Schau des »Klaren Lichtes« auslöst. Der Tod bedeutet also die Trennung des Bewusstseinsstromes vom grobstofflichen Körper, wobei die äußerst subtile Ebene des Körperlichen – die Trägerenergie (skt. *prana*, tib. *rlung*) – mit der subtilsten Ebene des Geistigen verbunden bleibt. Nach dieser Trennung verweilt der Mensch – je nach individuellen Voraussetzungen verschieden, am längsten neunundvierzig Tage – in dem Zwischenzustand (Bardo), bis der zum Sterben umgekehrte Prozess abläuft und sukzessive eine Neuverbindung mit den weniger subtilen Wirklichkeitsebenen eintritt, der Mensch also wiedergeboren ist.

Das in Europa bekannteste Dokument tibetischer Literatur ist wohl das sogenannte »Totenbuch« (tib. *bar do thos gro,* gespr.: Bardo Thödol), das treffender als »Buch der spontanen Befreiung durch Hören im Zwischenzustand« zu bezeichnen wäre. Der Text stammt vermutlich aus dem 14. Jahrhundert, wird aber dem legendären Padmasambhava (zweite Hälfte 8. Jh.) zugeschrieben, der die wilden Dämonen des tibetischen

Hochlandes unterworfen und dem buddhistischen Dharma eingegliedert haben soll, d. h. das komplexe Universum geistiger furchterregender Kräfte wurde vom Buddhismus als Spektrum geistiger Erfahrungen gedeutet, die nun in den Prozessen geistiger Entwicklung, im Leben und durch den Tod hindurch, wirksam sind. Die verschiedenen Lebenswirklichkeiten werden als »Zustände« des Bewusstseins interpretiert, die zu meistern Aufgabe und Ziel des Menschen sei. Das tibetische Totenbuch ist ein Ritualtext, der die Begleitung des Sterbenden durch einen Lama voraussetzt, wobei die Bewusstseinszustände, durch die der Sterbende geht, mit den aus dem Leben bekannten Phänomenen in Beziehung gesetzt werden. Auf diese Weise wird die Angst vor dem Unbekannten genommen und der Mensch kann im *Erkennen* und *Wiedererkennen* der jeweiligen Phasen die letzten Reifungsschritte gehen.

Alle Bewusstseinszustände, Eindrücke, Erinnerungen, Abstraktionen, Verknüpfungen usw. werden gemäß den je spezifischen Bedingungen organisiert, die einen Bardo definieren. Das, was Bewusstsein ist, wird also nicht nur vom Wachzustand her gedeutet, sondern dieser ist nur ein Modus des Bewusstseins unter anderen. Er ist nicht allein maßgebend für die Wahrnehmung und das Erkennen von Wirklichkeit, sondern erst die Erfahrung des gesamten Spektrums von Zuständen erlaubt es, in die Tiefenstruktur des Bewusstseins vorzudringen, um zu letztgültiger Erkenntnis zu gelangen. Es sei an die Ausführungen im ersten Kapitel erinnert, wonach unterschiedliche Formen oder Subtilitätsgrade von bewussten Prozessen als Ausdrucksformen ein und desselben wechselwirkenden Potentialitäts-Feldes verstanden werden können.

Den Beschreibungen des Sterbeprozesses liegt die Unterscheidung der sechs Bardos, also der Zustände des sich entwickelnden Bewusstseins, zugrunde: 1. der *Bardo zwischen Geburt und Tod* (scheshi), in dem das normale Tagesbewusstsein denkt, sich an bestimmte Bewusstseinseindrücke erinnern kann, meditiert, visualisiert usw., 2. der *Bardo des Traumes* (milam), in dem Projektionen auftreten, deren Inhalte aus dem Tagesbewusstsein stammen, deren Zuordnung aber nach strukturellen Gesetzen geschieht, die aus den Tiefenschichten des Bewusstseins auftauchen – auch im Traum kann das Bewusstsein willentlich durch Traum-Yoga gelenkt werden, 3. der *Bardo der tieferen Meditation (*samten), in dem das Bewusstsein ohne Anhaften meditative Stabilität und Durchlässigkeit aufweist, die ihm zu intensiverer Wahrnehmung als im Scheshi-Bardo verhilft, 4. der *Bardo des Sterbens und des Todes (*chönyi), 5. der *Bardo des Wiedererwachens im Zwischenzustand (*sipa), 6. der *Bardo der Wiedergeburt* (schene). Für die tibetischen Sterbe- und Totenrituale sind die letzten drei Bardos von Bedeutung. Im *Bardo des Sterbens und des Todes* (4), der ca. drei Tage dauern soll, wird das Bewusstsein allmählich von den körperlichen Funktionen abgelöst. Dies ist der Prozess des Sterbens, der in acht Phasen unterteilt wird. Im Sterbeprozess lösen sich nacheinander die verschiedenen Faktoren (Aggregate, Elemente, Bewusstseinskräfte), die eine Person ausmachen, auf. Es gibt äußere und innere Anzeichen für die Stadien des Auflösungsprozesses, der aber nur dann langsam und ohne Irritationen der subtilsten Bewusstseinskräfte ablaufen kann, wenn der Betreffende nicht eines gewaltsamen Todes (durch Mord oder Unfall) stirbt. Ein gewaltsam Sterbender leidet also doppelt: Er wird nicht nur seines Lebens beraubt, sondern ihm ist auch die Möglichkeit genommen, den Prozess des Sterbens als Quelle spiritueller Reifung zu gestalten.

Die acht Phasen entsprechen acht Energien und Bewusstseinsformen, die nacheinander in den Zentralkanal (entlang der Wirbelsäule) zurückgezogen werden und sich auflösen:

Zuerst löst sich das Seh-Bewusstsein auf, äußerlich erkennbar daran, dass die Glieder schmaler werden und der Körper schwach wird. Das Sehen verschwimmt und verdunkelt sich verbunden mit dem Gefühl, unendlich tief unter den Boden zu sinken, und die Augenlider lassen sich immer schwerer heben und senken. Diese Phänomene sind auch von Außenstehenden zu erkennen. Innerlich erlebt der Sterbende Trugbilder, wie Luftspiegelungen, einer Fata Morgana in der Wüste vergleichbar, in der man Wasser zu sehen glaubt.

Im *zweiten* Stadium löst sich das Gehör auf, indem es allmählich schwächer wird. Der Sterbende empfindet zu diesem Zeitpunkt weder Vergnügen noch Schmerz. Äußeres Anzeichen ist die Austrocknung der Körperflüssigkeiten, auch die Schweißabsonderung hört auf. Inneres Anzeichen ist die Vision von blauen Rauchwolken, die sich im Raum ausbreiten.

Im *dritten* Stadium schwindet der Geruchssinn, die Körperwärme vermindert sich, und der Sterbende nimmt die anwesenden Verwandten nicht mehr als Individuen wahr und kann auch ihre Namen nicht mehr erinnern. Nahrungsaufnahme ist nicht mehr möglich, der Atemvorgang wird schwerfällig, wobei die Einatmung kürzer und die Ausatmung stoßend lang wird. Der Sterbende hat visuelle Erscheinungen von leuchtkäferartigen Lichtern oder roten Lichtreflexen.

Im *vierten* Stadium kann sich der Sterbende nicht mehr bewegen, die Zunge wird schwer und läuft blau an, und der Geschmackssinn schwindet. Die Körperenergien bündeln sich in der Herzgegend. Der Atem kommt zum Stillstand und der Sterbende kann die Aufmerksamkeit nicht mehr auf ein äußeres Objekt lenken. Die inneren Lichtreflexe sind wie ein rötliches Glühen, vergleichbar einer verlöschenden Butterlampe. In der westlichen Medizin würde an diesem Punkt der Tod festgestellt werden, nicht so in der buddhistischen Erfahrung, der zufolge alle mit den Sinnen verbundenen Bewusstseinskräfte jetzt aufgelöst sind mit Ausnahme des mentalen Bewusstseins, das noch aktiv ist.

Im *fünften* Stadium lösen sich die mentalen Vorstellungen auf (wie Freude, Zufriedenheit usw.). Jetzt treten innerlich stärkere Farbreflexe auf: Es erscheint ein weißes Licht, das mit einem klaren herbstlichen Nachthimmel verglichen wird, über den sich das Mondlicht ergießt. In diesem Stadium sind alle Energien aus den linken und rechten Kanälen oberhalb des Herzens in den Zentralkanal eingetreten, wodurch eine Intensität entsteht, die dazu führt, dass jene Energiekonzentration des »weißen Tropfens« im Zentrum an der Schädeldecke (skt. *sahasrara cakra*) aufgelöst wird, so dass sie bis zum Herzen hinabfließt, was die Erscheinung weißen Lichtes zur Folge hat.

Im *sechsten* Stadium löst sich das weiße Licht sowie seine Trägerenergie auf, wodurch sich ein noch subtileres Licht *im roten Spektrum* manifestiert, was mit einem Herbsthimmel verglichen wird, über den sich rötlich-orangenes Sonnenlicht ergießt. Die Erscheinung ist wesentlich klarer als im vorangehenden Stadium. Durch das unterste Chakra (*muladhara cakra*) sind nun die Energien aus den linken und rechten Kanälen unterhalb des Herzens in den Zentralkanal eingeflossen, so dass die Energiekonzentration des »roten Tropfens« vom Nabelzentrum (*manipura cakra*) aufsteigt bis zum Herzzentrum (*anahata cakra*).

Danach lösen sich im *siebenten* Stadium das rote Licht sowie seine Trägerenergie auf, wodurch sich die noch subtilere Ebene der *Vollendungsnähe im schwarzen Bereich* manifestiert. Die obere (weiße) und die untere (rote) Energie sind nun zusammengeflossen. Beide Energien gelten als die ursprünglichen Energiekonzentrationen, die aus dem Spermium des Vaters (im Scheitelchakra gespeichert) und dem Ovum der Mutter (im Nabelchakra gespeichert) herrühren. Im Sterbeprozess werden die den Körper bildenden Formkräfte aufgelöst, so dass die ursprünglichen Substanzen wieder zur Einheit zusammenfließen. Die erste Hälfte dieses Zustandes wird verglichen mit der völligen Dunkelheit eines herbstlichen Nachthimmels, wobei die Schwärze noch als eine Art »Objekt« erscheint. Die zweite Hälfte dieses Zustandes ist gekennzeichnet durch den völligen Verlust der Bewusstheit.

Im *achten* Stadium lösen sich die genannte »Schwärze« sowie ihre Trägerenergie in das nun erscheinende *Klare Licht* auf. Damit verschwindet die in der zweiten Hälfte des siebenten Stadiums erfahrene Bewusstlosigkeit, und es erscheint eine äußerst subtile Bewusstheit. Man vergleicht dies mit einer völlig ungetrübten Morgendämmerung am Herbsthimmel, ohne jede fluktuierende Störung von Mondlicht, Sonnenlicht oder Dunkelheit. Dieses Stadium ist frei von jeder dualistischen Erscheinung. Das Bewusstsein befindet sich in einem Zustand, der ähnlich ist dem Bewusstsein, das im meditativen Gleichgewicht die Leere direkt erfährt. Der Zustand geht mit einem ganz feinen Zittern des Herzens einher, wobei das Bewusstsein aus dem Körper tritt. Diesen Zustand nennen die Tibeter das *Klare Licht des Todes,* und erst jetzt wird der Mensch für tot erachtet. Bis zu diesem Augenblick soll der sterbende Mensch völliger Ruhe überlassen werden.

Im Verlaufe des vierten Bardo, *des Bardo des Sterbens*, gelangt das Bewusstsein an einen Scheidepunkt: Ein durch *Unwissenheit* verunreinigtes Bewusstsein fällt, verursacht durch das Trauma des Todes, in eine länger anhaltende Bewusstlosigkeit, während ein Wissender nach kurzer Bewusstlosigkeit in ruhiger Bewusstheit verharren kann und erstmals ein »Aufschimmern« der grundlegenderen Bewusstseinsebenen wahrnimmt, womit schon der Übergang zum fünften *Bardo des Wiedererwachens* markiert ist. Er tritt, so heißt es, gewöhnlich 49 Tage nach dem Tod ein. Das Wiedererwachen wird dadurch initiiert, dass sich die diffusen Bewusstseinsenergien zu Lichtbündeln (tigle) sammeln und zu Wahrnehmungen verdichten, die nach dem Ordnungsprinzip der karmisch-formativen Eindrücke gestaltet werden. Die Qualität dieser Energiekonzentrationen entspricht dem Charakter der Chakras (Energiekonzentrationen) entlang der Wirbelsäule, die man während des Lebens in der Meditation oder gelegentlich auch spontan wahrnehmen kann.

Der Sterbende hat in diesem Stadium Erfahrungen der eigenen Bewusstseinspotentiale, die friedvoll und hell wie das Sonnenlicht oder auch dunkel, zornvoll und bedrohlich sein können. Diese Visionen lösen erneut Bewusstseinsreaktionen aus, die in dualistischer Weise von Annahme oder Abwehr bestimmt sind, d. h. das Bewusstsein verstrickt sich erneut in die Unterscheidung von »Ich« und »Dinge«, »angenehm« und »unangenehm«, und wird entsprechend seinen karmischen Prädispositionen angezogen von materiellen Strahlungen aus niederen Bereichen, so dass es nun im sechsten *Bardo der Wiedergeburt* wiedergeboren wird. Das bedeutet, dass sich aus dem Bewusstsein ein Körper entwickelt. Der (wiedergeborene) Körper ist demzufolge eine (scheinbar) feste, konkrete Projektion des Bewusstseins. Die Art der Wiedergeburt entspricht den karmisch gesteuerten Potenzialen in einem der sechs Daseinsbereiche, die das tibetische Lebensrad (*bhavacakra*) anschaulich schildert: Bereich der göttlichen Wesen, Bereich der Dämonen, Bereich der Menschen, Bereich der Tiere, Bereich der Hungergeister, Bereich der Höllenwesen. Das Bewusstsein »sucht« sich den Bereich, in dem es seine unerfüllten karmischen Potenziale ausleben kann. Der Bereich der Menschen ist ambivalent: Einerseits ist er durch Verblendung (*avidya, moha*) gekennzeichnet, andererseits besteht aber gerade hier, und nur hier, die *Freiheit*, alle Verstrickungen zu überwinden und zur Erkenntnis bzw. Weisheit (*prajna*) und zur Befreiung im *nirvana* zu gelangen. Wenn während des Sterbeprozesses ein *wissendes Bewusstsein* erkennt, dass alle Erscheinungen nur Projektionen des fundamentalen Bewusstseinskontinuums sind, verstrickt es sich nicht in erneute dualistische Reaktionen und kann letztendlich den Geist des Klaren Lichtes (ösel) erfahren und in die letztgültige Vollendung eingehen.

Der Zeit des Sterbens unmittelbar vor dem Tod wird besondere Aufmerksamkeit geschenkt, denn hier werden die Weichen für die künftige geistige Weiterentwicklung gestellt. Aus diesem Grund legt der tibetische Buddhismus Wert darauf, die äußeren Umstände des Sterbens harmonisch und friedvoll zu gestalten. Ein Lama steht dem Sterbenden bei, indem er die entsprechenden Texte aus dem »Totenbuch« rezitiert, damit der sterbende Mensch wiedererkennen kann, was er im Prozess der Auflösung erlebt. Dies ist aber nur sinnvoll, wenn er zu Lebzeiten anhand des »Totenbuchs« geübt und womöglich die einzelnen Phasen des Sterbeprozesses in der Meditation schon durchlaufen hat. Im Sterbeprozess ist dann die Erkenntnis nichts anderes als Wiedererinnerung.

Ist dies alles nun »wahr«, d. h. der Realität entsprechend? Sind die Behauptungen überprüfbar durch objektivierbare Beobachtungen? Das ist schwer zu entscheiden. Die tibetischen Vorstellungen zu Sterben und Tod sind zunächst Modelle, die insofern Sinn ergeben, weil Beobachtungen bis zu der Grenze, wo Menschen Nahtoderfahrungen berichten, durchaus intersubjektiv kommunizierbar sind und auch interkulturell bestätigt werden. Nach Prinzipien logischen Schlussfolgerns zusammengefasst, ergibt sich daraus eine Theorie, mit deren Hilfe Phänomene, die bei Sterbeprozessen auftreten, eingeordnet und verstanden werden können. Aber ob es sich um objektivierbare Aussagen handelt, ist nicht beweisbar. Letztlich wissen wir nicht, was »danach« kommt. Das ist auch nicht die primäre Frage, die Buddhisten stellen, denn es kommt ihnen zuerst auf das authentische Leben im jetzigen Augenblick an.

Kunst des Sterbens als Reifungsprozess

Einerseits geht es bei den Vorstellungen zur buddhistischen »Kunst des Sterbens« und bei der buddhistischen Meditation des Todes überhaupt um die lebenslange Kultivierung des Bewusstseins als Übung der allmählichen Reifung, die den Menschen auf das Sterben vorbereiten soll. Andererseits aber kann nach diesem Modell auch ein zerstreutes Bewusstsein, wenn es im Augenblick des Todes gesammelt, gelassen und voller Mitgefühl und Liebe ist, die negativen karmischen Eindrücke aus dem bisherigen Leben auslöschen. Da – außer einem Buddha – niemand weiß, wann der Tod eintritt und ob er im Sterben während der letzten Phasen vor dem Tod noch bewusst und kraftvoll genug ist, um das Bewusstsein zu kontrollieren, soll jeder Lebensaugenblick zur Übung genutzt werden. Denn wer negative Taten und Neigungen unverarbeitet in seinem Bewusstsein mit sich trägt, ist diesen Eindrücken im Sterben ausgeliefert, sie erzeugen angsterfüllte Bilder, die Emotionen auslösen, welche zu einer schlechten Wiedergeburt führen. Bleibt das Bewusstsein ungeschult und von Verwirrung, Anhaften, Furcht, Abneigung usw. bestimmt, hat der Mensch seine Chance vertan und muss weiter im Geburtenkreislauf leiden, bis er erneut eine Gelegenheit zur Wiedergeburt als Mensch erhält. Wer aber zum Todeszeitpunkt »voller Klarheit, Selbstbeherrschung, Liebe, Weisheit usw.« ist, hat nicht umsonst gelebt.[14] Ob man die Vollendung im gegenwärtigen Leben erreicht oder mehrere Leben als Mensch benötigt, hängt der tibetisch-buddhistischen Vorstellung zufolge allein von der Intensität des Bewusstseins ab. Wer in diesem Leben zu einer hinreichenden Klarheit gelangt, kann als Mensch wiedergeboren werden, was als das zweithöchste Glück nach dem Glück, in die Vollendung einzugehen, angesehen wird. Der Vollendete wird aber freiwillig als Bodhisattva zurückkehren, um anderen Lebewesen auf dem Weg beizustehen, dies jedoch geschieht nicht unter dem karmischen Zwang, unerledigte Eindrücke im Bewusstseinsstrom aufarbeiten zu müssen, sondern aus der Freiheit der Liebe zu allen Lebewesen.

Im chinesischen und japanischen Zen-Buddhismus wird die »Kunst des Sterbens« knapper formuliert: Der Mensch solle lernen, der Vergänglichkeit nüchtern ins Auge zu blicken. Am gegenwärtigen Leben anzuhaften, gilt im Zen als Trägheit, und diese ist eine Folge der Angst, vertraut gewordene Gewohnheiten und egozentrische Bestrebungen aufzugeben. Man solle dagegen in jedem Augenblick des Lebens den »Großen Tod« sterben, und das heißt: jeden Augenblick als spontane und neue Realisierung des Lebens begreifen.

Schlussfolgerungen aus interkultureller Perspektive

Menschen wissen, dass sie sterben werden. *Dass* der Tod ist, ist gewiss, aber *was* der Tod ist, ist ungewiss. Religionen wollen mit ihren Erzählungen und Ritualen diese Ungewissheit kompensieren. Sie sind aber nicht nur ein »billiger Trostmarkt« (Rilke), sondern gründen in besonderen

---

14 Der XIV. Dalai Lama, Logik der Liebe. Aus den Lehren des Tibetischen Buddhismus für den Westen, München: Goldmann 1989, 77.

Bewusstseinserfahrungen (ekstatische Erfahrungen, Meditationserfahrungen), die über das normale raumzeitliche Empfinden hinausgehen und weitere Dimensionen des Bewusstseins zumindest erahnen lassen. Wenn diese Erfahrungen intensiv sind (Meditation, Nahtoderfahrungen), können sie dem Menschen die Angst vor dem Sterben nehmen und die genannte Ungewissheit überwinden. Denn wer von diesen Erfahrungen ausgeht, ist sich gewiss, dass der Tod eine Transformation ist, ein Durchgang in andere Zustände.

Ob dies Illusion ist, können wir nicht mit Sicherheit beantworten. Die *(natur-)wissenschaftliche Methodik*, die empirische Evidenz auf Grund der Erkenntnis von kausalen Zusammenhängen verlangt, erlaubt es zumindest (noch) nicht, diesbezüglich Aussagen zu machen. Die *spirituelle Praxis* allerdings mündet diesbezüglich in Gewissheit, doch diese ist und bleibt Deutung subjektiver Erfahrungen. Dass jedes Welt- und Menschenbild ein Produkt des menschlichen Bewusstseins ist, unterliegt keinem Zweifel. Dieses Bewusstsein ereignet sich aber in unterschiedlichen Zuständen – es stellt sich im rational urteilenden Wachzustand anders dar als im Traumzustand oder in meditativen Versenkungszuständen: Raum, Zeit, Kausalität, die Grundmuster der geistigen Prozesse, werden jeweils anders konfiguriert. Es ist möglich und wahrscheinlich, dass die Welt nicht so »ist«, wie sie im rationalen Bewusstseinsmodus erscheint. Nur in diesem Modus allerdings erlangen wir empirisch gestützte Gewissheit, denn auch Traum- und Versenkungszustände müssen rational gedeutet werden, um in Begriffen, die mitteilbar sind, intersubjektiv ausgetauscht werden zu können. Erst dadurch werden sie auch dem Subjekt gewiss.

Bleibt also alles offen? Ist das Bewusstsein ein *Produkt* neuronaler Prozesse oder ein *Korrelat*? Kann es auch *unabhängig* von neuronalen Prozessen erscheinen, oder zumindest so gedacht werden? Auf der Basis des verfügbaren empirischen Wissens ist Bewusstsein an neuronale Zustände, also an »Materie« gebunden. Naturwissenschaftliche Beweisverfahren erzeugen Evidenz, die durch die Skepsis, die wissenschaftlicher

Methodik inhärent ist, permanent auf dem Prüfstand steht. Das Fragen kommt nicht zum Ende, und wir haben nicht nur zu prüfen, was es heißt, wenn von »bewussten Zuständen« gesprochen wird, sondern was der Begriff der »Materie« besagt. Wir haben zu zeigen versucht, dass dies auch abhängt von der jeweiligen Sprache und dem Weltbild.

> Wenn die Wirklichkeit als Kontinuum gedacht wird, in dem das, was wir als materielle Prozesse beobachten, und das, was wir subjektiv als bewusste Zustände erleben, nicht »zwei Welten« sind, sondern Prozesse, die sich aus der Dynamik einer einzigen Wirklichkeit ergeben, dann ist die »Korrelation« von »Materie« und »Bewusstsein« neu zu denken.

Wenn die Wirklichkeit als Kontinuum gedacht wird, in dem das, was wir als materielle Prozesse beobachten, und das, was wir subjektiv als bewusste Zustände erleben, nicht »zwei Welten« sind, sondern Prozesse, die sich aus der Dynamik einer einzigen Wirklichkeit ergeben, dann ist die »Korrelation« von »Materie« und »Bewusstsein« neu zu denken. Denn dann sind materielle Prozesse ebenso wie Bewusstsein emergente Entwicklungen in einem Gesamtzusammenhang, dessen Dynamik immer neue Gestaltungen hervorbringt: solche, die objektivierbar sind, und solche, mit denen »Bewusstsein« jene Objekte betrachtet. *Neuronale Prozesse beeinflussen geistige Prozesse, und umgekehrt haben geistige Prozesse auch Auswirkungen auf die neuronalen Strukturen und Prozesse, und zwar nachhaltig. Geistige Prozesse sind daran beteiligt, die neuronalen Strukturen zu verändern. Es besteht also eine wechselseitige Bedingtheit beider Aspekte.* Die eigene und nicht-reduzierbare Besonderheit des Geistigen ist die Realität von Sinn und Bedeutung. Dies ist die primäre Welt, in der Menschen leben und Kultur, einschließlich der Wissenschaft, hervorbringen. Sie entsteht, wenn bewusste Prozesse sich selbst erkennen und interpretieren. Jedes Objekt, sprich: jeder materielle Zusammenhang erscheint ja als solcher als Produkt des Denkens, als Beschreibung. In diesem Rahmen erscheint auch die Frage nach Leben und Tod in einem umfassenderen Zusammenhang. In der Zeit bilden sich Formen und Gestaltungen heraus, die prägend bleiben für zukünftige Gestaltungen. »Bleibt« also etwas nach dem Tod, und wenn ja, was?[15] Oder ist da nichts? Doch: Was heißt hier »nichts«? Wer stellt diese Frage?

> Die Kunst des Sterbens (ars moriendi) ist eine Einübung in die Kunst des Lebens (ars vivendi).
> Den Tod als naturgegeben und vernünftig zu akzeptieren, ist Ziel der geistigen Übung.
> Der Tod ist nicht die Gegenmacht zum Leben, sondern die alles umgestaltende Schöpferkraft Gottes.
> Die Kunst des Sterbens ist eine lebenslange Übung der Kultivierung des Bewusstseins.

---

15 Der frühe Buddhismus lehnt Spekulationen über derartige Fragestellungen prinzipiell ab (Brahmajala-Sutta), denn jede Antwort bleibt spekulativ und ist nicht dazu dienlich, den Kreislauf der wechselseitigen Bedingtheit aller Erscheinungen zu durchschauen und zu überwinden. Das Ziel (*nirvana*) besteht vielmehr in der Loslösung von allen geistigen Projektionen (Weltbildern), und nur dadurch kann die Egozentrierung aufgelöst werden.

Epilog

Man muss Geduld haben gegen alles Ungelöste (...) und versuchen, die Fragen selbst liebzuhaben wie verschlossene Stuben und wie Bücher, die in einer sehr fremden Sprache geschrieben sind (...) Leben Sie jetzt die Fragen. Vielleicht leben Sie dann allmählich, ohne es zu merken, eines fernen Tages in die Antwort hinein.[1]

Weisheit

Besonders unter dieser Überschrift ist Zurückhaltung geboten. Nicht aus prinzipieller Skepsis, sondern aus der Bescheidenheit, die aus dem offenen Weg zwischen Ahnung und Wissen erwächst. Denn was wissen wir schon mit Gewissheit? Können wir unsere Ansprüche an uns selbst und an andere auch in Situationen ärgster Bedrängnis leben? Wenn wir in den Spiegel der Selbsterkenntnis blicken, werden wir allzu oft enttäuscht. Wer ist schon »weise«? Und wer kann das beurteilen? Dennoch: Es gibt Kriterien und ein Streben, das uns ermutigen kann, dem Weg der Weisheit zu folgen, ihren Charme zu genießen, uns ihren Ansprüchen zu stellen und – hoffentlich – in die Antworten auf die Fragen hineinzuleben.

Wer also sind wir? Die ein für alle Mal gültige Antwort auf diese Frage kann es nicht geben. Denn wir, die Fragenden, fragen nach uns selbst. Und das heißt, dass das Fragen selbst unsere Potenziale entfaltet, was uns verändert und immer neue Räume der Erfahrung erschließt. Wir können aus Erfahrung nach

> Was sich in der Vergangenheit als Weisheit angesammelt hat, ist nicht vergeblich. Denn unser Erfahrungswissen ist die Basis, auf der wir unentwegt weiterfragen.

---

1 Rilke, Briefe an einen jungen Dichter, 16. Juli 1903, a. a. O., 21.

Epilog

vorn blicken und begründet vermuten: Wir *sind* der Prozess der Entfaltung unserer Potenziale. Wohin dies führt, wissen wir nicht. Doch eins ist plausibel: *Was sich in der Vergangenheit als Weisheit angesammelt hat, ist nicht vergeblich. Denn unser Erfahrungswissen ist die Basis, auf der wir unentwegt weiterfragen.*

Wir hatten formuliert: *Weisheit ist Maß in der Praxis durch Wissen.* Wissen ist das Sammeln und die Verknüpfung von Daten in übergreifenden Zusammenhängen. Maß ist die ausgleichende Balance polarer Kräfte, die das Leben, ja das gesamte Universum in Bewegung setzen. Jede Form menschlicher Aktivität ist Praxis in diesem Sinne. Maß in der Praxis ist der Rhythmus von Gegengewichten, der durch Denken, Fühlen und Handeln immer neu hergestellt werden kann. Dazu braucht es Erkenntnis der Zusammenhänge, die sich zu Wissen verdichtet. Wissen aber ist abhängig vom Zustand des Geistes, von Klarheit und Tiefe, von Unvoreingenommenheit, logischer Vorgehensweise und Lust an der Erkenntnis. Um tiefgründige Fragen zu stellen und womöglich (vorläufige) Antworten zu erhalten, bedarf es der Schulung des Geistes.

> Weisheit ist Maß in der Praxis durch Wissen.

Die Schulung des Geistes gleicht dem Weg durch eine Landschaft, die teils bekannt, teils unbekannt ist. Vor allem aber verändert sie sich ständig. Es gibt bekannte Wege, die seit Jahrtausenden erprobt sind, und die unbekannten Wege sind zunächst nur angedeutete Pfade, die ins Dickicht führen könnten oder aber ganz neue Möglichkeiten des Weitergehens eröffnen. Es braucht Mut, das Unbekannte zur erkunden, und es braucht Kenntnis und Weisheit, das Bekannte so zu nutzen, dass Erfahrung die Schritte ins Unbekannte begleitet, damit die Risiken und möglichen Irrwege bewältigt werden können. Weisheit besteht in einer Balance kognitiv-rationaler, psychisch-emotionaler und sozial-intentionaler Elemente. Keine Frage: Wir brauchen *Künstliche Intelligenz*, um die komplexen Systeme moderner Lebenswelten zu steuern. Dies ist vor allem eine Frage von Rechen- und Kombinationsleistung. Wir brauchen aber ebenso auch *Spirituelle Intelligenz*, um unser Denken und Fühlen, Ratio und Emotion in Einklang bringen und somit konstruktiv handeln zu können. Dies ist vor allem eine Frage von Ausbalancierung der wechselnden (und widersprüchlichen) Antriebskräfte des Menschen, das, was man oft Herzensbildung genannt hat. Künstliche Intelligenz und Spirituelle Intelligenz, beide zusammen, sind Entwicklungspotenziale des Menschen, die neue Zukünfte ermöglichen können.

Das Bewusstsein also kann und soll geschult werden. Dabei gilt es zunächst Hemmnisse zu überwinden, die einer klaren, unvoreingenommenen Wahrnehmung und Verarbeitung der Wahrnehmung im Wege stehen. Eine Methode dazu ist die Meditation. Es gibt sehr unterschiedliche Meditationsmethoden, die beanspruchen, erprobte Wege in die unbekannten Labyrinthe des Geistes zu sein. Die Zen-Praxis zum Beispiel ist wie ein Geflecht von Wegweisern, klug angelegten Tritthilfen, Leitern und Geländern, die den Weg sichern. Ausrutschen kann man immer, aber auch dann kann man an die Hand genommen werden, um wieder auf einen sichern Pfad zurückzufinden. Das Ziel ist denjenigen, die noch nicht angekommen sind, unbekannt. Aber – gibt es denn überhaupt ein Ankommen, also ein Ende des Weges? Führt er nicht immer weiter, ist der Geist nicht unerschöpflich? Ist das Gehen nicht selbst das Ziel, wie es in so vielen spirituellen Traditionen heißt?

Wir wissen es nicht genau. Denn wenn von alten und erprobten Traditionen die Rede ist, so handelt es sich um Zeiträume von zwei Jahrtausenden, vielleicht etwas weniger oder mehr, doch die bisherige Menschheitsgeschichte kann in Zehntausenden von Jahren gemessen werden, und was die Zukunft bereithält, ist – wenn es für die Menschheit eine Zukunft gibt – unbekannt. Was aber bekannt ist, können wir in dem Erfahrungssatz zusammenfassen: *Die Potentiale des Geistes sind unerschöpflich. Die Reisen in solche Räume*

> Die Potentiale des Geistes sind unerschöpflich. Die Reisen in solche Räume sind Abenteuerreisen in eine terra incognita, vielleicht vergleichbar mit dem Abenteuer der Seefahrer, die es wagten, über den bekannten Horizont hinaus zu segeln.

Epilog

sind Abenteuerreisen in eine terra incognita, vielleicht vergleichbar mit dem Abenteuer der Seefahrer, die es wagten, über den bekannten Horizont hinaus zu segeln. Aber auch sie hatten Seekarten, Messgeräte und vor allem die Erfahrungsberichte ihrer Vorfahren. Das ist unerlässlich. Auch wenn vieles unbekannt ist und der Weg zu jedem Zeitpunkt anders erscheint, individuell neu und unvergleichlich, weil kein Mensch einem anderen gleicht, so gibt es doch Muster und Strukturen, Landkarten gleichsam, die durchaus hilfreich sind, wenn man sich zurechtfinden will. Und: Ohne Begleitung geht es nicht. Menschen gehen ihren Weg des Lebens und Sterbens zwar individuell, und jeder Prozess der körperlichen Entwicklung und geistigen Reifung unterscheidet sich von anderen, aber doch haben alle Menschen genetisch gemeinsame Anlagen wie geistige Funktionsmuster, die sich zwar verändern, aber doch aufeinander aufbauen – unser Geist hat, individuell wie kollektiv, ebenso eine Geschichte wie die Natur, die uns bestimmt. Sie determiniert uns nicht, aber sie konditioniert uns. Solche Konditionierungen zu kennen und ihre Entfaltungsmöglichkeiten zumindest in Grundzügen abzusehen, ist hilfreich, vermutlich sogar notwendig. Das ist der Gemeinschaftsaspekt, und das, was wir in diesem Buch zur Entwicklung und Rolle der Ich-Du-Beziehung sagen, gilt auch hier: *Menschen brauchen Vor-bilder, und das ist mehr als Gespräch mit Worten.*

> Menschen brauchen Vor-bilder, und das ist mehr als Gespräch mit Worten.

Sprache erreicht keine Eindeutigkeit. *Einerseits* kann sie dazu verführen, dass man durch De-finition, also Abgrenzung, eine Sache »erfasst« oder begriffen« zu haben meint, weil die Deutung geschlossen ist, was zwar dem menschlichen Bedürfnis nach Sicherheit entgegenkommt, aber den Horizont schließt und die Entdeckung des Unbekannten behindert. Es ist eine Einkerkerung der Kreativität, und sie widerspricht der Offenheit aller Prozesse. *Andererseits* kann Sprache aber ein wichtiger Wegweiser sein. Sie kann auf die Spur führen und so gerade das Unerwartete zum Ausdruck bringen. Dann ist es ein poetischer und pädagogischer Gebrauch der Sprache, wie er sich in vielen Traditionen der Geistesschulung manifestiert.

Ein erster Schritt in die Weisheit ist es, dass der Mensch überhaupt den Verlust seiner Mitte oder Tiefe zu spüren beginnt und *Sehnsucht* nach Größerem entwickelt. Das ereignet sich oft erst in Krisensituationen. Jeder kennt das, aber nicht wenige neigen zur Verdrängung aus Angst oder Bequemlichkeit, beides, um den bohrenden Fragen zu entgehen. Wer sich aber eines Mangels bewusst wird, kann den zweiten Schritt in die Weisheit vollziehen, indem er sich auf die *Suche* begibt. Die Empfindung des Ungenügens kann unterschiedliche Färbung haben – Überdruss, Langeweile, Unbehagen, Sinnlosigkeit, oder die schlichte Vermutung, dass das Leben doch mehr sein müsse als das alltäglich Triviale: Hat die Evolution wirklich ein so komplexes Netzwerk wie das Bewusstsein bzw. seine materielle Stütze, das Gehirn, hervorgebracht, damit wir so geistlos dahinleben, wie wir es oft tun? Wer so fragt, hält inne. Und das bedeutet auch: Man wendet sich nach innen. Dann also sucht man. Oft lange und vergeblich, bis eine Spur sichtbar wird. Der Spuren sind viele, aber man kann lernen, die Fährte zu lesen, wie im Dschungel oder in der Wüste. Verlaufen kann man sich durchaus. Es bedarf der *Anleitung*, der Führung. Sie kommt von innen oder von außen, im Idealfall kommt beides zusammen.

Praxis der Geistesschulung bedeutet, Erfahrungen zu machen. Wenn diese reflektiert werden im Kontext des Wissens, das wir als heutige Menschheit haben, kann durch Meditation erweitertes und vertieftes Wissen, das sich zu Weisheit verdichtet, gesammelt werden. Die Meditationspraxis vermittelt Körperwissen und geistiges Wissen. Beide Aspekte sind nicht voneinander zu trennen. Auf Grund von Wissen finden wir im Denken, Fühlen und Handeln das angemessene Maß. *Wissen wird Weisheit in der Praxis des Bewusstwerdens, für jede Lebenssituation neu und einzigartig. Und doch*

> Wissen wird Weisheit in der Praxis des Bewusstwerdens, für jede Lebenssituation neu und einzigartig. Und doch ist es immer die Erfahrung des Einen.

Epilog

ist es immer die Erfahrung des Einen. Damit haben wir die eingangs in Aussicht gestellte Verknüpfung von personaler Intention, rationaler Argumentation und transpersonaler Offenheit erneut angesprochen. Kann dieser »Spagat«, so fragten wir in der Einleitung, erfolgreich sein? Das wäre zumindest ansatzweise der Fall, wenn die Brisanz der alten Fragen in neuem Licht erschiene, wenn also die Dringlichkeit eines *interkulturellen* Rahmens der Fragestellungen und vorläufigen Antworten deutlich geworden ist.

Woher kommen wir? Wohin gehen wir? Wer sind wir? Können die Fragen der Menschheit angesichts der Wechselseitigkeit und vielleicht gar Einheit der Prozesse, die wir als materielle und/oder geistige beschreiben, im Rahmen der Denkformen und Bilder, die wir hier vorgestellt haben, neu in den Blick genommen werden? Neu? Einerseits ist das offenkundig, andererseits fragen die Menschen seit alters nach dem *woher, warum* und *wohin*. Vielleicht auch nach dem *wozu*? Die Fragen sind alt, die heutigen Kontexte sind neu. Die Antworten sind manchmal lautstark und strotzen vor Selbstgewissheit – ein Pfeifen im Walde? Manchmal sind sie auch leise und scheu. Meine abschließenden Zeilen möchten das Offene öffnen, als Anspielung auf einen der ältesten spirituellen Texte der Menschheit, die berühmte Schöpfungshymne aus dem indischen Rigveda 10, 129: Der Schöpfer von allem, der alles überschaut, weiß es – oder weiß er es auch nicht?

Wer also sind wir?
Jeder Mensch hat seine Ahnung.
Erfahrene wissen (vielleicht).
Oder wissen sie auch nicht?

Literaturverzeichnis

Quellen zu Buddhismus und Hinduismus

Bäumer, B., (Hg. und Übers.), Upanishaden, München 1997.
Geiger, W., Nyanaponika, Samyutta Nikaya. Die in Gruppen geordnete Sammlung aus dem Pali-Kanon der Buddhisten, zum ersten Mal ins Deutsche übertragen von W. Geiger, fortgeführt von Nyanaponika, Herrnschrot, Stammbach 1997–2003 (teilweise revidierte Neuausgabe, zuerst 3 Bd., 1925–1930).
Walshe, M., The Long Discourses of the Buddha. A Translation of the Digha Nikaya, Boston und London 1995 (1987).
Zumwinkel, K., Die Lehrreden des Buddha aus der Mittleren Sammlung. Majjhima Nikaya, übersetzt aus dem Englischen und dem Pali, 3 Bde., Uttenbühl 2001.
Anguttara Nikaya, hg. v. R. Morris, bearbeitet v. E. Hardy u. a., 6 Bde., Pali Text Society, London 1955–1961 (1885–1910).
Bhagavad Gita. Der Gesang des Erhabenen, aus dem Sanskrit übersetzt, herausgegeben und kommentiert von M. von Brück, Frankfurt a. M. und Leipzig 2007 (revidierte Übersetzung der Ausgabe von München 1993).
Brahmasutrabhashya of Shankaracarya, translated by Swami Gambhirananda, Calcutta 1965.
Brhadaranyaka Upanishad, with the Commentary of Shankaracarya and the Gloss of A. Giri, hg. von E. Röer, Calcutta 1849–1856.
Chandogya Upanishad, with the Commentary of Shankaracarya and the Gloss of A. Giri, hg. von E. Röer, Calcutta 1850.
Dhammapada, hg. von Thera Suriyagoda Sumangala, Pali Text Society, London 1914.
Die Lehrreden des Buddha aus der Angereihten Sammlung (Anguttara-Nikaya), aus dem Pali übersetzt von Nyanatiloka, überarbeitet und hg. von Nyanaponika, 5 Bde., Braunschweig ⁴1984 (zuerst Leipzig 1907); überarbeitete Fassung in Englisch: Thera Nyanaponika, Bhikkhu Bodhi, Numerical Discourses of the Buddha. An Anthology of Suttas from the Anguttara Nikaya, Walnut Creek 1999.
Die Lehrreden des Buddha aus der Angereihten Sammlung, neu übersetzt, geordnet und kommentiert von H. Hecker, Einer-Buch und Zweier-Buch, Stammbach 2006.
Dighanikaya. Das Buch der langen Texte des buddhistischen Kanons, in Auswahl übersetzt von O. Franke, Quellen der Religions-Geschichte 4, Göttingen 1913.
Eight Upanishads, with the Commentary of Shankara, translated into English by Swami Gambhirananda (Isha, Kena, Katha, Taittiriya, Aitareya, Mundaka, Mandukya and Prashna), Calcutta 1956.
Isha, Kena, Katha, Prashna, Mundaka, Mandukya Upanishads, with the Commentary of Shankaracarya and the Gloss of A. Giri, hg. von E. Röer, Calcutta 1850.
Itivuttaka, hg. von E. Windisch, Pali Text Society, London 1948 (1889).
Kathavatthu, hg. von A. C. Taylor, 2 Bde., Oxford 1999 (London 19841897).
Khuddaka Nikaya, hg. von J. Kashyap, 7 Bde., Nalanda 1959–1960.
Mandukyopanishad, with the Commentary of Shankara, translated into English by Swami Nikhilananda, Mysore 1944.
Nanamoli, Bhikkhu Bodhi, The connected Discourses of the Buddha. A new translation of the Symyutta, Nikaya, Boston 2000.

Literaturverzeichnis

Nanamoli, Bhikkhu Bodhi, The Middle Length Discourses of the Buddha. A Translation of the Majjhima Nikaya, Oxford ²2001 (1995).
Patthana, hg. von C. Rhys Davids, 4 Bde., Pali Text Society, London 1906–1923.
Samyutta Nikaya, hg. von L. Feer, 5 Bde., London 1960 (1884–1898).
Shankara, Das Kleinod der Unterscheidung. Vivekachudamani, mit einer Einleitung von Swami Prabhavananda und C. Isherwood, München 1957.
Shivanandalahari, ed. with English Translation by T. M. P. Mahadevan, Madras 1963.
Shrimabhagavadgita, with the Commentary of Shankara, hg. von D. V. Gokhale, Poona 1950.
Sutta-Nipata, hg. von D. Andersen, H. Smith, Pali Text Society London 1948 (1913).
Taittiriya and Aitareya Upanishads, with the Commentary of Shankaracarya and the Gloss of A. Giri, hg. von E. Röer, Calcutta 1850.
The Bhagavadgita, with the Commentary of Shri Shankaracarya, translated into English by A. Mahadeva Sastri, Madras 1987.
The Book of the Discipline (Vinaya Pitaka), translated by I. B. Horner, 6 Bde. (Bde. 1–3: Suttavibhanga, Bd. 4: Mahavagga, Bd. 5: Cullavagga, Bd. 6: Parivara), Sacred Books of the Buddhists 10, 11, 13, 14, 20, 25, London 1938–1966 (1992–2004).
The Brahmasutrabhashya, hg. von R. A. K. Narayan, Bombay 1904.
The Brhadaranyaka Upanishad, the Commentary of Shankaracarya, translated into English by Swami Madhavananda, Calcutta 1965.
The Buddhavamsa and the Cariyapitaka, Pt. 1: Text, hg. von R. Morris, Pali Text Society, London 1882.
The Chandogya-Upanishad, a Treatise on Vedanta Philosophy, translated into English with the Commentary of Shankara by G. Jha, Poona 1942.
The Dhammapada. A New-English Translation with the Pali Text and the First English Translation of the Commentary's Explanation of the Verses, with Notes translated from Sinhala sources and critical textual comments by J. R. Carter and M. Palihawadana, New York and Oxford 1987.
The Dhammasangani, hg. v.E. Müller, Pali Text Society, London 1885.
The Digha-nikaya, hg. T. W. Rhys Davids, J. E. Carpenter, 2 Bde., London 1960–1967 (London 1890–1903).
The Jataka. Together with its commentary, being tales of the anterior births of Gotama Buddha, for the first time ed. in original Pali by M. V. Fausbøl, 6 Bde., London 1962–1964 (London 1877–1896).
The Majjhima Nikaya, 3 Bde., Bd. 1 hg. von V. Trenckner, Bde. 2–3 hg v. R. Chalmers, London 1977–1979 (London 1888–1899).
The Thera- and Therigatha. Stanzas ascribed to elders of the Buddhist order of recluses, hg. von H. Oldenberg and R. Pischel, London ²1966 (London 1983).
The Vinaya Pitakam. One of the Principal Buddhist Holy Scriptures in the Pali Language, hg. von H. Oldenberg, 5 Bde., London and Edinburgh 1879–1883.
The Works of Shankaracarya, Bd. 2: Bhagavadgita with Shankarabhasya, Delhi 1964 (reprint from the edition o. T. K. Balasubramanyam, 1910).
Thupten Jinpa, Science and Philosophy in the Indian Buddhist Classics, Vol. 1: The Physical World, Somerville MA, USA 2017.
Thupten Jinpa, Science and Philosophy in the Indian Buddhist Classics, Vol. 2: The Mind, Somerville MA, USA 2020.
Udana, hg. von P. Steinthal, London 1948 (zuerst 1885).
Upadeshasahasri von Meister Shankara (Gadyaprabandha), übersetzt und erläutert von P. Hacker, Bonn 1949.

Upanischaden. Arkanum des Veda, aus dem Sanskrit übersetzt und hg. von W. Slaje, Frankfurt a. M./Leipzig 2009.
Works of Shankaracarya, Bd. 3: Brahmasutra with Shankarabhashya, Delhi 1964.

Forschungsliteratur

App, U., Schopenhauers Kompass, Rorschach/Kyoto 2011.
– The Birth of Orientalism, Philadelphia 2010.
Aranjaniyil, A. G., The Absolute of the Upanishads, Bangalore 1975.
Ayrookuzhiel, A., The Sacred in Popular Hinduism, Madras 1983.
Bäumer, B. (Hg.), Abhinavagupta. Wege ins Licht. Texte des tantrischen Sivaismus aus Kaschmir, Zürich 1992.
Bäumer, B., Trika. Grundthemen des kaschmirischen Sivaismus, hg. u. übers. von E. Fürlinger, Innsbruck/Wien 2003.
Bellah, R.N., Religion in Human Evolution, Cambridge/London 2011.
Bohm, D., Wholeness and the Implicate Order, London 1980.
Bonhoeffer, T./Gruss, P. (Hg.), Zukunft Gehirn. Neue Erkenntnisse, neue Herausforderungen. Ein Report der Max-Planck-Gesellschaft, München 2011.
Brück, M. von, Achtsamkeit. Bewußtseinbildung in buddhistischer Tradition, in: H. Schröter (Hg.), Weltentfremdung – Weltoffenheit. Alternativen der Moderne, Berlin 2008, 153–163.
– Bhagavad Gita, Frankfurt a. M. 2007.
– Christliche Mystik und Zen. Synkretistische Zugänge, in: W. Greive/R. Niemann (Hg.), Neu Glauben? Religionsvielfalt und neue religiöse Strömungen als Herausforderung an das Christentum, Gütersloh 1990, 146–166.
– Einführung in den Buddhismus, Frankfurt a. M. 2007.
– Einheit der Wirklichkeit, München 1987.
– Ewiges Leben oder Wiedergeburt? Sterben, Tod und Jenseitshoffnung in europäischen und asiatischen Kulturen, Freiburg 2007.
– Glück im Buddhismus, in: D. Thomä/Ch. Henning/O. Mitscherlich-Schönherr (Hg.), Glück. Ein interdisziplinäres Handbuch, Stuttgart 2011, 343–346.
– Religion und Politik in Tibet, Frankfurt a. M. 2008.
– Mystische Erfahrung, religiöse Tradition und die Wahrheitsfrage, in: R. Bernhardt (Hg.), Horizontüberschreitung. Die Pluralistische Theologie der Religionen, Gütersloh 1991, 81–103.
– Religion und Wahrheit, in: J. Höcht-Stöhr/M. Schibilsky (Hg.), Reden über Religion I, Stuttgart 1999, 27–39.
– Weisheit der Leere. Sutra-Texte des indischen Mahayana-Buddhismus, Zürich 1989.
– Wie können wir leben? Religion und Spiritualität in einer Welt ohne Maß, München 2009.
– Wo endet Zeit? Erfahrungen zeitloser Gleichzeitigkeit in der Mystik der Weltreligionen, in: K. Weis (Hg.), Was ist Zeit? Zeit und Verantwortung in Wissenschaft, Technik und Religion, Reihe Faktum, Bd. 6, Techn. Univ. München ³1994.
– Interkulturelles Ökologisches Manifest, Freiburg i. B. 2020.
– Vom Sterben. Zehn Meditationen zur spirituell-palliativen Praxis, München 2020.
– Klang und Transzendenz – Spiritualität der Musik, in: THPQ 172 (2024), 12–21.
Brück, R. und M. von, Leben in der Kraft der Rituale. Religion und Spiritualität in Indien, München 2011.
Brück, M. von/Rager, G., Grundzüge einer modernen Anthropologie, Göttingen 2012.

Literaturverzeichnis

Brück, M. von/Anderssen-Reuster, U., Buddhistische Basics für Psychotherapeuten, Stuttgart 2022.
Brunner, F., A Comparison between Proclus' Philosophy and Advaita, in: Spiritual Perspectives (ed. by T. M. P. Mahadevan), New Delhi 1975.
Chalmers, D. J., The Conscious Mind. In Search of a Fundamental Theory, Oxford 1996.
Chari, S. M. S., Advaita and Visistadvaita, London 1961.
Chopra, D./Mlodinow, L., War of the World Views. Science vs. Spirituality, London u. a. 2011.
Ciompi, L., Affektlogik, Stuttgart 1982.
Coleman, T. W., English Mystics of the Fourteenth Century, Westport, Conn. 1971.
Cramer, F. (Hg.), Erkennen als geistiger und molekularer Prozeß, Weinheim/New York/Basel 1991.
Cramer, F., Gratwanderungen. Das Chaos der Künste und die Ordnung der Zeit, Frankfurt a. M. 1995.
Dalai Lama XIV., Logik der Liebe, München 1986.
Dalai Lama, Wegweiser für die Welt von heute. Die Essenz meiner Lehre, Freiburg 2022.
Damasio, A., Selbst ist der Mensch. Körper, Geist und die Entstehung des Menschlichen, München 2011.
Dasgupta, S., A History of Indian Philosophy, Bd. 1, Cambridge 1922.
DeSmet, R., Does Christianity profess Non-Dualism? in: The Clergy Monthly, 37, 9, New Delhi 1973, 354–357.
Deussen, P., Das System des Vedanta, Leipzig 1883.
Durrer, R., Bruder Klaus. Die ältesten Quellen über den seligen Niklaus von Flüe, sein Leben und seinen Einfluss, Sarren 1917–1921.
Durrer, W., Dokumente über Bruder Klaus, Luzern 1947.
Edelman, G. M./Tononi, G., Gehirn und Geist. Wie aus Materie Bewusstsein entsteht, München 2002.
Eibl, K., Kultur als Zwischenwelt. Eine evolutionsbiologische Perspektive, Frankfurt a. M. 2009.
Einstein, A., Geometrie und Erfahrung, in: Sitzungsberichte der Preußischen Akademie der Wissenschaften, Berlin 1921, 123–130.
Ellwood, R., Mysticism and Religion, Englewood Cliffs 1980.
Federer, H., Nikolaus von Flüe, Frauenfeld/Leipzig 1928.
Frauwallner, E., Geschichte der indischen Philosophie, Bd. 1, Salzburg 1953.
Friederici, A. D., Den Bär schubst der Tiger. Wie Sprache im Gehirn entsteht, in: T. Bonhoeffer/P. Gruss (Hg.), Zukunft Gehirn. Neue Erkenntnisse, neue Herausforderungen. Ein Report der Max-Planck-Gesellschaft, München 2011, 106–120.
Fürlinger, E., Verstehen durch Berühren. Interreligiöse Hermeneutik am Beispiel des nichtdualistischen Shivaismusvon Kashmir, Innsbruck/Wien 2006.
Gazzaniga, M. /Ivry, R./Mangun, G. R. (Hg.), Cognitive Neuroscience: The Biology of the Mind, New York ^{3}2008.
Gazzaniga, M., The Ethical Brain, New York/Washington 2005.
Glasenapp, H. von, Die Philosophie der Inder, Stuttgart ^{2}1958.
Gonda, J., Visnuism and Sivaism, London 1970.
Görnitz, Th., Bewusstsein naturwissenschaftlich betrachtet und enträtselt, in: T. Müller/Th. M. Schmidt (Hg.), Ich denke, also bin ich Ich? Das Selbst zwischen Neurobiologie, Philosophie und Religion, Göttingen 2011.

Grant, S., Reflections on the Mystery of Christ Suggested by a Study of Shankara's Concept of Relation, in: God's Word among Men (ed. by G. Gispert-Sauch), New Delhi 1973, 105–116.

Grössing, G., Was, wenn NICHTS die Welt im Innersten zusammenhält? Über das »Vakuum« der Quantenphysik und »emergente Phänomene«, in: B. Kanitscheider/R. Neck (Hg.), Das naturwissenschaftliche Weltbild am Beginn des 21. Jahrhunderts, Schriftenreihe der Karl Popper Foundation, Bd. 6, Klagenfurt/Frankfurt/New York 2011.

Haas, A. M., Die Problematik von Sprache und Erfahrung in der deutschen Mystik, in: W. Beierwaltes/H. U. von Balthasar/A. M. Haas, Grundfragen der Mystik, Einsiedeln 1974, 73–104.

Halbfass, W., Indien und Europa, Basel/Stuttgart 1981.

Hamilton, S., Identity and Experience. The Constitution of the Human Being According to Early Buddhism, London 1996.

Hart, W., The Art of Living. Vipassana Meditation as Taught by S. N. Goenka, Igatpuri/India 2010.

Haug, W., Erotik und Körperlichkeit in der Literatur des Mittelalters und der Frühen Neuzeit, in: D. Clemens/T. Schabert (Hg.), Kulturen des Eros, Eranos, NF 8, München 2001.

Hudleston, R. (Hg.), Revelations of Divine Love, London 1952.

Isayeva, N., Shankara and Indian Philosophy, Albany 1993.

Iyengar, B. K. S., Light on Yoga, London ^{9}1977.

– Yoga and Dharma, in: Spiritual Perspectives (ed. by T. M. P. Mahadevan), New Delhi 1975, 270–277.

Iyer, M. K. V., Advaita Vedanta. According to Shankara. Bombay 1964.

James, W., The Varieties of Religious Experience, New York 1902.

– A Pluralistic Universe, in: Essays in Radical Empiricism and A Pluralistic Universe, New York 1971 (zuerst 1909), 121–284.

James, W./Wobbermin, G., Die religiöse Erfahrung in ihrer Mannigfaltigkeit, Leipzig 1925.

Kandel, E./Schwartz, J., Principles of Neural Science, New York 1985.

Kanitscheider, B./Neck, R. (Hg.), Das naturwissenschaftliche Weltbild am Beginn des 21. Jahrhunderts, Schriftenreihe der Karl Popper Foundation, Bd. 6, Klagenfurt/Frankfurt/New York 2011.

Kapleau, Ph., The Three Pillars of Zen, Boston 1965.

Katz. S., The »Conservative« Character of Mystical Experience, in: S. Katz (Hg.), Mysticism and Religious Traditions, New York 1983, 3–60.

Keenan, J. P., The Meaning of Christ. A Mahayana Theology, New York 1989.

Keller, C. A., Mystical Literature, in: S. Katz (Hg.), Mysticism and Philosophical Analysis, Oxford 1978, 75–100.

Kelly, E. F./Crabtree, A., Marshall, P. (Hg.), Beyond Physicalism. Toward Reconciliation of Science and Spirituality, London 2015.

Kelsang Gyatso, G., Clear Light of Bliss, London 1982.

Keown, D., The Nature of Buddhist Ethics, New York 2001.

King, C., Quantum Cosmology and the Hard Problem of the Conscious Brain, in: J. Tuszynsik (Hg.), The emerging physics of consciousness, Berlin 2006, 407–456.

Knitter, P., Without Buddha I Could Not Be a Christian, Oxford 2009.

Koch, Ch. The feeling of life itself: why consciousness is widespread but can't be computed, Boston 2019.

– Then I Am Myself the World: What Consciousness Is and How to Expand It, New York 2024.

Literaturverzeichnis

Kohls, N., Mehr Lebensfreude durch Achtsamkeit und Resilienz, München 2022.
Kramrisch, S., Art. Siva, in: Encyclopedia of Religions (Hg. M. Eliade), Bd. 13, New York/London 1987, 338–341.
– The Presence of Siva, Princeton 1981.
Kuhn, Th., The Structure of Scientific Revolutions, Chicago 1962.
Lacombe, O., L'Absolu selon le Vedanta, Paris 1966.
Larson, G. J., Classical Samkhya: An Interpretation of it's History and Meaning, Santa Barbara 1979.
Larson, G. J./ Bhattacharya, R. Sh. (Hg.), Samkhya: A Dualist Tradition in Indian Philosophy (Encyclopedia of Indian Philosophies, Bd. 4 (Hg. K. H. Potter), Delhi 1987.
M. Eliade, M., Yoga. Immortality and Freedom, Princeton ³1973.
Mahadevan, T. M. P., The Philosophy of Advaita, New Delhi ⁴1976.
– Gaudapada. A Study in Early Advaita, Madras 1975.
– Invitation to Indian Philosophy, New Delhi 1974.
Malinar, A. (Hg.), Time in India: Concepts and Practices, New Delhi 2007.
Malinar, A. (Hg.), Hinduismus, Göttingen 2009.
Markowitsch, H. J./Merkel, R., Das Gehirn auf der Anklagebank, in: T. Bonhoeffer/P. Gruss (Hg.), Zukunft Gehirn. Neue Erkenntnisse, neue Herausforderungen. Ein Report der Max-Planck-Gesellschaft, München 2011, 224–252.
Mathes, K. D., Dependent Arising (*pratityasamutpada*) and the Problem of Continuity: Does the Concept Lead to an Idea of All-Unity?, in: B. Nitsche/M. Schmücker (Hg.), God or the Divine? Religious Transcendence beyond Monism and Theism, between Personality and Impersonality, Berlin 2023, 163–182.
McGrath, A. E., Der Weg der christlichen Theologie, München 1997.
Metzinger, Th. (Hg.), Bewusstsein. Beiträge aus der Gegenwartsphilosophie, Paderborn 1996.
– Bewusstseinskultur – Spiritualität, intellektuelle Redlichkeit und die planetare Krise, Berlin 2023.
– Der Elefant und die Blinden. Auf dem Weg zu einer Kultur des Bewusstseins, Berlin 2023.
Michaels, A., Der Hinduismus. Geschichte und Gegenwart, München 1998.
Mokler, F., Die Evolution des Universums, Stuttgart 2022.
Moris, Richard G. M., Lernen und Gedächtnis. Neurobiologische Mechanismen, München 2011.
Murphy, P. E., Triadic Mysticism. The Mystical Theology of the Saivism of Kashmir, Varanasi 1986.
Mylius, K., Die Vier Edlen Wahrheiten, Leipzig 1985.
Nakamura, H., Parallel Developments, Tokyo/New York 1975.
– Ways of Thinking of Eastern Peoples, Honolulu 1964.
– Weisheit und Erlösung durch Meditation. Ihr Sinn in der Philosophie Shankaras, in: G. Stachel (Hg.), Munen muso. Ungegenständliche Meditation. Festschrift für P. Lassalle, Mainz 1978.
Nida-Rümelin, J., Über menschliche Freiheit, Stuttgart 2005.
Nida-Rümelin, J./Singer, W., Erregungsmuster und gute Gründe. Über Bewusstsein und freien Willen, in: T. Bonhoeffer/P. Gruss (Hg.), Zukunft Gehirn. Neue Erkenntnisse, neue Herausforderungen, München 2011, 253–277.
Niehaus. M./Osterloh, M., Dem Gehirn beim Denken zusehen. Facetten der Neurowissenschaften, Stuttgart 2023.
Nigg, W./Schneiders, T., Nikolaus von Flüe. Eine Begegnung mit Bruder Klaus, Freiburg 1976.
O'Flaherty, W. D., Siva, The Erotic Ascetic, London 1981.

Pandey, K. G., Abhinavagupta. An Historical and Philosophical Study, Varanasi ²1963.
Pandeya, R. C., The Problem of Meaning in Indian Philosophy, Delhi 1963.
Pandit, B. N., Aspects of Kashmir Saivism, Srinagar 1977.
Panikkar, R., Le Temps circulaire: Temporisation et Temporalité, in: Temporalité et Aliénation. Acts of the Colloquium of the Institute of Philosophy of Rome (Istituto di Filosofía di Roma). Edited by E. Castelli, Paris 1975.
– The Law of Karma and Historical Dimension of Man, in: ders., Myth, Faith and Hermeneutics, New York 1979, 362–389.
– The Unknown Christ of Hinduism, London 1964.
– The Vedic Experience, London 1977.
Payutto, Bhikkhu P. A., Vision of the Dhamma, Nakhon Pathom 2006.
Piron, H., Meditationstiefe. Grundlagen, Forschung, Training, Psychotherapie. Wiesbaden 2020.
Pöppel, E./Bao, Y., Three models of knowledge as basis for intercultural cognition and communication: A theoretical perspective, in: S. Han/E. Pöppel (Hg.), Culture and neural frames of cognition and communication, Heidelberg 2011, 215–231.
Pylkkänen, P. T. I., Mind, Matter and the Implicate Order, Berlin/Heidelberg 2007.
Rager, G., Selbst und Bewusstsein: Grundlagen der Neurowissenschaften, in: T. Müller/Th. M. Schmidt (Hg.), Ich denke, also bin ich Ich? Das Selbst zwischen Neurobiologie, Philosophie und Religion, Göttingen 2011, 29–46.
Rahner, K., Welt in Gott, in: A. Bsteh (Hg.), Sein als Offenbarung in Christentum und Hinduismus, Mödling 1984, 69–82.
Ramanujan, A. K., Speaking of Siva, Harmondsworth 1973.
Reus, A., Übung »Sterben lernen«, in: Junge Akademie. Katholische Akademie in Bayern, München Juli 2006.
Röska-Hardy, L., »Gehirne im Dialog«? Zuschreibungen und das Selbst, in: T. Müller/Th. M. Schmidt (Hg.), Ich denke, also bin ich Ich? Das Selbst zwischen Neurobiologie, Philosophie und Religion, Göttingen 2011, 114–128.
Roth, G., Gehirn. Gründe und Ursachen, in: DZPhil 53/2005, 691–705.
Rudhyar, D., Die Magie der Töne, München/Kassel 1988.
Saeger, W., The Metaphysics of Consciousness, London 1991.
Sartory, G. und Th., Nikolaus von Flüe. Erleuchtete Nacht, Freiburg 1981.
Schimmel, A., Liebe – Himmlisch und nicht ganz himmlisch, in: D. Clemens/T. Schabert (Hg.), Kulturen des Eros, Eranos NF 8, München 2001.
Schlieter, J., Buddhismus zur Einführung, Hamburg 2001.
Schneider, U., Einführung in den Hinduismus, Darmstadt 1989.
Scott, A., Physicalism, Chaos and Reductionism, in: J. Tuszynski (Hg.), The emerging physics of consciousness, Berlin 2006, 171–191.
Schultz, W., Wie sich Neuronen entscheiden, in: T. Bonhoeffer/P. Gruss (Hg.), Zukunft Gehirn. Neue Erkenntnisse, neue Herausforderungen. Ein Report der Max-Planck-Gesellschaft, München 2011, 83–105.
Sedelmeier, P., Die Kraft der Meditation. Was die Wissenschaft darüber weiß, Reinbek b. Hamburg 2016.
Sharma, L. N., Kashmir Saivism, Varanasi 1972.
Siegel, D., The Developing Mind: How Relationships and the Brain Interact to Shape Who We Are, New York ²2012.
Singer, W., Der Beobachter im Gehirn. Essays zur Hirnforschung, Frankfurt a. M. 2002.
– Ein neues Menschenbild? Gespräche über Hirnforschung, Frankfurt a. M. 2003.

Literaturverzeichnis

– Verschaltungen legen uns fest. Wir sollten aufhören, von Freiheit zu sprechen, in: Chr. Geyer (Hg.), Hirnforschung und Willensfreiheit, Frankfurt a. M. 2004.
– Erregungsmuster und gute Gründe. Konsequenzen für das Miteinander, in: T. Bonhoeffer/P. Gruss (Hg.), Zukunft Gehirn. Neue Erkenntnisse, neue Herausforderungen. Ein Report der Max-Planck-Gesellschaft, München 2011, 253–277.
– Ich denke, also bin ich Ich? Philosophische Implikationen der Hirnforschung, in: T. Müller/ Th. M. Schmidt (Hg.), Ich denke, also bin ich Ich? Das Selbst zwischen Neurobiologie, Philosophie und Religion, Göttingen 2011, 15–28.
Singer, T./Engert, V., It matters what you practice: differential training effects on subjective experience, behavior, brain and body in the *ReSource* Project, in: Current Opinions in Psychology, 28 (2019), 151–158 (www.sciencedirect.com).
Singer, W./Ricard, M., Hirnforschung und Meditation: Ein Dialog, Frankfurt a. M. 2008.
Sivananda, Swami, The Science of Pranayama, Sivanandanagar, ⁹1971.
Spork, Gesundheit ist kein Zufall. Wie das Leben unsere Gene prägt. Die neuesten Erkenntnisse der Epigenetik, München 2017.
– Die Vermessung des Lebens. Wie wir mit Systembiologie erstmals unseren Körper ganzheitlich begreifen – und Krankheiten verhindern, bevor sie entstehen, München 2021.
Stirnimann, H., Der Gottesgelehrte Nikolaus von Flüe, Freiburg 1981.
– Mystik und Metaphorik. Zu Seuses Dialog, in: A. M. Haas/H. Stirnimann (Hg.), Das »Einig Sein«. Studien zu Theorie und Sprache der deutschen Mystik, Fribourg 1980, 209–280.
Strakosch, E. (Hg.), Lady Julian of Norwich, Offenbarungen von göttlicher Liebe, Einsiedeln 1960.
Streng, F., Truth, in: Encyclopedia of Religion, Bd. 15, New York 1987, 63 ff.
Sundaram, P. K., Advaita Epistemology, Madras 1968.
Tremmel, M./Ott, U., Negative Wirkungen von Meditation, in: L. Hofmann/P. Heise (Hg.), Spiritualität und spirituelle Krisen. Handbuch zu Theorie, Forschung und Praxis, Stuttgart 2016, 1–12.
Tuszynski, J. (Hg.), The emerging physics of consciousness, Berlin 2006.
Underhill, E., Mystik, München 1928.
Vasbinder, J. W./Gulyás, B., (Hg.), Cultural Patterns and Neurocognitive Circuits. East-West Connections. Series Exploring Complexity Vol. 2, Singapore, London, New York et al. 2017.
Vinje, P. M., An Understanding of Love According to the Anchoress Julian of Norwich, Salzburg 1983.
Walsh, J., The Revelations of Divine Love of Julian of Norwich, London 1961.
Walther, Ph., Wie wirklich ist die Wirklichkeit?, in: B. Kanitscheider/R. Neck (Hg.), Das naturwissenschaftliche Weltbild am Beginn des 21. Jahrhunderts, Schriftenreihe der Karl Popper Foundation, Bd. 6, Klagenfurt/Frankfurt/New York 2011.
Wilke, A., Ein Sein – Ein Erkennen. Meister Eckharts Christologie und Sankaras Lehre vom Atman: Zur (Un-)Vergleichbarkeit zweier Einheitslehren. Bern u. a. 1995.
Wittmann, M., Wenn die Zeit stehen bleibt. Kleine Psychologie der Grenzerfahrungen, München 2015.
Wolz-Gottwald, E., (Hg.), Die drei kleinen Upanisaden, Kena-Upanisad, Isa-Upanisad, Mandukya-Upanisad. Texte zur Philosophie, Bd. 9, Sankt Augustin 1994.
Yu, X./Bao, Y., The three second time window in poems and language processing in general: Complementarity of discrete timing and temporal continuity, PsyCh Journal, 9 (4) Beijing 2020, 429–443.
Zender, H., Waches Hören. Über Musik, München 2014.
Zimmer, H., Philosophie und Religion Indiens, Frankfurt a. M. ²1976.

Abkürzungen

AU	Aitareya Upanishad
AV	Atharva Veda
BG	Bhagavad Gita
BS	Brahma-Sutra
BSB	Shankaras Brahma-Sutra Bhashya (Kommentar)
BU	Brihadaranyaka Upanishad
CU	Chandogya Upanishad
DN	Digha Nikaya
GK	Mandukya-Karika des Gaudapada
IU	Isha Upanishad
Ke U	Kena Upanishad
KU	Katha Upanishad
Mand U	Mandukya Upanishad
MN	Majjhima-Nikaya
MU	Mundaka Upanishad
PU	Prashna Upanishad
RV	Rigveda
SN	Samyutta-Nikaya
SU	Shvetashvatara Upanishad
TU	Taittiriya Upanishad
Vin.	Vinaya

Personenregister

A

Abaelard 159, 244
Abhinavagupta 128, 169 f.
Clemens von Alexandria 274
Aristoteles 10, 19, 40, 123, 158, 206
Augustinus 94 f., 275
Aurel, Marc 276

B

Bataille, Georges 240
Böhme, Jakob 20 f.
Bohm, David 21, 33, 45, 49, 89, 108, 160–162
Bonhoeffer, Dietrich 274

C

Cassirer, Ernst 21
Chopra, Deepak 18
Cicero 276

D

Dalai Lama 18, 20, 41, 48, 64, 85, 111, 131, 194, 292
Damasio, Antonio R. 42, 44, 50 f., 53 f., 69 f.
Darwin, Charles 158
Davidson, Richard 18, 69
Descartes, René 11, 49, 64, 124
DeSmet, R. V. 179, 190
Duns Scotus, Johannes 159
Dürr, Hans-Peter 12, 18

E

Eccles, John C. 161
Eddington, Arthur S. 161
Edelman, Gerald M. 69, 86–88
Einstein, Albert 124 f., 161
Ekman, Paul 221
Enomiya-Lassalle, Hugo M. 148, 215
Epiktet 276
Erasmus von Rotterdam 203

F

Feuerbach, Ludwig 202
Fichte, Johann G. 21
Floridi, Luciano 102–104
Franz von Assisi 90
Freud, Sigmund 10, 40 f., 87 f., 122, 203

G

Gandhi, Mohandas Karamchand 152–154
Geschwister Scholl 274
Goenka, Satya Narayan 79
Goethe, Johann Wolfgang 10, 92, 124
Goleman, Daniel 18
Gregor der Große 275

H

Hawking, Stephen 18
Hegel, Georg W. F. 21, 202, 231
Heidegger, Martin 114
Heisenberg, Werner 124
Herder, Johann Gottfried 132
Hesse, Hermann 132
Humboldt, Wilhelm von 132

I

Ibn al-Arabi 20, 128, 262 f.
Ibn Ruschd (Averroes) 159
Ibn Sina (Avicenna) 159
Ishvarakrishna 170

J

Jahraus, Oliver 13
James, William 44, 49, 68 f., 138 f.
Jesus 205, 243 f., 273
Juliana von Norwich 142, 144–146

K

Kant, Immanuel 21, 27, 83, 121 f., 205
Karger, Reinhard 100, 102
Kepler, Johannes 126
Kierkegaard, Søren Aabye 240
King, Chris 161 f., 264
Koch, Christof 30, 38, 85

Personenregister

K
Kolbe, Maximilian 274
Kuhn, Thomas 16

L
Libet, Benjamin
Luther, Martin 203

M
Mahadevan, T. M. P. 132, 134, 179, 189 f., 187–189, 192
Marx, Karl 202 f.
Mechthild von Magdeburg 142, 246
Meissner, Alexander 44
Meister Eckhart 20 f., 90, 128, 149, 178
Metzinger, Thomas 21, 31, 46
Mlodinow, Leonard 18
Mozart, Wolfgang Amadeus 99

N
Nagarjuna 48, 80, 130
Nassehi, Armin 13, 120
Nida-Rümelin, Julian 31–33, 207 f.
Nikolaus von Flüe 142–144
Nikolaus von Kues 20, 93, 149

O
Origenes 273 f.
Ott, Ulrich 98

P
Padmasambhava 284
Parmenides 123
Paulus 142, 146, 152, 206, 245, 273
Platon 10, 28, 123, 240
Pöppel, Ernst 13, 29, 31, 95
Pythagoras 238, 240

R
Rahner, Karl 146
Ramanuja 128
Ricard, Matthieu 18, 46
Rilke, Rainer Maria 9, 19, 25, 113, 157, 201, 233, 267, 292
Roshi, Yamada Koun 141

Roth, Gerhard 31, 207
Rousseau, Jean-Jacques 201
Rudhyar, Dane 57, 238
Ruhnau, Eva 13

S
Scheler, Max 243
Schelling, Friedrich W. J. 20 f.
Schopenhauer, Arthur 20 f., 244 f., 263
Seneca, Lucius Annaeus 206, 276
Seuse, Heinrich 21, 128, 139, 149–151
Shankara, Adi 128, 133–135, 178 f., 181–184, 213–216, 255, 258
Siegel, Daniel 38 f.
Singer, Wolf 18, 31–33, 46, 54, 64 f., 69, 81, 84, 207
Somananda 169
Sophokles 202
Spinoza, Baruch de 20, 160
Streng, Frederick 127

T
Tanzi, Rudolph 18
Teresa von Avila 90, 128, 147
Thich Nhat Hanh 254
Thomas von Aquin 123, 159, 262
Tolstoi, Leo 203
Tononi, Giulio 69, 86–88

V
Varela, Francisco 18

W
Watson, John B. 29
Weizsäcker, Carl Friedrich von 12, 132, 200
Whitehead, Alfred North 21
Wittgenstein, Ludwig 125
Wundt, Wilhelm 29, 64, 220, 231

Z
Zeilinger, Anton 20
Zender, Hans 57, 239 f.
Zimmerli, Walther Ch. 12

Sachregister

A

Abhängigkeit, gegenseitige 130, 137, 194, 224, 248 f.
Abhängigkeit, wechselseitige 12, 48, 55, 65 f., 82, 92, 112, 194 f., 198, 220, 238, 250, 254, 264
Abhidhamma 77, 194
Abhidharmakosha 129
Absolute 133, 179, 182, 185, 188, 190, 193, 215
Achtsamkeit 67–73, 79, 88, 90 f., 96, 223, 227, 257
Advaita Vedanta 132–135, 178 f., 181 f., 184 f., 187–189, 193 f., 205, 213, 255
Agape 241 f.
Altern 197, 226
Anthropologie 10, 12, 20, 23, 116, 236
Apokalyptik 271
Apokatastasis panton 146
Ars moriendi 268, 276
Ästhetik des Wissens 115 f., 122
Auferstehung 270–273
Aufklärung 19, 201, 203, 205
Aufmerksamkeit 15, 30, 52, 56, 65, 67–69, 71, 78 f., 81, 88, 96 f., 102, 166, 171 f., 208, 220, 237, 268, 287, 290

B

Beobachterperspektive 74
Bereitschaftspotential 207 f.
Bewusstheit 38, 52, 65, 98, 149, 172, 176, 186, 215, 288 f.
Bewusstseinstheorie, buddhistische 74, 82
Bhagavad Gita 41, 132, 170, 177, 214, 261, 281
Bhakti 169, 178, 281
Bhakti-Bewegung 165, 169
Bhakti-Religiosiät 165
Bildkräfte, karmische 197

C

Coincidentia oppositorum 20, 149

D

Denkmodell 15, 19, 189
Dhammapada 39
Ding an sich 21, 83
Dualismus 18, 28, 32, 43, 89, 105, 160, 171, 191
Duhkha 224 f.

E

Ego 59, 65, 249, 252
Einheitsbewusstsein, mystisches 84–97
Einheit d. Wirklichkeit 20, 49, 89, 133 f., 136, 142, 147, 188, 215 f., 220, 255 f., 264
Einheitserfahrung, meditative 214
Einheitsgefühl, ozeanisch 89
Embryo 196, 213
Emergenz 34, 39, 43, 53, 99, 162, 198
Emotion(en) 28 f., 38, 47, 52, 91, 100 f., 116, 131, 200, 218, 220 f., 228, 244, 248, 269, 291
Empathie 72 f., 102, 223, 228, 244 f., 258
Empfindungen 19, 37, 59, 65, 79, 187, 196 f.
Endlichkeit 22
Epigenetik 23, 28, 44
Erfahrung, Advaita 256
Erfahrung, mystische 71, 87 f., 97, 99, 136–148, 156
Erosphilosophie, dionysisch-platonische 247
Erscheinung 80, 131, 153 f., 161, 189 f., 192, 197, 253, 287 f.
Ethik 20, 106, 128, 130, 152, 228, 244 f., 248–261
Evolution 11, 17 f., 26 f., 34, 50–52, 89, 98, 100, 105, 107–109, 111, 113, 121, 154, 157–159, 162, 164–169, 171, 175 f., 189, 192, 194, 198–200, 204, 207, 210, 212, 217, 231 f., 242 f., 301
Evolutionstheorie 194–197

Sachregister

F
Form 21, 47, 50 f., 58, 61, 66, 74, 76, 79, 89, 108, 112, 114, 129, 137, 139, 154, 156, 164–166, 168 f., 173, 180, 182, 184, 203, 234, 242, 251, 260, 273 f., 281, 298
Fortschritt 12, 16
Freiheit 22, 52, 55, 57, 67, 81, 97, 100, 102, 106, 123 f., 136 f., 188, 254 f., 283, 290, 292
Freiheit d. Person 200–232

G
Ganzheitsbewusstsein 38 f., 81, 112
Ganzheitserfahrung 88 f.
Geburt 176, 195, 197, 226, 285
Gedächtnis 10, 16, 34, 51 f., 54 f., 63, 65 f., 75, 94, 136, 177, 209
Gefühl 42, 59, 64, 68, 70, 73, 78, 96, 127, 136, 177, 196, 233, 245, 255, 286
Gehirn, Plastizität 47, 54, 72, 141
Geist 11–13, 18, 27 f., 31, 36, 39, 41–44, 47 f., 55, 69, 74, 89, 102, 104 f., 119, 125, 135, 141, 153, 160, 163, 171, 184 f., 199, 250, 252, 272, 279, 290, 299 f.
Gott 17, 93, 123 f., 133, 137, 144–146, 149–151, 155, 159, 164–169, 177–182, 184 f., 188, 193, 202, 205, 211–215, 221, 241–247, 261–264, 271–278, 280–282

H
Hologramm 195
Holomovement 108
Homöostase 51
Hormonsystem 43

I
Ich-Behauptung 259
Ich-Freiheit 282
Ich-Gefühl 59, 70, 78
Ich-Integration 96
Ich, unveränderliches 63
Ich-Zentrale 33, 64 f.
Idealismus 19, 21, 123
Ideen 107, 124, 212
Identität 48, 55, 57, 63, 65, 70, 85, 93, 121, 135, 147, 151, 176 f., 188 f., 209, 224

Illusion 10, 65, 77, 79, 133, 167 f., 182, 190, 193, 202, 225 f., 255, 293
Imitatio Christi 274
Impermanenz 48
Individualität 240 f., 270
Individuum 14, 40, 56, 58, 67, 85, 99, 125, 140, 184, 194, 201, 204, 206, 235, 261
Intentionalität 121, 255
Interdisziplinarität 115 f.
Interpretation 10, 15, 18, 31 f., 35, 45, 78, 80, 95, 101, 104, 112, 114, 125, 132, 137–139, 142 f., 147, 156, 165, 208
Involution 176
Itivuttaka 198, 251 f.

J
Jnana 134 f., 175, 178, 188

K
Karma 78, 80, 106, 178, 210–215, 224, 250, 254, 283
Karman 66, 224
Kategorien 29, 33, 40, 43, 61, 87, 106, 121, 171–176
Kausalität 16, 43 f., 89, 132, 158, 160–163, 194, 254, 293
Kausalität, reziproke 66, 80
Kausalitätsketten 224
Kausalitätsmuster 53
Kausalitätstheorie 213
Kena-Upanishad 155
Kensh 156
Kern-Selbst 54, 70
Koan 90, 156
Koan-Sammlung 148
Körper-Geist-Problem 160
Kommunikation 16 f., 59, 67, 70, 83, 87, 92 f., 99, 101 f., 105 f., 117, 199 f., 136, 163, 206, 235, 248
Komplementarität 161 f., 264
Komplexität 14, 28, 49, 53, 85, 90, 92, 96, 99, 104, 107, 110, 122, 204
Konditionierung, Freiheit von 55, 81, 97, 111, 121, 208, 226, 300
Kontinuum, nicht-duales 36, 40, 47, 57, 68, 161 f., 195, 290, 294
Korrelat 32–34, 293 f.
Korrelation 34 f., 42, 55, 162, 294
Künstliche Intelligenz 50, 99–109, 111, 298 f.

Sachregister

Kulturvergleich 62
Kunst 16–18, 22, 57, 115, 170, 230, 232–234, 240, 261, 268, 274 f.

L

Lebensprinzip 40, 184
Leerheit 130, 137, 194, 255
Leib Christi, mystischer 242
Leib-Seele-Dualismus 191
Leib-Seele-Problem 18, 40, 42, 46
Logos 57, 123 f., 186
Lust 59, 62, 86, 102, 193, 196, 220, 258, 298

M

Mahayana 129–131, 147, 195, 251–255
Madhyamaka-Tradition 80
Mantra, hinduistisches 73, 90
Materie-Geist-Dualismus 18
Meditation 18, 25 f., 37, 39, 46, 71–73, 79, 81 f., 87, 96–98, 128, 133, 166, 168, 182, 188, 192, 215, 223, 249, 258, 284, 286, 289–291, 293, 299, 301
Meditationserfahrung 212, 293
Meditationsformel 250
Mediationsschulung 75
Meditationstechnik 75
Meditationsweg 82
Memento mori 268
Mentalitätswandel 260
Metaphysik 20, 31, 57, 124
Mit-Leiden 242–244
Musik 57, 85, 141, 233 f., 238–240
Mutation 158, 265
Mystik 19–21, 83, 88, 94, 137–139, 147–149, 152 f., 156
Mystiker 87, 137–143, 146 f., 149, 152, 262
Mythos 42, 127, 164, 166, 182, 231

N

Nahtoderfahrungen 269, 277, 290, 293
Neuplatonismus 19, 40, 188
Nicht-Andere 93
Nicht-Dualität 95, 131, 133–135, 146, 188 f., 213, 258 f.
Nicht-Ich 40, 73, 248
Nirvana 152, 197

O

Objektivität 187
Ödipus 202
Ontologie 178, 194, 198
Ordnung, implizite 33, 160

P

Palliativmedizin 269, 277
Pan-Sakramentalismus 170
Pantheismus 165
Paradigmenwechsel 16
Personalität 187
Perspektive der dritten Person 58, 163
Perspektive der ersten Person 59, 139, 162 f.
Perspektivendifferenz 120
Philosophie, buddhistische 48, 80
Philosophie, indische 205
Placebo-Forschung 28
Potentialität 170, 174, 180
Pratityasamutpada 79, 137, 255
Proto-Selbst 54, 70
Prozesscharakter d. Wirklichkeit 80
Prozessphilosophie 21
Psychologie 29, 38 f., 42, 44, 220 f., 240, 251, 260
Psychosomatik 28, 43

Q

Qualia 45, 101 f., 139, 162
Quantenfluktuation 161
Quanteninformation 20, 31, 161
Quantenphysik 25, 31, 45, 160 f., 163
Quantentheorie 22, 124, 162

R

Radha-Krishna-Mystik 262
Reduktionismus 43, 160
Relation 38, 53, 65, 70, 94, 130, 190, 254
Relationalität 155
Relativitätstheorie 45, 160
Relativitätstheorie, Allgemeine 25
Religion(en) 10, 17–20, 22, 28, 31, 46, 57, 63, 93, 115, 119, 126–128, 139 f., 142, 147–149, 151, 153 f., 164, 230, 233, 238, 245, 265, 267, 272, 292
Religionswissenschaft 28
Renaissance 20
Repräsentation 51, 59–61, 175, 177

Repräsentation, Meta- 52
Rigveda 166, 302
Ritual 17 f., 22, 62, 121, 127, 199, 232, 268–271, 281, 292
Ritual, Gebets- 141
Ritus 127
Romantik 19 f., 268

S

Sakramentalisierung 263
Samkhya 41, 170 f., 176 f., 190, 194
Satipatthana 67
Schlussfolgerung 81, 101, 111, 131, 154, 177, 199, 207, 220, 228, 260, 292
Seele 39, 63, 145, 166, 188, 213, 244–247, 263, 270, 275 f.
Selbsterkenntnis 67, 71, 84, 219, 222, 243, 297
Selbstreflexivität 42, 70, 81 f.
Shiva 42, 164, 166–170, 199, 278
Shivaismus 42, 170
Shunya 134, 254
Shunyata 130, 137, 255
Skandha 76–79, 87, 129, 196, 218, 224
Sorge 206, 226
Spiegelneurone 59, 245
Spiritualität 17 f., 21, 46, 57. 81, 127, 214, 264, 268
Sprache 92, 104, 119, 125, 137, 139, 146–148, 155, 165, 175, 182 f., 197, 206, 208, 229, 231, 242, 257, 294, 297, 300 f.
Sprachmetaphorik 53
Sterben 9, 19, 57, 267–293
String-Theorien 160
Subjekt 29, 33, 54 f., 59, 66, 91, 93, 116, 124, 133 f., 136 f., 142, 178, 186 f., 193, 205, 213, 228, 240, 259, 293
Subjektivität 101, 124, 187
Symbol 127, 165, 237, 245, 271

T

Taxonomie 52, 61
Theory of mind 84, 93

Tod 19, 57, 110, 168, 189, 197, 213 f., 226, 233, 247, 267–295
Transdisziplinarität 115
Transpersonalität 12, 40, 187, 241–243, 246, 257, 302
Transzendenz 57, 149, 241 f.
Trinität 143–145, 148

U

Udana 175, 198
Unio mystica 247
Unsterblichkeit 276, 279
Upanishaden 116, 122, 128, 132, 149, 165, 169, 171, 175, 186, 190, 255, 280 f.
Urteil 14, 66, 68, 82 f., 103, 155, 202, 208, 230

V

Verantwortung 201, 207, 233, 253 f., 260–262
Vernetzung 200, 253
Vipashyana 79, 128
Visualisation 56, 284
Vorsokratiker 123, 184

W

Wahrheit 36, 66, 84, 104, 113 f., 123–136, 148–156, 208, 282
Wahrheit, absolute 21, 130, 155 f.
Wechselbeziehung 48 f., 51
Willensfreiheit 18, 33, 210
Wissenschaft 15–18, 26, 32, 94, 99, 115–122, 131, 152, 230, 232, 294
Wissenschaftsgeschichte 14, 16, 35, 116

Y

Yoga 41, 73, 135, 166, 169, 175, 177, 183 f., 192, 240, 279, 286
Yogapraktik 82
Yuktidipika 170, 174 f.

Z

Zen-Erfahrung 138, 141
Zen-Koan 90
Zufall 49, 158, 238, 282